W0461056

COMMENT ACCÉDER À VOTRE i-MANUEL 2.0 ÉTUDIANT

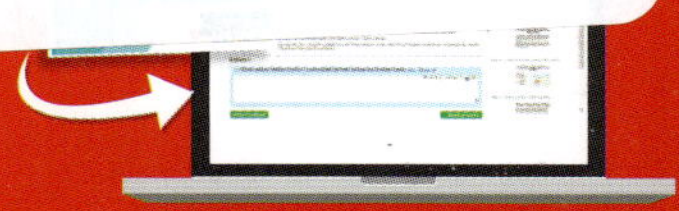

LIVRE + LICENCE NUMÉRIQUE

Votre enseignant souhaite travailler avec le i-Manuel 2.0 ; une fois votre compte créé par votre enseignant, rendez-vous, selon ses indications, sur :

- imanuel.nathan.fr et connectez-vous à votre espace étudiant i-MANUEL 2.0 avec votre identifiant et votre mot de passe.

OU

- l'ENT ou la plateforme de votre établissement, et accédez directement à votre i-MANUEL 2.0.

DÉCOUVREZ LE i-MANUEL 2.0 EN VIDÉO

À NE PAS OUBLIER

Conservez votre identifiant et votre mot de passe pour toutes vos connexions ultérieures

À SAVOIR

Cette licence étudiant i-Manuel 2.0 est unique et personnelle. Elle offre un accès à un étudiant pour une ou deux années scolaires (selon la durée de l'ouvrage) et ne peut être réutilisée par d'autres étudiants les années suivantes.

Pour équiper les étudiants de nouvelles licences numériques i-Manuel 2.0, connectez-vous sur cns-edu.com.

Pour l'enseignant : rendez-vous sur **nathan.fr/i-manuel2**, pour disposer de toutes les informations pratiques pour créer vos classes, activer les licences de vos étudiants et contacter votre délégué pédagogique Nathan.

Nos équipes de proximité sont également à la disposition des établissements pour les accompagner dans leur projet de digitalisation des parcours de formation.

Nathan
TECHNIQUE

Collection **Domaines d'activité SAM**

BTS

1re et 2e années

2e ÉDITION

SAM

SUPPORT À L'ACTION MANAGÉRIALE

DOMAINE D'ACTIVITÉ 1

Optimisation des processus administratifs

Sous la direction
de Madeleine Doussy

Anne Delalix
Madeleine Doussy
Véronique Gaubert
José Gil
Jean-Philippe Gonzalez
Marianne Greffe-Guimard
Philippe Haumonté
Laure Montagnier
Muriel Notin
Carole Poisson
Christine Tronquoy
Anne Véré
Hélène Wahl

Nathan
TECHNIQUE

Avec ce livre, une licence i-MANUEL 2.0

Le i-Manuel 2.0, un outil simple d'utilisation qui reprend l'ensemble des contenus de ce livre sous forme numérique et interactive.

Il permet d'accéder au contenu de ce manuel à tout moment et en tout lieu sur un ordinateur ou une tablette. L'utilisateur peut donc passer du papier au numérique et choisir le support qui lui convient le mieux selon le travail à faire et le lieu où il se trouve.

Une véritable interactivité entre l'enseignant et sa classe

- **Vidéoprojeter** en classe les activités, les documents et les corrections pour animer les cours et travailler collectivement.
- **Piloter la classe** en assurant le suivi du travail des élèves à distance et en cours (recevoir et envoyer du travail, faire des commentaires, intervenir en temps réel).
- **Intégrer et envoyer à la classe**, à un ou plusieurs élèves, **des documents personnels**.
- **Afficher les corrigés** ou la correction individuelle du travail de l'élève.
- **Télécharger le livre** pour une utilisation sans connexion.
- **Imprimer** les documents nécessaires pour mettre les élèves en **situation d'examen**.

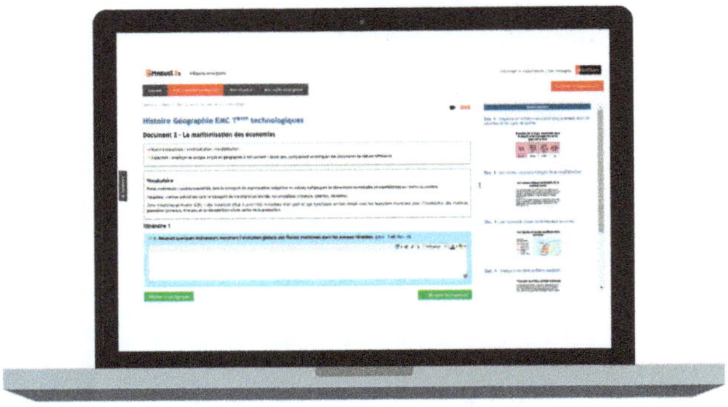

Des fonctionnalités innovantes pour favoriser l'intérêt, la motivation et l'implication des élèves

- **Saisir les réponses** en travaillant sur ordinateur ou tablette.
- **Faire les activités et les exercices**, préparer ou réviser le cours **en classe ou à la maison**.
- **Accéder** aux **ressources numériques**, vidéos, fichiers élèves (Word, Excel, GeoGebra...).
- **Sauvegarder** au **format Word** le travail effectué dans un dossier (classeur).
- **Envoyer le travail** au professeur.
- **S'enregistrer** pour les activités orales.
- **S'auto-évaluer**.

Toutes les infos et les tutos sur www.nathan.fr/i-manuel2

Avec ce livre, des ressources numériques en accès direct

Flashez les QR Codes avec votre smartphone ou saisissez les mini-liens associés pour accéder à des vidéos, animations, QCM...

© Nathan 2021 – 92 avenue de France, 75013 Paris
ISBN : 978-2-09-167292-2

SOMMAIRE

Liste des fiches ressource

Crédits photographiques

p. 7 : stock.adobe.com/auremar ; p. 8 : stock.adobe.com/goodluz ; p. 9 : stock.adobe.com/goodluz ; p. 10 : Ordinateur, stock.adobe.com/300dpi ; Internet, stock.adobe.com/Natalia Merzlyakova ; Routeur, stock.adobe.com/Sarote ; Serveur, stock.adobe.com/Alexandr Mitiuc ; Commutateur, stock.adobe.com/gluke ; Photocopieur, stock.adobe.com/nerthuz ; p. 12 : stock.adobe.com/Prostock-studio ; p. 13 : Clavier, Stock.adobe.com/hasinada ; Souris, stock.adobe.com/stockphoto-graf ; Scanner, stock.adobe.com/Sarote ; Appareil photo, stock.adobe.com/Oleg ; Webcam, stock.adobe.com/Dvarg ; Micro, stock.adobe.com/pagnacco ; Carte mère, Stock.adobe.com/Timur Anikin ; Microprocesseur, stock.adobe.com/Roman ; Mémoire vive, stock.adobe.com/krasyuk ; Carte graphique, stock.adobe.com/BillionPhotos.com ; Carte son, stock.adobe.com/Kostyantyn Holovanov ; Carte réseau, stock.adobe.com/mbongo ; Disque dur, stock.adobe.com/M. Schuppich ; Graveur, stock.adobe.com/littlej78 ; Carte mémoire, stock.adobe.com/elen09 ; Wifi, stock.adobe.com/Bondarau ; Écran, stock.adobe.com/rodrusoleg ; Imprimante, stock.adobe.com/kingmarro ; Haut-parleur, stock.adobe.com/lamaip ; Projecteur, stock.adobe.com/Driving South ; Usb, stock.adobe.com/Vastram ; DD externe, stock.adobe.com/blackday ; p. 19 : Configuration, stock.adobe.com/Rawpixel.com ; Souris, stock.adobe.com/infadel ; p. 21 : stock.adobe.com/RVNW ; p. 22 : stock.adobe.com/elenabsl ; p. 23 : stock.adobe.com/Rawpixel.com ; p. 24 et 37 : stock.adobe.com/ goodluz ; p. 39 : stock.adobe.com/Rawpixel.com ; p. 41 : stock.adobe.com/deagreez ; p. 42 : stock.adobe.com/ goodluz ; p. 44 : stock.adobe.com/Maksym Povozniuk ; p. 45 : Mme Widerspach, stock.adobe.com/Svyatoslav Lypynskyy ; M. Marc, stock.adobe.com/Oleksandr ; Mme Serra, stock.adobe.com/sepy ; p. 46 : stock.adobe.com/WavebreakMediaMicro ; p. 53 : stock.adobe.com/Adam Gregor ; p. 55 : Arnaud, stock.adobe.com/Rido ; Samuel, stock.adobe.com/sepy ; Jasmine, stock.adobe.com/Photographee.eu ; p. 57 : stock.adobe.com/Svetlaya ; p. 58 : stock.adobe.com/bilderstoeckchen ; p. 60 : stock.adobe.com/nicou2310 ; p. 61 : stock.adobe.com/contrastwerkstatt ; p. 67 : stock.adobe.com/contrastwerkstatt ; p. 69 : Homme, stock.adobe.com/ChantalS ; Femme, stock.adobe.com/sylv1rob1 ; p. 71 : stock.adobe.com/Oleksandr ; p. 72 : stock.adobe.com/bilderstoeckchen ; p. 75 : Portable, stock.adobe.com/Stanisic Vladimir ; Ordinateur, stock.adobe.com/littlestocker ; p. 81 : stock.adobe.com/monregard ; p. 82 : Tennis, stock.adobe.com/likoper ; SMS, stock.adobe.com/teracreonte ; p. 83 : Guernesey, stock.adobe.com/Oliver Taylor ; Document, stock.adobe.com/starlineart ; p. 84 : stock.adobe.com/peych_p ; p. 85 : stock.adobe.com/sodawhiskey ; p. 86 : stock.adobe.com/Kurhan; p. 99 : stock.adobe.com/JackF ; p. 100 : stock.adobe.com/valtrifon ; p. 101 : stock.adobe.com/M.Dörr & M.Frommherz ; p. 103 : stock.adobe.com/ksfotodesign ; p. 104 : stock.adobe.com/Samuel B. ; p. 105 : stock.adobe.com/Dmitry Naumov ; p. 113 : stock.adobe.com/moonrise ; p. 117 : stock.adobe.com/Maren Winter ; p. 118 : stock.adobe.com/Martin Villadsen ; p. 120 : Stock.adobe.com/Drobot Dean ; p. 125 : Stock.adobe.com/NicoElNino ; p. 126 : stock.adobe.com/PHOTOPOLITAIN ; p. 129 : stock.adobe.com/hedgehog94 ; p. 130 : stock.adobe.com/digitalskillet1 ; p. 133 : stock.adobe.com/wavebreak3 ; p. 142 : Microscope, stock.adobe.com/kasto ; Recycle, stock.adobe.com/goir ; p. 143 : stock.adobe.com/Andrey Popov ; p. 145 : stock.adobe.com/BillionPhotos.com ; p. 146 : stock.adobe.com/digitalskillet1 ; p. 151 : stock.adobe.com/sutthipong ; p. 153 : stock.adobe.com/Tierney ; p. 154 : stock.adobe.com/whim_dachs ; p. 156 : stock.adobe.com/PixAchi ; p. 159 : stock.adobe.com/Freesurf ; p. 160 : stock.adobe.com/Leo ; p. 165 : stock.adobe.com/stocksolutions ; p. 168 : stock.adobe.com/lenetsnikolai ; p. 170 : stock.adobe.com/tobago77 ; p. 171 : stock.adobe.com/arsdigital ; p. 172 : stock.adobe.com/Leo ; p. 174 : stock.adobe.com/Mastrofoto ; p. 177 : stock.adobe.com/karakedi35 ; p. 181 : stock.adobe.com/Xiongmao ; p. 183 : stock.adobe.com/Delphotostock ; p. 184 : stock.adobe.com/Leo ; p. 185 : stock.adobe.com/kotoyamagami ; p. 193 : stock.adobe.com/Mike Fouque ; p. 194 : stock.adobe.com/jolopes ; p. 195 : stock.adobe.com/Pumba ; p. 197 : stock.adobe.com/prextimize ; p. 198 : stock.adobe.com/ldprod ; p. 200 : stock.adobe.com/Monkey Business ; p. 206 : stock.adobe.com/JPC-PROD ; p. 210 : stock.adobe.com/ldprod ; p. 212 : stock.adobe.com/ldprod ; p. 217 : Stock.adobe.com/thodonal ; p. 218 : Zone industrielle, Stock.adobe.com/celeste clochard ; Ordinateur, Stock.adobe.com/rod5150 ; p. 219 : stock.adoe.com/guy ; p. 221 : stock.adobe.com/Syda Productions ; p. 222 : stock.adobe.com/ldprod ; p. 224 : M. Duchêne, stock.adobe.com/ldprod ; M. Begag, stock.adobe.com/Zdenka Darula ; M. Vidof, stock.adobe.com/Kurhan ; M. Lefranc, stock.adobe.com/snaptitude ; Mme N'Daye, stock.adobe.com/mocker_bat ; M. Li, stock.adobe.com/leungchopan ; Mme Mucchini, stock.adobe.com/olezzo ; p. 226 : stock.adobe.com/backup16 ; p. 231 : stock.adobe.com/Erica Guilane-Nachez ; p. 232 : stock.adobe.com/Monet ; p. 233 : stock.adobe.com/illustrez-vous ; p. 234 stock.adobe.com/Valerii Honcharuk ; p. 241 : stock.adobe.com/Alterfalter ; p. 243 : stock.adobe.com/ronstik ; p. 245 : stock.adobe.com/christian42 ; p. 246 : stock.adobe.com/Coloures-Pic ; p. 254 : stock.adobe.com/corepics ; p. 255 : stock.adobe.com/Monkey Business ; p. 256 : stock.adobe.com/Eléonore H ; p. 263 : stock.adobe.com/anyaberkut ; p. 265 : stock.adobe.com/ Kzenon ; p. 266 : stock.adobe.com/Lars Zahner ; p. 267 : stock.adobe.com/Christophe Fouquin ; p. 268 : Entraîneur, stock.adobe.com/Bojan ; Portraits, stock.adobe.com/olly ; p. 278 : stock.adobe.com/Jeanette Dietl ; p. 280 : stock.adobe.com/dolphfyn ; p. 281 : stock.adobe.com/astrosystem ; p. 282 : stock.adobe.com/Jeanette Dietl ; p. 291 : stock.adobe.com/Syda Productions ; p. 297 : stock.adobe.com/Rob

Chapitre

1 L'organisation du poste de travail

ACTIVITÉ	**1.1.** Support opérationnel aux membres de l'entité
COMPÉTENCE	Conduire l'action administrative en appui aux membres de l'entité.
TÂCHE	**1.1.1.** Organisation du poste de travail
VERS PIX	**4.1.** Sécuriser l'environnement numérique **5.2.** Construire un environnement numérique

Contexte : CTV (Customise Ton Van)

Statut	SARL (PME du secteur privé)
Localisation	ZI de la République Poitiers (86) Région Nouvelle-Aquitaine
Activité	Aménagement de vans et fourgons sur mesure pour un usage professionnel ou de loisir
Effectif	43 collaborateurs(-trices) dont 5 au Service administratif et financier
Valeurs	Savoir-faire, qualité, sécurité, respect des partenaires, satisfaction du client

CTV Customise Ton Van

Vous intégrez ce jour la SARL CTV sur un poste nouvellement créé de collaborateur(-trice) de Jane Alande, responsable du Service administratif et financier. Vous l'assisterez dans les activités de gestion administrative et de communication, en collaboration avec les services Comptabilité et Gestion des ressources humaines.

Découvrez l'entreprise CTV en vidéo

liennathan.fr/n2g27v

- **Reportez les informations utiles du contexte au recto de la fiche E4 (organisation, contexte et objectifs de la mission, ressources).**

VOTRE RÔLE

À votre arrivée, Jane Alande vous demande de prendre connaissance de votre poste de travail et de découvrir ses ressources, en vue de les optimiser pour être efficace dans la réalisation de vos activités à venir.

TRAVAIL À FAIRE

I. Procéder à la configuration de son poste de travail

Vous êtes équipé(e) d'un poste fixe connecté au réseau et d'un smartphone professionnel. Vous souhaitez aussi disposer d'un ordinateur portable pour la prise de notes et les présentations lors des réunions.

1. Vérifiez la configuration matérielle et logicielle de votre poste de travail.

Fiche ressource 1
Annexe 1

a. Listez, en les distinguant, les ressources matérielles et logicielles nécessaires à vos différentes activités.

b. Vérifiez si la configuration actuelle des postes du service répond à vos besoins.

2. Recherchez et comparez des offres d'ordinateurs portables répondant à vos besoins et aux contraintes fixées.

Annexes 2 3

COM **3.** Formulez par écrit, de manière argumentée, votre demande de ressources au service informatique.

II. Paramétrer les applications de son poste de travail

Le service Informatique et Mme Alande ont validé votre demande d'ordinateur portable. Vous devez à présent paramétrer les différentes applications pour les rendre opérationnelles et optimiser les performances de votre équipement.

4. Gérez les fichiers de votre ordinateur grâce au gestionnaire de fichiers de votre système d'exploitation.

Fiche ressource 2
Annexe 4

a. Créez des dossiers pertinents pour classer vos fichiers.

b. Renommez, déplacez, voire supprimez certains fichiers.

5. Personnalisez l'interface de votre logiciel de traitement de texte en réalisant les paramétrages suivants :

a. Insérez la commande « Aperçu et Impression » à la barre d'accès rapide.

b. Ajoutez l'onglet « Développeur » sur le ruban.

c. Insérez vos initiales aux propriétés des documents.

d. Affichez la règle au-dessus de votre page.

e. Configurez l'enregistrement automatique toutes les 10 minutes.

III. Paramétrer sa messagerie électronique

COM Vous disposez d'une adresse mail professionnelle (prénom.nom@ctv.fr) pour vos différents échanges. Afin d'accéder facilement à vos messages depuis votre smartphone, vous créez et paramétrez un compte de messagerie électronique en ligne.

6. Configurez et paramétrez votre compte de messagerie électronique en ligne (sous Outlook ou Gmail).

Fiche ressource 3
Annexe 5

IV. Sécuriser son poste de travail

La SARL CTV sensibilise fortement son personnel à la sécurité des outils informatiques. Vous vous assurez en conséquence que votre poste de travail répond aux règles mises en place par l'entreprise.

7. Créez une liste de contrôle, sur le même modèle que l'annexe 5, afin de repérer tous les points sensibles à contrôler pour assurer la sécurisation de votre poste de travail.

8. Vérifiez que votre smartphone est sécurisé.

Fiche ressource 4
Annexe 6

- Finissez de remplir la fiche E4 (contraintes, méthodologie, bilans professionnel et personnel).

DONNÉES DE LA SITUATION

Annexe 1 Extrait de votre fiche de poste

Finalité	Apporter son appui à la responsable du service administratif et financier pour la gestion et l'optimisation du fonctionnement interne ainsi que la gestion et le suivi administratif de dossiers.
Missions	■ Assurer la gestion administrative de l'activité. ■ Accompagner le service RH dans le suivi du personnel. ■ Apporter une assistance informatique aux membres de l'équipe.
Activités	**Gestion administrative** ■ Préparation de supports de communication internes et externes en français et en langues étrangères (notes, comptes rendus, rapports, courriers, courriels…) ■ Diffusion d'informations en interne et en externe ■ Organisation de la gestion documentaire ■ Accueil et gestion d'appels (classiques et vidéo) de clients et partenaires étrangers ■ Préparation, organisation et suivi de réunions (préparation des dossiers et des supports de présentation, convocation des membres, gestion matérielle – réservation des salles et du matériel, aménagement… –, prise de notes et rédaction de comptes rendus…) ■ Gestion des agendas (papier et électroniques) et des plannings ■ Organisation des déplacements des membres de l'équipe et gestion des notes de frais (transport, hébergement, restauration…) ■ Gestion des fournitures du service 

Annexe 2 Configuration du réseau de la SARL CTV

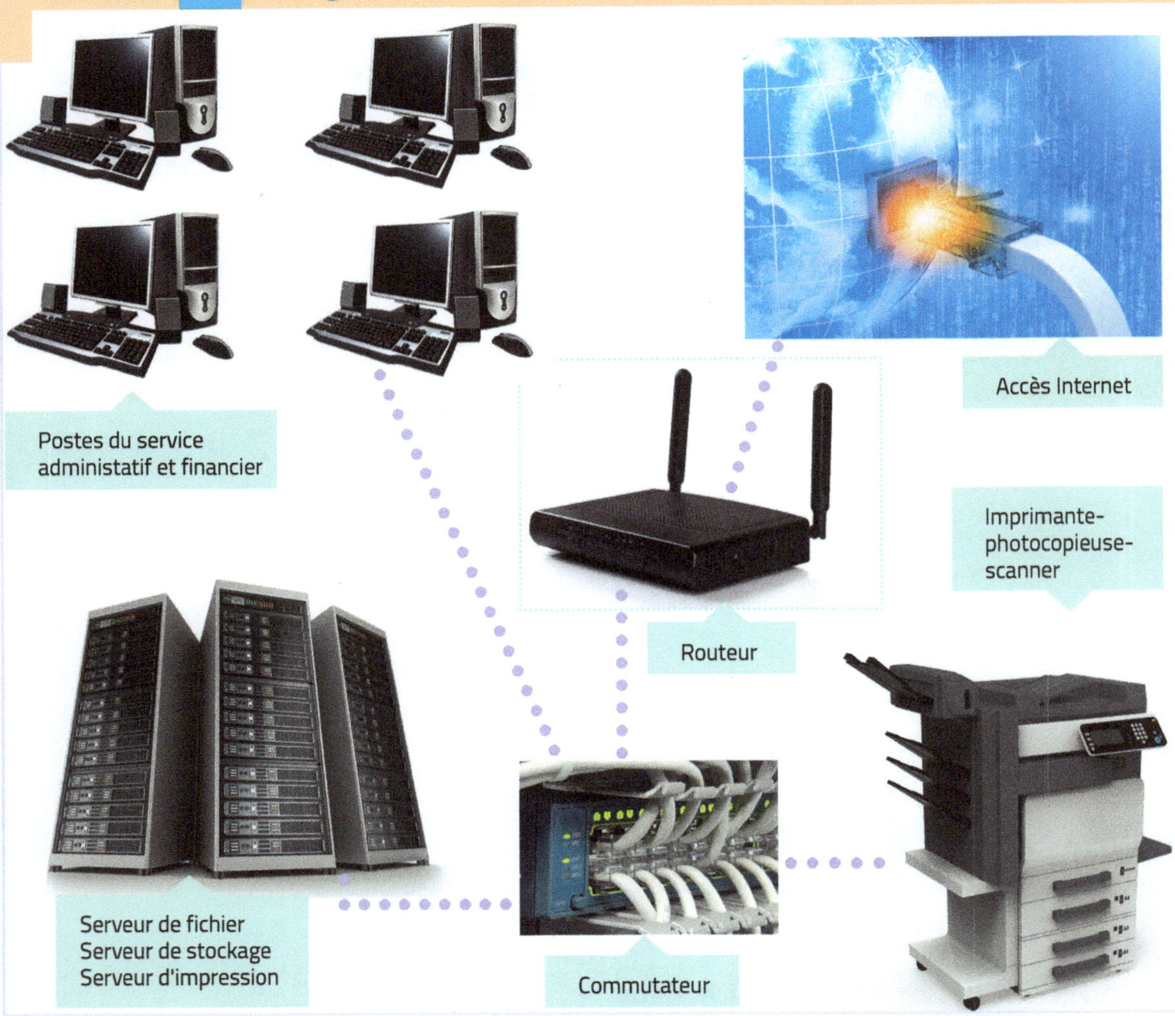

Annexe 3 Documents transmis par le service Informatique

Configuration des postes du service (achetés en N-2)
Processeur Intel Core i3
8 Go RAM
Disque dur 500 Go HDD + 128 Go SSD
Carte réseau
2 ports USB 3.0 + 1 port USB C
Lecteur de carte mémoire
Lecteur DVD
Clavier, souris, écran plat, haut-parleurs
Système d'exploitation Windows 10
Pack Office 2017 (Word, Excel, PowerPoint, Publisher, Access, Outlook)
Périphériques du service
1 scanner
1 imprimante-photocopieur
2 appareils photo numériques
1 vidéoprojecteur
1 smartphone par salarié

« Les postes mobiles de l'entreprise doivent absolument respecter au minimum la configuration actuelle et disposer du wi-fi et d'une prise VGA ou HDMI.

Il faut me présenter deux offres concurrentes pour que je puisse justifier le choix final au responsable financier.
Pensez aussi, en fonction de vos besoins spécifiques, à me préciser les équipements matériels et logiciels dont vous auriez besoin (pour les logiciels, essayez de privilégier les options gratuites et exploitables sur les outils nomades).
Enfin, n'oubliez pas les équipements d'interconnexion au réseau ! »

Annexe 4 Gestion des fichiers de l'entreprise

Extrait de votre explorateur de fichiers

Dossiers Service administratif et financier à classer

Nom

- Fiches de poste_Service RH
- Maquette modèle fiche réservation.docx
- Affiche élections professionnelles.pub
- Calendrier Jane Alande.ics
- Calendrier partagé service.ics
- Rapport amélioration procédure gestion fournitures.docx
- Note d'information inscriptions formations.docx
- Présentation réunion mensuelle service 10-08.pptx
- Accueil et intégration nouveaux collaborateurs.pptx
- Compte rendu réunion équipe 2-09.docx
- CR réunion 10-08 corrigé.docx
- CR réunion 10-08.docx
- Réponses types mail.docx
- Planning des congés du service AF.xlsx
- Notes de frais JA.xlsx

Exemple de classement du service Administration des ventes

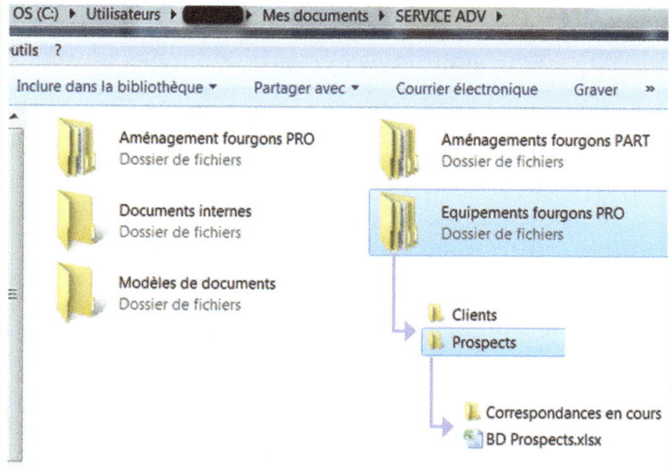

Annexe 5 Paramétrages de la messagerie électronique à effectuer

***Check-list* des fonctionnalités à mettre en œuvre**	
Créer un compte de messagerie professionnel – Créer un identifiant professionnel (Prénom Nom – ajouter un numéro si déjà existant) – Créer un mot de passe efficace (voir annexe 6)	 ❑ ❑
Gérer les contacts – Créer différents contacts – Constituer des groupes ou listes de diffusion	 ❑ ❑
Gérer la boîte de réception – Mettre en place des filtres (ou libellés) – Paramétrer les notifications automatiques (alertes de réception des messages)	 ❑ ❑
Personnaliser sa messagerie – Modifier le nom de l'expéditeur affiché dans la messagerie – Insérer une signature électronique – Personnaliser le fond du message	 ❑ ❑ ❑

Extrait de votre base de données de contacts personnelle (tri alphabétique)

Prénom	Nom	Service	Fonction	Adresse mail
Jane	Alande	Administratif et financier	Responsable	jane.alande@ctv.fr
Rémi	Boulay	Juridique	Conseiller	remi.boulay@ctv.fr
Théo	Dufour	SI	Responsable	theo.dufour@ctv.fr
Hugo	Fraso	GRH	Responsable	hugo.fraso@ctv.fr
Hélène	Porteau	SI	Agent de maintenance	helene.porteau@ctv.fr
Georges	Martin	Comptabilité	Comptable	georges.martin@ctv.fr
Jacqueline	Romelle	GRH	Assistante RH	jacqueline.romelle@ctv.fr

Annexe 6 Extrait des règles de sécurité informatique

Il est impératif de veiller à protéger vos équipements, en particulier les portables et les outils nomades (smartphones, tablettes) qui sont plus facilement perdus ou volés (au bureau, dans les transports, lors de déplacements à l'étranger, dans les lieux publics...). Pour limiter les pertes de données sensibles, vous devez :

– **protéger l'accès à vos appareils** par des identifiants et des codes ou mots de passe (voire par des mesures biométriques, le cas échéant : empreinte digitale ou rétinienne, reconnaissance vocale ou faciale...) ;

⚠ *Pour être efficaces, les* ***mots de passe*** *doivent comporter au minimum 8 caractères (chiffres, lettres minuscules et majuscules, caractères spéciaux), être différents selon les sites ou applications utilisés (authentification sur le réseau de l'entreprise, la messagerie électronique, l'espace de stockage en ligne...), ne pas être inscrits sur papier et être modifiés régulièrement.*

– **sécuriser vos appareils** en configurant le verrouillage automatique après quelques minutes d'inactivité ;

– **sauvegarder vos données régulièrement** sur les espaces dédiés du serveur ou, en cas de travail à distance, sur l'espace Dropbox de l'organisation ;

⚠ *Sécuriser au maximum les* ***supports de stockage nomades*** *(clé USB, disque dur externe, carte mémoire...), qui peuvent très facilement se perdre, être volés ou se détériorer. Des systèmes existent pour protéger l'accès à leur contenu ou leur contenu lui-même (mot de passe, méthode de chiffrement...).*

– **gérer les droits d'accès à vos fichiers** afin de ne les rendre accessibles qu'aux personnes légitimement concernées et de limiter les actions possibles sur vos documents (lecture : consultation / écriture : modification, ajout ou suppression) ;

– **effectuer les mises à jour de vos outils nomades** pour vous protéger des failles de sécurité (sur postes fixes, elles sont automatisées pour la plupart des logiciels, notamment l'antivirus) ;

– **installer uniquement les applications validées*** par le service Informatique, depuis les boutiques d'applications officielles (Apple ou Google Play Store) et **limiter les permissions accordées** ;

– [...].

* Exemples d'applications validées : Dropbox, Skype, WhatsApp, G Suite, Evernote.

1 Configurer un poste de travail en réseau

Le poste de travail correspond à l'ensemble des ressources matérielles et numériques mises à disposition d'un collaborateur (poste de travail numérique fixe, portable ou mobile, applications, équipements de téléphonie, copieur). De nos jours, la plupart des organisations travaillent en réseau, c'est-à-dire que les postes de travail sont interconnectés pour partager des ressources matérielles et logicielles, et échanger des données de manière sécurisée. Le poste de travail doit être optimisé pour répondre aux besoins spécifiques de l'utilisateur et permettre une gestion plus efficace et plus sûre.

I Les composants matériels d'un poste de travail

Périphériques d'entrée	Unité centrale	Périphériques de sortie
 Clavier	**Carte mère** 	 Écran (moniteur)
 Souris	 Microprocesseur Ventilateur-radiateur	 Imprimante-photocopieur
 Scanner	 Mémoire vive (RAM)	 Haut-parleurs
 Appareil photo	 Carte graphique	 Vidéoprojecteur
 Webcam	 Carte son	**+ Mémoires externes**
 Micro	 Carte réseau	 Clé USB
	Autres éléments	 Disque dur externe
	 Bloc d'alimentation	
	 Disque dur ou SDD	
	 Lecteur-graveur CD/DVD	
	 Lecteur de carte mémoire	
	 Adaptateur wi-fi	

II Les éléments matériels d'interconnexion à un réseau

Postes de travail (« clients »)	Équipements d'interconnexion	Serveurs
Ordinateurs fixes ou portables **Cartes réseau** **En cas de connexion wi-fi** Des **bornes wi-fi** (*wireless fidelity*) utilisent la technologie des ondes radio *via* des cartes réseau disposant d'une antenne. Des **adaptateurs CPL** (courant porteur en ligne) utilisent le courant électrique.	Ils relient des cartes réseau entre elles. Le **concentrateur**, ou **hub**, diffuse l'information à tous les postes du réseau. Le **commutateur**, ou **switch**, oriente l'information uniquement aux postes destinataires. Le **modem** convertit les données numériques en données analogiques transmissibles sur les lignes de téléphone.	Ordinateurs puissants possédant deux cartes réseau et un système d'exploitation spécifique pour la gestion de réseau. Ils mettent leurs ressources et services à disposition des postes du réseau. (Il existe différents types de serveurs selon les ressources partagées.)
En cas de connexion filaire **Câbles Ethernet** ou **RJ45**	Le **routeur** relie plusieurs réseaux entre eux et détermine le chemin que les données empruntent (voir schéma ci-dessous).	Le **serveur de fichiers** : sauvegarde et mise à disposition des informations grâce à une base de données commune. Le **serveur d'applications** : accès partagé à des logiciels. Le **serveur d'impression** : partage d'imprimantes Le **serveur Web** : connexion au réseau Internet. Les **serveurs de messagerie**, **d'annuaire**, **de sauvegarde**...

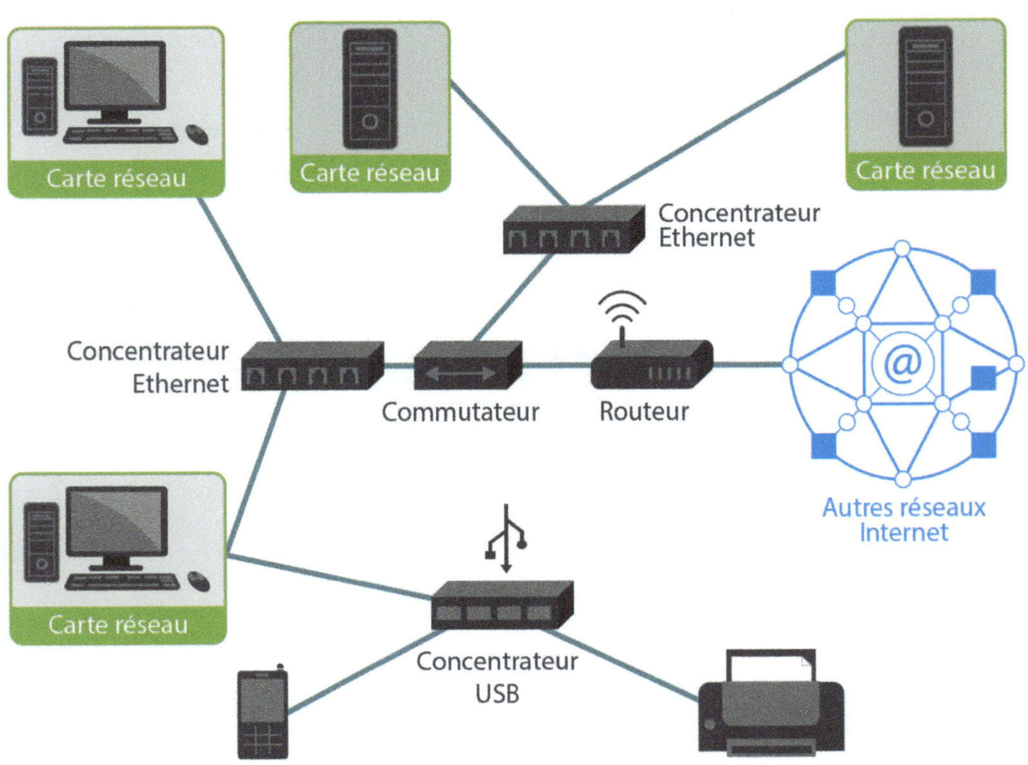

2 Paramétrer les applications d'un poste de travail

Il est important de disposer des composants logiciels adaptés (applications ou softwares) et de bien les paramétrer afin d'améliorer les performances du poste de travail (utilisation plus facile et plus rapide, tâches automatisées...).

I Le système d'exploitation

Le système d'exploitation est le logiciel qui assure le fonctionnement d'un ordinateur (démarrage, utilisation des composants matériels, exécution des logiciels, interface utilisateur). Les plus connus sont Windows de Microsoft, Mac OS d'Apple et Linux de GNU.

II Les applications

Les logiciels d'application permettent de répondre à un besoin spécifique ou d'effectuer des traitements particuliers. Ils sont gratuits ou payants (licences), proposés à l'unité ou sous forme de suites logicielles, à installer ou utilisables en ligne, adaptés aux ordinateurs mais aussi aux outils nomades (applications à télécharger sur tablette ou smartphone).

Liste non exhaustive des ressources logicielles	
Pour collecter des informations	– Navigateur Internet : Google Chrome, Mozilla Firefox, Microsoft Edge, Safari... Il permet de collecter des informations en ligne grâce à des alertes mails (Google Alertes) ou des agrégateurs de contenus (Pearltrees, Netvibes...). – Logiciel d'enquête ou de sondage : Sphinx, Ethnos.
Pour traiter	– Traitement de texte : Word, OpenOffice Writer. – Tableur-grapheur : Excel, OpenOffice Calc. – Système de gestion de bases de données relationnelles : Access, OpenOffice Base, MySQL. – Logiciel de présentation assistée par ordinateur : PowerPoint, OpenOffice Impress. – Logiciel de publication assistée par ordinateur : Publisher, Adobe InDesign, Scribus. – Logiciel multimédia : Windows Media Player, VLC, iTunes. – Logiciel de montage audio (Audacity), photo (Photoshop, GIMP), vidéo (Windows Movie Maker).
Pour stocker	Logiciel de stockage-partage-modification de fichiers en ligne : Dropbox, Google Drive, OpenDrive.
Pour diffuser	– Logiciel de messagerie : Outlook, Gmail, Thunderbird. – Logiciel de messagerie instantanée : Messenger, Skype, WhatsApp. – Agenda partagé : Google Agenda, calendrier Outlook.

Certains logiciels remplissent plusieurs fonctionnalités, comme les SGBDR, les logiciels métiers ainsi que les progiciels de gestion intégrés (PGI), qui permettent la gestion commerciale, comptable, financière, des ressources humaines, des stocks... (EBP, Cegid, Odoo). La collecte d'informations se fait grâce à la saisie de données puis à des requêtes dans une base de données centralisée (qui sert aussi au stockage). Le traitement est facilité par des fonctions automatisées d'analyse des données (tableaux de bord, graphiques, rapports) et d'édition comme de diffusion des documents (factures, bons de livraison, bulletins de salaire...).

III Exemples de paramétrages

Système d'exploitation : adapter les propriétés d'affichage, nettoyer et défragmenter les disques, désinstaller les programmes inutiles ou désactiver ceux exécutés au démarrage, gérer les fichiers…
Logiciels bureautiques : gérer les barres d'outils, automatiser les enregistrements, créer des feuilles de style*, créer et utiliser des modèles*…

* Voir fiches ressources chapitre 2.

Exemples :
– paramétrages possibles sur le système d'exploitation Microsoft Windows 10 (accès via la touche Démarrer en bas à gauche de la barre des tâches) :

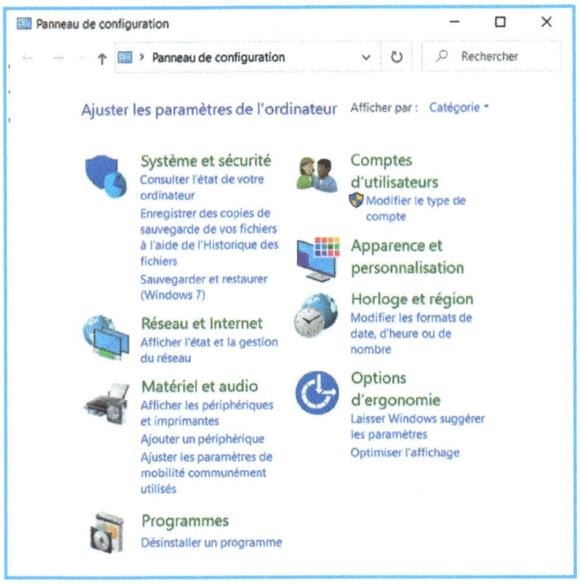

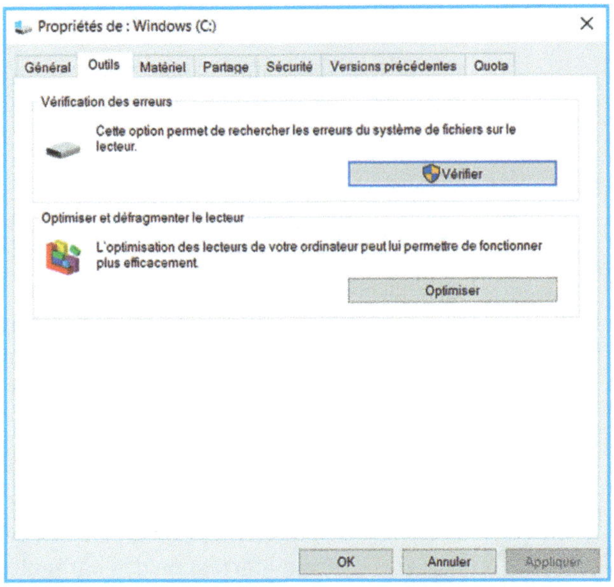

– paramétrages possibles sur le logiciel de traitement de texte Microsoft Word (accès *via* la barre de menu ou le ruban) :

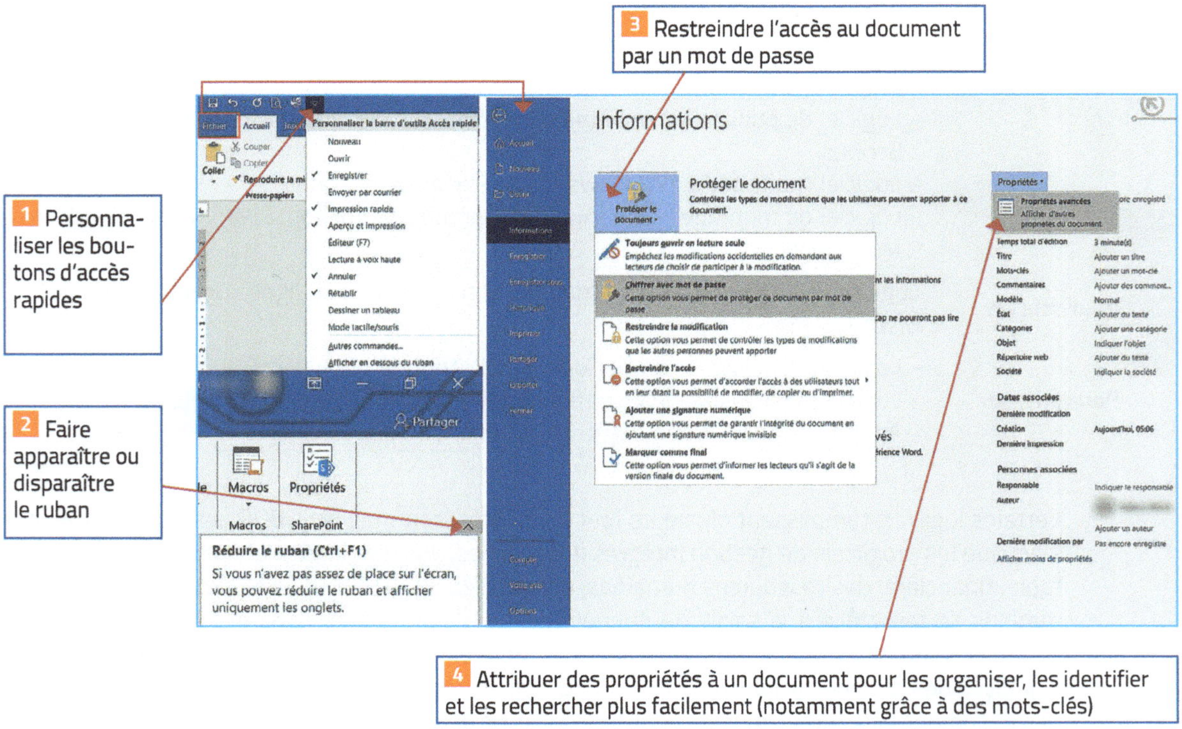

3 Configurer et paramétrer un outil de messagerie électronique

I Présentation des outils de messagerie

Les outils de messagerie permettent de gérer la communication électronique des organisations, c'est-à-dire l'envoi, la réception, l'archivage et la suppression de courriels.

Deux principaux types d'outils peuvent être distingués :

Les logiciels de messagerie	Les webmails
Ils sont installés en local sur les postes et communiquent avec le serveur de messagerie *via* des protocoles à paramétrer. Ils présentent des fonctionnalités avancées et l'avantage de consulter ses courriels en dehors d'une connexion Internet (stockage sur le serveur).	Ces messageries en ligne ne nécessitent aucun paramétrage. Leur accès se fait uniquement en mode connecté et les fonctionnalités, bien que de plus en plus développées, sont plus limitées qu'un logiciel de messagerie.

II Paramétrage de la messagerie

Les services actuels offrent de nombreuses fonctionnalités pour paramétrer sa messagerie électronique et gagner en efficacité.

Quelques exemples :

Carnet d'adresses (ou contacts, annuaires)	Le carnet d'adresses par défaut comprend l'ensemble des contacts. Il permet d'effectuer des tris en fonction des noms, prénoms ou organisation des contacts.
Dossiers (ou libellés, catégories)	Les dossiers ou sous-dossiers permettent d'organiser : – le carnet d'adresses : classement par clients, fournisseurs, prospects, collègues… pour une meilleure visibilité des contacts ; – les messages : classement par projets, expéditeurs, priorités, actions à réaliser (à traiter, en attente de réponse…). Cela désengorge la boîte de réception globale et facilite le traitement des courriels. Le classement n'est pas automatisé. Il faut déplacer les messages dans les bons dossiers ou recourir aux règles de filtrage.
Règles de filtrage (ou filtres)	Un filtre de messagerie permet d'automatiser des actions sur les courriels reçus en fonction de différents critères (expéditeur, objet, mots contenus ou non, destinataire…). Il peut s'agir de déplacer le courriel dans un dossier, de le supprimer directement, de le marquer comme lu, d'afficher une alerte…
Listes de diffusion (ou listes de distribution)	Les listes de diffusion sont une sélection de contacts du carnet d'adresses. Il est ainsi possible d'envoyer un courriel à plusieurs contacts, notamment les groupes que l'on contacte fréquemment.
Accusé de réception	Un accusé de réception, comme pour les envois postaux, permet à l'expéditeur de s'assurer que le destinataire a bien reçu (voire lu) un message, grâce à la réception d'une notification.
Signature automatique	Une signature automatique, également appelée signature électronique (à ne pas confondre avec celle des documents ayant une valeur juridique), est une signature personnalisée, configurée pour s'insérer directement à la fin des messages. Elle peut intégrer le logo de l'organisation, des informations d'identification…

FICHE RESSOURCE

4 Sécuriser un poste de travail en réseau

Les postes de travail d'une organisation sont exposés à de nombreux risques internes ou externes qui peuvent rapidement se propager via son réseau et causer d'importants dommages (blocage des accès, piratage des données, prise de contrôle à distance…).
La sécurisation des postes de travail s'avère ainsi indispensable. Elle vise à mettre en place des mesures efficaces de contrôle des accès et de protection des données.

I Le contrôle des accès au réseau

1. L'authentification des utilisateurs

Pour se connecter au réseau de l'organisation, un utilisateur doit s'authentifier au minimum en saisissant un identifiant et un mot de passe, voire à l'aide d'une carte à puce ou de données biométriques.
La méthode d'authentification est définie par l'administrateur du réseau qui contrôle ainsi quels postes de travail et quels utilisateurs sont autorisés à accéder au réseau. Il peut également savoir qui se connecte, quand et sur quel poste.
La Commission nationale de l'informatique et des libertés (CNIL) a édicté des recommandations pour la sécurité d'une authentification par mot de passe sur un réseau (https://www.cnil.fr/fr/securite-authentifier-les-utilisateurs).

2. Les profils utilisateurs

Le contrôle de l'accès au réseau est complété par la définition de profils d'utilisateurs qui permettent de restreindre l'accès aux données.
Selon son statut et son niveau de responsabilité, un utilisateur aura des droits d'accès différents aux dossiers de l'organisation : aucun accès, lecture seule, modification ou contrôle total. Cela permet de limiter l'accès aux seules données dont l'utilisateur a besoin.

II Les mesures de protection du poste de travail

1. Les moyens techniques

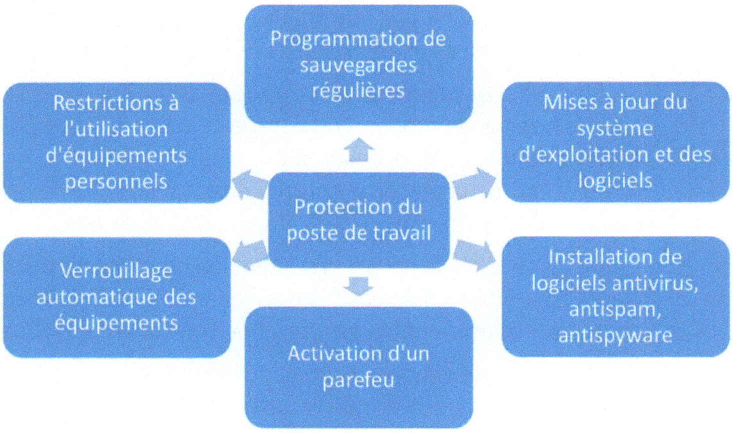

2. La sensibilisation aux bonnes pratiques

L'organisation doit veiller à sensibiliser les utilisateurs aux risques liés à l'usage des outils informatiques et les inciter à être vigilants. Elle peut ainsi recourir à des formations, à la communication d'une charte informatique ou à un guide de bonnes pratiques.

APPLICATIONS PROFESSIONNELLES

1 Analyser et paramétrer son poste de travail

MAÎTRISE

Situation

Vous disposez pour votre formation d'ordinateurs reliés au réseau pédagogique de votre établissement.

Consignes

1. **Présentez la configuration matérielle de votre poste de travail.**
2. **Précisez quel est votre système d'exploitation.**
3. **Vérifiez si votre poste dispose des logiciels (en précisant lesquels) pour :**
   a. lire les documents bureautiques, les PDF et les fichiers audio et vidéo ;
   b. naviguer sur Internet ;
   c. communiquer à distance.
4. **Repérez les logiciels spécifiques auxquels vous avez accès et leurs fonctionnalités.**
5. **Indiquez les moyens de sécurisation mis en place sur votre poste de travail.**
6. **Créez les dossiers qui vous seront utiles dans l'année pour classer vos fichiers dans les différentes matières et gérer vos fichiers pour les stages et l'examen.**
7. **Procédez à tout autre paramétrage que vous jugerez utile pour optimiser votre poste de travail en respectant les contraintes fixées par votre établissement : création de raccourcis, personnalisation des logiciels bureautiques et du navigateur Internet, paramétrage de l'affichage, modification du mot de passe... (document).**

Document Exemple de paramétrage

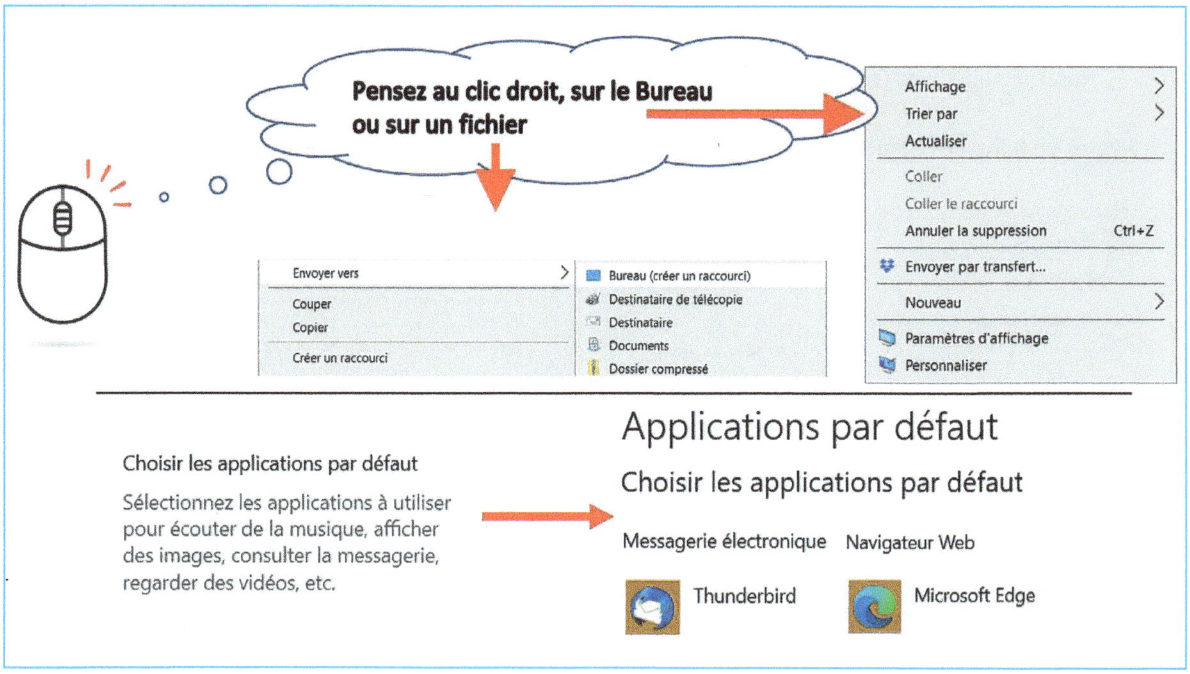

2 Configurer et paramétrer des outils de communication en ligne

MAÎTRISE

Situation

Dans le cadre de votre formation, vous êtes amené(e) à communiquer et à partager des documents avec vos camarades de classe, vos professeurs et des professionnels situés en France et à l'étranger. Vous devez donc disposer d'une messagerie électronique professionnelle, d'un outil de communication vidéo à distance et d'un espace de partage et de stockage en ligne.

Consignes

1. **Justifiez l'intérêt de disposer des outils de communication cités.**
2. **Recherchez et sélectionnez les outils en ligne adaptés à vos besoins.**
3. **Configurez et paramétrez votre compte de messagerie sur votre smartphone (document).**
   a. Paramétrez l'accès à votre compte sur votre smartphone.
   b. Constituez votre carnet d'adresses en créant des contacts parmi vos professeurs et vos camarades de classe.
   c. Établissez des groupes de contacts (professeurs, classe, professionnels, amis…).
   d. Organisez vos dossiers de réception.
   e. Créez et gérez des filtres (ou règles).
   f. Personnalisez vos messages (signature, thème et police des messages).
4. **Installez et configurez sur votre smartphone les deux applications de communication complémentaires choisies.**
   a. Personnalisez les paramètres de l'application de communication vidéo, créez des contacts et testez votre configuration en lançant une discussion avec un(e) camarade de classe.
   b. Reproduisez l'arborescence de vos dossiers (application 1, question 6) sur votre espace de stockage et paramétrez les droits d'accès pour partager l'un des dossiers avec votre professeur.

Document Exemple de paramétrage de la messagerie

Paramétrage avec Outlook (accès aux options *via* le menu *Paramètres*)

Règles de boîte de réception et de rangement

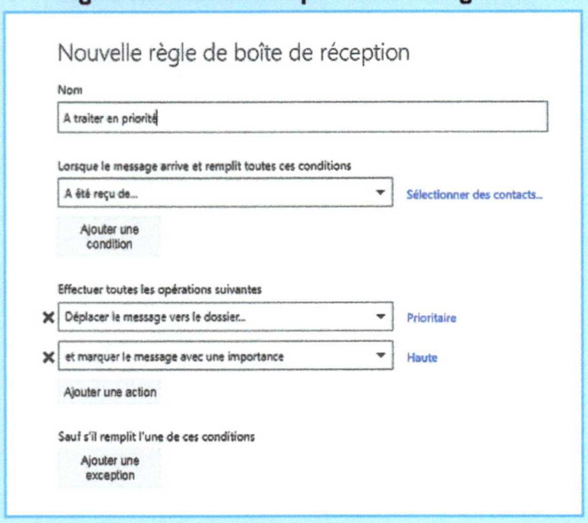

Signature électronique

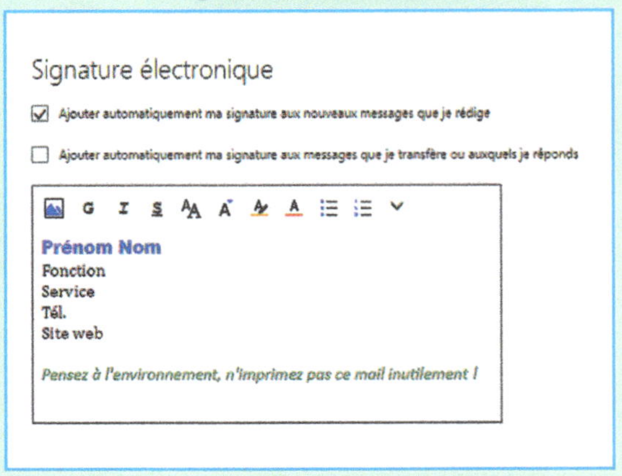

3 Sensibiliser aux risques informatiques du télétravail

MAÎTRISE

Situation

Vous travaillez en tant que collaborateur(-trice) au sein d'un cabinet de conseil en ressources humaines. Depuis l'épidémie de coronavirus (Covid-19) et la crainte d'une nouvelle période de confinement, de nombreuses entreprises que vous accompagnez souhaitent développer la pratique du télétravail. Cependant, elles craignent pour la sécurité de leur système informatique en raison de la recrudescence des cyberattaques (document).

Vous êtes chargé(e) de préparer un document récapitulatif permettant de répondre aux principales interrogations de vos clients.

Consignes

1. **Identifiez et présentez brièvement les principales cyberattaques auxquelles le télétravail expose les entreprises.**
2. **Indiquez les mesures de sécurité à mettre en place pour accompagner la pratique du télétravail et se prémunir contre les cyberattaques.**
3. **Exposez les recommandations à transmettre aux salariés, notamment s'ils utilisent leurs équipements personnels.**

Document Avec le télétravail, les cyberattaques se multiplient

[...] La compagnie aérienne EasyJet a été victime d'une cyberattaque. Les pirates informatiques ont accédé aux données personnelles de près de neuf millions de clients. Les pirates ont réussi à se procurer les adresses mail et des informations sur les voyages de millions de personnes. Et pour plus de 2 000 d'entre elles, ils ont même obtenu les cordonnées de leurs cartes bancaires. EasyJet précise que c'est "une attaque hautement sophistiquée" mais c'est pénalisant pour les clients, évidemment. Et pour la réputation de la compagnie *low-cost*, déjà fragilisée par l'épidémie, qui apparaît comme incapable de sécuriser ses données.

Au-delà, cette affaire montre surtout la grande vulnérabilité des entreprises face aux cyberattaques. Les cyberattaques se sont multipliées pendant cette pandémie. Plusieurs grandes institutions en ont fait les frais : la ville de Marseille ou encore les hôpitaux de Paris. Heureusement, sans que les soins ne soient perturbés.

Les entreprises ne sont pas toujours bien préparées

C'est bien le problème, surtout les plus petites, sachant que les attaques sont très diverses et, selon les experts, de plus en plus compliquées à détecter. Il y a les courriels classiques envoyés pour tenter de récupérer des données mais aussi les tentatives d'usurpation d'identité, *via* de faux fournisseurs, de faux clients, de faux présidents même, ou encore des demandes de rançon, avec menaces de blocage des serveurs à la clef.

▶▶▶

▶▶▶

Et il faut bien voir que le télétravail a ouvert des brèches : avec le confinement, il s'est souvent mis en place à la va-vite, sans préparation, les salariés ont parfois utilisé leurs équipements personnels, sans sécurité. On a multiplié les réunions virtuelles. Ce sont autant de portes ouvertes aux cybercriminels.

La vigilance s'imposera avec le maintien du télétravail

D'après le ministère du Travail, il pourrait y avoir près de huit millions de salariés du secteur privé susceptibles d'être en télétravail. Ça veut dire autant d'entrées possibles dans les systèmes informatiques qu'il faudra sécuriser, si cette pratique se généralise.

En attendant, le déconfinement présente un risque très élevé de piratage. Avant le retour au bureau, il faut bien vérifier tous les PC, smartphones, tablettes et autres disques amovibles ou clés USB utilisés, faire un sas de décontamination avant de les raccorder au terminal central de l'entreprise. Sans quoi, il y a le risque d'une infection à grande échelle non pas du Covid mais d'un virus informatique.

Fanny Guinochet, https://www.francetvinfo.fr, 20 mai 2020.

4 Prolongement en atelier de professionnalisation et CEJM appliquée

EXPERTISE

Situation

Vous aidez concrètement une organisation implantée dans plusieurs métropoles européennes à mettre en place le télétravail pour une partie de ses collaborateurs. Vous veillez à prendre en compte tous les aspects de ce mode de travail : technique, juridique, financier, informationnel et interculturel.

Consignes

1. Listez les équipements matériels et logiciels à fournir aux télétravailleurs.
2. Rédigez un rapport sur les droits et obligations en matière de télétravail, à la fois pour les employeurs et les télétravailleurs.
3. Identifiez les différents frais liés à la mise en place du télétravail ainsi que les économies à envisager pour un employeur.
4. COM Concevez une présentation pour faire adhérer les collaborateurs au télétravail.
5. COM Comparez les pratiques de télétravail entre trois pays (correspondant aux langues que vous pratiquez).

Chapitre 2

La communication écrite en interne

ACTIVITÉ **1.1.** Support opérationnel aux membres de l'entité

COMPÉTENCE Conduire l'action administrative en appui aux membres de l'entité.

VERS PIX **2.1.** Interagir
3.1. Développer des documents textuels

Contexte : CTV

Vous poursuivez votre mission au sein de la société CTV et avez la chance de participer à son développement à l'international.
L'entreprise s'était jusqu'alors limitée au marché français, mais la qualité et la renommée de ses conceptions lui ont permis d'être sollicitée par des clients basés à l'étranger.
Le directeur général, Pierre Bourdin, a souhaité saisir cette opportunité pour décrocher de nouveaux débouchés dans les pays de l'Union européenne et faire face à la concurrence accrue qui impacte les parts de marché de l'entreprise CTV.
Pour organiser et développer cette activité à l'international, un groupe de projet « Export » a été constitué auquel vous êtes rattaché(e) en tant que chargé(e) de la communication interne (annexe 2).
Votre mission est de faciliter les échanges d'informations nécessaires à l'exécution du travail et à une bonne prise de décision. En effet, la communication au sein de ce groupe est indispensable pour la réussite du projet. Les échanges sont nombreux et une formalisation par écrit est nécessaire pour s'assurer que tous les intervenants disposent des bonnes informations et connaissent leur rôle dans le groupe.

Découvrez l'entreprise CTV en vidéo
liennathan.fr/n2g27v

- **Reportez les informations utiles du contexte au recto de la fiche E4 (organisation, contexte et objectifs de la mission, ressources).**

VOTRE RÔLE

Intégré(e) dans le groupe de projet « Export », vous êtes principalement chargé(e) par votre responsable, Jane Alande, de la communication interne au sein de ce groupe : vous devez plus particulièrement contribuer à la production des informations écrites qui seront échangées pour la bonne exécution du travail.

TRAVAIL À FAIRE

I. Identifier les écrits professionnels à usage interne

Vous avez constaté certains dysfonctionnements liés à l'utilisation des smartphones professionnels à l'étranger et au suivi de la procédure de remboursement des frais de déplacement des commerciaux. Un rappel à ce sujet s'impose.

Vous devez également transmettre diverses informations, utiles au projet, aux membres concernés du groupe.

Enfin, vous aidez M. Lebon dans ses prises de décision en analysant les données liées au projet « Export ».

1. Identifiez les écrits professionnels adaptés pour chacune des situations de communication dont vous avez la charge. Justifiez vos choix au regard des objectifs et des cibles de chaque communication.

2. Précisez les supports de diffusion envisageables pour chacun de ces écrits.

3. Expliquez l'importance de bien identifier son positionnement par rapport à la cible de la communication.

Fiche ressource 1
Annexe 1
Annexe 2

II. Réaliser des modèles de documents

Vous collaborez avec les assistant(e)s RH du groupe projet pour concevoir les outils de communication interne harmonisés avec la politique de communication de l'organisation.

4. Créez une feuille de style respectant la charte graphique de l'organisation, pour les supports internes du service.

5. Rédigez, de manière collaborative, un modèle de document pour les supports de communication interne suivants : note interne, compte-rendu, rapport.

a. Repérez et saisissez les éléments fixes de la structure.

b. Appliquez la feuille de style à chaque élément.

c. Enregistrez votre document au format modèle.

Fiches ressources 2 3
Annexe 3
Annexe 4

III. Rédiger des écrits professionnels

6. Rédigez le contenu des écrits professionnels identifiés en annexe 1 pour répondre aux besoins de communication exprimés. Pensez à utiliser les modèles conçus de manière adaptée.

Fiches ressources 4 à 7
Annexe 5
Annexe 6
Annexe 7

• Finissez de remplir la fiche E4 (contraintes, méthodologie, bilans professionnel et personnel).

DONNÉES DE LA SITUATION

Annexe 1 Situations de communication interne au sein de la société CTV (à compléter)

N°	Description	Écrit professionnel adapté et justification
1	M. Lebon vous charge de rédiger un écrit permettant de transmettre des conseils aux commerciaux afin de remédier aux problèmes relatifs à l'usage de leur smartphone lorsqu'ils sont en déplacement.	
2	Vous devez soumettre ce document à M. Lebon pour validation.	
3	Vous rédigez une demande de renseignements sur la procédure de remboursement des frais de déplacement des commerciaux auprès du service comptable.	
4	Vous rappelez aux commerciaux la procédure à respecter, en cas de déplacement, pour obtenir le remboursement de leurs frais.	
5	Vous communiquez aux membres de l'équipe les informations recueillies lors de conférences auxquelles vous avez participé, en la présence de M. Lebon, notamment la dernière en date sur les métiers à l'international.	
6	M. Lebon souhaite savoir quels sont les organismes qui proposent des dispositifs d'accompagnement aux entreprises dans le cadre d'un projet à l'export et leurs modalités d'intervention.	

Annexe 2 Organisation et coordonnées du groupe de projet « Export »

Date de mise à jour : 18 septembre N

Coordonnées des membres du groupe de projet :

Chef de projet :	cedric.lebon@ctv.fr
Responsable production :	stephane.doulay@ctv.fr
Assistants RH :	leonie.duval@ctv.fr ; pierre.volot@ctv.fr ; myriam.bellaud@ctv.fr
Commerciaux :	jean-luc.borrue@ctv.fr ; andy.lucky@ctv.fr ; estelle.grimoud@ctv.fr ; veronique.tulleret@ctv.fr ; sylvain.dossus@ctv.fr

Annexe 3 Extrait de la charte graphique simplifiée de l'entreprise CTV

La charte graphique de la SARL CTV doit être respectée pour l'ensemble de ses supports de communication afin d'assurer la lisibilité, la cohérence et surtout l'efficacité de sa communication globale.

LOGOTYPE	COULEURS et FORMES	TYPOGRAPHIE
Le logo de l'entreprise représente un fourgon stylisé en mouvement, avec les initiales de l'organisation.	**COULEURS** Orange 137C* : effet stimulant, dynamisant. Vert 3405C* : nature, environnement, lien avec démarche écoresponsable. * Références Pantone	**POLICE DE CARACTÈRES** **Arial Black** (Titres de niveau 1) Arial (Titres de niveaux 2 et 3) Times New Roman (Corps du texte)
UTILISATION DU LOGO – En couleur pour les supports externes, en noir et blanc pour les supports internes. – Toujours sans fond. 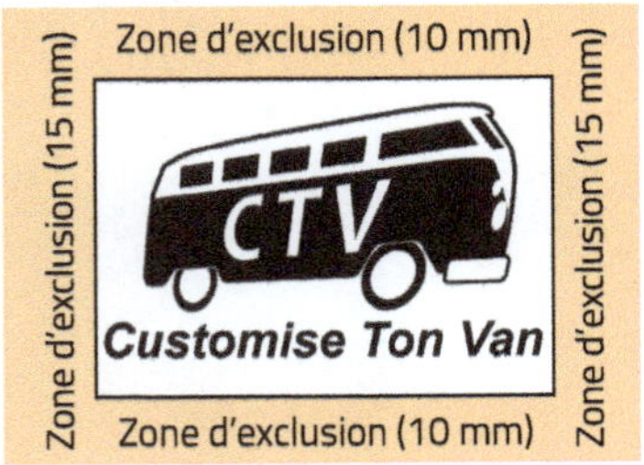 – Sa taille doit toujours garder les mêmes proportions avec le respect d'un espacement minimum de 10 mm en hauteur et de 15 mm en largeur. – Sa position est toujours alignée en haut à gauche de la feuille.	**FORME DU LOGO** Forme dessinée à main levée pour donner une image dynamique, créative de l'organisation. **INTERDITS** 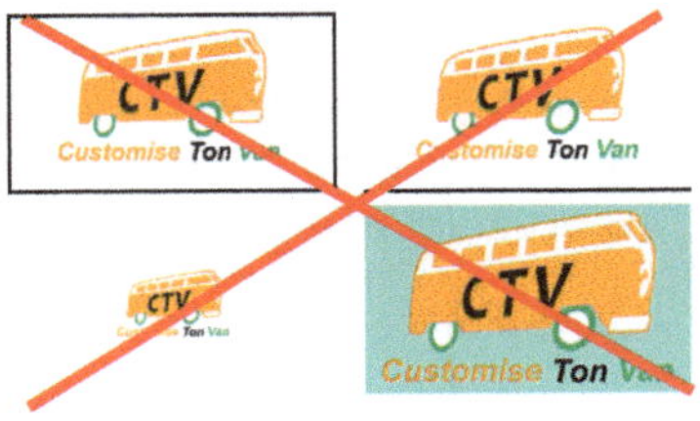 Ne jamais : – encadrer le logo – réduire la taille sous 20 mm – insérer de ligne horizontale ou de bordure inférieure sous le logo – imprimer le logo sur un fond.	**TAILLE DE POLICE** Titre de niveau 1 : 16 Titre de niveau 2 : 14 Titre de niveau 3 : 12 Texte : 11 **MISE EN FORME** Les enrichissements typographiques* peuvent être utilisés de manière harmonieuse et limitée (pas plus de deux entre chaque niveau de titre). * **Gras**, *italique*, souligné, MAJUSCULES.

Annexe 4 De la feuille de style aux modèles sous texteur Word

1. Onglet Accueil, groupe Styles, => Nouveau Style	2. Créer un style et l'appliquer	3. Enregistrer au format « Modèle » => Utiliser un modèle (.dot/.dotx)
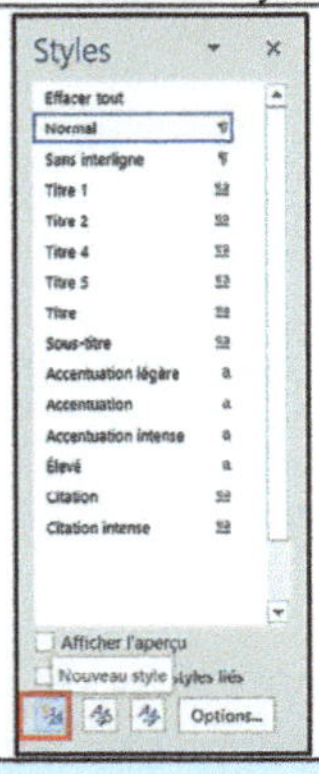	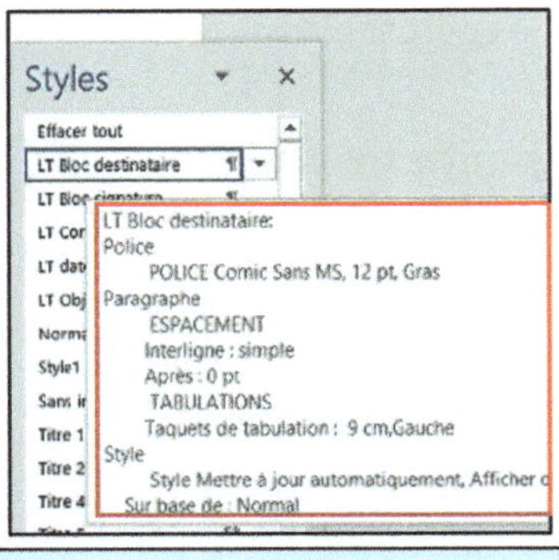 	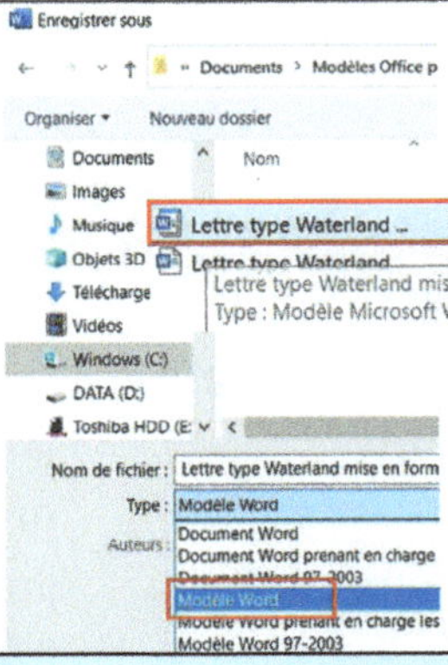

Annexe 5 Témoignages de commerciaux sur l'utilisation du smartphone à l'étranger

Je me suis retrouvé sans batterie de téléphone car mon chargeur n'était pas adapté aux prises au Royaume-Uni.

Le service comptable m'a alerté sur une augmentation anormale de mon forfait professionnel. J'avais en fait oublié d'activer l'option pour les communications internationales.

Tous les fichiers contenus sur ma clé USB étaient illisibles. J'aurais dû penser à installer l'application Dropbox pour accéder aux fichiers partagés en ligne. Heureusement, vous m'avez fait penser à Skype pour me les envoyer en direct.

Annexe 6 Procédure de remboursement des frais de déplacement

À : 'com.projetexport@ctv.fr'

Cc :

Objet : Re: Procédure de remboursement des frais de déplacement

Bonjour,

Comme convenu, je t'apporte mes lumières sur la procédure de remboursement des frais. Tu as raison de faire un rappel à nos collègues commerciaux car il y a de plus en plus d'erreurs sur les dossiers et certains remboursements n'ont pas pu être effectués.

1re étape indispensable, l'ordre de mission à faire établir par le responsable de service avant le déplacement. Il doit absolument y indiquer l'objectif du déplacement, ses dates et sa durée ainsi que les modalités de transport et d'hébergement choisies.

2e étape, la saisie des notes de frais. Les salariés doivent se rendre sur l'intranet et saisir en ligne le formulaire « Note de frais ».

3e étape, la transmission du dossier à nos services. En fin de saisie, un récapitulatif est à imprimer et à nous joindre avec l'ensemble des justificatifs. Il faut transmettre le dossier dans un délai d'un mois après le déplacement pour être remboursé le mois suivant.

Tu peux aussi leur préciser qu'une demande d'avance sur frais est possible. Ils doivent se rapprocher de l'assistante commerciale qui fera valider leur demande auprès de Cédric.

Bien sûr, le remboursement final n'intervient qu'après contrôle de nos services. Généralement, il est viré vers le 15 du mois suivant sauf si le délai d'un mois n'est pas respecté.

N'hésite pas à consulter la procédure complète sur l'intranet. Tu y trouveras notamment les échelles de remboursement selon les transports et les hébergements choisis.

Amicalement,

Amélie

Amelie.preau@ctv.fr

Annexe 7 Notes prises lors de la conférence

25/09
20 h-21 h
CCI

CONFÉRENCE SUR LES MÉTIERS DE L'INTERNATIONAL

Gd éventail de métiers sur plan international (au-delà commerce)
Points communs entre ces métiers mais variantes liées à tendance commerciale ou administrative

1. Points communs

– Langues : au moins anglais en priorité, parfois plusieurs

– Formations différentes dans spécialisation mais toutes touchent au commerce à l'étranger → parcours BTS jusqu'à grandes écoles

– Relations avec l'étranger :
→ aisance communication
→ connaissance et adaptation culture pays

– Qualités recherchées :
→ solide expérience
→ esprit d'équipe
→ autonomie
→ adaptation
→ prise d'initiatives et de responsabilités
→ réactivité

2. Différences

– Métiers répartis entre fonction commerciale (commerciaux plutôt opérationnels : négociation, prospection) et administrative (administratifs plus fonctionnels : organisation, techniques de commerce international, connaissances des procédures...)

– Niveaux de responsabilités différents (vendeurs au directeur)

– Spécialisations diverses : marketing, finance, juridique, conseils...
→ Qualités attendues différentes : esprit d'analyse pour contrôleur de gestion international, sens de la négociation pour acheteur, rigueur et organisation pour les administratifs et les financiers...

– Contraintes de disponibilité
→ Jusqu'à habiter dans le pays pour commerciaux
→ Beaucoup plus limité pour administratifs

Conclusion
Différences mais surtout 2 fonctions complémentaires sur plan commerce international

Mettre en forme la prise de notes
et la transmettre aux collègues RH
du groupe de projet
+ à Hugo Fraso, le responsable RH,
pour anticiper futurs recrutements.
Me transmettre une copie.
C. Lebon

1 Typologie et caractéristiques des écrits professionnels

Les écrits professionnels sont des documents destinés à communiquer des messages entre membres d'une organisation (internes) ou à des partenaires extérieurs (externes).
Leur rédaction et leur présentation doivent être particulièrement soignées car ils sont le reflet de l'image et de l'identité de l'organisation.

I La diversité des écrits professionnels

Écrits et supports	Cibles	Objectifs
Note d'information ou de service (support papier, numérique, par voie d'affichage)	Interne	Informer, organiser et transmettre des informations au personnel.
– Rapport – Note de synthèse (supports papier et numérique)	Interne	Établir le diagnostic d'une situation à partir d'informations diverses pour aider son destinataire à prendre une décision. Proposer des solutions dans le rapport.
– Compte rendu – Procès-verbal (supports papier et numérique, par voie d'affichage)	Interne (parfois externe)	Rendre compte, restituer la teneur d'une réunion, d'un événement ou d'une activité. Le procès-verbal (PV) revêt un caractère beaucoup plus formel et a une valeur juridique. Il est établi de manière exhaustive et consigne toutes les décisions prises (PV du comité d'entreprise, de séance du conseil municipal, d'une assemblée générale…).
– Courrier (support papier) – Courriel (support numérique)	Interne ou externe	Transmettre ou demander des informations, traiter des réclamations, convoquer à un entretien, une formation, promouvoir un produit ou un événement, solliciter un partenariat…
Questionnaire (supports papier et numérique)	Interne ou externe	Recueillir des informations sur le personnel ou des acteurs externes (clients, usagers, partenaires…).
Message instantané (support numérique)	Interne ou externe	Échanger de manière directe et synchrone.
– SMS (*Short Message System*) – MMS (*Multimedia Message System*, support numérique)	Interne ou externe	Transmettre une information discrètement et très rapidement, sans déranger l'interlocuteur par un appel téléphonique s'il ne peut pas parler.
– Diaporama, présentation animée – Infographie (support numérique)	Interne ou externe	Accompagner visuellement une présentation sur l'organisation, son bilan, ses produits, un événement particulier… (en face-à-face ou en consultation libre).

Les écrits professionnels internes comprennent également :
– les journaux internes, bulletins, lettres d'information ;
– les revues de presse ;
– les livrets d'accueil, brochures de présentation ;
– les affiches (règles d'hygiène et de sécurité, espace fumeurs/non-fumeurs…).

▶▶▶

II La formalisation des écrits professionnels

Pour être efficaces, les écrits professionnels doivent respecter des spécificités sur le fond et la forme.

1. Sur le fond

Analyser le contexte et les objectifs de la communication.	– Quel est le besoin à l'origine de cet écrit ? – Qu'est-ce qui est attendu de cet écrit (règles à respecter, actions à entreprendre…) ?
Adapter son contenu au(x) destinataire(s).	– Qui est le destinataire de cet écrit ? – Quel est son statut dans l'organisation ? – Quel est le positionnement du rédacteur à son égard ? – Quelles informations peuvent être divulguées ?
Rédiger un message clair, concis, précis et complet.	– Quelles sont les informations utiles par rapport aux objectifs de communication ? – Le message transmis est-il suffisamment précis pour être compréhensible ?

2. Sur la forme

Déterminer le support le plus approprié.	Prise en compte de certaines contraintes, notamment temporelles (degré d'urgence), relationnelles (lien d'autorité ou fonctionnel avec le destinataire), matérielles (outils à disposition), organisationnelles (formalisme spécifique à respecter en fonction des procédures mises en place), financières (coût des affranchissements, des recommandés, des impressions papier…).
Respecter les normes de présentation, les mentions obligatoires, la politique de communication et la charte graphique.	– Utilisation des éléments graphiques de l'identité visuelle de l'organisation (logotype, formes, typographie). – Présentation professionnelle, conforme aux normes en vigueur dans l'organisation (procédures de rédaction des écrits, normes Qualité…). – Respect des contraintes légales (mentions obligatoires sur certains documents, notamment la lettre commerciale, les factures…).
Structurer son écrit pour favoriser sa lisibilité et sa compréhension.	Enchaînement logique des idées, mise en valeur des données clés…

Cette formalisation répond aux usages en vigueur dans le monde du travail et peut s'appuyer sur des pratiques propres à l'organisation et/ou sur des recommandations d'organismes de normalisation :
– normes AFNOR (Association Française de NORmalisation) ;
– normes ISO (Organisation internationale de normalisation).

III Les règles d'orthographe, de ponctuation et de présentation

Le respect de la langue écrite est indispensable dans le monde professionnel, notamment les règles d'orthographe, de grammaire, de syntaxe et de ponctuation. Il en est de même pour les normes de présentation. En effet, les écrits professionnels reflètent non seulement l'image de leurs auteurs mais aussi celle de l'organisation (fiabilité, rigueur, sérieux…).

Quelques conseils à respecter en matière de présentation des documents numériques

- Les règles d'espacement des signes de ponctuation

– Un espace après les signes simples comme la virgule (,), le point et les points de suspension (. et …), l'astérisque (*)
– Un espace avant et après les signes doubles comme le point-virgule (;), le deux-points (:), le point d'exclamation (!), le point d'interrogation (?)
– Aucun espace avant et après l'apostrophe ('), le trait oblique (/)
– Un espace avant et après les guillemets (« »)
– Un espace avant et après mais pas à l'intérieur des parenthèses (())

Exemple : 1/3 des effectifs ont été réquisitionnés sur le Salon Viennexpo de novembre. Pouvez-vous nous préciser quand les salariés concernés, à l'exception des cadres, pourront bénéficier de leurs jours de récupération ? J'attends un retour rapide (avant mardi…).

- La justification du texte : toujours justifier le texte par défaut (alignement à gauche et à droite).
- Les alignements : utiliser les tabulations pour aligner les blocs des écrits (destinataires, lieu, date…).

2 Analyser la structure d'un document

I La définition d'un document

Un document est la combinaison entre une information structurée et un support :
– l'information est un ensemble de données intelligibles et porteuses de sens qui devient connaissance et peut aider à la prise de décision ;
– le support est le contenant de l'information, l'élément matériel sur lequel l'information est enregistrée et communiquée.

II Les principaux éléments d'un document

– La **structure** (plan) : ordre dans lequel les informations sont organisées avec des rubriques et sous-rubriques.
– La **forme** (présentation) : moyens utilisés pour rendre le document lisible et présentable. Elle doit respecter la charte graphique de l'organisation et être adaptée au support choisi.
– Le **fond** (contenu, sens) : ensemble des informations contenues dans le document.
– Le **support** (papier, numérique, voire multimédia).
Il est utile de connaître ces éléments afin de distinguer les éléments variables (le fond) des éléments fixes (la structure et la forme).

III L'arborescence d'un document

L'arborescence est l'organisation hiérarchique et la mise en relation des éléments d'un document.

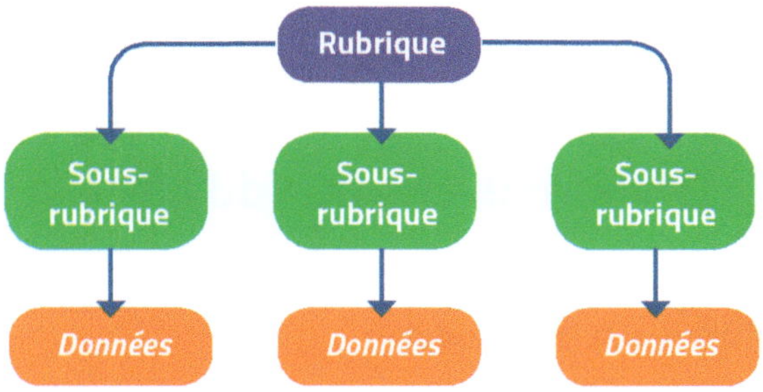

Les rubriques et sous-rubriques sont fixes. Seules les *données* sont variables.

CTV

FICHE VISITEUR

SALON *Viennexpo du 16 au 18 novembre N*

CLIENT

Nom : *Martin* Prénom : *Paul*
Tél. : *01 02 03 04 05* Mail : *p.martin@gmail.com*

INTÉRÊTS

Aménagement : ☐ Standard ☑ Sur mesure

SUITES À DONNER

☑ Envoi catalogue ☐ Proposition devis
☐ RDV le
Fiche complétée par *Luc Dupont*
Le *17 novembre N*

IV La modélisation des documents

– Les modèles sont des documents types à partir desquels la production d'écrits professionnels peut être automatisée. Ils fixent la structure d'un document et stockent les éléments de mise en page et de mise en forme (marges, en-tête et pied de page, styles des textes et tableaux…) afin d'harmoniser la présentation des documents. Ils s'appliquent à des documents fréquemment utilisés pour faciliter leur reproduction et gagner en productivité (rapidité, réactivité, fiabilité et qualité). Il peut notamment s'agir de lettres types (pour les publipostages) ou de formulaires (pour la collecte d'informations).
Cette modélisation doit se faire dans le respect de la charte graphique qui assure la cohérence de la communication globale en donnant une identité visuelle à l'ensemble des supports diffusés par l'organisation (logo, formes, couleurs, typographie).
– Les feuilles de style, comprenant les caractéristiques de mise en forme d'un document, sont intégrées à ces modèles.

FICHE RESSOURCE

3 Créer et utiliser des modèles de documents

I Les étapes de la création d'un modèle de document (sous texteur)

1. Définir la mise en page

- Définir le format du papier.
- Choisir le sens d'orientation : portrait ▯ ou paysage ▭.
- Sélectionner la taille des marges hautes et latérales.

2. Saisir les éléments de structure fixes

Saisir l'ensemble des mentions obligatoires et des éléments invariables (en-tête, bloc destinataire, objet, corps de texte… et insertion d'images → logos).

3. Créer des styles

- Déterminer et appliquer les caractéristiques des styles souhaités pour chaque élément. Il s'agit de définir le format à appliquer à la police et aux paragraphes.

– Police : taille, gras, maigre, italique, souligné, majuscules, minuscules, couleur…

– Paragraphes : alignement, retrait, espacement, tabulations…

– Bordures et trames : encadrement, ligne horizontale, couleur d'arrière-plan…

– Liste : niveau hiérarchique, style (puces ou numéros)…

- Enregistrer chaque style.

II Enregistrement au format « Modèle » et utilisation du modèle

1. Enregistrer le modèle

Sélectionner le format modèle (pour le texteur Word, extension « .dot »).

2. Utiliser le modèle

- Ouvrir le modèle.
- Saisir le texte aux emplacements définis pour appliquer automatiquement les styles.

3. Enregistrer le document

Enregistrer le document complété au format approprié et non au format « Modèle » (pour le texteur Word, extension « .doc » ou « .docx »).

4 La note interne

Ses objectifs sont d'informer, d'organiser et de transmettre des informations au personnel.

I Distinction entre la note d'information et la note de service

	Note d'information	Note de service ou d'instruction
Émetteur	Principalement le supérieur hiérarchique (sens descendant) Le cas échéant : – un collègue avec lien fonctionnel (sens latéral ou transversal) – un subordonné à un supérieur (sens ascendant)	Supérieur hiérarchique (sens descendant)
Destinataire(s)	Ensemble du personnel, d'un service ou d'une catégorie de personnel	Souvent un service ou une catégorie de personnel
Objet	– Information d'ordre général sur la vie de l'organisation (événement, changement de réglementation…) – Pas de retour attendu	– Transmission de consignes, règles ou modalités de fonctionnement à suivre, relatifs à une activité ou un problème – Actions obligatoirement attendues

Il n'existe pas de formalisme imposé au niveau de la présentation de ces notes. Cependant, certaines mentions obligatoires sont à respecter et des nuances existent entre les deux notes.

II Modèle de présentation des notes internes

1 **En-tête simplifié** 2 Date … → Ajout du lieu possible

3 **NOTE D'INFORMATION** ou **DE SERVICE N°**… → Obligatoire pour les notes de service

4 Objet : … → L'objet peut être intégré au titre.

5 De : *(= émetteur : service, nom, fonction)*

6 À : *(= récepteur : ensemble du personnel ou service, nom, fonction)*

❑ Pour action
❑ Pour information
→ Non obligatoire, réservé aux notes de service

~~Civilité~~, → Absence de civilité et de formule de politesse

7 Corps de la note
…
…

→ – Structure claire et aérée (paragraphes, mots de liaison)
– Contenu précis et synthétique
– Conclusion brève possible
– Ton neutre et impersonnel
→ Pas de « je » ni de « nous »

⚠ Spécificités de la note de service
Pour montrer l'implication de l'émetteur des ordres, le ton peut être ferme, impératif, voire personnel et direct.
→ Usage du pronom « je » ou « nous » possible

~~Formule de~~ politesse

8 Signature → Obligatoire pour les notes de service

9 Statut → Inutile s'il est précisé dans « De : »

10 Pièce jointe : → En cas de documents joints

5 Le compte rendu

Ses objectifs sont de rendre compte, de restituer la teneur d'une réunion, d'un événement ou d'une activité.

I Présentation et contenu d'un compte rendu

Comme pour les notes, la présentation d'un compte rendu n'est pas formalisée.
Le compte rendu comporte les mêmes mentions obligatoires que les notes, auxquelles s'ajoutent des mentions spécifiques à l'événement relaté :
- ordre du jour à la place de l'objet dans le cas d'une réunion ;
- date et lieu de l'événement (réunion, entretien, visite...) ;
- heures de début et de fin de séance, le cas échéant ;
- noms et fonctions des personnes présentes, absentes et excusées ;
- date, heure et lieu de la prochaine séance, le cas échéant.

Son contenu retrace les faits de manière neutre, objective et fidèle (pas d'interprétation ou d'avis personnel du rédacteur, restitution fidèle des propos des interlocuteurs).
Les échanges sont reformulés, synthétisés et structurés. Le style utilisé est indirect.

II Modèle de présentation d'un compte rendu

1 **En-tête simplifié** — 2 Date : ...

3 **COMPTE RENDU N°...**

Réunion du 4 Date

5 Ordre du jour :
6 Lieu de réunion :
7 Heure de début :

8 **Présents**	**Absents**	**Excusés**
Nom, fonction ...	Nom, fonction ...	Nom, fonction ...
9 **Diffusion**		
À l'ensemble des participants *(pour validation)*		

10 **Introduction :** ouverture de la séance (heure de début, ordre du jour, remarques préliminaires – *remerciement des participants pour leur présence, documents fournis lors de la réunion...*)

Développement : restitution des faits et des propos échangés de manière claire, concise et structurée :
– soit de manière analytique : respect de la chronologie, citation des noms des intervenants ;
– soit de manière synthétique : reformulation, synthèse et structuration des débats (titres et sous-titres apparents).

Conclusion : évocation des décisions prises ou des votes effectués, précision de l'heure de fin et information éventuelle sur la prochaine réunion (date, heure, lieu).

11 Signature du rédacteur

12 Fonction

6 Le rapport / NOTE DE SYNTHÈSE

Ses objectifs sont d'établir le diagnostic d'une situation à partir de la collecte d'informations diverses et de proposer des solutions pour aider son destinataire à prendre une décision.

I Présentation et contenu d'un rapport

Un rapport ou rapport d'étude est un outil d'aide à la décision, principalement rédigé à la demande d'un supérieur mais qui peut être fait de la propre initiative de son rédacteur.
Il vise la résolution d'un problème ou d'un besoin par l'analyse de la situation (diagnostic de l'existant, analyse des causes) et la proposition de solutions (validées ou non par le supérieur).
Sa rédaction nécessite le suivi d'une démarche précise pour :
– bien comprendre la demande ou le besoin : analyse préalable pour délimiter précisément le travail (attentes, contexte, enjeux, objectifs, causes, contraintes) ;
– collecter et traiter les informations nécessaires : sélection et exploitation des informations les plus pertinentes ;
– établir l'analyse de l'existant : constat objectif et factuel de la situation ;
– analyser les causes : recherche, analyse et interprétation des raisons de la situation ;
– proposer des solutions : recherche, évaluation et comparaison des solutions envisageables de manière argumentée ; préconisation d'une solution.
Il existe un autre type de rapport dit « rapport (ou note) de synthèse ». Comme son nom l'indique, il vise à établir une synthèse de plusieurs sources d'information, sans proposer de solution.

II Modèle de présentation d'un rapport

1 En-tête simplifié — 2 Date

Ajout du lieu possible

3 Émetteur (Prénom Nom)
Fonction

4 Récepteur
Fonction

5 RAPPORT

6 Objet : ...

L'objet peut être intégré au titre.

7 Pièces jointes

– Abréviation « PJ » autorisée
– Disposition possible en bas de page

8 Civilité,

Non obligatoire si rapport ou note de synthèse, sans proposition de solutions

9 *(Introduction)*
Demande à l'origine du rapport / problématique / plan

10 *(Développement)*
I. Analyse de l'existant
A.
B.
II. Analyse des causes
A. Sous-partie 1
B. Sous-partie 2
III. Proposition et analyse des solutions
A.
B.

– Structure claire et aérée avec un plan apparent *(noter les parties et sous-parties mais pas « Introduction », « Développement » et « Conclusion »)*
– Contenu précis et synthétique
– Ton neutre et impersonnel

– Possibilité d'accompagner le texte de tableaux ou graphiques si c'est pertinent
– Renvoi aux annexes pour des explications complémentaires

11 *(Conclusion + prise de congé)*

– Uniquement dans les rapports d'étude avec proposition de solutions
– Possibilité pour l'émetteur de donner son avis et donc d'adopter un style plus direct et persuasif

12 Émetteur
Fonction
Signature

7 Le courriel

Ses objectifs sont multiples : transmettre ou demander des informations, traiter des réclamations, convoquer à un entretien, une formation, promouvoir un produit ou un événement, solliciter un partenariat...

I Du courrier au courriel

Le courrier est de plus en plus réservé aux situations les plus importantes et/ou délicates, exigeant une communication personnalisée, avec une prise de distance et l'adoption d'une posture plus formelle, voire officielle.
Le courriel tend en effet à supplanter le courrier en permettant des échanges plus rapides et moins formalisés. Il nécessite cependant le respect de certaines règles.

Mentions d'un courrier	Mentions d'un courriel
1 En-tête complet **2** Nom et coordonnées complètes du destinataire **3** Lieu et date (date en toutes lettres, ex. : *le 20 novembre N*) **4** Références (facultatives mais recommandées pour le suivi des échanges ; souvent sous forme d'initiales – signataire, rédacteur – et de chiffres – n° de la lettre + année, ex. : *PB/JA/23-18*) **5** Objet : résumé du contenu de la lettre **6** Titre de civilité – « Madame, », « Monsieur, » ou « Madame, Monsieur, » – Possibilité d'ajouter la qualité de la personne **7** Corps de la lettre – Structure apparente (paragraphes, alinéas) – Formule de politesse **8** Signataire : nom, fonction (si signature pour autre personne, ajout devant le nom de la mention « *Par procuration* » si délégation officielle ou « *Par ordre* ») **9** Pièces jointes (le cas échéant)	De : *expéditeur automatisé* Date : *automatisée* **1** À : destinataires (destinataires principaux, visibles par tous) Cc = « copie carbone » (destinataires secondaires, visibles par tous) Cci = « copie carbone invisible » (anonymat des destinataires protégé) **2** Objet : ne pas l'oublier **3** Pièces jointes **4** Corps du message : – « Bonjour », possibilité d'ajouter la civilité – Message structuré, aéré, clair et concis – Formule de politesse réduite → *Cordialement, Salutations, Bien à vous...* **5** Signature → Nom, fonction, éventuellement nom de l'organisation, n° de téléphone (La signature électronique peut être automatisée.)

II Modèle de présentation d'un courriel

3 Pièces jointes
⚠ Limiter la taille des fichiers (environ 20 Mo conseillés).
Pour les fichiers volumineux, privilégier le partage en ligne ou les services dédiés comme WeTransfer.

1 À : destinataire
– Accès aux contacts préenregistrés (clic sur « À... »)
– Accès Cc ou Cci (clic sur « Cc... »)
– Possibilité de créer des listes de contacts

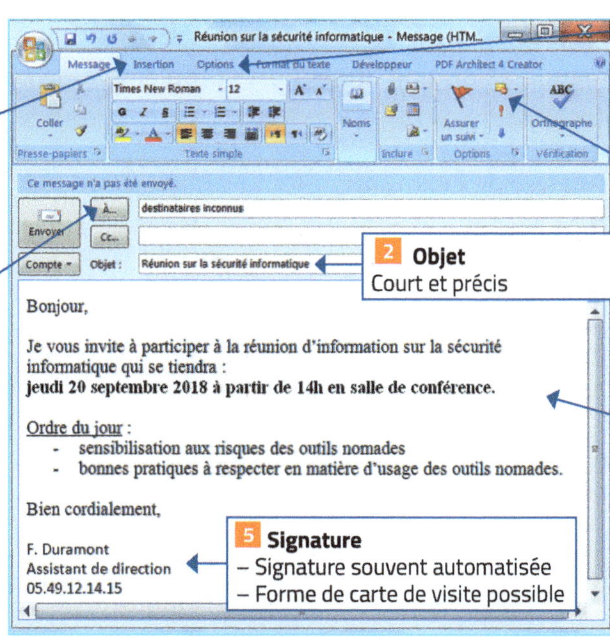

2 Objet
Court et précis

5 Signature
– Signature souvent automatisée
– Forme de carte de visite possible

Options
Possibilité de demander un accusé de réception et/ou de lecture

Restriction
Possibilité d'interdire le transfert du message
Priorité
Possibilité d'attribuer une priorité élevée ou basse

4 Corps du message
– Mise en forme possible des informations importantes (fonctionnalités texteur)
– Message court, précis et aéré

APPLICATIONS PROFESSIONNELLES

1 Créer ou faire évoluer une charte graphique

MAÎTRISE

Situation

Dans le cadre des Ateliers de professionnalisation, vous travaillez sur la charte graphique de votre promotion. Votre objectif est de proposer une charte représentative des valeurs de votre classe, permettant d'identifier facilement les supports que vous diffusez et que vous devrez défendre devant les acteurs de votre établissement.

Consignes

1. **Concevez une (nouvelle) charte graphique, harmonisée avec celle de votre établissement et en cohérence avec l'identité visuelle que vous souhaitez transmettre.**
2. **Rédigez un rapport présentant et expliquant vos choix en matière de charte graphique. Transmettez-le par courriel à votre responsable.**
3. **Présentez et défendez votre proposition de charte graphique à l'oral devant la classe.**

2 Créer un formulaire

EXPERTISE

Situation

Pour mettre en place l'activité du groupe projet « Export », plusieurs réunions sont prévues. Dans l'entreprise CTV, la réservation de salle fait habituellement l'objet d'une demande par courriel, mais vous souhaitez améliorer cette procédure en créant une fiche de réservation.

Consignes

1. **Analysez la structure de votre fiche de réservation et créez son arborescence.**
2. **Argumentez sur l'intérêt de modéliser cette fiche de réservation.**
3. **Modélisez la fiche de réservation.**
   a. Créez une feuille de style respectant la charte graphique.
   b. Concevez le modèle de la fiche de réservation.
   c. Utilisez ce modèle pour la prochaine réservation de salle.

Document 1 Maquette de la fiche de réservation

CTV **Réservation salle de réunion**

Date de la demande :

Émetteur

Nom : Prénom :

Service : Statut :

Objet de la demande

Date : Heure de début : Durée :

Nombre de participants :

(Pour le matériel : s'adresser au service Informatique)

MÉMO

« Prochaine réunion de direction dans 2 semaines, à fixer le lundi. Prévoir 1 h. Présence de tous les responsables.
Vous rédigerez le compte rendu. Merci de m'envoyer par mail (avec importance haute) le formulaire de réservation de la salle. »

JA

Note perso : vérifier la réception du mail.

Document 2 Procédure de création d'un formulaire sur texteur

La création d'un formulaire avec le traitement de texte Word s'appuie sur un modèle de document.

L'intérêt du formulaire est de pouvoir insérer des contrôles de contenus afin de personnaliser la saisie des éléments variables d'un modèle.

ÉTAPES À SUIVRE POUR LA CRÉATION D'UN FORMULAIRE AVEC WORD

1. Création de modèle

2. Ajout de contrôle de contenus

Zones de texte Liste déroulante

Pour faire apparaître l'onglet **Développeur** : Ficher => Options => Personnaliser le ruban => Activez la case

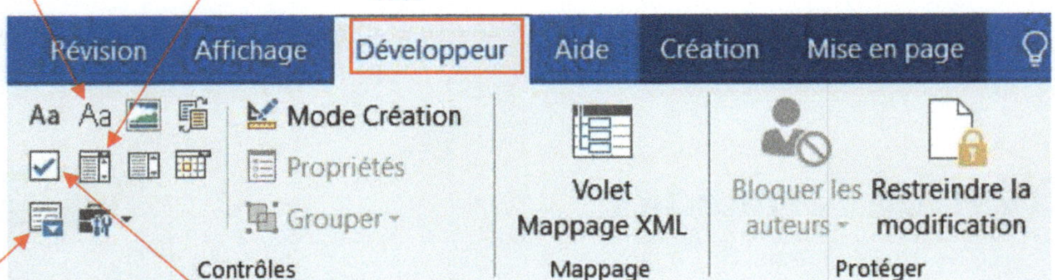

Sélecteur de date Case à cocher

3. Personnalisation des textes d'instructions

Clic sur le contrôle de contenu à modifier puis sur Mode Création

Cliquez ou appuyez ici pour entrer du texte. +

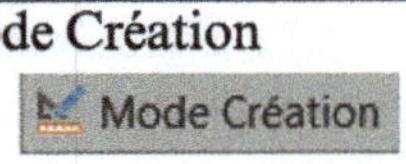

4. Création des listes de choix possibles pour les listes déroulantes

Clic sur la liste déroulante insérée dans le modèle

Choisissez un élément.

puis Propriétés de l'onglet Développeur

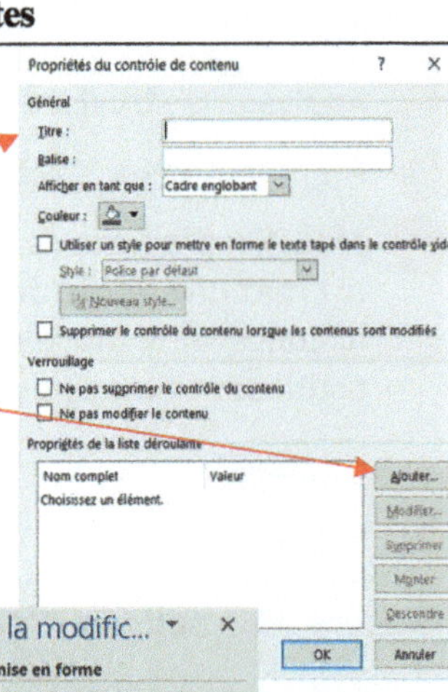

- ⇨ Possibilité de personnaliser le titre
- ⇨ « Ajouter » et saisie pour chaque choix de la liste

5. Protection du formulaire

Clic sur Restreindre la mise en forme et la modification

- ⇨ Activation des restrictions souhaitées
- ⇨ Choix restriction « Remplissage de formulaires »
- ⇨ Activer protection

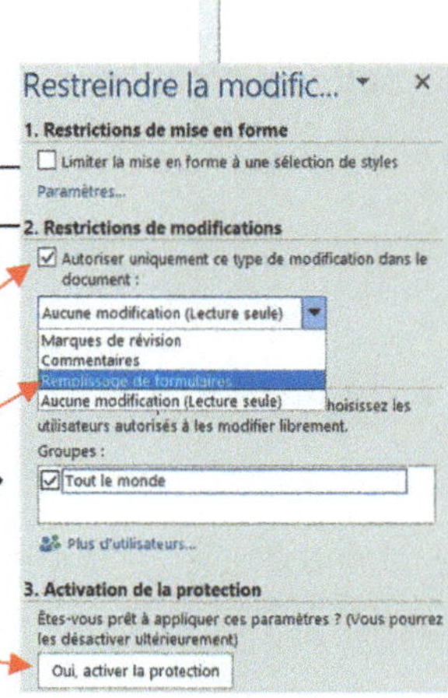

3 Communiquer en interne au sein d'une ONG internationale

EXPERTISE

Situation

Vous êtes bénévole au sein d'une organisation non gouvernementale (ONG) internationale spécialisée dans les interventions humanitaires pour les enfants : campagnes de vaccination, lutte contre la malnutrition, sensibilisation au danger des mines... Vous travaillez au siège social parisien en collaboration avec le responsable de la communication.
Toutes les communications internes au sein de cette organisation se font en anglais pour s'adapter aux diverses nationalités des bénévoles. Les échanges oraux, notamment les entretiens téléphoniques audio et vidéo, sont privilégiés pour une meilleure réactivité.
Vous avez constaté une limite à cet usage, à savoir l'absence de trace écrite des informations communiquées. Or, vous avez conscience de l'importance de les formaliser pour favoriser le partage des pratiques et ainsi faciliter la planification, la communication et l'évaluation des opérations humanitaires menées par l'ONG.
Vous prenez donc l'initiative de recenser les situations principales de communication de votre organisation afin d'identifier les supports écrits les mieux adaptés à chacune d'elles. Il vous semble également judicieux d'informer les membres de l'organisation sur l'importance de formaliser leurs échanges.

Consignes

1. **Distinguez, parmi les différentes situations auxquelles l'ONG est confrontée (document 1), celles qui relèvent d'une communication interne.**
2. **Précisez, parmi les situations de communication interne repérées, les supports écrits les mieux adaptés pour formaliser les échanges.**
3. **Rédigez une note interne incitant les membres à formaliser leurs échanges par écrit (document 2).**

Document 1 Situations de communication de l'organisation

1	Alerter le plus largement possible sur l'aggravation de la malnutrition des enfants.	2	Communiquer avec les journalistes sur les actions de l'ONG.
3	Élaborer sa stratégie : réflexion sur les projets à mener et les actions pour développer les ressources financières.	4	Lancer un appel pour collecter des dons.
5	Informer les gouvernements locaux de notre intervention sur leur territoire.	6	Coordonner les actions des salariés et bénévoles sur place.
7	Communiquer avec les autres organisations partenaires (ONG, ONU, équipes de secours sur place...).	8	Rendre compte des actions en cours au siège social.
9	Faire le bilan de nos actions annuelles auprès de nos adhérents.	10	Valoriser les projets menés et l'action des bénévoles.

Document 2 Rédiger une note interne en anglais

SAMPLE MEMO TO EMPLOYEES

Fully blocked display

To: All employees

From: Robert Smith
Human Resources Director

Intended recipients and the writer(s) with their first and last names and titles or only with the first initial and last names if they know each other.

Date: September 24, N

Re: First Aid Training

Subject must be clear, concise and precise.

A few places for the first aid training are still available for the next session of 1st October.

First paragraph: introduce the subject of the memo.

No rules about the length, the organization or the writing style / tone of the document

If you are interested, you can register online by filling the appropriate form.

This training will be held at 9 am in our offices.

Second and further paragraphs: propose solutions and the measures to be taken.

You can reach our department for further information or in case of technical problem while registering.

Last paragraph: conclude by listing the contact information and inviting the recipients to contact you for any questions or any concerns.

Robert Smith

Signature is not always required on a memo.

Memos can be on paper or electronic format. Today, they are mainly in an electronic format, sent as attachments to e-mails or posted on intranet.

Chapitre 3

La communication orale en interne

ACTIVITÉ	Support opérationnel aux membres de l'entité	**VERS PIX**	**2.1.** Interagir **5.2.** Construire un environnement numérique
COMPÉTENCE	Conduire l'action administrative en appui des membres de l'entité.		

Contexte : CTV

Pour faire face à son développement, l'entreprise CTV a décidé de recruter un responsable supplémentaire pour le pôle Paye : Gwen Vichet, recrutée en externe. Pierre Fournet, chef du service, a procédé à une réorganisation complète et redistribué les tâches autour de trois pôles.
Malheureusement, cette réorganisation n'a pas eu l'effet escompté : le climat ne cesse de se détériorer. Les salariés, pour la majorité des seniors, ne souhaitent pas s'impliquer et montrent de la mauvaise volonté à appliquer des consignes susceptibles de modifier leur routine de travail. De plus, l'intégration de Mme Vichet se passe mal ; elle est prise à partie par ses collègues qui ne comprennent pas pourquoi ils n'ont pas obtenu de promotion interne. Cette situation conflictuelle entrave le bon fonctionnement du service.
Étudiant(e) en BTS SAM, vous intégrez l'entreprise pour votre période de stage sous la responsabilité de Jane Alande. Elle souhaite que vous l'aidiez à rétablir un bon climat de travail, en améliorant la communication orale interne.

Organigramme du service administratif et financier

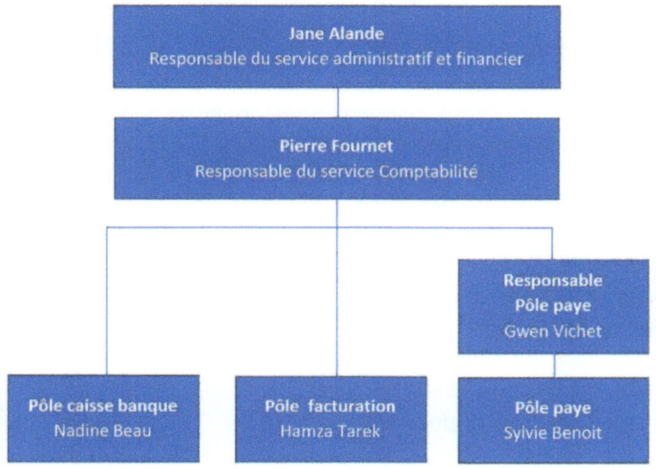

Découvrez l'entreprise CTV en vidéo
liennathan.fr/n2g27v

- Reportez les informations utiles du contexte au recto de la fiche E4 (organisation, contexte et objectifs de la mission, ressources).

VOTRE RÔLE

Jane Alande, responsable du Service administratif et financier, souhaite que vous supervisiez la mise en place de réunions à distance. Elle déclare avoir besoin d'un regard neuf et vous demande de lui faire part de vos observations et réflexions concernant la dégradation du climat de travail au sein du service Comptabilité.

TRAVAIL À FAIRE

I. Recueillir les consignes et les traduire en actions à mener

Mme Alande regrette de ne pas pouvoir organiser davantage de réunions de direction mais elle est souvent en déplacement. Elle sait pourtant que ces réunions sont indispensables pour transmettre correctement les consignes, échanger sur les informations importantes et prévenir d'éventuels conflits. C'est pourquoi elle souhaite mettre en place une réunion hebdomadaire à distance.

Fiche ressource 1
Annexe 1

1. À l'aide d'un outil de prise de notes, repérez les consignes de Mme Alande en indiquant en parallèle quelles sont les actions à mener.

2. Distinguez parmi les consignes de Mme Alande celles qui sont implicites et celles qui sont explicites.

3. Quelles questions pourriez-vous adresser à votre responsable pour clarifier les consignes implicites ?

Annexe 2

4. À l'aide d'une recherche Internet et de l'annexe 2, répondez aux questions suivantes :

a. Quelles sont les compétences comportementales mises en évidence dans la situation ?

b. Pourquoi Mme Alande doit-elle prendre en compte ces compétences dans le management de son équipe ?

c. Recherchez des solutions digitales permettant de mettre en place des réunions à distance.

d. Relevez les avantages et inconvénients de ce type de réunion.

COM e. Rendez compte oralement à Mme Alande des résultats de vos recherches.

II. Mener des actions pour améliorer la communication orale

Mme Alande se rend compte que trois salariés ne se sont pas connectés pour la première réunion en ligne. Elle vous charge de faire le nécessaire pour que ces salariés soient présents à la prochaine réunion.

Annexe 3

5. Préparez vos trois entretiens en tenant compte de chaque interlocuteur. Expliquez comment vous allez adapter votre discours et pourquoi.

Au cours de la réunion, deux salariés ont malencontreusement échangé des informations confidentielles, pensant que les autres collaborateurs n'étaient pas connectés…

6. Comment pouvez-vous agir pour améliorer la confidentialité des informations tout en préservant un climat apaisé et coopératif ?

III. Analyser une situation de communication interpersonnelle

Malgré la mise en place des réunions à distance, le climat au sein du service Comptabilité ne s'est pas amélioré. Pour tenter de réduire les tensions, Mme Alande décide d'organiser une réunion en présentiel. Vous observez et analysez le déroulement de cette réunion.

Fiches ressources 2 3 4
Annexe 4

7. Quelles sont les caractéristiques de chacun des acteurs (statut, rôle, personnalité…) ?

8. Identifiez les enjeux et les stratégies des acteurs.

9. Relevez les signes non verbaux et interprétez-les.

10. Qualifiez le registre de langage utilisé par Hamza Tarek.

11. Analysez le contexte dans cette situation de communication. Est-il favorable ? Justifiez.

IV. Analyser et résoudre un conflit interne

Peu de temps après la réunion concernant la réorganisation du service, un conflit éclate entre Gwen Vichet, nouvelle responsable du service Paye, et Sylvie Benoit, qui espérait être promue sur ce poste.

Fiche ressource 5
Annexe 5

12. Analysez l'échange entre les deux protagonistes (situation de communication, enjeux, contexte…).

13. Caractérisez le conflit (forme et nature) et précisez dans quelle phase du conflit on se situe.

14. Proposez un mode de dépassement du conflit.

- **Finissez de remplir la fiche E4 (contraintes, méthodologie, bilans professionnel et personnel).**

DONNÉES DE LA SITUATION

Annexe 1 Votre échange avec Mme Alande

– Bonjour, j'espère que votre stage se passe bien et que vous pouvez mettre en pratique tout ce que vous apprenez durant vos cours de BTS !

– Oui, je vous remercie, je mets tout en œuvre pour réaliser au mieux les tâches qui me sont attribuées.

– À ce propos, j'ai plusieurs tâches à vous confier. Depuis la réorganisation du service, nous rencontrons quelques difficultés. J'ai réfléchi et je pense que des réunions à distance seraient l'option idéale. Avez-vous déjà participé ou organisé des réunions à distance ?

– Non, pas du tout, mais je pense qu'en effet, ce serait un très bon moyen pour échanger.

– Dans un premier temps, j'aimerais que vous réalisiez des recherches sur les outils à utiliser, sur leurs avantages et inconvénients. Ensuite, je pense que les compétences comportementales (*soft skills*) attendues pour mener ce type de réunion sont les mêmes que dans une réunion classique en face à face, mais il faudra tout de même s'en assurer. Enfin, il faudra sélectionner l'outil le mieux adapté et prévoir une formation pour les managers. Pouvez-vous également faire le nécessaire pour le dossier de Mme Gomes ? et M. Maly est toujours en attente d'un mail...

– C'est bien noté, je vais me mettre au travail.

– Merci, et n'hésitez pas à me contacter si vous rencontrez des difficultés.

– Je n'hésiterai pas, merci !

Annexe 2 Extrait de votre recherche Internet

POURQUOI LES *SOFT SKILLS* DEVIENNENT INCONTOURNABLES

Des métiers qui se transforment rapidement, des compétences requises en perpétuel renouvellement, des méthodes de travail qui évoluent... Le visage des entreprises change aujourd'hui à grande vitesse et les soft skills apparaissent comme des atouts indispensables pour s'adapter à ces mutations.

Capacité à gérer le stress, aptitude à transmettre des savoirs, esprit critique... Les *soft skills* ou « compétences douces » prennent aujourd'hui une importance croissante dans l'entreprise. «Elles regroupent l'ensemble des compétences qui ne sont pas techniques », résume Jérémy Lamri, fondateur du Lab RH et doctorant en sciences cognitives. De plus en plus recherchées, ces qualités sociales et émotionnelles « complètent les *hard skills* (ndlr : les savoir-faire) », poursuit-il. Plus encore, elles doivent permettre aux cadres de relever un défi majeur : l'évolution accélérée des métiers. Face au renouvellement rapide des compétences, les *soft skills* deviennent indispensables pour assurer son développement professionnel.

Un intérêt renforcé également du fait de la digitalisation de l'économie et de l'arrivée de l'intelligence artificielle. « De plus en plus de tâches routinières sont automatisées », avance Jérémy Lamri. « En conséquence, les salariés se concentrent sur des missions plus complexes, qui nécessitent de répondre à un problème en trouvant une solution. Et, pour cela, les compétences techniques ne suffisent pas, il faut recourir aux *soft skills* telles que la créativité ou la capacité à travailler en groupe. »

CINQ *SOFT SKILLS* À ACQUÉRIR POUR DEMAIN

La créativité. – Il faut savoir penser hors du cadre. La créativité est essentielle aujourd'hui pour résoudre des problèmes nouveaux et assurer ainsi la capacité d'innovation de l'entreprise. L'originalité des solutions trouvées sera en outre un facteur différenciant pour l'organisation face à la concurrence.

L'esprit critique. – « Face au flux croissant de données circulant, une telle faculté est valorisée en entreprise », estime Jérémy Lamri. La capacité à regrouper les informations dont on dispose, à faire le tri, à les organiser rapidement pour produire un raisonnement logique est donc un atout stratégique.

La capacité à coopérer. – L'entreprise a besoin d'intelligence collective. Aujourd'hui, aucune mission en entreprise ne peut être menée à bien seul en raison de la transversalité des projets. La faculté à trouver sa place dans un groupe pour créer de la valeur et atteindre un objectif est donc précieuse.

La capacité à communiquer. – Face aux multiples problèmes que doit résoudre l'entreprise, il est essentiel de savoir émettre ou recevoir un message de manière fidèle.

La curiosité. – « Une compétence critique pour la survie de l'entreprise », assure Jérémy Lamri. Elle permet de déceler tant les risques que les opportunités et évite aux cadres comme aux organisations de rester statiques, dans leur zone de confort.

https://www.sciencespo.fr

Annexe 3 Informations sur les trois salariés absents à la réunion

Mme Widerspach est cadre dans l'entreprise depuis vingt ans. Elle se montre réticente au changement et au numérique, et son comportement est très individualiste.

M. Marc, comptable stagiaire depuis deux mois, est assez étourdi : il a probablement oublié la réunion...fonctionnement de la solution digitale.

Mme Serra n'a pas réussi à se connecter, elle ne comprend pas le fonctionnement de la solution digitale.

Annexe 4 Extrait de la réunion d'information sur la réorganisation du service

Dans la salle de réunion du service administratif et financier.

Mme Alande : Bonjour à tous. Nous allons commencer cette réunion. Je vous rappelle l'ordre du jour : la réorganisation du service Comptabilité.

Hamza Tarek, *membre du service et représentant syndical CGT :* Avant de vous laisser continuer, nous tenons à vous dire à quel point nous sommes en total désaccord avec cette nouvelle réorganisation. *(Debout, les sourcils froncés, le doigt pointé vers Mme Alande.)* Nous devons complètement transformer nos procédures, certains collègues ne se sont jamais occupés de la paie et se sentent perdus. Franchement, si vous souhaitiez, par cette réorganisation, développer la performance, eh bien c'est raté !

Son voisin secoue la tête et lève les yeux au ciel.

Mme Alande : Visiblement, vous avez l'air bien remontés. Si je suis là aujourd'hui, c'est justement pour vous expliquer toutes les raisons de cette réorganisation et j'entends complètement vos craintes et vos doutes...

Hamza Tarek : Je m'excuse mais c'est bien plus que cela. Nous nous sentons trahis ! *(Il se tourne vers l'assemblée et tous acquiescent de la tête.)* Nous n'avons pas été concertés, et nous ne pensons pas que l'embauche d'une nouvelle personne soit favorable... Nous pensons qu'il y a dans ce service des personnes mieux placées pour occuper ce poste. Pas vous, *a priori*...

Nadine Beau, collaboratrice du pôle Banque-Caisse, regarde Mme Alande avec compassion.

Sylvie Benoit, *comptable. Elle est assise, les bras croisés et le sourcil froncé :* Surtout que notre nouvelle cheffe n'a presque pas d'expérience ! Elle nous confie des tâches difficiles, elle souhaite mettre en place un nouveau PGI...

Nadine Beau : Inutile de nous énerver ! Je pense que nous devons écouter ce que Mme Alande a à nous dire.

Mme Alande : Eh bien, je vois que vous n'êtes pas très réceptifs à la communication. Je vais donc écourter cette réunion : je ne pense pas que communiquer de cette manière fasse avancer les choses...

Annexe 5 Altercation entre Sylvie Benoit et Gwen Vichet

Dans le bureau de Sylvie Benoit...

Mme Vichet, *sur un ton bienveillant* : Bonjour, Sylvie.

Mme Benoit, *sèchement* : Ah... bonjour.

Mme Vichet, *toujours aimable* : J'attends toujours le travail que je t'ai demandé la semaine dernière. Tu n'as pas oublié ?

Mme Benoit, *sur un ton ironique* : Comment le pourrais-je ? Tu prends beaucoup de place dans ce service...

Mme Vichet, *sur un ton agacé* : Ah, nous y voilà ! J'avais bien remarqué qu'il y avait un problème entre nous. Peux-tu me dire ce que tu me reproches ? Je suis arrivée il y a trois semaines et je ne peux absolument pas avoir une communication normale avec toi.

Mme Benoit, *d'un ton sec et provocant* : Il ne se passe rien ! Je n'ai rien à échanger avec toi, tu es arrivée en terrain conquis sans te poser de questions. D'ailleurs, je ne comprends pas pourquoi tu as été recrutée, tu as peu d'expérience et ton âge... Quel âge as-tu ? 35 ans ? *(Elle rit.)* Moi, je connais l'entreprise par cœur. Cela fait 15 ans que j'y travaille... À aucun moment tu ne m'as sollicitée pour des conseils. Il me semble pourtant que je suis l'une des plus compétentes. Tu as récupéré mon ancien bureau, mes anciens dossiers...

Mme Vichet, *d'un ton sarcastique* : Je m'excuse, Sylvie, je ne savais pas que tu avais postulé pour le poste mais, visiblement, si tu avais fait l'affaire, il n'aurait pas été à pourvoir en externe. Sur ce, j'attends le travail pour demain midi sur mon bureau ; sinon, j'en aviserai directement M. Fournet.

1 Recueillir les consignes et les traduire en actions à mener

I Comprendre les consignes du manager

Le collaborateur doit au quotidien, dans le cadre de ses missions, être capable de recueillir et de comprendre les consignes données par le manager et les traduire en actions à mener. Une incompréhension des consignes peut avoir des effets négatifs tant pour le manager que pour l'organisation et sa performance.

1. Des consignes explicites

Elles sont claires, précises et sans équivoque. Le collaborateur ne doit pas avoir à les interpréter.

> *Exemple* : « Pouvez-vous convoquer M. X pour régler le problème lié aux commandes ? Je l'attends dans mon bureau demain à 14 h. »

2. Des consignes implicites

Elles ne sont pas formulées clairement par le manager, elles sont sous-entendues. Le collaborateur doit interpréter le message et déduire les attentes du manager.

> *Exemple* : « Pouvez-vous faire le nécessaire pour le dossier IXAM ? Comme d'habitude, j'ai ma réunion à Paris jeudi, il faut s'en occuper. »

Pour traiter des consignes implicites, il est nécessaire pour le collaborateur de connaître les habitudes du manager, le fonctionnement du service et de l'organisation, et de s'appuyer sur son expérience professionnelle.

Le collaborateur doit également être attentif aux modes grammaticaux utilisés par le manager.

> *Exemples* : « Reportez mon rendez-vous de cet après-midi à la semaine prochaine. » « Il serait peut-être judicieux d'archiver les dossiers traités. » L'utilisation de l'impératif (« reportez ») n'a pas la même portée que l'utilisation du conditionnel (« serait »).

Enfin, il faut être attentif au langage non verbal, qui permet de mieux comprendre son interlocuteur. Un langage non verbal qui n'est pas cohérent avec le langage verbal doit faire s'interroger.

> *Exemple* : une expression fermée lors de l'annonce d'une nouvelle présentée comme bonne.

II Adopter une écoute active pour recueillir les consignes

L'écoute active est un élément fondamental qui conditionne la qualité de la communication entre deux individus. Écouter activement consiste à se centrer sur l'échange et à faciliter l'expression de l'autre.

1. Le questionnement

C'est un outil important de l'écoute active. Il permet de préciser, de clarifier, d'approfondir les consignes quand on ne les comprend pas ou d'obtenir des compléments d'information indispensables. Un entretien amène à poser une multitude de questions en fonction de la réponse attendue.

2. La reformulation et les synthèses

La reformulation consiste à reprendre ce que l'interlocuteur dit dans le but de mieux comprendre, de réduire les incertitudes, de vérifier que ce qui a été dit a été bien compris. La reformulation se fait avec des formules telles que « si j'ai bien compris, vous pensez que… », « selon vous… ».

Les synthèses permettent de marquer la fin d'une séquence de communication avant de passer à la suivante. Il s'agit de résumer les idées évoquées durant l'échange.

3. L'empathie

C'est la capacité de ressentir les émotions de quelqu'un, d'arriver à se mettre à la place d'autrui.

2 La communication interpersonnelle : les acteurs

I Le processus de communication interpersonnelle

La communication interpersonnelle se déroule entre deux acteurs. Elle se construit à partir des interactions, c'est-à-dire des influences réciproques qui s'exercent entre les deux acteurs au fur et à mesure du déroulement de leur échange. Elle peut se réaliser en face-à-face ou à distance.

II Les caractéristiques des acteurs dans ce processus

1. Le statut

C'est la place qui est donnée à un individu au sein d'un groupe. Il induit le type de communication que l'individu va établir avec les autres. Le statut professionnel est repérable par un titre ou une fonction. Il oblige ou permet à un individu d'adopter certains comportements. Il détermine les attentes réciproques des deux interlocuteurs.

> *Exemple :* le manager transmet un ordre à un collaborateur subalterne. Le collaborateur exécute la consigne.

2. Le rôle

C'est l'ensemble des comportements attendus d'un individu.

> *Exemple :* le manager attend de son collaborateur de l'efficacité, de l'initiative, de la discrétion.

Il peut y avoir conflit de rôle lorsque l'un des deux acteurs adopte un comportement différent de celui attendu compte tenu de son statut.

> *Exemple :* un supérieur hiérarchique manquant d'autorité.

3. L'identité

Elle est constituée de l'ensemble des caractéristiques sociales de l'individu (groupe d'appartenance, de référence, statut...). Elle varie en fonction de la position sociale du moment. Elle entraîne des comportements différents pour une même personne, mais aussi pour ses interlocuteurs, qui s'adaptent aux différentes identités de l'autre.

> *Exemple :* un individu peut être à la fois manager (position sociale dans le travail), père (position sociale familiale), mais également grand joueur de golf (position sociale dans un loisir).

4. La personnalité

Les traits de personnalité définissent la manière d'agir habituelle, persistante d'une personne, ce qui rend son comportement prévisible.

> *Exemples :* personne stable, autonome, soumise.

5. La culture

Elle représente ce que l'individu a en commun avec les autres membres du groupe, comme les normes ou les valeurs. La façon dont une personne décode un message dépend en grande partie de sa culture.

III Le rapport de place entre les acteurs

Une organisation fonctionne à partir du rapport de place établi entre les individus, c'est-à-dire la façon dont ceux-ci se déterminent les uns par rapport aux autres. Le fait que la place des acteurs soit bien identifiée permet aux interlocuteurs d'éviter les malentendus ou les conflits en adoptant des codes, notamment verbaux, selon les situations.

> *Exemple :* en matière de règles de politesse, on dira « Salut ! » à un collègue mais on sera plus déférent avec un PDG : « Bonjour, monsieur. Comment allez-vous ? »

Dans une relation professionnelle, une place se définit toujours par rapport à une autre, parfois schématisée dans un organigramme faisant apparaître la hiérarchie entre les personnes : on parle de position hiérarchique.

3 Interpréter le comportement des acteurs dans une communication interpersonnelle

Dans toute communication interpersonnelle, chacun des acteurs en présence occupe une place. Celle-ci est déterminée par les enjeux de chacun, la nature de ses motivations : cherche-t-il à satisfaire et à atteindre des objectifs qui lui sont propres ? à se faire reconnaître et accepter dans sa position ?

I Les types de position

La relation qu'établissent deux individus au sein d'une organisation s'analyse sous plusieurs angles. Nous prendrons ici l'exemple d'une relation entre un manager et son collaborateur.

Proximité/distance	Une trop grande intimité ou familiarité comme une trop grande distance peuvent nuire à la qualité de la relation.
Complémentarité/hiérarchie	Le supérieur hiérarchique occupe une place qui peut le conduire à dominer, diriger l'échange, faire preuve d'autorité, influencer. Le collaborateur doit s'adapter tout en s'affirmant.
Consensus/conflit	Une bonne collaboration s'établit si les deux acteurs peuvent échanger, confronter leurs points de vue et, quand il y a désaccord, trouver des solutions ensemble.

II Les enjeux de la communication

Un enjeu est ce qu'un individu ou une entreprise a à gagner ou à perdre, ce qu'il/elle risque lorsqu'il/elle s'engage dans une situation de communication.
On identifie plusieurs types d'enjeux.

L'enjeu identitaire	**Exemple**
Au sein de l'entreprise, chaque individu a un statut et un rôle qui définissent sa position dans sa relation aux autres. L'enjeu identitaire engage l'image de soi ou celle de l'entreprise.	Lors d'une réunion, le dirigeant s'exprime en premier. Sa position de supérieur hiérarchique se traduit par un temps de prise de parole important. Les subalternes ne lui coupent pas la parole, n'interviennent plus quand il signifie la fin de la réunion par une conclusion.
L'enjeu d'influence	**Exemple**
Dans une situation de communication, chaque acteur cherche à influencer l'autre afin de le faire adhérer à son point de vue, d'obtenir la réalisation d'un travail…	Un dirigeant établit son influence par un rapport de force (pression, intimidation) ou un rapport de séduction (complicité, sympathie).
L'enjeu relationnel	**Exemple**
La communication est un passage obligé pour entrer en relation avec autrui. L'enjeu est donc de « réussir » la communication, notamment en respectant un cadre de référence.	Émetteur(s) comme récepteur(s) ont pour cadre de référence les nombreux rituels qui codifient la relation : règles de politesse et de savoir-vivre, présentation, remerciements, code vestimentaire.

III Les stratégies des acteurs

Dans toute relation interpersonnelle, les acteurs utilisent, consciemment ou non, des stratégies qui aident à décoder leur comportement :
– s'appuyer sur son pouvoir hiérarchique pour imposer ;
– chercher à influencer au moyen de la manipulation, de la séduction ;
– éviter, faire semblant de ne pas voir, faire preuve d'inertie ;
– être agressif, menaçant pour imposer un avis, un point de vue.

FICHE RESSOURCE

4 Analyser les éléments du contexte d'une situation de communication

La communication interpersonnelle se déroule dans un contexte constitué de plusieurs éléments qui impactent la communication, positivement ou négativement.

Situation de communication

Matériel et temporel

- Où et quand se déroule l'échange ?
- Comment l'espace est-il aménagé ?
- Le lieu et le moment sont-ils propices à la communication ?

Culturel

Quels sont la culture d'entreprise, le type de structure, d'organisation, le style de management ?

Psychologique

Quel est l'état émotionnel des interlocuteurs (peur, colère…) ?

Relationnel

Quelle est la relation entre les acteurs (amis, collaborateurs…) ?

Spatial

Quel est l'espace qui sépare les individus ?

– L'**espace intime** (< à 45 cm) est celui des relations intimes.

– L'**espace personnel** (de 45 cm à 1,20 m) concerne les relations conviviales.

– L'**espace social** (de 1,20 m à 3,60 m) est celui des relations courantes.

– L'**espace public** (> à 3,60 m) convient pour les relations officielles.

Social

- Qui sont les acteurs ?
- Quels sont leur statut, leur rôle, le rapport de place ?

5 Caractériser et gérer un conflit

Un conflit est un désaccord, une opposition entre individus. Il s'agit d'une situation dans laquelle des individus poursuivent soit des buts différents, soit le même but mais de manière compétitive. Les conflits peuvent porter atteinte à la performance de l'organisation. En comprendre les causes permet de mettre en œuvre des actions pour les dépasser.

I L'analyse du conflit

1. Les formes du conflit

Le conflit latent
Le conflit existe mais ne s'est pas encore exprimé, il est « refoulé ».
Manifestations : non-dits, absentéisme, démotivation...

Le conflit ouvert
Le conflit est exprimé, déclaré souvent de manière violente.
Manifestations : violences verbales, pleurs...

2. La nature du conflit

Le conflit d'intérêts
Les individus ont des intérêts et des objectifs divergents.

Le conflit de pouvoir
Des individus abusent de leur statut pour prendre le dessus sur les autres.

Le conflit d'identité
Les individus sont différents, leurs façons d'être peuvent s'opposer.

Le conflit d'idéologie
Les individus s'opposent en raison de valeurs, de croyances antagonistes.

3. Les différentes phases du conflit

Désaccord → Confrontation → Escalade → Désescalade → Résolution

4. Les sources du conflit

Identifier les sources du conflit

Organisationnelles		Comportementales		
La communication interne	**Organisation du travail**	**La personnalité**	**La préservation du territoire**	**Les intérêts personnels**
Absence ou mauvaise communication dans l'organisation	▪ Absence de consigne ▪ Demandes contradictoires ▪ Mauvaise répartition des tâches ▪ Surcharge de travail	Les traits de caractère sont souvent à l'origine des conflits et difficiles à résoudre car ils touchent directement à la personnalité.	Oppose deux individus de même niveau hiérarchique (peur que l'autre prenne sa place).	Lorsqu'un individu est avantagé par rapport à d'autres : prime, bureau plus spacieux...

▶▶▶

II La gestion des conflits internes

1. L'approche du conflit

a. Reconnaître l'existence du conflit

Penser que tout va bien et ne pas vouloir considérer l'existence d'un conflit n'aide pas à le résoudre. Il faut commencer par admettre qu'il y a un problème qui doit être résolu.

b. Se focaliser sur le problème et non sur la personne

Face à un conflit ayant une cause organisationnelle, il ne faut pas personnaliser le problème mais se centrer sur les moyens de le résoudre ; il s'agit donc de ne pas en faire une affaire personnelle mais de l'analyser sous un angle professionnel.

2. La clarification de la situation

a. Écouter le point de vue de l'interlocuteur sans l'interrompre

Il y a probablement des raisons perçues comme objectives par l'interlocuteur.
S'informer n'est pas accuser.
Rester neutre et se montrer curieux (ex. : « Je me demande pourquoi vous avez haussé les épaules hier en réunion »).
Laisser s'exprimer les sentiments et le vécu de l'interlocuteur, surtout s'il est sur la défensive.
Vérifier qu'il a fini de parler (ex. : « Voulez-vous ajouter ou dire autre chose ? »).

b. Trouver des points d'accord

Trouver un terrain d'entente signifie que les parties reconnaissent qu'un problème existe et qu'il doit être résolu, qu'elles conviennent qu'il faut le dépasser pour aller de l'avant.

c. S'excuser

Reconnaître sa part de responsabilité dans le conflit.
Exprimer des regrets (ex. : « Je suis désolé d'avoir tenu ces propos blessants »).

d. Éviter les accusations et les reproches

Si l'interlocuteur est offensant ou blessant, éviter de répondre avec des propos qui occasionneraient des regrets par la suite. Prendre le temps de réfléchir et peser ses réponses.

III Les modes de dépassement du conflit

1. La médiation

Elle est réalisée par l'intervention d'une tierce personne qui doit être absolument neutre. L'objectif de la médiation est de faciliter la concertation afin de trouver une solution acceptable pour chacune des parties. Cette conciliation a pour but de trouver un accord amiable.

2. L'arbitrage

Il est réalisé par le supérieur hiérarchique. Cette intervention est nécessaire lorsque les parties ne trouvent aucun compromis. La décision finale pourra générer des rancœurs mais permettra de mettre un terme au conflit.

3. La négociation

Elle consiste à rechercher par la discussion une solution acceptable pour tous. Elle implique que les protagonistes soient prêts à établir un compromis en acceptant des concessions mutuelles.

APPLICATIONS PROFESSIONNELLES

1 Préparer son entretien d'embauche MAÎTRISE

Situation

Ayant obtenu votre BTS SAM, vous allez intégrer la vie active. Pour mener à bien votre entretien de recrutement, il est nécessaire de le préparer.

Consignes

1. **Rédigez, à l'aide du document, les questions qui seront certainement posées par le DRH lors de votre entretien de recrutement.**
2. **Précisez vos réponses et vos motivations pour le poste. Préparez votre communication non verbale.**
3. **Par groupes de trois, simulez l'entretien. Un(e) étudiant(e) joue son propre rôle, un(e) autre le rôle du ou de la DRH et un(e) troisième analyse l'échange à l'aide de la grille disponible sur le site compagnon (chap3_appli1-grille.docx).**
4. **Réalisez avec votre smartphone une vidéo comportant des conseils pour réussir son premier entretien d'embauche.**

Document Préparer un entretien de recrutement

L'entretien permet à l'employeur :

– de compléter son information sur le candidat en entrant dans le détail de ce qui est annoncé sur le CV mais aussi en s'intéressant aux éléments hors CV ;

– de découvrir une personne et non seulement un diplôme, un parcours et des compétences ;

– d'évaluer des qualités et un potentiel qui sont notamment visibles à partir de la rapidité de compréhension, d'analyse, d'écoute, de synthèse d'une argumentation, de réaction, de maîtrise de soi, de méthode, de rigueur, de dynamisme, de tonus ;

– d'expliquer les missions, les tâches, les conditions de travail (salaire, horaires, trajet...) et de vérifier qu'elles conviennent au candidat ;

– d'apprécier le degré de motivation du candidat ;

– de négocier les conditions du contrat (horaires, statut, salaire...).

Il existe plusieurs niveaux de préparation :

– **matériel :** le lieu de l'entretien, les vêtements à porter, les documents à emporter... ;

– **psychologique :** les conditions pour être détendu, positif, anticiper le déroulement... ;

– **technique :** le déroulement, les situations que l'on peut rencontrer... ;

– **argumentaire :** les arguments à présenter, les réponses à donner en toutes circonstances...

D'après stage-emploi.univ-fcomte.fr

2 Communiquer en interne dans une langue étrangère

MAÎTRISE

Situation

Dans le cadre de votre BTS, vous allez effectuer un stage en entreprise à l'étranger. Afin de parfaire votre communication téléphonique en langue étrangère (LV1), vous réalisez le jeu de rôle suivant :
– un étudiant joue le rôle de l'assistant manager et recueille les consignes (document 1) ;
– un étudiant joue le rôle de directeur RH et transmet les consignes ;
– un étudiant filme la scène avec son smartphone.

Consignes

1. **Préparez l'échange.**
2. **Procédez au jeu de rôle.**
3. **Visionnez la scène filmée puis remplissez la grille d'analyse (document 2).**

Document 1 Consignes du DRH à l'assistant manager

– Prendre contact avec les commerciaux de l'entreprise pour connaître le nombre de ventes réalisées au cours du mois.

– Prendre contact avec le responsable du service Production afin de s'assurer de la bonne intégration des trois intérimaires.

– Envoyer un mail à l'agence d'intérim pour rendre compte du travail des intérimaires.

– Communiquer l'heure du rendez-vous de mardi du DRH avec le directeur de l'entreprise.

Document 2 Grille d'analyse de la communication de l'assistant manager (à compléter)

Communication verbale	Très satisfaisant	Satisfaisant	Insuffisant	Très Insuffisant
Le langage est adapté (registre de langue…)				
La communication est fluide				
L'échange est compréhensible				
Les points d'amélioration				
Communication non verbale	**Très satisfaisant**	**Satisfaisant**	**Insuffisant**	**Très Insuffisant**
L'attitude est adaptée				
Les tics de langage sont absents				
L'étudiant démontre sa capacité d'écoute (*soft skills*)				
Les points d'amélioration				

3 Interpréter les signes non verbaux

MAÎTRISE

Situation

Vous participez à des entretiens d'embauche conduits par la DRH et le directeur commercial d'une enseigne de la grande distribution. Vous recevez trois candidats qui ont été convoqués pour un poste de commercial. Dès le premier regard, on peut percevoir un aspect de leur personnalité, grâce à différents signes.

Consignes

1. **Quels sont les signes non verbaux à partir desquels se construit une impression sur chacun des candidats ?**
2. **L'interprétation de ces signes sera-t-elle obligatoirement partagée par les trois recruteurs ? Quelles sont les limites de l'interprétation de ces signes non verbaux ?**
3. **Décrivez le comportement de chaque candidat en reprenant chacun des signes repérés (document 1).**
4. **Au cours des entretiens d'embauche, les réactions du directeur commercial se manifestent à travers plusieurs gestes (document 2). Proposez des interprétations possibles.**

Document 1 Les candidats à l'embauche

Arnaud

Samuel

Jasmine

Document 2 Les gestes du directeur commercial

- Son pied martèle discrètement le sol sous la table.
- Il se frotte pensivement le menton, le coude appuyé sur la table.
- Il croise les bras sur sa poitrine.
- Il consulte furtivement son mobile.

4 Résoudre un conflit entre deux salariés MAÎTRISE

Situation

Vous travaillez en tant que collaborateur(-trice) au siège d'Isyaxa, une importante société de recouvrement. Vous avez connaissance de quelques conflits, connus des chefs de service et de la direction. Celle-ci vous demande d'agir pour les résoudre car ils perturbent le fonctionnement des services.

Consigne

Analysez chaque conflit : statut des acteurs, enjeux, forme, nature et source du conflit (document). Proposez des modalités de résolution.

Document Quelques situations à risque

Carole, secrétaire dans le service « Recouvrement amiable », est timide et discrète mais très efficace dans son travail. Justin, agent de recouvrement, extraverti et très dynamique, diminue Carole, qu'il traite de « mollassonne ». Carole, blessée par les remarques de plus en plus insistantes de son collègue, considère que Justin la harcèle mais ne répond pas et s'efforce de rester calme. Le chef du service sent que Carole ne va pas tarder à craquer.

Marc et Dan, agents de recouvrement, ne s'entendent absolument pas. On les a changés de bureau, mais en vain. La situation s'est encore aggravée. Ils ne se parlent plus, dissimulent des informations. D'après certains collègues, ils seraient en compétition pour un poste qui va être vacant dans une agence de province.

Récemment, dans un souci d'équité et d'efficacité, une nouvelle répartition des tâches a été décidée au sein de la DRH. Marie s'occupait jusqu'à présent des demandes de formation. Cette tâche a été attribuée à Laure, une jeune diplômée en ressources humaines arrivée depuis peu dans l'entreprise. Marie se sent rabaissée et vit cette décision comme une sanction. Un conflit ouvert a éclaté entre les deux collègues.

5 Choisir les expressions appropriées EXPERTISE

Situation

Au siège d'Isyaxa, votre manager, M. Genepi, est connu pour ses maladresses de langage.

Consignes

1. **Trouvez, dans chacune des expressions de M. Genepi (document, première colonne), le mot ou la formulation qui impacte négativement le sens de la phrase et pourquoi.**
2. **Apportez une amélioration à la formulation susceptible d'éviter des réactions négatives.**

Document Les expressions de M. Genepi

Les phrases prononcées	Les réactions possibles
« C'est un bon travail, mais il y a des points à éclaircir. »	« Il n'est jamais content ! Toujours quelque chose à ajouter… »
« Vous n'avez pas sorti le dossier Ribaud ? »	« De quoi m'accuse-t-il encore ? »
« Je veux une mobilisation totale du personnel de l'entrepôt sur les questions de sécurité. »	« On ne l'a pas attendu pour s'occuper de la sécurité. »
« Tu dois arriver plus tôt demain pour rattraper ton retard. »	« Je le sais que je suis en retard ! Il n'a pas besoin de me le faire remarquer. »

Chapitre 4

La communication orale avec les interlocuteurs externes

▶ ACTIVITÉ	**1.1.** Support opérationnel aux membres de l'entité
▶ COMPÉTENCE	Conduire l'action administrative en appui aux membres de l'entité.
▶ VERS PIX	**2.2.** Partager et publier

Contexte : Autocars Lavallée

Statut	Société à responsabilité limitée (SARL)
Localisation	31 rue Fabre – 50100 Cherbourg
Activité	Voyages organisés ou sur mesure pour une clientèle locale et internationale
Dirigeants	M. Lavallée (responsable de centre) et Mme Lavallée (directrice commerciale)
Flotte	46 véhicules de 9 à 80 places
Effectif	59 salariés dont 42 chauffeurs

Nouvellement recruté(e) dans l'entreprise, vous occupez un poste polyvalent de collaborateur administratif et commercial auprès de Mme Lavallée. La clé du succès de l'entreprise familiale tient à ses vingt années d'expérience, à son offre de circuits touristiques, à l'amabilité du personnel et à la qualité de service. Les clients sont reçus dans un hall d'accueil moderne et attractif où sont mis à disposition des brochures sur les prestations touristiques et un distributeur de boissons.

Extrait de la charte d'accueil

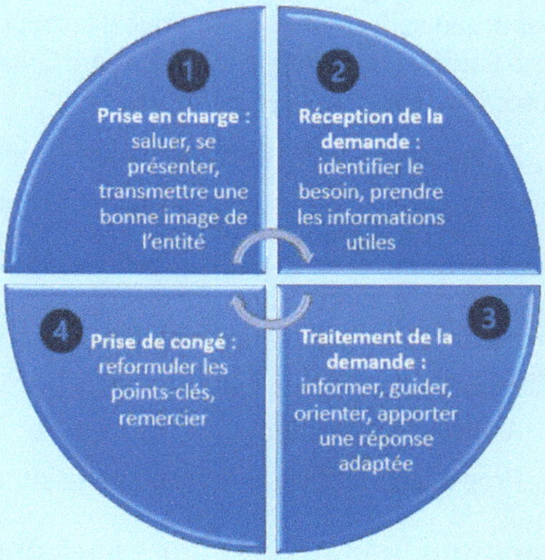

Découvrez l'entreprise Autocars Lavallée en vidéo
liennathan.fr/pp9e44

- Reportez les informations utiles du contexte au recto de la fiche E4 (organisation, contexte et objectifs de la mission, ressources).

VOTRE RÔLE

Placé(e) à l'interface des visiteurs (clients, fournisseurs, autres partenaires externes) et des principaux services de l'entreprise, Mme Lavallée vous charge de l'accueil, de l'information, de l'orientation, voire du filtrage des visiteurs, en face-à-face et au téléphone.

TRAVAIL À FAIRE

I. Communiquer en face-à-face avec des interlocuteurs externes

Un couple de seniors, M. et Mme Ginou, entre dans le hall d'accueil accompagné d'un couple d'amis britanniques avec deux jeunes enfants. Ils feuillettent, l'air indécis, les dépliants et les brochures mis à disposition en libre-service sur les présentoirs et échangent entre eux. Comme ils semblent sur le point de partir, vous vous dirigez vers eux. Après la prise de contact, M. et Mme Ginou paraissent prêts à recevoir des informations plus précises avant de se décider à réserver. Ils hésitent entre deux options.

1. Rédigez une phrase de prise de contact.
2. Préparez des questions pour identifier les besoins de ces clients potentiels.
3. Présentez de façon détaillée les prestations « Puy du Fou » qui semblent leur convenir, en français puis en anglais, et le prix correspondant.

Fiche ressource 1
Annexes 1 2 3

Vous êtes occupé(e) à renseigner vos clients. Un chauffeur-livreur se présente, un bon de réception à la main pour signature. Il veut déposer plusieurs cartons du nouveau catalogue dans l'espace d'accueil. Vous lui demandez de patienter quelques instants pour respecter les consignes de sécurité et éviter qu'il n'encombre l'entrée. Il s'énerve.

4. Procédez à la mise en attente du chauffeur-livreur.

Fiche ressource 2

M. Roturier, dirigeant d'une grande entreprise locale, veut louer deux bus pour organiser un événement privé d'entreprise. Il a pris rendez-vous avec Mme Lavallée pour négocier la location. Celle-ci est retenue par une communication téléphonique à son arrivée.

5. Faites patienter M. Roturier durant 5 minutes.
6. Orientez puis introduisez ce visiteur important auprès de Mme Lavallée.

Fiche ressource 2

Un homme traverse le hall d'accueil, sans vous regarder ni vous adresser la parole, puis frappe à la porte du bureau de Mme Lavallée. Or, celle-ci est en réunion et vous a chargé(e) de filtrer les visiteurs car elle ne veut pas être dérangée ce matin. Vous interpellez le visiteur.

7. Analysez la situation.
8. Proposez une suite à donner à cette situation de face-à-face.

Fiche ressource 2
Annexe 4

II. Communiquer au téléphone avec des interlocuteurs externes

Mme Lavallée vous a demandé de ne lui transmettre aucun appel durant toute la matinée car elle est en réunion avec le directeur général. Ensuite, elle doit s'absenter durant trois jours. Vous recevez plusieurs appels.

9. Analysez chaque communication téléphonique et les réponses apportées à la demande de l'interlocuteur. Vous semblent-elles efficaces ? Justifiez votre réponse.

Fiche ressource 3
Annexes 5 6

Un client téléphone pour annuler ses réservations. Vous êtes très occupé(e) et plusieurs visiteurs attendent pour obtenir des informations.

10. Quel comportement adoptez-vous ?

11. Simulez la suite à donner à ce dialogue.

Fiche ressource 3
Annexe 7

Mme Lavallée souhaite modifier les messages du répondeur téléphonique, afin de les rendre plus chaleureux et expressifs.

12. Procédez aux enregistrements des messages d'accueil en français et en anglais.

John Pierce, un tour-opérateur britannique, a sollicité un rendez-vous par courriel avec Mme Lavallée lors de son prochain déplacement à Cherbourg. Celle-ci vous remet son agenda et vous demande de le contacter pour que vous conveniez du rendez-vous. Mais il est déjà tard et John Pierce a quitté son bureau londonien lorsque vous l'appelez. Vous laissez un message sur son répondeur. John Pierce vous rappelle dès le lendemain pour convenir du rendez-vous. Mme Lavallée vous a précisé qu'un rendez-vous vers 11 h 30 dans son bureau serait idéal. Cet horaire permettrait de proposer une invitation à déjeuner à John, un prolongement convivial pour parler affaires.

13. Simulez le message en anglais que vous laissez sur le répondeur.

14. Simulez la réponse en anglais à l'appel du lendemain.

Annexe 8

- Finissez de remplir la fiche E4 (contraintes, méthodologie, bilans professionnel et personnel).

DONNÉES DE LA SITUATION

Annexe 1 Le catalogue des prestations (extraits)

JOURNÉES / SPECTACLES / SALONS

Prix par personne

Salon de l'agriculture : 24 février – 60 €
Déjeuner dansant & Spectacle : 3 mars – 55 €
Zoo de La Flèche : 28 avril – 70 € (50 € enfant)
Déjeuner Croisière sur la Mayenne : 26 mai – 110 €
Déjeuner Guinguette : 31 mai – 54 €
Mondial de l'Automobile : 6 octobre – 66 €
Journée libre à Paris : 7 décembre – 50 €

ESCAPADES

Prix par personne

(– 50 % si commande avant 31 janvier)

Îles Jersey et Guernesey : 29 et 30 juin – 352 €
Séjour au Puy du Fou : 3 jours – 457 €
Week-end au Puy du Fou : 256 €

SÉJOURS / CIRCUITS / CROISIÈRES

Prix par personne

Carnaval de Nice et Fête des Citrons : 2 au 6 mars – 952 €
Grand circuit Belgique et Pays-Bas : 8 au 17 avril – 1 574 €
Séjour Découverte de l'Alsace : 8 au 14 juin – 921 €
Italie, « Au cœur de la Toscane » : 20 au 27 septembre – 1 296 €
Tyrol, Fête de la Bière : 25 septembre-2 octobre – 910 €

Annexe 2 Proposition de prise en charge

Afin de rendre les acheminements plus confortables, les Autocars Lavallée proposent des ramassages en fonction de chaque voyage. Les villes de départ sélectionnées sont précisées dans le descriptif de chaque destination :

Cherbourg : parking Hypermarché U / **Valognes** : gare routière / **La Haye du Puits** : place de la Mairie / **Carentan** : gare SNCF / **Lessay** : place du Général-de-Gaulle / **Périers** : parking Kripton / **Coutances** : gare SNCF / **Saint-Lô** : gare SNCF

Annexe 3 Proposition « Escapade »

Séjour au Puy du Fou

3 JOURS / 2 NUITS • 21 AU 23 JUILLET 2021

NOS DÉPARTS : Bricqueboscq, Cherbourg, Valognes, La Haye du Puits, Lessay, Coutances. **Programme détaillé sur demande**.

LES +

2 jours au **Grand Parc** du Puy du Fou
Spectacle de la **Cinéscénie**
Spectacle nocturne des **Orgues de Feu**
Hébergement dans **un hôtel du Parc du Puy du Fou**

457 €/pers.
Inscription avant le 31 janvier ou mini-groupe

488 €/pers.
Inscription après le 31 janvier

Comprend : le transport en autocar grand tourisme, la pension complète du dîner du jour 1 au dîner du jour 3 (déjeuners sous forme de coupons restauration sur le Grand Parc du Puy du Fou – valeur 15 €/repas), l'hébergement à l'hôtel Camp du Drap d'Or base 2 personnes par chambre, les visites prévues au programme, les assurances assistance et rapatriement offertes. **Ne comprend pas :** le supplément chambre individuelle (192 €/pers.), les assurances annulation et bagages (14 €/pers.).
Conditions d'annulation : catégorie C. **Départ garanti** à partir de 35 personnes.

Week-end au Puy du Fou

2 JOURS / 1 NUIT • 18 ET 19 AOÛT 2021

NOS DÉPARTS : Bricqueboscq, Cherbourg, Valognes, Carentan, Périers, Coutances. **Programme détaillé sur demande**.

LES +

2 jours au **Grand Parc** du Puy du Fou
Spectacle **Cinéscénie en tribune préférentielle**

256 €/pers.
Inscription avant le 31 janvier ou mini-groupe

273 €/pers.
Inscription après le 31 janvier

Comprend : le transport en autocar grand tourisme, les petits déjeuners du jour 1 et 2, les coupons restauration pour le dîner du jour 1 et le déjeuner du jour 2 sur le parc, l'hébergement en hôtel ** à Cholet base 2 personnes par chambre, les visites prévues au programme, les assurances assistance et rapatriement offertes. **Ne comprend pas :** le déjeuner du jour 1, le dîner du jour 2, le supplément chambre individuelle (48 €/pers.), les assurances annulation et bagages (7 €/pers.).
Conditions d'annulation : catégorie C. **Départ garanti** à partir de 35 personnes.

Annexe 4 Filtrer un visiteur en face-à-face

Le visiteur : Tiens ! Mme Lavallée a un(e) secrétaire maintenant… Bonjour, je suis Pierre Renaud.

Vous : Bonjour, monsieur. Je suis le (la) collaborateur(-trice) de Mme Lavallée. Souhaitiez-vous la voir ?

P. Renaud : Oui, je la connais bien. Je l'ai déjà rencontrée.

Vous : Il est préférable de prendre rendez-vous car Mme Lavallée ne pourra pas vous recevoir ce matin. Elle est déjà en rendez-vous. Mais peut-être puis-je vous être utile ?

P. Renaud : Ah non, certainement pas ! J'ai eu un problème avec une réservation pour un groupe de 25 touristes chinois et j'ai l'habitude de m'adresser directement à elle. Donnez-lui mon nom, elle me recevra…

Annexe 5 Répondre aux appels entrants

Situation 1 : appel d'un fournisseur

– Bonjour, Imprimerie Julien.
– Oui, je vous écoute.
– Nous vous avons livré 1 000 exemplaires du nouveau catalogue il y a 1 mois.
– Effectivement. Votre livreur voulait encombrer notre hall d'accueil avec ses cartons.
– Les conditions de règlement n'ont pas changé, 40 % à la commande, le solde à la livraison.
– Et alors, ça n'a pas été fait ?
– Pourquoi croyez-vous que je vous appelle ?
– Je ne sais pas moi. À qui avez-vous affaire habituellement ?
– Normalement, le chèque est remis en main propre au livreur, signé du comptable. Il n'y a jamais eu de problème.
– Patientez, je me renseigne auprès de la secrétaire de direction. Rappelez-moi votre nom…

Situation 2 : appel d'un étudiant

– Bonjour, je suis étudiant en BTS Tourisme et je recherche un stage ou un job d'été.
– Nous recevons de nombreuses demandes.
– Oui, je m'en doute.
– Nous avons déjà reçu deux candidates en entretien pour le job d'été.
– Et pour un stage alors, 4 semaines en juin ?
– Écoutez, je ne peux pas vous donner une réponse par téléphone.
– Alors je vous envoie un CV ?
– Oui, envoyez votre lettre de motivation et votre CV.
– À qui dois-je adresser ma demande et dans combien de temps puis-je espérer une réponse ?
– Envoyez votre candidature à la direction. Nous répondons à toutes les demandes. Mais je vous engage à poursuivre votre recherche par ailleurs. Au revoir, bonne chance.

Annexe 6 Filtrer un visiteur au téléphone

Vous : Bonjour, service commercial entreprise Lavallée. Que puis-je pour vous ?

Interlocuteur : Bonjour, je suis Romain Tristan, un client fidèle. Mme Lavallée m'avait demandé de la rappeler en début de semaine.

Vous : Pourriez-vous me dire à quel sujet vous souhaitez la joindre ?

R Tristan : Euh, c'est un peu personnel… Je préférerais lui parler directement…

Vous : Mme Lavallée ne peut pas prendre votre appel actuellement.

R Tristan : Si, si, je suis certain que si vous lui donnez mon nom, elle me répondra.

Annexe 7 Traiter un appel téléphonique avec un interlocuteur difficile

M. Ginou : Bonjour, nous avons réservé six places « Séjour au Puy du Fou » le 25 janvier, pour quatre adultes et deux enfants, mais nous avons un empêchement (nous sommes trois semaines avant le départ). Comment être remboursés ? *Au ton de sa voix, on devine le client assez énervé.*

Extraits des conditions générales de vente

Art. 16 – FRAIS D'ANNULATION. Toute annulation émanant du client entraîne la perception de frais. Le remboursement des sommes versées interviendra déduction faite des frais d'annulation calculés en fonction de la date d'annulation par rapport à la date de départ. Les conditions d'annulation imposées par nos fournisseurs étant différentes selon les voyages, vous trouverez dans chaque programme la catégorie dont le voyage dépend ([…] catégorie C : plus de 90 jours avant le départ : 20 % du montant total du voyage – de 90 à 51 jours avant le départ : 50 % du montant total du voyage – de 50 à 30 jours avant le départ : 75 % du montant total du voyage – moins de 30 jours avant le départ : 100 % du montant total du voyage. Dans tous les cas, la prime d'assurance facultative, si souscrite, n'est en aucun cas remboursable).

Annexe 8 Les expressions correctes à utiliser au téléphone en français et en anglais

Celui qui téléphone dans une langue étrangère s'expose à d'autres usages. Cela peut générer des dissonances dans la communication. Cependant, la connaissance des différences culturelles et une ouverture d'esprit permettent de réduire les obstacles à la communication. L'aisance s'acquiert à partir d'une bonne maîtrise du lexique de base propre à la communication téléphonique, en français comme en anglais.

Comment prendre contact Bonjour C'est de la part de qui ? Pourriez-vous épeler votre nom, s'il vous plaît ? Comment allez-vous ? La ligne est très mauvaise.	**How to get in touch** Good morning. / Good afternoon. Who's speaking, please? Could you spell your name, please? How are you? It's a really bad line.
Comment écouter la demande Que puis-je faire pour vous ? Je ne comprends pas très bien. Pouvez-vous répéter, s'il vous plaît ? Merci de bien vouloir patienter quelques instants.	**How to listen to the request** May I help you? / How can I help you? I didn't catch that. Could you repeat, please? Hold the line, please. / Hold on a minute, please. / Thank you for holding.
Comment demander une information Pouvez-vous me donner des informations sur... ? Pouvez-vous me dire... ?	**How to ask for information** Could you give me some information about...? Could you tell me...?
Comment orienter un appelant Il est au téléphone. Pouvez-vous patienter ? Si vous me donnez votre nom et votre numéro de téléphone, je lui demande de vous rappeler aussitôt que possible. Je suis désolé(e), elle est absente pour le moment. Elle est en réunion. Elle est en vacances cette semaine. Je vais lui dire que vous avez appelé. Pouvez-vous rappeler plus tard ?	**How to direct a caller** He is on another line now; can you please hold? If you give me your name and phone number, I'll ask him/her to call you back. I'm sorry but she's not here right now. She's in a meeting now. She's on holiday all week. I'll tell him/her you called. Can you call back later?
Comment établir un relais Souhaitez-vous laisser un message ? Nous allons donner suite à votre appel. Je vous mets en communication avec M. X. M. X. est en ligne et souhaiterait vous parler.	**How to act as intermediary** Would you like to leave a message? We shall get back to you as soon as possible. I'll put you through to Mr. X. Mr. X is on line and would like to speak to you.
Comment conclure/prendre congé Merci de votre appel. Au revoir.	**How to end the call** Thank you for your call. Goodbye.

1 L'accueil en face-à-face

I Prendre en charge le visiteur

Une prise en charge réussie des visiteurs obéit à certaines règles :
– montrer sa disponibilité à chaque visiteur en établissant un premier contact visuel avant de parler ;
– accueillir chaque visiteur personnellement, par exemple « Bonjour » suivi d'un identifiant (« Monsieur », « Madame », « Mademoiselle »), permet d'établir un contact plus chaleureux. Si on connaît l'identité du visiteur, il est possible de l'accueillir de façon plus personnalisée en utilisant son nom, sauf si le contexte exige la discrétion et la préservation de l'anonymat ;
– s'assurer que chaque visiteur perçoit qu'il a été pris en considération et que l'on va répondre à ses attentes, notamment en prenant en compte la langue dans laquelle il s'exprime spontanément (anglais, espagnol…).

II Identifier les besoins du visiteur

Le recueil d'informations concernant l'objet de la visite et les besoins du visiteur s'effectue au moyen d'une question brève et parfois précise.

Exemples :
« Que puis-je faire pour vous ? »
« Puis-je vous renseigner ? »
« En quoi puis-je vous aider ? »
« Puis-je vous aider ? »
« Qui souhaitez-vous ? »
« Avez-vous rendez-vous ? »

La réponse doit en principe fournir immédiatement les indications nécessaires pour répondre à la demande du visiteur. Si ce n'est pas le cas, une reformulation peut s'avérer utile.

Exemple : « Si j'ai bien compris votre demande… »

III L'accueil des visiteurs étrangers

L'accueil de visiteurs étrangers nécessite aussi de respecter certaines règles :
– disposer de documents d'information sur l'activité de l'organisation, rédigés dans les langues étrangères les plus utilisées ;
– s'assurer que l'information fournie aux visiteurs étrangers est bien comprise en utilisant des techniques de clarification du sens ;
– tenir compte du « langage du regard » car l'interaction n'a pas la même signification d'une culture à l'autre. Pour certains, détourner son regard est une impolitesse (les Arabes), pour d'autres, c'est une marque de respect (les Japonais). De même, le temps d'interaction du regard peut prendre des significations différentes ;
– la notion de distance relationnelle (zones publique, sociale, personnelle ou intime) doit être étudiée avant un face-à-face avec un visiteur étranger, qui peut ne pas avoir la même interprétation.

2 Mettre en attente, orienter, filtrer en face-à-face

I La mise en attente

L'objectif est de limiter le temps d'attente et de le rendre plus acceptable. Pour cela :
– vérifier le rangement dans le lieu d'attente, la netteté d'ensemble, la mise à disposition de revues, de boissons… ;
– faire patienter le visiteur en lui précisant bien que son attente a été prise en compte ;
– lui indiquer le temps d'attente approximatif pour éviter l'inquiétude, les récriminations ;
– si l'attente se prolonge au-delà du temps prévu, donner des explications crédibles sur le retard, d'un ton assuré ;

> **Exemple :** « M. X vient d'appeler, il vous prie de l'excuser de son retard dû à un embouteillage *(ou une urgence à traiter)*. Il sera là dans une demi-heure… »

– présenter des excuses afin de montrer au visiteur qu'il est pris en considération ;

> **Exemple :** « Veuillez nous excuser de ce contretemps. »

– éventuellement, proposer un autre rendez-vous.

II L'orientation d'un visiteur ayant un rendez-vous

Quand un visiteur ayant un rendez-vous se présente à l'accueil :
– lui demander son identité si on ne le connaît pas ;
– consulter la liste des visiteurs attendus ;
– lui remettre un badge « Visiteur » ;
– l'informer que l'on prévient la personne demandée de son arrivée ;
– si celle-ci est disponible : orienter le visiteur vers elle ou, en fonction de la procédure d'accueil, l'accompagner et l'introduire ;
– si celle-ci n'est pas disponible, faire patienter le visiteur.

III Le filtrage des visiteurs en face-à-face

Lors de la phase d'accueil, le collaborateur doit rapidement connaître le statut du visiteur (client, fournisseur, partenaire extérieur…) et l'objet précis de sa présence pour prendre la bonne décision, à savoir l'introduire ou pas auprès de la personne qu'il souhaite rencontrer.
Plusieurs cas de figure sont envisageables :

Le visiteur a rendez-vous.	**Le visiteur n'a pas rendez-vous mais c'est quelqu'un d'important.**	**Le visiteur n'a pas de rendez-vous, sa demande peut être traitée par quelqu'un d'autre.**	**Le visiteur est totalement inopportun.**
L'introduire ou le faire patienter si la personne qu'il doit rencontrer n'est pas disponible immédiatement.	Prévenir la personne qu'il souhaite rencontrer et demander son autorisation pour introduire le visiteur.	L'orienter vers la personne compétente.	Rejeter la demande en justifiant le refus, prendre en notes l'objet de la visite et les coordonnées du visiteur.

3 Les principes pour réussir un accueil téléphonique

1 S'adapter rapidement à l'interlocuteur

- Identifier l'interlocuteur et son profil (tenir compte de la dimension interculturelle).
- Identifier le besoin et y répondre de manière pertinente, concise et courtoise.
- Conclure de façon personnalisée.

2 S'adapter rapidement aux diverses situations

- Déjouer les pièges (filtrage, barrage, démarcheurs).
- Traiter efficacement les interlocuteurs qui posent problème (mécontent, impatient, bavard...).
- Mettre en confiance, désamorcer les tensions.
- Savoir annoncer une mauvaise nouvelle.

3 Développer des attitudes facilitatrices

- Savoir écouter et garder la maîtrise de l'entretien.
- Poser les bonnes questions et reformuler.
- Mobiliser les techniques de communication : l'écoute, la reformulation, le questionnement, l'argumentation, la négociation si besoin est.
- Aborder sans stress la communication téléphonique.

4 Communiquer une image positive de soi et de l'entreprise

- Savoir se présenter.
- Donner une image chaleureuse par le sourire (qui s'entend au téléphone).
- Utiliser sa voix comme un outil : trouver le ton, le débit, les mots justes.
- Adopter une attitude positive et valoriser son interlocuteur.

5 Traiter un appel téléphonique difficile

Trouver les mots justes face à des situations difficiles
- Désamorcer le mécontentement ou l'agressivité de l'interlocuteur.
- Savoir recentrer avec diplomatie et se débarrasser des gêneurs.
- Canaliser son énergie et ses émotions (mental, respiration, relaxation).
- Ne pas se laisser impressionner par les manœuvres d'intimidation.

Acquérir les réflexes essentiels pour traiter les réclamations
- Prendre en charge l'interlocuteur : comprendre pour traiter la réclamation, développer l'écoute active, poser les bases d'un échange constructif.
- Mener l'entretien : être proactif en termes de propositions, s'affirmer avec diplomatie.
- Conclure positivement un entretien avec un client difficile.
- Conclure l'appel et prendre congé sur une bonne impression.

4 Le filtrage des visiteurs au téléphone

I Étape 1

Faire préciser l'identité de l'interlocuteur et l'objet de sa demande.

Exemples :

« Pouvez-vous me rappeler votre nom, s'il vous plaît ? »

« Puis-je connaître l'objet de votre appel ? »

II Étape 2

Adapter son attitude en fonction de la personne qui appelle.

Faire barrage avec fermeté	
Un commercial qui fait de la prospection	Si la proposition semble intéressante pour l'entreprise, on peut lui demander une documentation. *Exemple :* « Pouvez-vous m'adresser votre documentation à mon nom ? Je suis désolé(e) mais je ne peux pas prendre de rendez-vous avec le manager. Si votre proposition l'intéresse, nous vous rappellerons. »
Un étudiant en recherche de stage	*Exemple :* « Je peux vous indiquer la procédure habituelle pour candidater mais je ne connais pas les possibilités de stage. »

Faire barrage à l'appel mais le traiter soi-même avec courtoisie et lui donner une suite	
Un collaborateur subalterne	*Exemple :* « Je prends note de l'objet de votre appel, j'en parle à mon responsable et je vous rappelle demain. »
Un client peu important	

Passer la communication téléphonique à la personne demandée	
Son supérieur hiérarchique ou un(e) collègue du même rang dans la hiérarchie	Il faut indiquer le nom et la qualité de l'interlocuteur à la personne concernée et attendre son accord pour le mettre en relation avec elle. En cas d'empêchement, il faut proposer de rappeler. *Exemple :* « Je vous rappellerai lorsque M. X/Mme Y sera disponible. »
Les interlocuteurs privilégiés dont on détient la liste (client important, banquier…)	
Les membres de sa famille	

APPLICATIONS PROFESSIONNELLES

1 Réaliser l'interview d'un professionnel en face-à-face

MAÎTRISE

Situation

Votre professeur vous demande de consacrer une séance d'atelier de professionnalisation à la préparation de l'interview d'un professionnel exerçant dans un domaine en lien avec le référentiel des activités professionnelles de votre diplôme. Cette interview doit vous permettre de découvrir le métier exercé par ce professionnel. Vous devez vous rendre, par groupes de trois, dans l'entreprise du professionnel de votre choix.

Consignes

1. **Identifiez le professionnel à contacter.**
2. **Prenez rendez-vous par téléphone.**
3. **Préparez la liste des questions à lui poser en les organisant.**
   - **Le contenu de son métier**
   - **Les qualités requises pour l'exercer**
   - **Son parcours, sa formation**
   - **Les carrières et les débouchés dans son secteur d'activité**
   - **Les possibilités de stage dans sa structure**
4. **Réalisez l'interview puis une fiche synoptique du résultat de votre interview.**

2 S'entraîner à un entretien de stage

MAÎTRISE

Situation

Votre lettre de motivation et votre CV ont été convaincants. Vous venez d'obtenir un rendez-vous pour un entretien de stage. Il s'agit maintenant de le préparer pour être sélectionné(e).

Consignes

1. **Préparez les questions à poser à votre interlocuteur.**
2. **À l'aide du document, simulez l'entretien de stage (le professeur jouera le rôle du professionnel).**

Document Conseils pour l'entretien

Le jour de l'entretien, vous disposez :
- d'une fiche de renseignements sur l'entreprise pour démontrer au recruteur votre intérêt pour son entreprise ainsi que pour le poste à pourvoir pendant le stage ;
- de votre CV, de vos diplômes, vos mémoires et/ou books si vous en avez ;
- d'un bloc-notes et d'un stylo pour prendre des notes.

La première impression que vous donnez est essentielle :
- saluez poliment : « Bonjour, madame/monsieur » ;
- présentez-vous au recruteur en mentionnant votre prénom et votre nom, indiquez quel est votre centre de formation ;
- attendez que vous soyez invité(e) à vous asseoir ;
- ne coupez jamais la parole (si vous avez des questions à poser, attendez que votre interlocuteur vous donne la parole pour vous exprimer) ;
- justifiez le contenu de votre CV ;
- présentez vos expériences et vos compétences en les illustrant par des exemples ;
- à la fin de l'entretien, remerciez votre interlocuteur et réaffirmez votre motivation pour le stage.

3 Accueillir en face-à-face

MAÎTRISE

Situation

Le laboratoire Bioréal fabrique et commercialise des produits ménagers d'entretien. Vous êtes le (la) collaborateur(-trice) du directeur commercial, Claude Romuald. Ce dernier vous fait part des difficultés qu'il rencontre : submergé par des demandes incessantes (appels téléphoniques, visiteurs inattendus), il est sans cesse dérangé et ne consacre plus assez de temps à son cœur de métier. Persuadé que de nombreuses situations pourraient être résolues sans son intervention, il vous demande de gérer ses prises de rendez-vous. Vous disposez d'un agenda partagé pour la semaine, tenu à jour, qui indique toutes ses contraintes.

Consigne

Proposez une réponse à formuler à un visiteur inattendu ce lundi matin (documents 1 et 2).

Document 1 Passage d'un visiteur inattendu

Une dame frappe à la porte de votre bureau sans passer par l'hôtesse d'accueil qui, en principe, filtre les visiteurs.

Vous, *étonné(e)* **:** Bonjour. Que puis-je pour vous ?

L'interlocutrice : Bonjour, Karin Gris, société Ferambal. J'ai rendez-vous en fin de matinée avec M. Romuald.

Vous consultez l'agenda mais aucun rendez-vous n'apparaît.

Vous : Il doit y avoir une erreur, madame, car M. Romuald n'est pas disponible ce matin. Il n'a prévu aucun rendez-vous...

Karin Gris : Je croyais bien pourtant qu'il m'avait dit qu'il me recevrait ce matin. Je devais lui présenter les nouveaux emballages recyclables. Mais ce n'est pas grave, donnez-moi son numéro de portable, je le joindrai directement...

Document 2 Agenda de la semaine de M. Romuald

	Lundi	Mardi	Mercredi	Jeudi	Vendredi	Samedi
08:00				Déplacement MILAN 08:00-12:00		
09:00	Réunion Commerciaux 09:00-12:00	Déplacement MILAN 09:00-19:00	Déplacement MILAN 09:00-19:00		Réunion Sce marketing 09:30-11:00	
10:00						
11:00						
12:00						
13:00	RV GONOD 13:30-14:00					
14:00				Traitement doss. en cours 14:00-16:00	Entretiens Skype recrutement 14:00-19:00	
15:00						
16:00	Réunion Direction 16:00-19:00			RV tél.		
17:00				Visite Client 17:00-19:00		
18:00						
19:00						

4 Appliquer des consignes de filtrage téléphonique

MAÎTRISE

Situation

Vous devez renforcer le filtrage des appels téléphoniques et ne transmettre aucun appel à M. Romuald durant toute la matinée. À votre demande, celui-ci vous a remis une liste des personnes qu'il souhaite éviter à tout prix ; il les appelle les « enquiquineurs » qui lui font perdre son temps…

Consigne

Donnez une suite à chacun des appels téléphoniques de ce tout début de matinée (documents 1 et 2).

Document 1 — 1er appel téléphonique, lundi 9 h

Vous : Bonjour, service commercial de la société Bioréal.

Interlocuteur : Bonjour, je suis Adam Jon. Claude m'avait demandé de le rappeler en début de semaine.

Vous : Pourriez-vous me dire à quel sujet vous souhaitez le joindre ?

A. Jon : Euh, c'est un peu personnel… Je préférerais lui parler directement…

Vous consultez la liste de M. Romuald. Adam Jon y figure avec la mention « faire preuve de diplomatie mais de fermeté ».

Vous : Je suis désolé(e) mais M. Romuald ne peut pas prendre votre appel actuellement.

A. Jon : Si, si, je suis certain que si vous lui donnez mon nom, il me répondra !

Vous : Je ne peux vraiment pas le déranger actuellement mais je dispose de son agenda : voulez-vous que nous fixions ensemble un jour et une heure où vous pourriez le rappeler ? Je le préviendrai…

A. Jon : Non, il faut que je lui parle maintenant…

Document 2 — 2e appel téléphonique, lundi 9 h 05

Vous : Bonjour, service commercial de la société Bioréal.

L'interlocutrice : Good morning. This is Harriet Green from Packaging Plus Ltd in Manchester. I have an appointment later this morning with Mr Romuald. He's been informed.

Vous consultez l'agenda mais aucun rendez-vous n'apparaît. Vous parcourez la liste de M. Romuald : Harriet Green n'y figure pas.

Vous : There must be a misunderstanding, Mrs Green. M. Romuald is unavailable this morning. He made no appointments.

H. Green : But I'm sure he said he'd see me this morning! I'm due to show him our new range of recyclable packaging.

Vous : I'm afraid he'll be busy all morning. There's no way he can see you. May be in the evening?

H. Green : That's very inconvenient. It means I'll have to reschedule my whole morning. I won't take up much of his time.

Vous : I'm sorry, Mrs Green.

5 Accueillir et communiquer par téléphone

EXPERTISE

Situation

L'agence de communication Losange Noir organise la 15e Rencontre internationale annuelle des jeux vidéo à Nantes. La Cité des congrès accueillera la manifestation. Les participants ont la possibilité de loger au Centre Raspail tout proche, qui dispose d'une capacité d'hébergement de 120 lits, d'une cafétéria et de nombreuses salles de détente et de réunion. Vous avez été recruté(e) pour participer à l'organisation de cette manifestation. Vous êtes à l'accueil, la veille de l'événement. Vous réceptionnez plusieurs appels téléphoniques provenant de participants qui ne trouvent pas leur chemin pour se rendre au Centre Raspail. Grâce au plan que vous avez sous les yeux, vous orientez vos interlocuteurs.

Cité des congrès (La Cité, Nantes Events Center) 5 rue de Valmy 44000 Nantes Tél. : 02 51 88 20 00	**Centre Raspail** 40 quai Malakoff 44000 Nantes Tél. : 02 40 29 30 30

Consigne

Formulez des réponses précises, en français et en anglais, aux demandes formulées (document 1) à l'aide du document 2.

Document 1 Les demandes d'information des participants

- Karim Belasi arrive de Paris par le train. Il vous appelle pour vous demander comment arriver jusqu'au Centre Raspail. Peut-il aller à pied du Centre Raspail à la Cité des congrès ?
- Jeff Tutner arrivera de Londres par avion, tôt le matin. Il vous appelle pour vous demander la meilleure manière d'arriver jusqu'au Centre Raspail.

Document 2 Le plan d'orientation

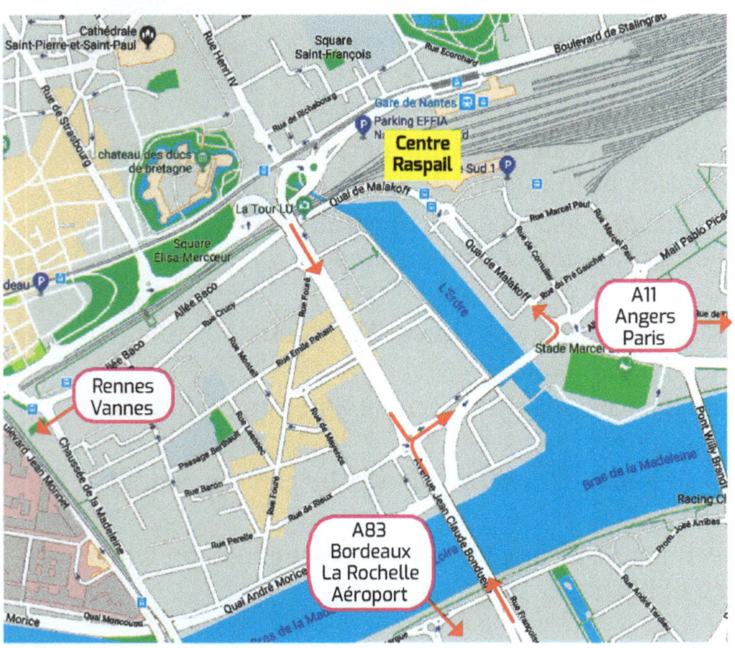

Le Centre Raspail se situe à 10 minutes à pied de la gare.

Le centre est à 20 km de l'aéroport Nantes Atlantique.

Navette (Tan) : 20 min entre l'aéroport et la gare SNCF
Fréquence : toutes les 20 min
Tarif : 9 €
- www.tan.fr
- www.nantes.aeroport.fr/fr/navette-aeroport

Compagnie des taxis nantais : 0810 520 520

Chapitre

5 La communication écrite avec les interlocuteurs externes

ACTIVITÉ **1.1.** Support opérationnel aux membres de l'entité

COMPÉTENCE Conduire l'action administrative en appui aux membres de l'entité.

TÂCHE **1.1.2.** Gestion de la relation avec les clients ou les usagers externes

VERS PIX **2.1.** Interagir
3.1. Développer des documents textuels

Contexte : Autocars Lavallée

Évolution de l'entité	Rachat de l'entreprise Autocars Lavallée par le groupe Elsi
Siège social	10 rue Lafayette (Paris X^{e})
Activité	Opérateur privé de transport de voyageurs
Implantation	14 pays en Europe
Flotte	11 300 autocars
Dirigeante	Laurène Trebua

Autocars Lavallée vient d'être rachetée par le groupe Elsi, premier opérateur privé de transport de voyageurs en Europe. Cette intégration représente une réelle opportunité de développement pour l'entreprise Lavallée, notamment à l'international. Même si l'entreprise familiale continue à fonctionner avec les mêmes équipes et la même direction au niveau local, ce changement d'identité est source de confusion pour les nombreux clients et usagers qui ont affaire au couple Lavallée depuis plus de vingt ans. Tous sont attachés aux valeurs et à l'image de cette entreprise, qu'ils associent au sérieux et à la fiabilité de ses fondateurs et de ses équipes.
Kate Lavallée, la directrice commerciale, vous charge de communiquer sur ce changement d'identité aux divers interlocuteurs de l'entreprise, tout en les rassurant sur la continuité et la qualité de service.

Système d'information

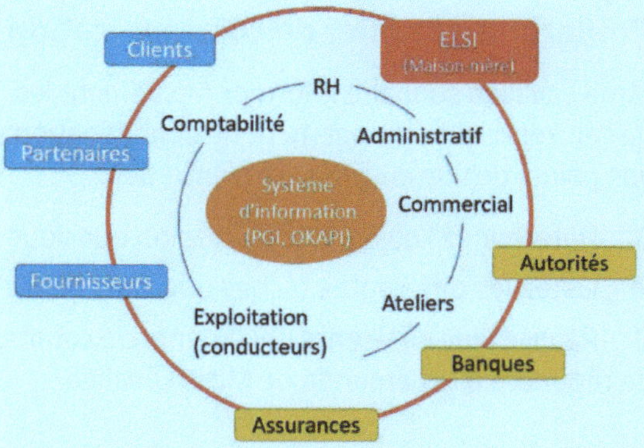

Découvrez l'entreprise Autocars Lavallée en vidéo
liennathan.fr/pp9e44

- Reportez les informations utiles du contexte au recto de la fiche E4 (organisation, contexte et objectifs de la mission, ressources).

VOTRE RÔLE

Vous rédigez au quotidien un certain nombre de documents administratifs et commerciaux. Suite au rachat de Lavallée par le groupe Elsi, Mme Lavallée vous a aussi chargé(e) de l'application de la nouvelle charte graphique du groupe. Par ailleurs, vous devez informer rapidement vos clients et usagers externes du changement d'identité de l'entreprise.

TRAVAIL À FAIRE

I. Traiter les demandes des interlocuteurs externes

Vous traitez les différentes demandes de vos interlocuteurs en prenant en compte la charte graphique du groupe Elsi.

1. Déterminez, pour chacun des documents à traiter : le destinataire, l'objet, le contexte, la réponse à la demande, l'action à mener.

Fiche ressource 1
Annexe 1

COM **2.** Rédigez les réponses appropriées à chacun de vos interlocuteurs en respectant les codes professionnels au niveau du fond et de la forme.

Fiches ressources 2 3
Annexe 2

II. Gérer les outils et messages numériques

Vous communiquez de plus en plus fréquemment par SMS ou par tchat sur la plateforme de communication virtuelle de l'entreprise.

3. Quels sont les intérêts pour Lavallée d'utiliser ces moyens de communication ?

Fiche ressource 4

4. Identifiez les problèmes dans les différents messages numériques reçus par l'entreprise.

Annexe 3

COM **5.** Répondez aux différents messages reçus en respectant les codes de l'entreprise et la nétiquette.

III. Préparer un dossier de communication externe

Mme Lavallée souhaite informer rapidement les interlocuteurs externes de l'entreprise du changement de dénomination sociale. Vous échangez vos points de vue au cours d'un entretien.

6. Déterminez l'objectif de la mission que vous confie votre manager.

Annexe 4

7. Listez les différentes tâches que vous devez réaliser.

8. Réalisez les différents documents de communication vous permettant de répondre à la demande de Mme Lavallée.

- Finissez de remplir la fiche E4 (contraintes, méthodologie, bilans professionnel et personnel).

DONNÉES DE LA SITUATION

Annexe 1 Les documents à traiter

• **Relancer le club de basket de la ville** qui n'a pas réglé sa facture pour la location de 2 minibus le mois dernier (facture n° 541LC d'un montant de 2 135 € TTC exigible depuis 15 jours). Le trésorier est M. Loïc Gasan.

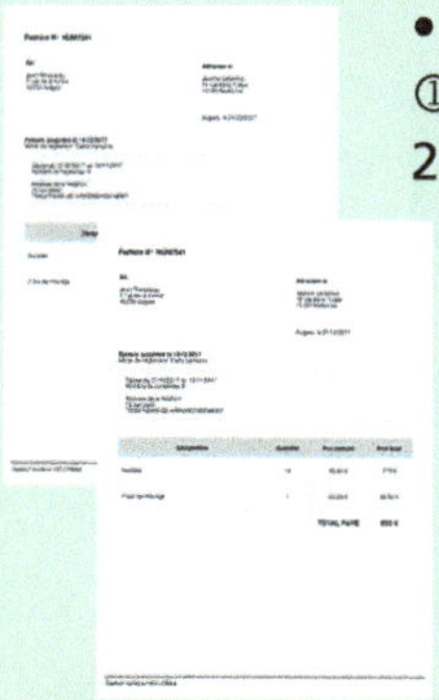

• **Adresser les factures suivantes :**

① Facture n° 254CO correspondant à un séjour « Puy du Fou » pour 2 personnes du 21 au 23 juillet N.

Montant : 488 € par personne

À adresser à : M. Maxime Codol, 43 rue Auguste-Renoir, 50470 La Glacerie.

② Facture n° 255XT correspondant au circuit « French Riviera Tour » du 5 au 10 mai N pour 8 personnes.

Montant : 817 € par personne

À adresser à : Xtrax Association, 9 West Road, Brighton CO 80601-7403, UK – contact@xtrax.org

⇛ Factures jointes payables à réception.

• **Répondre aux courriels suivants :**

De… g.berneau@ATL.net
À… contact@lavallee.com
Objet : Devis

Bonjour,

Je souhaite obtenir un devis pour la location d'un bus pour 50 personnes en vue d'un voyage en Bretagne pour une durée de 3 jours, du 12 au 15 juin N.

Merci d'adresser votre proposition de prix à :
M. Berneau, Association « Temps libre », 124 place des Carmes 50100 Cherbourg

N'hésitez pas à me contacter pour toute information complémentaire.

Cordialement,

Georges Berneau
Mobile : 07 89 89 88 88

⇛ Devis : 3 250 € incluant les frais de péage, de parking et la mise à disposition d'un chauffeur.

De… ryan-lewitt@gmail.com
À… contact@lavallee.com
Objet : Reservation for French Riviera Tour

Dear Kate,

I did not receive any confirmation concerning my reservation for "French Riviera Tour"
I booked last month for 2 persons (from March 5th to 9th). Please let me know as soon as possible.

Best regards

Ryan Lewitt

⇛ Après vérification, la réservation a bien été enregistrée.

Annexe 2 La charte graphique du groupe Elsi

La charte graphique d'Elsi définit les normes et règles de conception des supports de communication externe de notre groupe.

Elle s'applique donc à l'ensemble des supports adressés à nos interlocuteurs externes : clients, prospects, partenaires, fournisseurs, investisseurs potentiels, médias, collectivités locales et territoriales, etc.

Elle permet de présenter une image homogène et cohérente à nos différents interlocuteurs.
La charte graphique définit les polices de caractères, les couleurs, le logo, les photos et la présentation des documents à utiliser.

1. Logo

2. Couleurs

3. Typographie

Police : Arial 11 – noir, cyan, blanc

4. Supports concernés

- Courriers
- Cartes de visite
- Papiers à en-tête
- Logo
- Plaquettes commerciales, catalogue
- Modèle de devis / facture
- Enseigne
- Signalétique (panneaux, affiches…)
- Goodies
- Prospectus (*flyers*)
- Site Internet
- Apps smartphone

…

Annexe 3 Traitement des messages numérisés

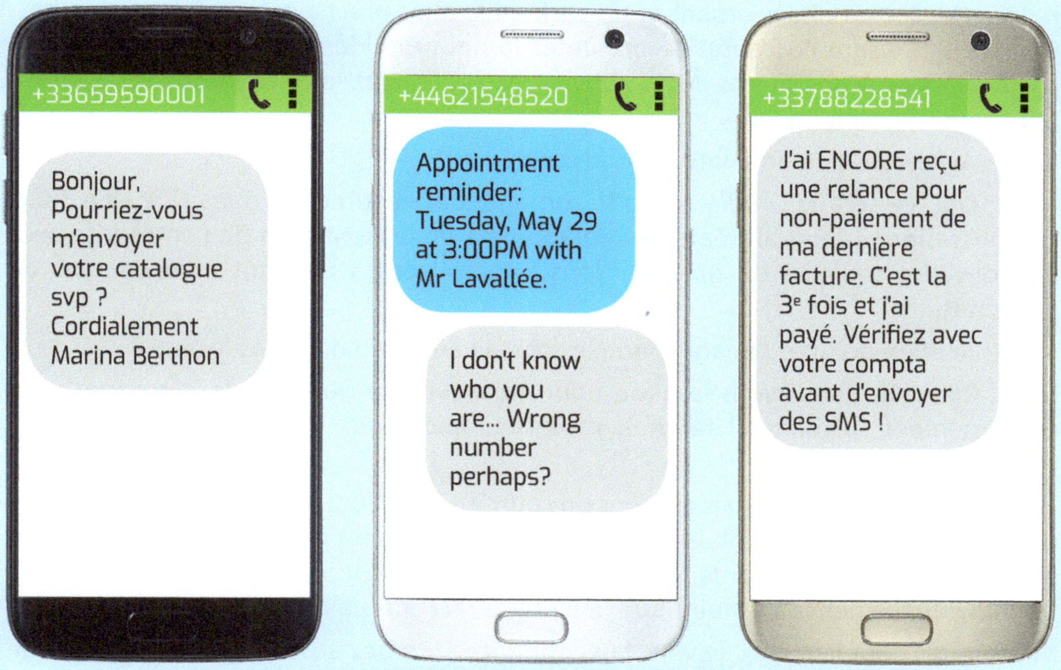

Annexe 4 Entretien avec Kate Lavallée

K. Lavallée : Nous allons organiser un cocktail le mois prochain en présence du directeur d'Elsi. Ce sera l'occasion de présenter la nouvelle identité de l'entreprise à nos partenaires et à nos clients. Nous convierons également les élus locaux et la presse pour couvrir l'événement.

Vous : Avez-vous fixé une date pour le cocktail ?

K. L. : Oui, ce sera le... *(elle consulte son agenda)* vendredi 14 mars N à 18 h 30. À cette occasion, il faudrait réaliser un diaporama de présentation de l'entreprise avec les nouvelles couleurs du groupe. Nous le projetterons pendant mon discours de présentation.

Vous : Je m'en occupe. J'imagine que le cocktail aura lieu dans nos locaux ?

K. L. : Bien sûr, nous avons la place pour accueillir une centaine de personnes, cela est largement suffisant. Il faudrait recenser rapidement le nombre d'invités pour organiser tout cela.

Vous : Je m'en charge. Je vais envoyer un courrier à nos contacts. J'y joindrai un carton d'invitation pour le cocktail. Je ne sais pas encore comment je vais pouvoir comptabiliser le nombre de participants : je peux leur envoyer un coupon-réponse ou les contacter individuellement... À moins que je n'utilise un formulaire en ligne...

K. L. : Faites pour le mieux, je vous fais confiance... Pensez aussi à envoyer un message de rappel deux ou trois jours avant le cocktail pour s'assurer que nos invités soient présents ! Et puis n'oubliez pas d'inviter nos clients et partenaires britanniques !

Vous : Je ne suis pas sûr(e) qu'ils se déplacent pour un cocktail !

K. L. : Envoyez-leur une invitation par principe. En revanche, privilégiez le numérique pour les envois à l'étranger.

Vous : Très bien.

K. L. : Nous allons profiter de cet événement pour harmoniser nos documents d'entreprise. *(Elle vous montre les documents utilisés actuellement.)* Regardez : chaque service travaille dans son coin, on a une couleur par document, ça ne va pas du tout !

Vous : En effet, il faut prévoir des supports de communication plus harmonieux et conformes à la nouvelle charte graphique du groupe.

K. L. : Tout à fait ! Faites-moi une proposition de page de garde de notre catalogue et un prospectus type pour notre excursion autour de l'île de Wight. Nous mettrons ces documents à disposition de nos invités français et anglais le jour du cocktail. Il faudrait également refaire mes cartes de visite...

Autocars Lavallée

Kate Lavallée
Directrice commerciale

31 rue Fabre
50100 CHERBOURG
contact@lavallee.com
www.transport-lavallee.com
06 50 54 32 34

Vous : Je m'en occupe. J'adapte nos documents d'entreprise en fonction de la nouvelle charte graphique et je prévois également leur traduction en anglais.

K. L. : C'est parfait ! Merci pour votre aide sur ce dossier. On fait un point en fin de semaine.

Vous : Très bien ! À plus tard...

1 Structurer les écrits professionnels

Les écrits professionnels doivent être clairs et efficaces. Il faut donc aller à l'essentiel, rédiger des phrases courtes et éviter l'emploi de phrases négatives.

I Le plan type d'un courrier commercial

ÉTAPE	CONTENU	EXEMPLE (en français)	EXEMPLE (en anglais)
Objet	Thème abordé	Proposition d'intervention technique	Apologizing for delayed order
Civilité	À graduer en fonction de la connaissance de son interlocuteur.	M. Tetuani Madame, Monsieur si on ne sait pas	Dear Mr Klander
Contexte	Donner les éléments nécessaires au destinataire pour qu'il identifie la situation concernée (rappel du contexte ou résumé de la situation).	Vous nous avez contactés hier pour nous signaler un dysfonctionnement de votre climatisation installée par nos soins il y a 6 mois.	Thank you for notifying us that you have not received the goods that you ordered on January 12th N.
Réponse à la demande	Indiquer la raison du courrier.	Nous avons le plaisir de vous informer que nous allons dépêcher une équipe technique au plus tôt pour procéder à la réparation.	We contacted our supplier who expects to ship your order within 3 days.
Action à mener	Énoncer les conséquences de la demande et la suite à donner.	Nous vous remercions de contacter notre service technique au 06 77 XX XX pour convenir d'un rendez-vous.	You should receive your goods by February 3rd N.
Conclusion	Elle nuance ou renforce le ton de la lettre.	En espérant avoir répondu à vos attentes.	We apologize for any inconvenience that this delay may have caused.
Formule de politesse	Prendre congé de l'interlocuteur en respectant les usages.	Nous vous prions d'agréer, M. Tetuani, nos sincères salutations.	Yours sincerely

II Le contenu d'un courriel

La structure d'un courriel est identique à celle d'un courrier (contexte, réponse, action à mener). Cependant, la formulation est généralement plus concise et plus directe. Les échanges sont moins formels : cela se traduit notamment au niveau du titre de civilité (« Bonjour » ou « Monsieur », « Madame »...) et de la formule de politesse (« Cordialement » ou « Bien cordialement »).

Si personne que l'on ne contacte qu'1 ⊗ ou 1 ⊗ par an ou haut placé dans la hiérarchie : "sincères salutations"

2 Rédiger un courrier commercial en français

LOGO
Nom de l'entreprise
Adresse
Code postal Ville
— Expéditeur

Destinataire —
Nom de l'entreprise
Nom du destinataire
Adresse
Code postal Ville

Lieu et date —
Ville, le 15 avril N

Objet : — Sujet de la lettre

Nos Réf.: — Références

Monsieur, — Titre de civilité

....

....

....

....

....

Nous vous prions d'agréer, Monsieur, nos sincères salutations. — Formule de politesse

Bloc « signature » —
Nom Prénom
Titre

Coordonnées et mentions légales —
Téléphone : 05 84 84 00 00 – Fax : 05 84 84 12 12
Contact@elsi.cherbourg.com – www.elsi.com
RCS Cherbourg 695 820 304 00058
Siège social ELSI : 10 rue Lafayette 75010 Paris

3 Rédiger un courrier commercial en anglais

I Règles de présentation

LOGO

Company name
Street Address
City, ZIP Code — Heading including your address, phone number, e-mail

Your name
Phone number
E-mail

Everything in the letter starts on the left-hand side.

April 15th, N — Date

Recipient Name
Title
Company Name
Street Address
City, ZIP Code — Recipient's address

Subject:

Dear Recipient Name: — Formal salutation including recipient's name

Following ....

....

....

....

I look forward to hearing from you.

Yours sincerely — Professional closing

Signature
Karen Steward — Handwritten signature

Enclosures: — Attached documents

II S'adresser à un correspondant en anglais

	Civilité	Formule de politesse
On ne connaît pas le nom de l'interlocuteur.	Dear Sirs Dear Sir / Dear Madam	Yours faithfully
On connaît le nom de l'interlocuteur.	Dear Mr Brown Dear Ms Brown	Yours sincerely
On connaît bien l'interlocuteur.	Dear John	Best regards / Best wishes

4 La communication numérique

Les messages virtuels sont des écrits transmis par téléphone (SMS) ou *via* une plateforme de communication (tchat en ligne).
L'usage de ces outils de communication se développe en complément des moyens traditionnels de communication. Ils représentent un atout supplémentaire pour améliorer la relation avec les interlocuteurs de l'organisation. On estime en effet que le taux de lecture des SMS avoisine les 95 %, et ce dans les 4 minutes qui suivent leur réception.

I Les usages des messages numériques

Les messages virtuels permettent de contacter ou d'informer les interlocuteurs personnellement, facilement et rapidement sur des thématiques différentes.

Assistance	Gestion commerciale	Relation client
Répondre à un problème, à une question (demande d'information, service après-vente…)	Notifier le suivi des commandes, alerter sur un retard, prendre rendez-vous…	Proposer des offres commerciales, mesurer la satisfaction des usagers, noter une prestation…

II La rédaction des messages

Les messages véhiculent l'image et le professionnalisme d'une entreprise au même titre que les autres moyens de communication.
Leurs contenus doivent donc être exempts de fautes et respecter les codes de bonne pratique sur Internet (la nétiquette).
La nétiquette précise les règles de bonne conduite pour rédiger des messages professionnels dans le respect des autres usagers :
– émetteur identifiable (fonction et entreprise) ;
– respect de l'anonymat de ses destinataires ;
– contenu des messages courtois ;
– messages rédigés en minuscules (écrire en majuscules équivaut à crier) ;
– utilisation d'abréviations et d'émoticônes à éviter.

III Les intérêts et limites des messages

Intérêts	Limites
• Réactivité, gain de temps • Mobilité (outil nomade) • Adaptés aux pratiques des usagers • Rapidité des échanges • Taux de lecture • Accessibilité	• Textes courts et simples • Non adaptés aux échanges conflictuels ou confidentiels • Risques inhérents à la rapidité de réponse (erreur d'adressage, pas de relecture…)

APPLICATIONS PROFESSIONNELLES

1 Corriger un courrier de réclamation

MAÎTRISE

Situation

Vous travaillez dans le service administratif du centre équestre Les Grillons au Castellet, dans le Var. Le centre est situé à l'écart du village, dans une impasse un peu isolée. Pour la troisième fois depuis un mois, les réverbères situés dans l'impasse ne fonctionnent plus, ce qui fait l'objet de nombreuses réclamations des usagers du centre.

Vous accueillez aujourd'hui Johana, une stagiaire qui souhaite découvrir les métiers administratifs. Vous lui confiez la rédaction d'un courrier de réclamation à l'attention des services municipaux pour qu'ils viennent réparer les réverbères. Johana vous présente fièrement son travail après y avoir travaillé toute la matinée.

Consignes

1. **Quelles remarques pouvez-vous faire sur la lettre de Johana (document) ?**
2. **Proposez des améliorations à ce courrier.**

Document Le courrier de réclamation de Johana

Centre équestre Les Grillons
Impasse du Canal
83330 Le Castellet

À l'intention du Maire
Le Castellet

Cher monsieur le Maire,

Nous sommes au regret de vous dire que les réverbères ne fonctionnent toujours pas. Cela fait trois fois qu'on le signale et c'est toujours pas réparé.

Je vous serai très obligée de bien vouloir faire une intervention très rapidement.

Cela fait longtemps qu'ils auraient dû être remplacés et cela devient vraiment gênant pour les personnes qui viennent à notre association.

Veuillez agréer, Monsieur le Maire, l'expression de ma considération distinguée.

Johana, stagiaire

2 Concevoir un message type

MAÎTRISE

Situation

Le club de tennis de Talence, en Gironde, organise chaque année un tournoi international junior. Cet événement dure une semaine et regroupe plus de 80 participants originaires du monde entier. Les joueurs, qui ont entre 15 et 18 ans, représentent la future élite mondiale du tennis.

Les participants arrivent généralement la veille ou l'avant-veille du tournoi par leurs propres moyens, soit à l'aéroport de Bordeaux, soit dans les gares situées dans un rayon de 30 km.

Un service de navette est mis en place par l'organisation pour les récupérer à leur arrivée et les accompagner à leur hôtel. Les joueurs viennent seuls ou en équipe et sont parfois accompagnés de leur entraîneur et/ou de leurs parents.

Chargé(e) de la gestion de leur accueil, vous réceptionnez les messages relatifs à leur arrivée et traitez leur demande. Il est souvent nécessaire de contacter les participants pour avoir des informations complémentaires.

Consignes

1. **Recensez les informations manquantes dans les différents messages en utilisant un outil adapté (documents 1 et 2).**
2. **Préparez un message type en français et en anglais pour répondre plus rapidement à vos interlocuteurs.**

Document 1 Messages reçus

SMS

Bonjour, j'arrive le samedi 8 à 15 h. Peut-on venir me chercher à la gare SVP ? Niklos

Hi, my name is Demet Luis from Bielorussia. Cld you pls pick me up at the airport tomorrow?

De... claudia.nuffi@yahoo.com
À... tennis_talence@fft.fr
Objet : Urgent

Monsieur, mon fils participe au tournoi de Talence. Il arrivera par train vers 13 h de Paris. Merci de me confirmer qu'il sera pris en charge à son arrivée. Bien cordialement.

De... olgadanville14@sympatico.ca
À... tennis_talence@fft.fr
Objet : Demande de navette

Cher Monsieur, je vous confirme mon arrivée de Montréal vendredi 7. Mon avion transite par Paris. L'arrivée est prévue à 20:45. Nous sommes 4 (2 joueuses et 2 coachs). Merci de confirmer réception de ce message. Bien à vous. Olga Danville

Document 2 Informations nécessaires pour la prise en charge

Nom Prénom du joueur / Jour et heure d'arrivée / Lieu d'arrivée / N° de train ou de vol et provenance / Numéro de téléphone du responsable ou du joueur / Mail / Nombre d'accompagnants (famille/entraîneur)

3 Élaborer un questionnaire d'enquête numérique

EXPERTISE

Situation

Vous effectuez un stage à l'office de tourisme de Guernesey, une petite île britannique au large du Cotentin qui accueille chaque année de nombreux touristes français et britanniques.
Il y a trois mois, M. Miller, le directeur de l'office de tourisme, a confié la refonte de son site Internet à une agence de communication suite à de nombreuses critiques de la part des usagers et visiteurs du site.
M. Miller aimerait savoir si le nouveau site répond aux attentes de ses visiteurs et vous charge de réaliser une enquête de satisfaction.

Consignes

1. **Concevez un questionnaire bilingue pour évaluer la satisfaction des visiteurs du nouveau site Internet de l'office de tourisme de Guernesey (voir fiche ressource 3 du chapitre 14).**
2. **Comment allez-vous diffuser ce questionnaire ?**

Document L'avis des usagers sur l'ancien site Internet de l'office de tourisme

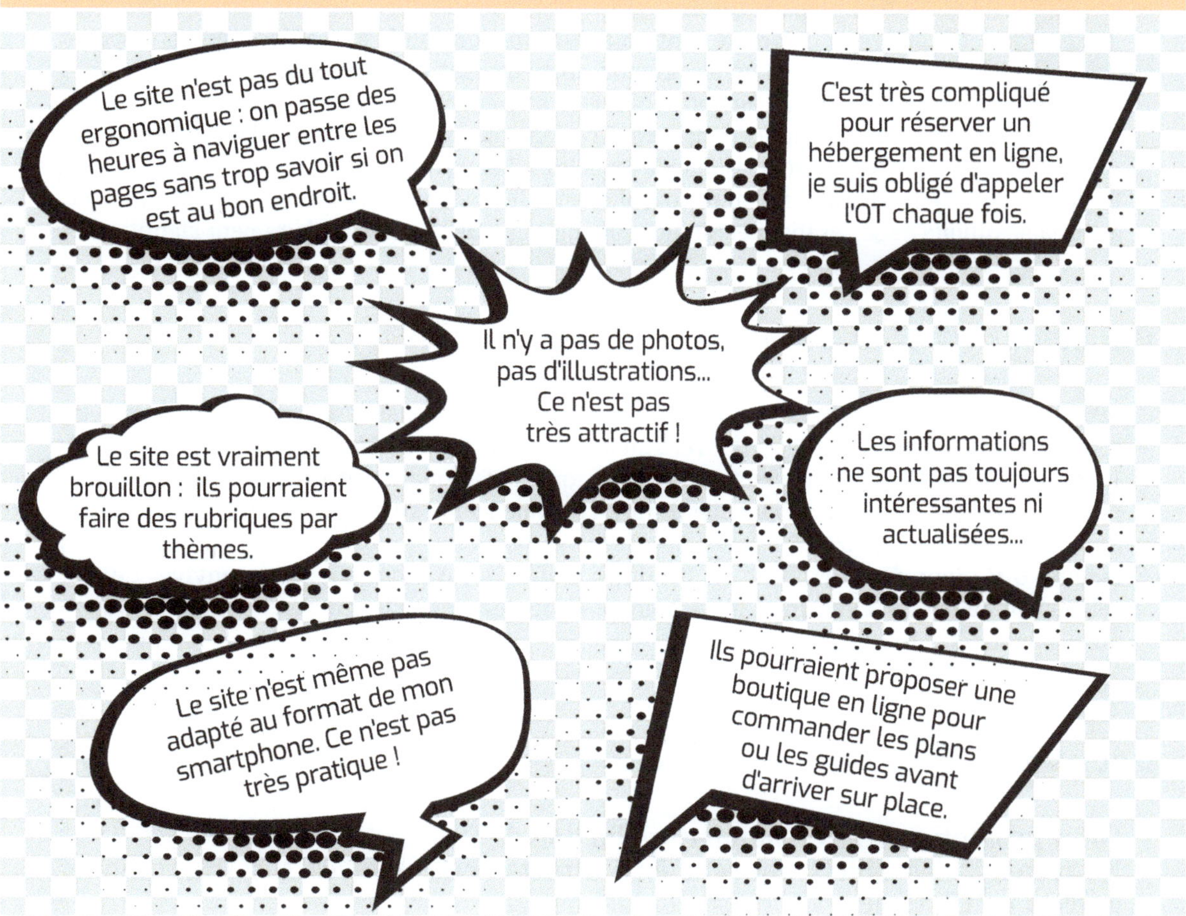

4 Réaliser une *newsletter*

EXPERTISE

Situation

Vous travaillez au théâtre Logos, à Chartres. Vous centralisez les réservations qui arrivent sur le site du théâtre ou à l'accueil, ouvert du lundi au vendredi de 10 h à 19 h. Fort d'une programmation mensuelle riche et variée, le théâtre compte de plus en plus d'usagers mais sa fréquentation est encore insuffisante et irrégulière. La directrice souhaite proposer une *newsletter* mensuelle. Elle vous charge de réaliser la maquette du mois de janvier.

Consignes

1. **Quel est l'intérêt pour le théâtre Logos de créer une *newsletter* ?**
2. **Concevez la *newsletter* pour le mois de janvier (documents 1, 2 et 3).**

Document 1 Qu'est-ce qu'une newsletter ?

Une *newsletter* est une lettre d'information envoyée périodiquement par courriel à des abonnés. Elle est composée de textes, d'illustrations et de liens hypertextes renvoyant vers des contenus décrits dans le titre.

La *newsletter* est un moyen d'informer les interlocuteurs de l'organisation de l'actualité, des nouveautés ou de points précis sur l'organisation. Elle permet d'entretenir un contact régulier avec ses partenaires.

Idées de contenus : informations sur la société, les produits ou prestations, les promotions ou événements particuliers…

La *newsletter* doit être attractive et structurée : titres et sous-titres informatifs, textes courts pour rappeler l'essentiel, lien hypertexte vers la suite de l'article ou vers un site dédié.

La *newsletter* est adressée aux personnes qui ont donné leur accord (règle de l'*opt-in*) et qui doivent avoir la possibilité de se désabonner à tout moment. L'émetteur doit être clairement identifié.

Document 2 La programmation du théâtre

1984, Big Brother vous regarde – Winston Smith tient un journal dans lequel il condamne la société totalitaire dans laquelle il vit. – Du 6 au 9 janvier. Tarifs : de 18 à 25 €

Dom Sganarelle – Deux comédiens sexagénaires, qui ont fait une carrière honorable, souhaitent rejouer *Dom Juan*, pièce dans laquelle ils ont triomphé trente années auparavant. – Du 15 au 31 janvier. Tarifs : de 28 à 32 €

Devine qui vient dîner en noir ? – Un dîner truffé de surprises pour des convives qui se retrouvent au dessert avec une « pièce montée » qui n'est pas celle que l'on attendait. – Du 12 au 15 janvier. Tarif : 13 €

Document 3 Les nouveautés de janvier

Offre promotionnelle en janvier : réduction de 5 %

Nouveauté : les billets peuvent être directement envoyés sur smartphone grâce à un QR Code.

Chapitre 6

La gestion de la relation avec les clients

ACTIVITÉ	**1.1.** Support opérationnel aux membres de l'entité
COMPÉTENCE	Conduire l'action administrative en appui aux membres de l'entité.
TÂCHE	**1.1.2.** Gestion de la relation avec les clients usagers internes et externes
VERS PIX	**1.3.** Traiter les données **3.1.** Développer des documents textuels **5.2.** Construire un environnement numérique

Contexte : Publisign

Statut	SARL
Localisation	30 impasse du Chasselas Saumur (49400)
Activité	Création, conception, fabrication, installation et maintenance d'enseignes publicitaires
Effectif	17 salariés qualifiés
Dirigeant	Alain Camus

La société Publisign est née en 2001 de la fusion de deux sociétés spécialisées dans l'enseigne et la signalétique depuis 1959. La majeure partie (70 %) de son activité concerne les chaînes de magasins et les centres commerciaux de l'ensemble du territoire national, mais Alain Camus souhaite aussi pouvoir répondre à la demande des clients de proximité.
Vous travaillez comme collaborateur(-trice) auprès d'Étienne Duhaut, le directeur commercial. C'est au sein de son service que sont traitées les demandes des clients, qui arrivent soit par téléphone, soit par courrier, soit dans la boîte mail de l'entreprise *via* le site Internet. Vous traitez directement les demandes les plus simples. Pour les demandes plus complexes, M. Duhaut procède à l'analyse de chaque projet client, puis une maquette est réalisée par le technicien.
La gestion du traitement des commandes est bien rôdée. Si un problème survient dans le suivi d'une commande, le client est immédiatement informé et une solution lui est proposée.
Le dirigeant est également particulièrement attentif à sa situation de trésorerie ; il redoute notamment les problèmes d'impayés.

Découvrez l'entreprise Publisign en vidéo
liennathan.fr/i5t36m

- Reportez les informations utiles du contexte au recto de la fiche E4 (organisation, contexte et objectifs de la mission, ressources).

VOTRE RÔLE

M. Duhaut vous demande d'assurer le suivi de la clientèle. Vous prenez en charge les saisies comptables générées par le processus de commandes à l'aide du PGI et du module de GRC.

TRAVAIL À FAIRE

I. Analyser la demande et proposer un devis

Étienne Duhaut vous demande d'être réactif pour répondre aux demandes des clients ou prospects. Vous devez traiter la demande du client AC Médias.

1. Pourquoi est-il important de bien contrôler les éléments du devis avant envoi ?

COM 2. Rédigez le courrier qui sera joint à la proposition commerciale à adresser à AC Médias.

Fiche ressource 1
Annexe 2

II. Enregistrer la commande

M. Duhaut vous charge de traiter les commandes transmises par les commerciaux. Deux commandes sont à traiter en priorité : celle du client Maison de la Literie et celle de AC Médias, qui a accepté et signé le devis.

3. Déterminez les personnes et/ou services qui interviennent dans le processus de commande, ainsi que leur rôle. Annexes 1 3
4. Représentez sous forme de schéma le traitement d'une commande chez Publisign. Fiche ressource 2
5. Contrôlez la solvabilité et les créances des clients prioritaires. Que constatez-vous ? Annexes 4 6

COM 6. Informez par courriel le client AC Médias de sa situation. Annexes 2 5 6

7. Créez un modèle d'accusé de réception automatisé sur votre tableur puis envoyez-le aux deux clients.

III. Générer les documents sur le PGI

Étienne Duhaut vous demande d'enregistrer les commandes sur le PGI.

PGI 8. Saisissez les bons de commande des clients.

Vous avez validé avec M. Duhaut les bons de livraison des clients AC Médias, Pharmacie des Roches, et Maison de la Literie.

PGI 9. Editez les bons de livraison des clients.

IV. Suivre la commande

Après vous avoir expliqué le processus de vente, M. Duhaut vous demande de traiter la facturation des clients du mois de novembre N.

10. Dans le processus de vente de Publisign, listez les documents qui permettent la création d'une facture à un client.
11. Établissez sur tableur les corps de facture, en prenant soin de vérifier les montants.

Fiche ressource 3
Annexe 3

PGI **12.** Établissez les factures de vente sur le PGI. Les montants sont-ils identiques aux calculs réalisés sur tableur ?

Le 20/11/N, M. Ortega, de la Pharmacie des Roches, téléphone pour signaler une erreur sur la facture envoyée le 17/11/N. M. Duhaut ayant reçu l'appel, il vous confie le dossier, à traiter rapidement.

13. Contrôlez le bon de commande, le bon de livraison et la facture. Que constatez-vous ?

14. Quel document allez-vous envoyer à M. Ortega pour régulariser la situation ? Calculez le montant de ce document.

15. Quelle règle de contrôle interne vous semble-t-il utile de réactiver au sein de Publisign ?

Fiche ressource 4
Annexes 7 8 9

V. Assurer le suivi des règlements et des relances clients

Martine Saint-Didier, la comptable, vous informe que les clients ont réglé leurs factures dans le délai imparti.

PGI **16.** À l'aide de votre PGI, visualisez et vérifiez l'ensemble des écritures comptables des factures éditées.

Au cours d'un entretien, M. Duhaut vous expose la procédure de relance des impayés qu'il souhaite mettre en place. Il veut visualiser les actions à réaliser à chaque étape de la procédure, selon la réaction et/ou la réponse du client.

17. Présentez le schéma de l'ensemble de la procédure de relance.

18. Pourquoi la relance optimise-t-elle la trésorerie ?

19. Précisez l'intérêt d'un logiciel de GRC.

Fiche ressource 5
Annexe 10
Annexe 11

• Finissez de remplir la fiche E4 (contraintes, méthodologie, bilans professionnel et personnel).

DONNÉES DE LA SITUATION

Annexe 1 Le processus de traitement des demandes chez Publisign

Demande des clients ou prospects
• Publisign reçoit les demandes des clients ou prospects par téléphone, par courrier ou par courriel.

Devis
• Chaque demande est étudiée, chiffrée et rédigée, puis un devis est transmis au client.
• Un suivi est mis en place : les clients qui n'ont pas passé commande sont relancés.

Commande
• Lorsque le client a accepté le devis, un bon de commande est édité.
• Le bon de commande est envoyé au client pour validation.

Facture
• Dès que le chantier est terminé, la facture est éditée à partir du devis.
• La facture est envoyée au client pour règlement.

Annexe 2 Devis pour le client AC Médias

Publi'Sign ENSEIGNES

PUBLISIGN

30 impasse du Chasselas
49400 SAUMUR
☎ 03.23.35.47.12
🖷 03.23.35.47.13
e-mail : contact@publisign.com

DEVIS

AC Médias
10 rue du Paradis
84000 AVIGNON

Date **16/10/N**

N° **1704**

REFERENCE	DESIGNATION	QUANTITE	PRIX UNITAIRE	REMISE	TOTAL
ENDO1	Enseigne murale en dibond 3 mm	3,96	105,00		415,50
LER03	Lettre en dibond 3 mm alu brossé	8	149,00		1 192,00
HAB03	Main d'œuvre - Tracé de découpe	9	80,00		720,00
HAB04	Plan de pose	1	50,00		50,00
		SOUS-TOTAL			2 377,50
		REMISE			
		Net commercial			2 377,50
		TVA	20%		475,50
		NET A PAYER TTC			**2 853,00**

Annexe 3 Récapitulatif de la procédure de vente chez Publisign

Avant de traiter une commande, le commercial consulte le compte du client pour vérifier sa solvabilité. S'il s'agit d'un nouveau client, il s'informe de sa situation sur le site Infogreffe et crée sa fiche sur le PGI. Si c'est un client connu, il vérifie sa situation comptable (montant des créances) sur le PGI. Dans le cas où le montant de la commande ajouté au solde débiteur du client dépasse le plafond autorisé par l'entreprise, il prévient le client par mail qu'il ne peut pas traiter sa commande tant qu'il n'a pas régularisé sa situation comptable.

Le commercial demande à l'atelier de fabrication le délai nécessaire pour réaliser la commande. Si le délai de fabrication est supérieur à celui demandé par le client, il avertit le client par mail de la nouvelle date de livraison et lui demande son accord.

Il saisit ensuite la commande sur le PGI, avertit le client de la prise en compte de sa commande, lui joint un accusé de réception précisant le délai de livraison. Pour terminer, il transmet la commande à l'atelier de fabrication et complète le tableau de suivi de commandes.

Dès que la commande est prête, il contacte le transporteur pour enlèvement du colis et livraison chez le client. Le transporteur récupère le bon de livraison signé par le client et le transmet au commercial. Celui-ci vérifie le bon de livraison, met à jour le dossier du client et édite la facture trois jours après sur le PGI.

Pour terminer, Martine Saint-Didier, la responsable comptable, assure l'enregistrement du règlement du client et le relance éventuellement en cas d'oubli de règlement.

Annexe 4 Fax reçu du client Maison de la Literie

MAISON DE LA LITERIE
30 rue Rouget-de-Lisle
49000 ANGERS
Tél. : 02 41 95 10 81
Fax : 02 41 95 10 82
Mail : contact@maisondelaliterie.fr

Expéditeur :	Maison de la Literie		
Destinataire :	Publisign, service commercial		
Télécopie :	02 41 35 28 98	Pages :	
Téléphone :	02 41 65 75 28	Date :	25/10/N
Sujet :	Commande n° 3540		

☒ Urgent ☐ Pour avis ☐ Commentaires ☐ Réponse ☐ Confidentiel

Monsieur,

Notre enseigne sera présente au Salon Esprit Meubles qui se tiendra porte de Versailles à Paris du 28 au 30 novembre N inclus.

À la suite de la visite du commercial, nous vous confirmons la commande de 2 totems publicitaires :

Référence	Descriptif	Prix unitaire HT	Quantité
TOT03	Totem lumineux double face galbé en Plexi	1 300 €	2

Nous vous remercions de bien vouloir valider la commande et nous confirmer que la livraison sera effectuée par votre transporteur aux date et lieu indiqués ci-dessous. Cette commande sera honorée selon les conditions commerciales et financières habituelles.

La livraison sera à effectuer impérativement pour le 27 novembre N à :

Salon Esprit Meubles – 1 place de la Porte de Versailles 75015 Paris – Pavillon Habitat, secteur Literie 7.1 – Stand J11

Vous en souhaitant bonne réception, nous vous adressons nos meilleures salutations.

Christian Hébert

Maison de la Literie d'Angers

Annexe 5 Tableau des commandes à traiter

N° client	Nom du client	Date de commande	Conditions commerciales et financières	Montant HT	Mode de règlement / Observations
411ACM	AC Médias	16/10/N	Remise de 15 %	2 377,50	
411MLIT	Maison de la Literie	25/10/N	Remise de 20 %	2 600,00	Traite à 60 jours
411ORT	Pharmacie des Roches	12/10/N	Acompte de 30 % versé le 12/10/N, chèque n° 867	18 386,00	Chèque à 30 J FDM Erreur de prix dans la facture : faire un avoir

Annexe 6 Extrait du fichier clients de Publisign

N° client	411ACM	411MLT	411ORT
Dénomination sociale	AC Médias	Maison de la Literie	Pharmacie des Roches
Activité	Agence de communication	Magasin de literie	Pharmacie
Adresse	10 rue du Paradis	30 rue Rouget-de-Lisle	18 rue Étienne-Marcel
Code postal	84000	49000	49680
Ville	AVIGNON	ANGERS	VIVY
Téléphone	04 90 80 10 42	02 41 95 10 81	02 41 52 50 10
Fax	04 90 80 10 43	02 41 95 10 82	02 41 52 50 11
N° SIRET	7981505790026	40793505500050	324842 848
NAF ou NII	7311Z	7022Z	4773Z
Mail du contact	contact @acmedias.fr	angers @maisonliterie.fr	contact @pharmacie desroches.fr
Conditions commerciales ou financières	Remise 15 %	Remise 20 %	Néant
Plafond autorisé	15 000 €	35 000 €	Nouveau client Pas de plafond
Solde débiteur	14 712,00 €	10 233,80 €	0 €
Mode de règlement	Virement à 30 J FDM	Traite à 60 jours	Chèque à 30 J FDM Acompte de 30 %

Annexe 7 Notes suite à l'appel de M. Ortega, Pharmacie des Roches

Le 14/11/N, le client Ortega a bien réceptionné la livraison de sa commande du 12/10/N.
Il a reçu la facture le 18/11/N.
Il m'a appelé pour me signaler que 20 lettres lui ont été facturées au lieu des 18 qui composent le nom "Pharmacie des Roches". Il faut lui envoyer un avoir.

Annexe 8 Bon de livraison signé par le client Ortega, Pharmacie des Roches

Référence pièce	Article	Dépôt	Quantité	Mont. HT Devis	Mont. HT EUROS	Date pièce Date livr.
2	**PHARMACIE ORTEGA**	**Stockage dépôt**		**18 386,00**	**18 386,00**	**12/10/2021**
CR002	Croix de pharmacie double face dynamique GABY	Stockage dépôt	1,00	3 490,00	3 490,00	14/11/2021
DI002	Rampe lumineuse à double tube fluo LED	Stockage dépôt	1,00	295,00	295,00	14/11/2021
HAB01	Habillage de façade en Dibond 3 mm laqué	Stockage dépôt	1,00	120,00	120,00	14/11/2021
HAB03	Tracé de découpe	Stockage dépôt	1,00	80,00	80,00	14/11/2021
EML03	Enseigne murale en tôle tablette	Stockage dépôt	5,00	1 150,00	1 150,00	14/11/2021
LER08	Lettre pleine en alu 3 mm	Stockage dépôt	18,00	9 756,00	9 756,00	14/11/2021
TOT04	Totem lumineux double face droit en tôle tablette ajourée	Stockage dépôt	1,00	1 620,00	1 620,00	14/11/2021
CLS03	Caisson lumineux simple face droit en tôle ajourée	Stockage dépôt	1,00	875,00	875,00	14/11/2021
HAB04	Plan de pose	Stockage dépôt	20,00	1 000,00	1 000,00	14/11/2021
	Montant Total HT EUROS :				**18 386,00**	

Annexe 9 Facture envoyée au client Ortega, Pharmacie des Roches

Facture client

N° 3 du 17/11/2021

PHARMACIE ORTEGA

Client 411003
Etablissement Etablissement
Devise ▾ € Euro
Affaire

Réf.Interne
Dépôt Stockage dépôt 49
Livraison le 14/11/2021

N°	Référence	Désignation	Quantité	Prix	Remise	Montant
1	CR002	Croix de Pharmacie double face dynamique GABY	1,00	3490,000		3490,00
2	DI002	Rampe lumineuse à double tube fluoleds	1,00	295,000		295,00
3	HAB01	Habillage de facade en Dibond 3 mm laqué	1,00	120,000		120,00
4	HAB03	Tracé de découpe	1,00	80,000		80,00
5	EML03	Enseigne murale en Tôle tablette	5,00	230,000		1150,00
6	LER08	Lettre Pleine en alu 3 mm	20,00	542,000		10840,00
7	TOT04	TOTEM lumineux double face droit en tôle tablette ajourée	1,00	1620,000		1620,00
8	CLS03	Caisson lumineux simple face droit en tôle ajourée	1,00	875,000		875,00
9	HAB04	Plan de pose	20,00	50,000		1000,00

Disponible brut
Physique brut
Disponible net

Escompte %	0	H.T.	**19 470,00 €**	Taxes	**3 894,00 €**
		dont ports/frais	**0,00 €**	T.T.C.	**23 364,00 €**
Remise %	0	Escompte	**0,00 €**	Acompte/Règl.	**5 515,80 €**
Règlement	CHQ 30 J FDM	Remise	**0,00 €**	Net à payer	**17 848,20 €**

Annexe 10 Notes prises lors de l'entretien avec Étienne Duhaut

– La facture est transmise par voie postale au client dans les 3 jours qui suivent la réception du bon de livraison signé par le client.

– Une mise en demeure est envoyée 45 jours après la date d'exigibilité de la facture au client qui n'a pas répondu aux deux précédentes relances.

– 1re relance : par téléphone, 15 jours après la date d'exigibilité.

– 2e relance : par courrier, 30 jours après la date d'exigibilité.

– 8 jours après la mise en demeure : procédure de contentieux assurée par le cabinet d'expertise comptable. Coût à la charge du client : 10 % de la somme due.

NB : les clients nouveaux paient un acompte de 30 % à la commande, le reste à 30 jours fin de mois. Les autres clients paient à 30 jours fin de mois ou à 45 jours.

Annexe 11 Le module de GRC du PGI

Le module de GRC (gestion de la relation client) du PGI intéresse plus particulièrement le service commercial de l'entreprise. Il a pour objectif d'optimiser le traitement et l'analyse des données relatives aux clients et prospects.
Il fournit un historique des relations commerciales et permet ainsi d'assurer le suivi des clients. Il facilite la communication avec les clients : possibilité d'envoyer des SMS, de réaliser des lettres types, des courriers et du publipostage.
Le module de GRC permet également de gérer le service après-vente. Les salariés du service après-vente ont accès à des données fiables et actualisées. Le module permet d'analyser les retours et de remédier aux éventuels dysfonctionnements.

Gestion des contacts : organisation et suivi des informations concernant les clients.
Processus de vente : identification des phases transformant un prospect en client. La commande s'obtient après un processus qui aboutit à la vente.
Analyse des données et gestion documentaire : ensemble des processus qui permettent de gérer les informations et documents sur un support dématérialisé (GED).
Marketing : technique visant à mieux capter et analyser les données des clients ou prospects pour créer une relation de proximité et mieux les fidéliser.
Reporting : bilan des activités, telles que le nombre de ventes (par produit ou par commercial), la marge par produit, la marge rapportée au CA général...
Tableau de bord : outil de pilotage permettant de quantifier l'activité de l'entreprise en utilisant les données fournies par le reporting. Le tableau de bord fournit une vision synthétique du passé, du présent et, par conséquent, du futur de l'entreprise.

1 Les termes commerciaux et comptables relatifs à la GRC

I Les termes commerciaux

1. Le devis

Le devis désigne une proposition commerciale faite par un **fournisseur** à son client, qui reste valable jusqu'à ce que ce dernier décide de l'accepter ou non. Le devis précise une date de fin de validité (en général, un mois).

2. Le bon de commande

Le bon de commande est un document établi lors d'une vente entre un vendeur et un acheteur, détaillant les éléments de la commande. Il n'est pas obligatoire mais il est couramment utilisé pour sécuriser la vente.

3. Le bon de livraison

Le bon de livraison est un document attestant de la livraison du bien ou service, en attendant l'établissement de la facture qui rendra le paiement exigible. Il est émis par le fournisseur à son client et est précédé d'un **bon de commande**.

4. La remise commerciale

La **remise** commerciale est une réduction accordée de façon récurrente en fonction des quantités achetées, ou selon la qualité du client.

II Les termes comptables

1. L'acompte

L'acompte est un paiement partiel du client sur sa commande avant livraison du bien ou service. C'est une façon de formaliser l'accord et de rassurer le fournisseur. L'acompte versé sera déduit de la facture finale.

2. Le client

Le client est une personne physique ou morale qui achète un bien ou une prestation de service à l'entreprise, en échange d'un paiement. En comptabilité, le **compte client** comprend les en-cours qui ont été facturés mais pas encore payés.

3. La facture

La facture identifie le créancier (entreprise) et le débiteur (client), le montant dû et la date. Elle engage le débiteur à payer le montant d'ici **la date d'échéance** indiquée. Il est d'usage de demander un accord sur la base du devis ou du **bon de commande** avant d'éditer la facture. L'utilisation d'un PGI facilite le travail ; de plus, le PGI intègre un CRM permettant de suivre les impayés et d'effectuer les relances.

4. La trésorerie

La trésorerie rassemble toutes les sommes d'argent directement disponibles pour l'entreprise.

2 Le traitement des commandes clients

I L'enregistrement de la commande

Une fois les contrôles effectués, la commande est enregistrée : elle est saisie dans le logiciel de gestion commerciale ou dans le PGI, et affectée d'un numéro selon la codification interne.

> **Exemple :** la commande de fournitures de la société Varétanche du 09/10/N est enregistrée par Lyreco comme bon de commande n° 123. Ce numéro d'identification facilitera le suivi pour Lyreco.

II L'accusé de réception

Il est préférable d'accuser réception de la commande en envoyant au client un document récapitulant les termes de sa demande, corrigeant les éventuelles erreurs et apportant toutes les précisions utiles (CGV, frais de transport, date de livraison prévisionnelle…) pour l'informer et prévenir les éventuels problèmes.

> **Exemple (suite) :** la société Lyreco a contrôlé et enregistré la commande du client Varétanche. Elle lui transmet comme accusé de réception un double de la commande générée sur le PGI.

III Les documents à générer sur le PGI

Le module Ventes du PGI facilite l'automatisation de la création des bons de commande, surtout si les données du devis ont déjà été saisies.

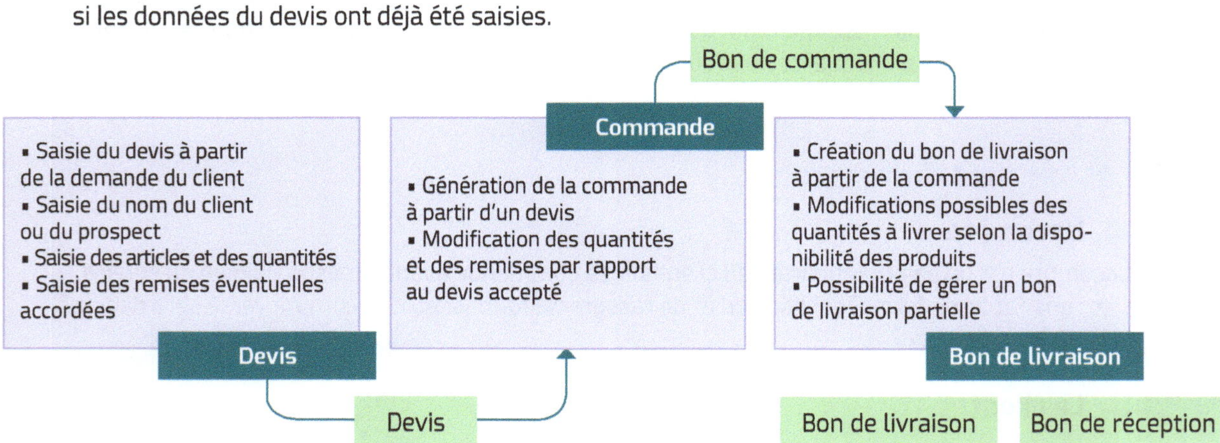

IV Le suivi de la commande

Le suivi est essentiel : il permet à l'entreprise de surveiller la progression de toutes les commandes. Il se fait généralement à partir d'un planning dans lequel sont répertoriées toutes les commandes, par ordre chronologique, avec les dates de commande, de traitement, de mise en fabrication et de livraisons prévue et réelle. C'est un outil visuel et de contrôle.

> **Exemple (suite) :** quelques jours avant la livraison prévue au client Varétanche, l'assistante commerciale de Lyreco demande au magasinier où en est la préparation de la commande et si elle sera bien effectuée le jour prévu. Le magasinier lui signale qu'il est en rupture de stock de cartouches couleurs pour imprimante. L'assistante doit prévenir le client.

N° du bon de commande	Date de la commande	Nom du client	Délai de livraison	Date de préparation*	Date de livraison prévue	Date de livraison réelle	Observations
123	09/10/N	Varétanche	10 jours	12/10/N	19/10/N	25/10/N	Retard de livraison

* Dans les entreprises industrielles, la date de préparation correspond à la date de mise en fabrication.

3 La facture dans le processus de vente

À chaque étape du processus de vente, divers documents sont créés. Chacun d'eux a un rôle précis dans le processus. Le dernier document est la facture.

I Les documents commerciaux

1. Les documents de la chaîne documentaire du processus de vente

Devis → Commande → Bon de livraison → Facture de doit → Facture d'avoir

Le **devis** est une proposition de travaux et de prix, la **commande** valide le devis accepté par le client, le **bon de livraison** permet de contrôler et de valider la livraison. La **facture de doit** réclame le paiement au client, la **facture d'avoir** modifie, si besoin, la facture initiale.
De nombreuses entreprises utilisent un progiciel de gestion intégré (PGI) qui automatise l'ensemble des traitements, du devis aux factures. **Les PGI proposent une représentation de la chaîne documentaire du processus de vente** et précisent les actions possibles de l'utilisateur tout au long de ce processus.

Devis	Commande	Bon de livraison	Facture	Avoir
– Saisie du devis à partir de la demande du client – Saisie du nom du client ou prospect – Saisie des articles et des quantités – Saisie des remises éventuelles accordées	– Génération de la commande à partir d'un devis – Modification des quantités et des remises par rapport au devis accepté	– Création du bon de livraison à partir de la commande – Modification possible des quantités à livrer en fonction de la disponibilité des produits – Possibilité de gérer un bon de livraison partielle	– Génération de la facture à partir du bon de livraison – Modification possible des quantités réellement livrées – Possibilité de regrouper deux bons de livraison sur une même facture	– Génération de la facture en avoir – Suppression des lignes de produits non concernées – Possibilité de modifier la quantité retournée

2. La facture, un document obligatoire

Les entreprises doivent obligatoirement établir des **factures** et les transmettre à leurs clients dans les cas suivants :
– vente ou prestation de services > à 25 € et en B to B (vente entre professionnels) ;
– vente en B to C (de professionnel à particulier) sur demande du client ;
– versement d'un acompte.
La facture réclame le paiement au client et permet de prouver la vente. C'est pourquoi on parle de **facture de doit**.
Chaque facture porte une date et un numéro unique. **Une fois émise, on ne peut plus ni l'annuler, ni la modifier.**

S'il se passe un événement après l'édition de la facture, il faut alors émettre une **facture d'avoir**.
Celle-ci est établie lors d'un retour de marchandises ou à l'occasion d'un rabais, d'une remise ou d'une ristourne accordée après facturation.
Elle annule donc en partie ou en totalité la facture de doit.
Les contraintes légales sont les mêmes que celles de la facture et les modalités de calcul sont les mêmes que celles qui ont servi à la création de la facture initiale, mais inversées.

▶▶▶

▶▶▶

II La présentation d'une facture

La facture traduit le contrat existant entre deux parties et se matérialise par un enregistrement comptable. Elle résulte d'une obligation légale. Elle s'établit en double exemplaire et est conservée pendant 10 ans.

La présentation de la facture de doit ou d'avoir est identique.

En-tête de la facture

Société LAFETE
20 bd de France
30900 NÎMES
SARL au capital de 15 000 €
Siret : 536 842 741 NAF 607A
RSC NÎMES : 536 842 741
FR 18 536 842 740
N° TVA FR 18 536 842 741
Tél. : 01 56 47 84 96
Fax : 01 56 47 58 65

← Désignation du fournisseur

Nom et n° du document → **FACTURE DE DOIT N° F654**

Société BOURGEOIS
8 rue de Paris
94340 JOINVILLE
← Désignation du client

Société BOURGEOIS
8 rue de Paris
93340 JOINVILLE
← Adresse de livraison

Corps de la facture

Date de facture ↓ — Date de livraison ↓ — Date d'échéance ↓

Date	Date de livraison	Code client	Mode de règlement	Échéance	
10/10/N	05/10/N	411056	Chèque à 30 jours	10/11/N	
Référence	**Désignation**	**Quantité**	**Prix unitaire**	**Remise**	**Montant HT**
SC01	Sac de confettis	2 700	0,60		1 620,00 €
L02	Lampion	800	3,00		2 400,00 €
SP01	Serpentin	1 500	0,80		1 200,00 €
			Total brut HT		5 220,00 €
			Remise	5%	261,00 €
			Net commercial		4 959,00 €
			Escompte de règlement	2%	99,18 €
			Net financier		4 859,82 €
			Frais de port		50,00 €
			TVA	20%	981,96 €
				Net à payer en €	**5 891,78 €**

↑ Détail des marchandises vendues (réf. quantité, PU HT, désignation)

Montant de la facture → Total brut HT

Réduction ou éléments pouvant s'ajouter → Escompte de règlement

Montant de la TVA → TVA

Montant du total à payer → Net à payer

Un escompte de 2% sur la somme total HT sera décompté en cas de paiement dans le 8 jours de la facture.
En cas de retard de paiement, une pénalité égale à 1,5 fois le taux d'intérêt légal facturé.

↑ Conditions d'escompte et pénalités en cas de retard

III La facture dématérialisée

L'échange de données informatisées (EDI) permet de dématérialiser la facture, c'est-à-dire d'éviter le support papier. C'est un outil de simplification des rapports entre le client et le fournisseur. Toutefois, l'archivage des informations commerciales reste obligatoire chez le client et le fournisseur ; il peut aussi être numérique.

Dans un souci d'authentification de la facture transmise par Internet, le procédé de la signature électronique permet de garantir l'échange des données entre le client et le fournisseur.

En 2020, la facture électronique deviendra la règle pour toutes les entreprises.

4 Le contrôle de la facture de vente

Afin de valider la conformité du document et d'éviter les réclamations des clients, il est nécessaire de procéder à la vérification des mentions obligatoires devant figurer sur toute facture : date d'émission, numéro de facture, coordonnées du vendeur et de l'acheteur, désignation des produits, réductions commerciales et financières, conditions de règlement...

I Les éléments à contrôler

FACTURE N° 1668

Flash Carrelages
921 route des Loubes
83400 HYÈRES
SA au capital de 300 000 €
SIRET : RCS Toulon 552072310
TVA : FR395552072310
C ode APE : 5811Z

La date de la facture est-elle correcte ?

Hyères, le 30/01/N
N° client : 411001

Les mentions obligatoires sont-elles exactes ?

M. Philippe BESPIANNETTO
Les Mas des Rayols
83390 CUERS

Les quantités et les remises sont-elles conformes au bon de livraison ?

Référence	Désignation	Quantité	PU HT	Remise	Prix net HT unitaire	Net HT total
CARTRE-V15X120	15X120 TREVERK OUTDOOR TEAK	24	75,25 €	8 %	69,23 €	1 661,52 €
PLITRE-V7X60	7X60 PLINTHE TREVERK TEAK M7X2	15	18,00 €	6 %	16,92 €	253,80 €
PLIMA-TR7X90	7X90 PLINTHE MATRIX NERO	5	15,12 €	6 %	14,21 €	71,06 €
SANS-LAT8X140	8X140 RECEVEUR SLATE BLANCO	1	596,00 €	10 %	536,40 €	536,40 €

Total net commercial HT	2 522,78 €
Escompte de règlement 2 %	– 50,46 €
Total net financier HT	2 472,32 €
Frais de port	40,00 €
TVA 20 %	502,46 €
Acompte	– 500,00 €
Total net à payer TTC	**2 514,78 €**

Les montants des nets commercial et financier et du net à payer sont-ils justes ?

Le taux et le montant de la TVA sont-ils exacts ?

L'acompte est-il versé ?

Taux d'intérêt en cas de retard de paiement : 5 % l'an
Conditions de règlement : au comptant par chèque

Quelles sont les pénalités de retard et les conditions de règlement pour déterminer la date de paiement de la facture ?

II Le devenir de la facture après contrôle

Facture conforme	Facture non conforme
· Envoyer un exemplaire de la facture au client. · Transmettre un autre exemplaire de la facture au service Comptabilité pour enregistrement.	· Émettre une facture d'avoir. · Envoyer au client un exemplaire des factures de doit et d'avoir. · Transmettre un autre exemplaire des deux factures au service Comptabilité pour enregistrement.

FICHE RESSOURCE

5 Le suivi de facture : relancer un client

Le suivi des comptes clients permet de connaître l'état des créances à tout moment et d'être ainsi en mesure de lancer une procédure de relance en cas de non-paiement. Plusieurs outils sont à la disposition de l'entreprise pour suivre les règlements des clients.

I Les objectifs de la relance client

La relance client remplit plusieurs objectifs :
- réduire les retards de paiement et raccourcir le délai moyen de règlement des clients ;
- éviter les impayés sur les clients à risque ;
- améliorer la trésorerie et traiter rapidement les litiges.

II Les étapes de la procédure de la relance client

Compte tenu des enjeux pour les entreprises d'obtenir les règlements dans des délais raisonnables, elles mettent en place un véritable processus de relance.

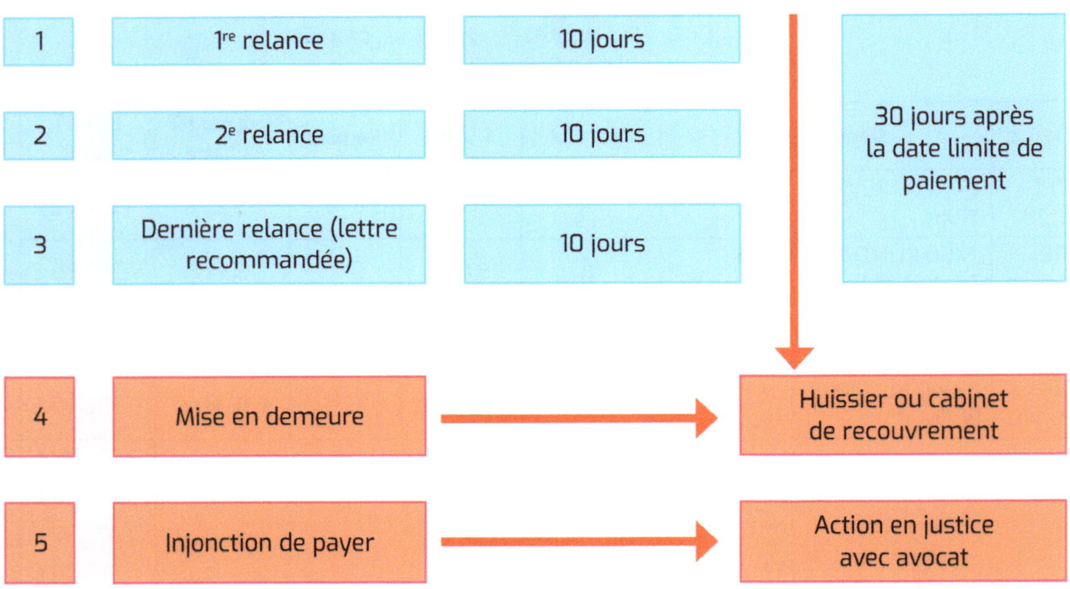

Le module de gestion commerciale du PGI intègre un système de relance des factures clients. Il est basé sur les traditionnels niveaux de relance.

APPLICATIONS PROFESSIONNELLES

1 Recevoir et traiter les commandes MAÎTRISE

Situation

L'entreprise La Bécanerie a été créée à Rouen en 2010 par Mickael Hautreux, jeune passionné de mécanique qui achète alors un local dans sa commune pour y ouvrir un magasin spécialisé dans les pièces de moto. En 2018, il décide de se lancer dans la vente à distance en proposant un large choix d'équipements pour motards.

Les gammes de produits sont renouvelées régulièrement pour offrir aux clients des équipements de dernière génération. L'entreprise s'engage à traiter les commandes dans les meilleurs délais.

À La Bécanerie, vous êtes chargé(e) de réceptionner et de traiter les commandes clients et d'assurer leur suivi.

Vous recevez ce matin un appel téléphonique d'un client particulier, Jules Danio, et un courriel d'un client professionnel, Larcher Motos, qui souhaitent passer commande.

Consignes

1. **Listez les vérifications préalables à l'acceptation des deux commandes.**
2. **Réalisez le traitement de la commande du client particulier Jules Danio en validant le bon de commande.**
3. **Créez sur tableur le bon de commande automatisé pour le magasin Larcher Motos.**
4. **Quel est l'intérêt pour une PME d'avoir une procédure de traitement des commandes ?**

Lors de la livraison au client Larcher Motos, deux colis sont manquants. Le client vous envoie une télécopie faisant part de la livraison partielle et vous demande des explications. Il s'avère que les deux colis ont été perdus lors du transport.

5. **Mettez en place un outil de suivi du traitement des commandes.**
6. **Quelles solutions pouvez-vous proposer au client pour régler cet incident ?**

Vous contactez votre transporteur habituel UTS76 pour lui faire part du problème relatif à la livraison et lui demander de livrer à ses frais et dans les plus brefs délais les colis manquants à votre client.

7. **Créez un planning de suivi des livraisons qui permettra de faire le lien entre les acteurs de la chaîne commerciale.**

▶▶▶

▶▶▶

Document 1 Appel téléphonique du client Jules Danio

MESSAGE TÉLÉPHONIQUE

Date : *25/10/N* **Heure :** *9 h 00*

Danio Jules **M.** ☑ **Mme** ☐

10 rue des Acacias 44000 Nantes

Objet de l'appel : *Commande*

1 × gants mi-saison taille L – réf. 50425

1 × gants hiver taille L – réf. 50487

1 × veste cuir noir taille L – réf. 40639

Suite à donner : *livraison à la même adresse*

Date de livraison : 30/10/N

Paiement au comptant

Frais de port : 50 € par transporteur UTS76

Document 2 Bon de commande envoyé par le client Larcher Motos

LARCHER MOTOS
23 avenue de Cimiez
49000 NANTES

SARL LA BÉCANERIE
10 rue du Commandant-Cousteau
49400 SAUMUR

Bon de commande n° 124

Référence	Taille	Désignation	Quantité	Prix unitaire	Montant
50487	XL	Gants d'hiver	30	53,93	1 617,90
50425	L	Gants mi-saison	10	43,48	434,80
70452	L	Ceinture moto	8	30,10	240,80
80698	Taille unique	Cagoule chaude	20	13,38	267,60
20789	43, 44, 45, 46	Bottes	4	80,69	322,76
20638	42, 43, 44, 45	Bottines	4	46,40	185,60
				Montant HT	3 069,46
Conditions habituelles de vente				TVA 20 %	613,89
				Net à payer	**3 683,35**

Document 3 Extrait du catalogue articles

Référence	Taille	Désignation	Prix HT
50425	S à XXXL	Gants mi-saison	43,48
50487	S à XXXL	Gants hiver	53,93
50456	S à XXXL	Gants été Rider	24,25
50698	S à XXXL	Mitaines	15,47
50126	Du 5 au 14 ans	Gants Rider enfant	22,99
70452	S à XL	Ceinture moto	30,10
80698	Taille unique	Cagoule chaude	13,38
40639	S à XXL	Veste cuir noir	163,04
40897	S à XL	Veste cuir bleu	163,04
20789	Du 36 au 47	Bottes	80,69
20638	Du 36 au 47	Bottines	46,40

Les clients particuliers paient au comptant avec un escompte de 2 %.
Les professionnels revendeurs bénéficient d'une remise de 15 % et d'un paiement par chèque à 30 jours fin de mois.

2 Contrôler et enregistrer les factures, suivre les règlements

MAÎTRISE

Situation

La SARL Les Collines de Provence, créée par Samuel Roche, parfumeur botaniste, a décuplé son activité depuis le lancement de son site d'e-commerce. La vente des bougies artisanales, coulées une à une manuellement et dont la finition et la décoration sont réalisées à la main dans les ateliers, a explosé. Margot, la collaboratrice du dirigeant, se charge du processus de vente dans son intégralité. Le client professionnel La Maison des Bougies du Castellet, dans le Var, a passé commande le 10/11/N et a été livrée le 16/11/N. Une remise de 8 % lui est accordée pour les articles de la famille « Bougies parfumées ». Margot confie la facturation à Rémi, stagiaire dans l'entreprise. Rémi vient d'éditer la facture en date du 17/11/N.

Consignes

1. **Procédez au contrôle de cette facture. Que remarquez-vous ?**
2. **Établissez la facture contrôlée en date du 18/11/N.**
3. **Le comptable de La Maison des Bougies effectue un virement de 701,21 € le 20/11/ N. Pourquoi le montant versé est-il différent du net à payer de la facture ?**
4. **Quel document devez-vous envoyer au client La Maison des Bougies ?**
5. **Ayant constaté un nombre important de créances clients non réglées, M. Roche vous demande de concevoir un outil qui permettra d'assurer le suivi des règlements.**
6. **Repérez les client à relancer (document 3).**

Document 1 Extrait du catalogue produit

Réf_Art	Famille_Art	Désignation_Art	Conditionnement_Art	PU_HT_Art
COS001	Cosmétiques	Gel douche Grenade	250 ml	9,95
COS002	Cosmétiques	Gel douche Vanille	300 ml	13,90
COS003	Cosmétiques	Crème mains Grenade	30 ml	6,95
COS004	Cosmétiques	Crème mains Verveine	30 ml	7,95
BOP001	Bougies parfumées	Bougie parfumée Nuage de coton	Pot 100 g	8,85
BOP002	Bougies parfumées	Bougie parfumée Poudre de riz	Pot 100 g	8,85
BOP003	Bougies parfumées	Bougie parfumée Cèdre	Pot 180 g	18,90
BOP004	Bougies parfumées	Bougie parfumée Cannelle orange	Pot 180 g	18,90
PAI001	Parfums intérieur	Parfum intérieur Fleur de lys	100 ml	13,50
PAI002	Parfums intérieur	Parfum intérieur Nuage de coton	100 ml	13,50
PAI003	Parfums intérieur	Brume de linge Fleur de lin	Flacon	7,50
PAI004	Parfums intérieur	Diffuseur ultrasonique de brume	Flacon	59,90

Document 2 Facture n° 2054 envoyée au client La Maison des Bougies

LES COLLINES DE PROVENCE
11 rue Prévert
04100 MANOSQUE
Tél. : 04 92 66 66 06
Site : www.collinesdeprovence.fr

Manosque, le 17/11/N

Facture de doit n° 2054

MAISON DES BOUGIES
7 rue du Jeu-de-Paume
83330 LE CASTELLET

Référence	Désignation	Quantité	PU HT	Total
PAI004	Diffuseur ultrasonique de brume	2	59,90	119,80
BOP001	Bougie parfumée Nuage de coton	8	8,85	70,80
BOP003	Bougie parfumée Cèdre	4	18,90	75,60
BOP004	Bougie parfumée Cannelle orange	10	18,90	189,00
COS003	Crème mains Grenade	5	6,95	34,75
COS001	Gel douche Grenade	5	9,95	49,75
COS002	Gel douche Vanille	6	13,90	83,40

Total brut	623,10
Remise	20,00
Net commercial	603,10
TVA à 20 %	120,62
Net à payer TTC	**723,72**

Escompte de 2 % si règlement sous 8 jours

SARL au capital de 100 000 €
SIRET : 545000788500038 – APE : 2041Z – N° TVA intracommunautaire FR545000788500038

Document 3 Relevé des factures clients fin novembre N

N° facture	Date	N° client	Montant facture	Montant règlement	Date règlement	Observation
F1980	30/08/N	411015	2 560,80	800,00	15/09/N	Solde fin de mois
F1992	12/09/N	411010	1 872,00			
F1999	14/09/N	411022	4 850,28	1 648,28		30 jours fin de mois
F1996	08/09/N	411006	5 491,20	2 000,00	08/09/N	30 jours fin de mois
A1258	11/10/N	411006	696,48			À déduire des montants dus en octobre
F1970	22/08/N	411072	2 366,40			30 jours fin de mois
F2002	19/10/N	411043	7 730,40	3 865,20	19/10/N	Solde à 60 jours

Chapitre 7

La coordination des activités des membres de l'entité

ACTIVITÉ	**1.1.** Support opérationnel aux membres de l'entité	**TÂCHE**	**1.1.3.** Coordination des activités des membres de l'entité
COMPÉTENCE	Conduire l'action administrative des membres de l'entité.	**VERS PIX**	**1.2.** Gérer des données **1.3.** Traiter des données

Contexte : commune d'Augen

Statut	Collectivité territoriale (secteur public)
Localisation	Place de la Mairie (73)
Activité	Satisfaire les besoins de la population : état civil, urbanisme, écoles, équipements, activités culturelles...
Effectif	128 fonctionnaires territoriaux
Budget	46 000 000 €
Population	36 457 administrés

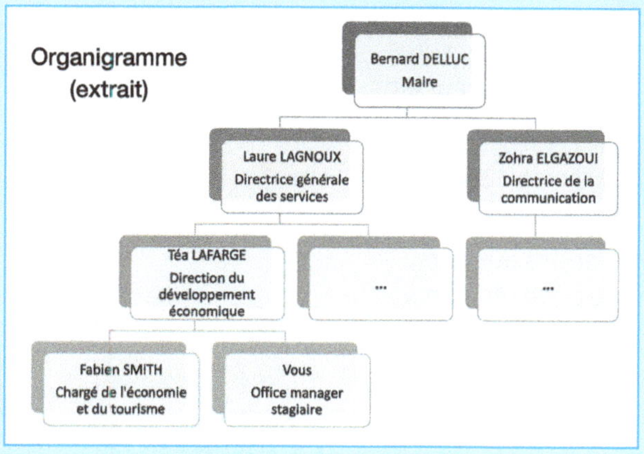

La commune d'Augen, située en Savoie, organise son marché de Noël chaque année la troisième semaine de décembre. Cette mission relève de la Direction du développement économique, en collaboration avec d'autres services de la mairie.

Vous êtes stagiaire à la Direction du développement économique ; votre manager, Téa Lafarge, vous demande de participer à l'organisation du marché de Noël. Vous disposez d'un bureau équipé de tout le matériel nécessaire (informatique et télécommunication). Vous travaillez en collaboration avec Fabien Smith, qui gère cet événement depuis plusieurs années. Il a mis à votre disposition divers documents, soit sur le site intranet, soit sur le répertoire du réseau interne de la mairie.

Découvrez la commune d'Augen en vidéo
liennathan.fr/3v58qe

- **Reportez les informations utiles du contexte au recto de la fiche E4 (organisation, contexte et objectifs de la mission, ressources).**

VOTRE RÔLE

Téa Lafarge vous charge de coordonner les activités liées à l'organisation du marché de Noël, en les anticipant et en participant à leur réalisation. Il s'agit donc de mettre en place des solutions efficaces pour informer les acteurs, respecter les délais, gérer les priorités et atteindre certains objectifs en vue d'améliorer l'organisation de l'événement.

TRAVAIL À FAIRE

I. Définir les responsabilités

Vous débutez votre stage début novembre. Vous êtes invité(e) à une réunion de recueil des consignes qui vous permet de mieux comprendre votre mission.

Chap07_TAF_reunion_audio.mp3

1. Prenez des notes de cette réunion. — Fiche ressource 1 — Annexe 1
2. Concevez le tableau de répartition des tâches des acteurs de la Direction du développement économique. — Fiche ressource 2 — Annexe 1
3. Complétez la liste de contrôle fournie par Fabien en y insérant les tâches qui vous semblent manquantes, leur responsable et les dates prévues de réalisation. — Fiche ressource 2 — Chap07_TAF_liste_controle.doc

II. Coordonner et planifier les activités

Vous planifiez les activités à réaliser, de manière à éviter les retards. Vous proposez des outils et solutions facilitant la coordination des activités à mener jusqu'au marché de Noël.

4. Placez vos contraintes sur l'agenda en ligne que vous utilisez en tant que stagiaire à la mairie d'Augen. — Fiche ressource 3
5. Réalisez l'agenda partagé du marché de Noël et placez les prochaines réunions. — Fiche ressource 3
6. Concevez un court mode opératoire expliquant à votre manager comment partager l'agenda et comment inviter des participants à des réunions.
7. Préparez l'organisation de la réunion à distance :
   a. Utilisez un outil de planification de réunion pour recueillir les disponibilités du maire et des chefs de service concernés. — Fiche ressource 3
   COM b. Rédigez le mail qui accompagnera cet outil et qui permettra aux participants d'indiquer leur préférence quant au moment de cette réunion à distance.
8. À partir de la liste de contrôle, vous avez dégagé les grandes étapes de l'organisation de l'événement : représentez-les dans un diagramme de Gantt. — Fiche ressource 4 — Chap07_TAF_Gantt.doc

III. Organiser le suivi des exposants potentiels

Vous disposez de la base de données (BDD) des exposants des années précédentes, actualisée grâce à vos recherches en ligne. Vous devez contacter les exposants potentiels et assurer le suivi des réponses pour déterminer leur participation au marché de Noël.

COM 9. Traduisez en anglais le mail de présentation du marché de Noël à envoyer aux potentiels exposants étrangers. — Annexe 2

10. À partir des réponses au mail, complétez les fichiers tableurs conçus pour suivre les candidatures. Annexes 3 4 — Chap07_TAF_tableurs.xls

11. Grâce à la BDD et au tableau de suivi : Annexe 3

a. Filtrez les exposants italiens pour leur adresser la documentation nécessaire en anglais (liennathan.fr/2f8e5g).

b. Programmez une mise en forme conditionnelle permettant de visualiser rapidement les informations importantes pour suivre les candidatures (liennathan.fr/kfb743).

c. Comptabilisez de façon automatique le nombre de participations et de désistements (liennathan.fr/9dkd97).

d. Utilisez la fonctionnalité « tableau croisé dynamique » pour synthétiser les informations sur les types de produits proposés afin de vérifier que leur représentation sur le marché de Noël est conforme aux objectifs de cette année (liennathan.fr/w692sz).

IV. Évaluer la qualité de votre travail

En fin de stage, votre manager vous demande de réaliser un bilan argumenté de votre action, qui tiendra compte des objectifs fixés. Annexe 5

12. Complétez le tableau de bord de cette édition et interprétez les indicateurs.

COM 13. Réalisez une analyse critique de la façon dont vous avez conduit cette mission.

- **Finissez de remplir la fiche E4 (contraintes, méthodologie, bilans professionnel et personnel).**

DONNÉES DE LA SITUATION

Annexe 1 Réunion sur l'organisation du marché de Noël

Téa Lafarge : La coordination en interne est essentielle, cela permettra d'éviter les dysfonctionnements et les retards. Chaque acteur doit avoir une vue des différentes activités organisées dans le temps. Certains oublient les réunions, ce qui est préjudiciable pour l'organisation du marché. *S'adressant à vous :* Avez-vous des outils à nous proposer ?

Vous : Je peux m'occuper de mettre en place un agenda partagé et un diagramme de Gantt. L'agenda permettrait d'informer les acteurs des réunions d'organisation. Le diagramme a l'avantage de planifier les tâches dans le temps pour éviter autant que possible les retards.

Fabien Smith : Ce sont de bonnes idées. J'ai préparé de mon côté une liste de contrôle qui aidera à définir les responsabilités et à gérer les échéances.

Téa Lafarge : Très bien, ce sont de bonnes initiatives. Alors, la nouvelle édition du marché de Noël doit tenir compte des attentes des visiteurs formulés dans le questionnaire de satisfaction administré l'an dernier. Fabien, pouvez-vous nous en faire une synthèse ?

Fabien Smith : Il ressort de l'enquête que les visiteurs sont un peu déçus de la taille du marché : 12 chalets sur la place de la mairie, c'est assez peu. Ensuite, ils regrettent une surreprésentation des produits alimentaires qui, en plus, ne sont pas bio. Enfin, la Savoie est frontalière de l'Italie et il n'y a aucun exposant de produits italiens.

DONNÉES DE LA SITUATION

▶▶▶

Annexe 1 Réunion sur l'organisation du marché de Noël (suite)

Téa Lafarge : Ces remarques sont parfaitement justifiées. *S'adressant à vous* : Cela va être au cœur de votre mission. Cette année, 20 chalets serait une bonne chose, d'après monsieur le maire. Nous comptons sur vous pour rechercher en priorité des exposants qui proposent autre chose que de l'alimentation. La commission de sélection des candidatures y sera attentive pour attribuer les chalets aux exposants sélectionnés.

Vous : Très bien, c'est noté. Je vais faire des recherches sur Internet, contactez ces personnes et compléter la base de données réalisée par Fabien. Avez-vous des objectifs précis quant à la représentation des différents types de produits sur le marché ?

Téa Lafarge : Nous pourrions envisager un tiers de produits alimentaires, un quart de vins et spiritueux, un quart également de produits d'artisanat, et enfin environ 20 % de produits divers et variés. Il s'agit d'ordres de grandeur approximatifs. Et puis, il faudrait rechercher quelques exposants de produits bio et de produits italiens : trois chalets avec des produits italiens et au moins cinq avec des produits bio, ce serait une bonne chose. Ah oui j'oublie, attention à bien sélectionner des entreprises ou des artisans qui ont une existence légale, nous voulons qu'ils aient « pignon sur rue » ! Il faudra prévoir cette information dans le formulaire de candidature envoyé avec les pièces à fournir.

Vous : À propos des prochaines réunions d'organisation, avez-vous des dates à me donner pour les insérer dans l'agenda partagé ?

Téa Lafarge : En général, elles ont lieu chaque semaine, de 14 heures à 16 heures ; c'est d'ailleurs étonnant que certains de mes collègues oublient d'y venir ! Et puis, il faut prévoir une réunion d'étape avec l'ensemble des acteurs : le service communication pour la promotion du marché, le service logistique pour la décoration, les équipements et l'installation des chalets, la police municipale pour la sécurité et la signalétique. Le dernier vendredi de novembre semble convenir à tous.

Vous : Mince... ce vendredi dans l'après-midi, je suis attendu(e) dans mon lycée pour le suivi de mon stage, c'est noté dans la convention...

Téa Lafarge : Oui, c'est vrai. Nous allons conserver ce vendredi pour l'instant. Voyez si vous pouvez vous arranger avec vos professeurs. Autre chose : monsieur le Maire souhaite prévoir une réunion rapide à distance avec tous les chefs de service le lundi, premier jour du marché, en milieu ou en fin d'après-midi, pour faire le point sur les dysfonctionnements constatés lors de cette première journée.

Fabien Smith : C'est noté. À propos de l'installation des chalets, je suis en train de finaliser un plan d'implantation sur la place de la mairie pour aider les exposants à faire leur choix. Sinon, je m'occupe prochainement des autorisations légales et administratives comme par exemple la déclaration à la Sacem pour la musique et l'organisation de la visite de la commission de sécurité avec les pompiers. Quant aux animations, je suis en train d'y travailler.

Téa Lafarge : Très bien, vous avez bien pensé à rechercher des échassiers lumineux pour animer le centre ancien ? Nous avions aussi pensé à un père Noel qui poserait avec les enfants pour des photos ainsi qu'à une animation musicale itinérante.

Fabien Smith : Oui, j'ai déjà reçu quelques devis mais j'attends toujours le budget consacré aux animations que le service financier aurait dû me transmettre. En ce qui concerne la communication : pour tout ce qui est affiche, réseaux sociaux, plaquette de présentation, c'est bien le service Communication qui s'en occupe ?

Téa Lafarge : En effet, le service Communication s'occupe de la promotion. Je relance le service financier pour le budget, c'est essentiel pour déterminer le nombre d'animations.

Vous : Et en ce qui concerne le formulaire de candidature avec les pièces à fournir par les exposants ?

Téa Lafarge : Les documents sont quasiment prêts. Le dossier de candidature comprendra le formulaire, le règlement intérieur du marché, la grille des tarifs des chalets avec le plan d'implantation, un cahier des charges à respecter, etc. J'ai d'ailleurs rédigé un mail de présentation du marché que j'enverrai prochainement aux exposants potentiels.

Vous : Très bien, je le traduirai en anglais pour les exposants italiens.

Annexe 2 Mail de présentation du marché de Noël

De : tea.lafarge@augen.org
À : Liste de diffusion « exposants »
Objet : Ville d'Augen – Marché de Noël

- Présentation marché de Noël Augen
- Formulaire de candidature
- Règlement intérieur du marché
- Grille des tarifs des chalets
- Cahier des charges
- Plan d'implantation des chalets

Bonjour,

La ville d'Augen, située en Savoie, riche de ses 36 457 habitants, organise chaque année son marché de Noël la troisième semaine du mois de décembre.
Ce moment féérique est l'occasion de faire découvrir vos produits aux clients qui viennent, chaque année, plus nombreux. Des retombées économiques sont assurées à chaque artisan qui voudra bien louer un chalet de Noël.

La plaquette de présentation du marché de Noël de la ville d'Augen vous permettra de vous familiariser avec l'événement et de prendre connaissance de toutes les animations mises en place pour attirer encore plus de visiteurs.

Pour candidater, merci de renvoyer le formulaire ainsi qu'un book de vos produits avant le [date]. La commission de sélection vous renverra alors une réponse avant le [date].

La réservation du chalet ne sera effective qu'après réception par nos services du règlement intérieur du marché signé par vos soins ainsi que des arrhes indiquées dans la grille des tarifs avant le [date].

Je reste à votre disposition pour toute information complémentaire.

Très cordialement
Téa Lafarge – Responsable Direction du développement économique – Mairie d'Augen

Annexe 3 BDD des exposants et tableau de suivi des candidatures (extraits)

Raison sociale	Civilité responsable	Nom responsable	Prénom responsable	Adresse 1	Adresse 2
Cire d'antan	Monsieur	AMBROSIO	Dario		
Essentielle	Monsieur	ARGANO	Laure		
La Bottega del cuoio	Monsieur	BASSO	Alessandro		
Déco and co	Madame	BENSAADA	Karima		
Mon précieux !	Madame	BERNAUD	Cindy		
Les Santons d'autrefois	Monsieur	BERT	Alain		
Grissine e pizze	Madame	BOERI	Elena		
Cichin	Monsieur	BOVA	Francesco		
Domaine du Prieuré	Monsieur	BUTON	André		
Antica distilleria	Monsieur	CANCELLI	Andrea		
Monsieur Marcel	Monsieur	CARAT	Marcel		
Guido Castagna	Monsieur	CASTAGNA	Guido		
La Forge du moulin	Monsieur	CATOU	Alex		
La Barbe	Monsieur	CLARENT	Sylvain		
Fromagerie Claustel	Monsieur	CLAUSTEL	Antonio		
Le Petit Gourmand	Monsieur	COUFIN	Kevin		

Raison sociale	Nom responsable	Prénom responsable	Formulaire de candidature	Règlement signé	Paiement arrhes chalet
Cire d'antan	AMBROSIO	Dario	1	1	1
Essentielle	ARGANO	Laure	1	1	1
Les Santons d'autrefois	BERT	Alain	1	1	1
Cichin	BOVA	Francesco	1	1	1
Domaine du Prieuré	BUTON	André	1	1	1
Antica distilleria	CANCELLI	Andrea	1	0	0
Guido Castagna	CASTAGNA	Guido	1	1	1
La Forge du moulin	CATOU	Alex	1	1	1
La Barbe	CLARENT	Sylvain	1	1	1

Annexe 4 Échanges avec les exposants

À : Dupont Michel
Objet : Marché de Noël
📎 Règlement intérieur Dupont

Bonjour,
Je vous remercie d'avoir sélectionné notre candidature pour participer au marché de Noël.
Comme convenu, voici votre règlement intérieur signé.
Les arrhes vont vous parvenir dans les jours qui viennent, je viens de procéder au virement bancaire.
Cordialement
Michel Dupont – Salaisons Dupont

À : Le Goff Yohan
Objet : Marché de Noël

Bonjour,
Je vous prie de m'excuser de vous répondre si tardivement mais vos relances sont arrivées dans le dossier « spam ».
Même si j'ai bien renvoyé le règlement intérieur signé, nous ne pourrons pas participer au marché cette année. J'en suis désolé.
Cordialement
Yohan Le Goff – Brassage & Co

À : Castagna Guido
Objet : Marché de Noël

Dear Madam, dear Sir,
Ultimately, after careful consideration, I no longer wish to participate in your Christmas market. The city of Milan has contacted me for its Christmas market and I prefer to take part in it.
The internal rules of your market do not specify any cancellation conditions.
Could you please refund the deposit quickly?
Thank you in advance.

Annexe 5 Tableau de bord

Indicateurs	Objectif	Résultat	Écart
Nombre chalets	20	22	+2
Représentation chalets « alimentation »	30 %	7 32%	+2%
Représentation chalets « alcool »	25 %	5 23%	-2%
Représentation chalets « artisanat »	25 %	5 23%	-2%
Représentation chalets « produits divers »	20 %	5 23%	+3%
Nombre chalets produits « bio »	5	8	+3
Nombre chalets produits italiens	3	1	-2

1 Réunir les acteurs d'une mission ou d'un projet

I Organiser une réunion

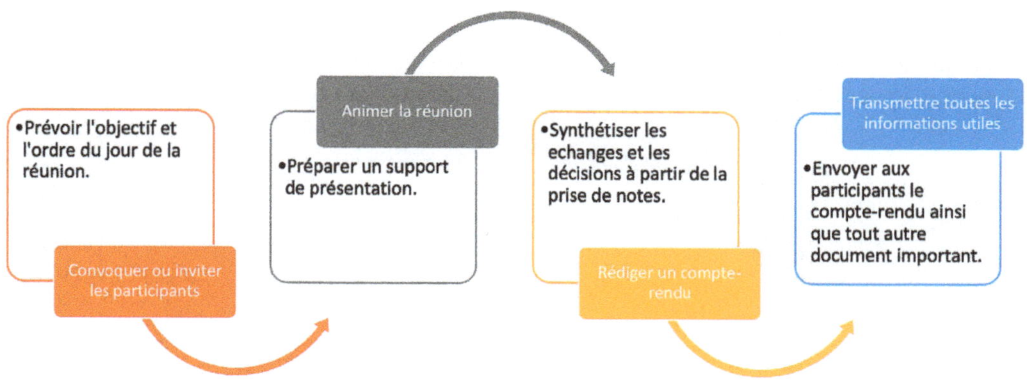

II Prendre des notes

La prise de notes permet de garder une trace écrite d'un message oral.
Dans les organisations, il est courant de prendre en notes :
– les consignes de travail transmises oralement par un supérieur hiérarchique (responsable de service) ;
– les messages téléphoniques (appel d'un correspondant ou message laissé sur le répondeur) ;
– les points importants abordés en réunion (lorsqu'ils servent de base à la rédaction d'un compte rendu, par exemple).
Avant chaque prise de notes, il est important de préparer un support d'aide : fiche préimprimée, plan correspondant à l'ordre du jour, tableau basé sur la méthode QQOQCP...

Animateur :
Objet de la réunion
Date :
Page 1 :

Sujet ou thème	Responsable	Informations principales	Actions	Commentaires

Quoi ? — Qui ? — Où ? Quand ? Pourquoi ? — Comment ?

La personne chargée de prendre les notes utilise souvent des abréviations (personnelles ou usuelles) ou des graphismes. Les abréviations permettent de raccourcir les mots courants, les graphismes permettent de remplacer les mots par des signes ou symboles.

Signes et symboles				Abréviations			
♂	Homme, masculin	Ø	Aucun, rien	Tjs	Toujours	Càd	C'est-à-dire
♀	Femme, féminin	&	Entreprise	Js	Jamais	Ns / vs	Nous / vous
≈	Environ	= / ≠	Est égal à / est différent de	Bcp	Beaucoup	Qq	Quelque
↗ ↘	Augmentation / diminution	> <	Supérieur à / inférieur à	Ts / tt	Tous / tout	Qqchose	Quelque chose
Σ	Somme	+	S'ajoute	Qd	Quand	ê	Être

2 Traduire les consignes en actions

I Le tableau de répartition des tâches (TRT)

Le TRT permet de répartir les tâches entre différentes personnes :
– soit pour déterminer en amont « qui fera quoi ». Il s'agit donc de définir le travail de chacun pour mener à bien une mission importante ou un projet ;
– soit pour contrôler « qui fait quoi ». Il est alors possible d'analyser la charge de travail de chacun en fonction de ses compétences et, éventuellement, de procéder à des réajustements.

	M. Durand	M. Quin	M. Tao
Concevoir l'affiche.	☒		
Rechercher un imprimeur.			☒
Inviter les participants.		☒	

Le TRT peut prévoir soit des croix, soit des volumes horaires pour observer le temps de travail de chacun.

II La liste de contrôle

La liste de contrôle est un outil essentiel pour s'organiser et suivre les tâches. Il s'agit :
– d'ordonner les tâches de façon chronologique en déterminant les priorités et les responsables ;
– de définir la durée de chaque tâche ;
– de contrôler l'efficacité de l'organisation en mesurant les écarts par rapport aux prévisions.
La liste de contrôle permet donc d'effectuer un travail de façon rapide, rationnelle, organisée et sans omission.

Check-list pour suivre l'avancement du travail.

Durée de réalisation de chaque tâche pour identifier les tâches rapides ou longues à effectuer.

Personne qui doit réaliser le travail pour s'adresser au bon interlocuteur.

Écarts entre la date prévue et la date réelle pour contrôler l'efficacité de la gestion du temps. La liste de contrôle devient, grâce à cette colonne, un tableau de bord qui permet de vérifier le respect des indicateurs de temps.

	Délais en jours	Tâches	Durée en jours	Responsable	Date prévue	Date réelle	Écarts	Observations
AVANT								
☒								
PENDANT								
☐								
☐								
APRÈS								
☐								
☐								

Délai (en jours ou en mois) de début de chaque tâche pour gérer les priorités. Attention, les périodes non travaillées ne sont pas prises en compte (week-ends, vacances…).

Liste des tâches qui suit l'ordre chronologique.

Date prévue de début de la tâche. Elle permet de s'organiser dans le temps.

Date réelle de fin de tâche. Elle est complétée au fur et à mesure. Elle permet notamment d'identifier les retards.

Observations permettant d'expliquer les raisons des retards ou de noter des informations utiles pour l'organisation des prochains événements.

FICHE RESSOURCE

3 S'organiser dans le temps

I Gérer un agenda partagé

Tutoriel Google Agenda
liennathan.fr/p39b8j

Un agenda partagé regroupe les agendas de plusieurs personnes qui collaborent dans le cadre d'une tâche ou d'un événement. Il s'agit soit d'identifier des plages horaires disponibles communes, soit d'informer les participants de l'organisation d'une réunion ou d'une action.

Exemple : un agenda partagé sur Outlook

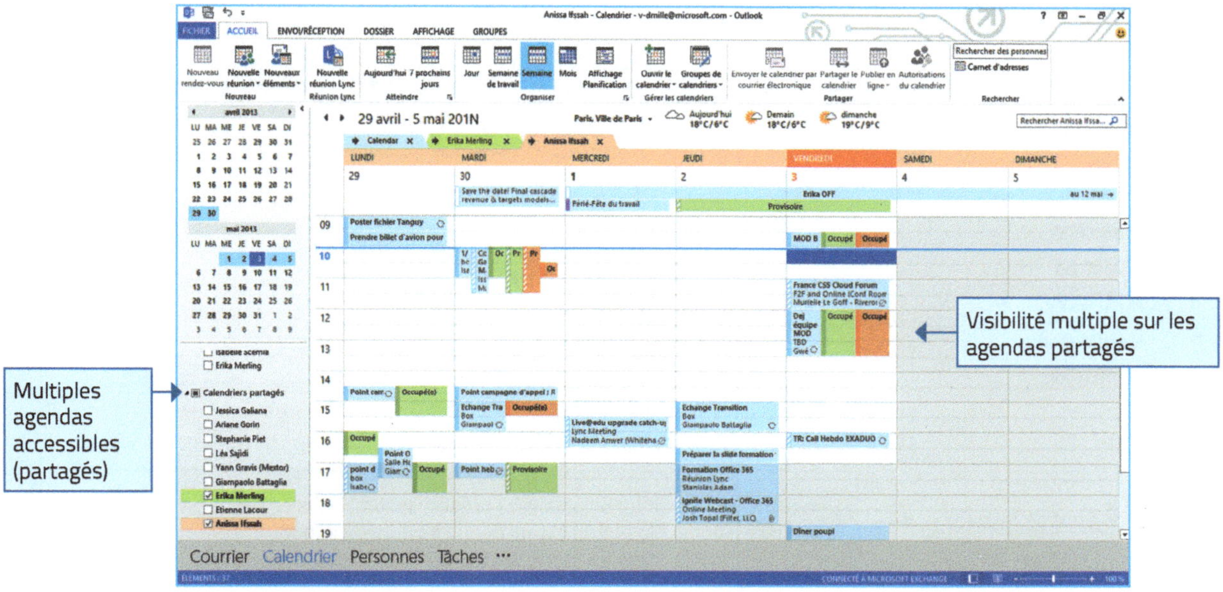

II Planifier des réunions

1. Utiliser Doodle

Doodle - planification facile
liennathan.fr/t6r6q7

Doodle est un service en ligne gratuit souvent utilisé pour choisir une date de réunion grâce aux réponses des participants. Pour cela, l'organisateur de la réunion :
– crée une page indiquant le thème de la réunion, les dates et horaires possibles ;
– reçoit via Doodle l'adresse de cette page à transmettre aux participants ;
– demande aux participants d'indiquer leurs disponibilités sur la page Doodle ;
– consulte les réponses afin de sélectionner la date de réunion qui conviendra le mieux.

2. Créer une réunion avec Doodle

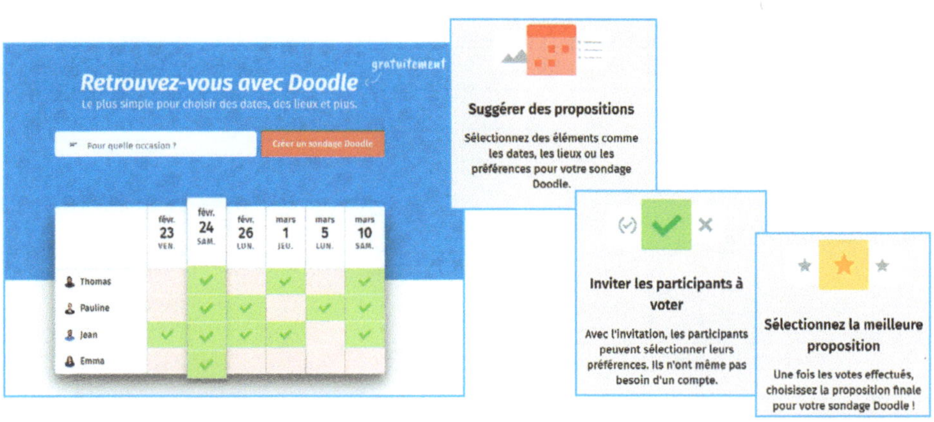

FICHE RESSOURCE

4 Planifier les activités

Le diagramme de Gantt permet de représenter visuellement l'état d'avancement des différentes activités (tâches) qui constituent un projet ou une mission.

I Représentation

Certains logiciels permettent de créer des diagrammes de Gantt pour avoir une meilleure visibilité du déroulement du projet et accroître l'efficacité de sa mise en œuvre.

Exemple : projet de publication d'une revue

Liste des tâches du projet

Unités de temps les plus adaptées au projet (jours, semaines, mois...)

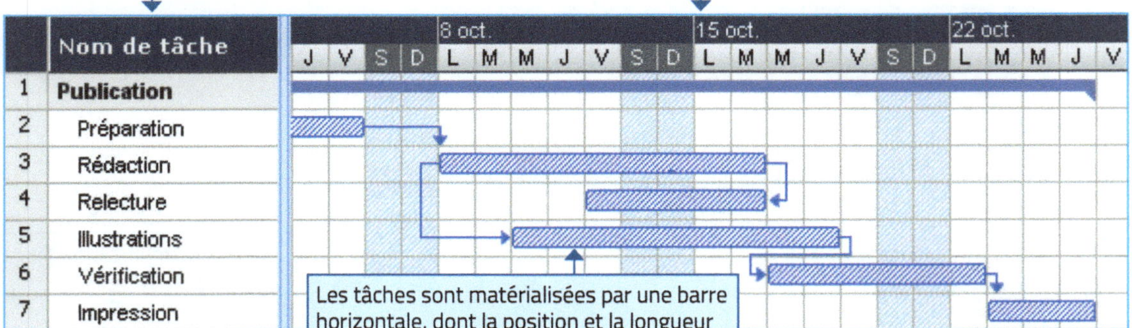

Les tâches sont matérialisées par une barre horizontale, dont la position et la longueur représentent la date de début, la durée et la date de fin.

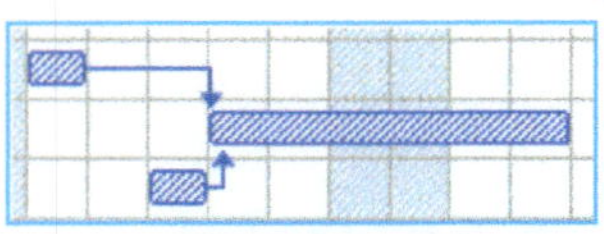

Une tâche peut avoir un ou plusieurs prédécesseurs. Dans ce cas, c'est le prédécesseur le plus tardif qui lui donne sa date de début.

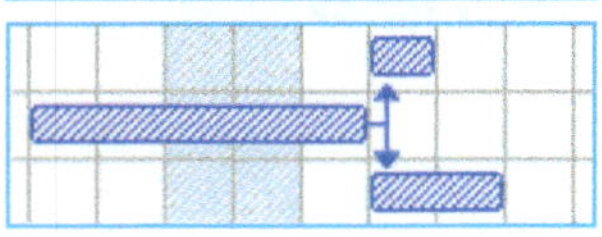

Une tâche peut avoir plusieurs successeurs. Dans ce cas, sa planification affecte tous ses successeurs.

II Conception

Formation GanttProject (partie 1)
liennathan.fr/ju8v52

Formation GanttProject (partie 2)
liennathan.fr/7wz98c

Certains logiciels gratuits, comme GanttProject, permettent de réaliser des diagrammes.

Pour paramétrer le projet : son nom, les jours travaillés, le rôle des ressources.

Pour ajouter des tâches.

Pour ajouter des ressources humaines : responsables de chaque tâche.

Pour afficher le chemin critique : ensemble des tâches critiques, c'est-à-dire celles qui ne doivent souffrir aucun retard sous peine de retarder l'ensemble du projet.

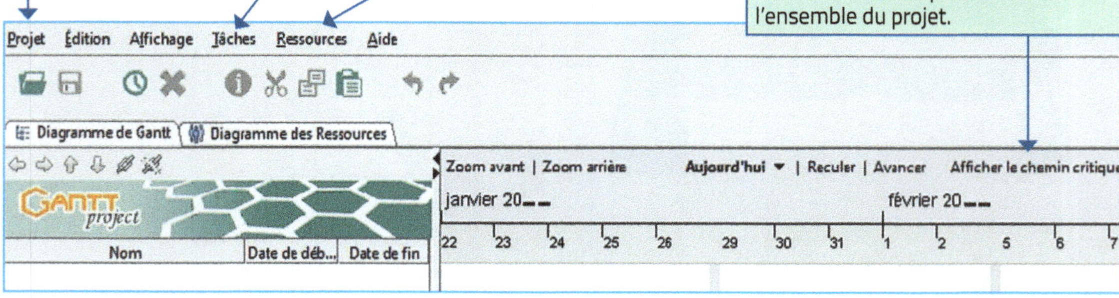

APPLICATIONS PROFESSIONNELLES

1 Traduire les consignes en actions

MAÎTRISE

Situation

L'Université des pays de l'Étoile (UPE) est l'un des centres d'enseignement supérieur les plus importants du sud de la France. Les instances de l'UPE viennent de statuer sur la création d'un nouveau master « Cultures et Méditerranée ». Pour promouvoir cette formation, il a été décidé d'organiser d'ici quatre mois un événement « Rencontres de la Méditerranée », qui se déroulera à Marseille sur deux jours. En tant que chef de projet, vous savez que la tâche la plus difficile sera la coordination des acteurs qui auront un rôle à jouer dans la réussite des Rencontres. Vous assistez à la première réunion d'organisation afin de recueillir les consignes de votre responsable Théa Alario.

Consignes

1. **Prenez des notes de l'entretien avec votre responsable (Chap07_appli1_entretien).**
2. **Concevez le tableau de répartition des tâches.**
3. **Complétez la liste de contrôle (Chap07_appli1_liste).**

Document Extrait de votre entretien avec Théa Alario

Théa Alario : Cet événement aura lieu en avril, le dernier week-end du mois. Les vacances de Noël venant de se terminer, il reste environ quatre mois pour organiser tout ça. Je vous fais confiance !

Vous : Très bien ! Quelles sont vos attentes en termes d'intervenants, de durée, de programme et de budget ?

T. A. : Pour les intervenants, j'ai déjà contacté, de façon informelle, des enseignants étrangers. Finalement, six d'entre eux seraient disponibles. Alors, bien sûr, nous nous occuperons de l'hébergement, des billets d'avion et du transfert depuis l'aéroport grâce à notre minibus. Pour la restauration, un forfait de remboursement sera mis en place par repas.

Vous : Six personnes, bien... Quel budget par personne et pour combien de jours ?

T. A. : En fait, un seul jour puisque les intervenants choisiront le samedi ou le dimanche à leur convenance. Ils arriveront la veille et repartiront le lendemain. Il faut compter le transport, deux nuitées d'hôtel et les repas. Pour le budget, il faut demander la validation du pôle financier *via* le formulaire « Dépenses à engager » de l'intranet.

Vous : D'accord pour l'évaluation des coûts et la validation *via* l'intranet. À propos du programme et des activités, en avez-vous discuté avec la présidente ?

T. A. : Oui, nous voudrions que le fil conducteur de ces Rencontres soit « La Méditerranée : des cultures rassemblées autour d'une identité commune ». Alors il faudrait voir avec les enseignants les sujets sur lesquels ils pourraient intervenir en fonction de leur spécialité. Il faudrait envisager des conférences et des tables rondes.

Vous : Je vais de toute façon contacter tous les enseignants pour solliciter leur participation. Je vous ferai une proposition de programme après cela. D'ailleurs, je pensais associer à ce projet la stagiaire du BTS SAM. Elle pourrait s'occuper des réservations des billets d'avion et des chambres d'hôtel ainsi que du calcul de coûts. Qu'en pensez-vous ?

T. A. : Oui, c'est une excellente idée ! Il faudra réaliser la maquette du programme, communiquer sur le site Internet de l'UPE et sur les réseaux sociaux.

2 Contrôler la répartition des tâches

MAÎTRISE

Situation

La société Soleil-Intérieur fabrique, commercialise et pose des baies vitrées, des vérandas, des pergolas… dans le sud-ouest de la France. L'entreprise, qui dispose d'un réel savoir-faire, existe depuis 40 ans et continue à se développer. Aujourd'hui, elle emploie 46 personnes.

En observant le fonctionnement de son service, le directeur administratif et commercial a constaté un déséquilibre dans la charge de travail entre l'assistante commerciale, Mme Le Bacquer, et l'assistante administrative, Mme Carlier : la première paraît débordée, alors que la seconde semble avoir plus de temps pour réaliser ses tâches. Ce déséquilibre a des effets néfastes sur le climat relationnel et le fonctionnement du service. Le directeur a donc demandé à ces deux collaboratrices de lister leurs tâches habituelles sur une semaine.

Consignes

1. **Réalisez un tableau de répartition des tâches pour évaluer la charge de travail (document 1).**
2. **Repérez les dysfonctionnements dans la répartition des tâches (document 2).**
3. **Proposez des solutions pour rééquilibrer le travail entre les deux assistantes.**

Document 1 Liste des tâches des deux assistantes sur une semaine

Mme Le Bacquer Assistante commerciale	
Gestion des agendas des commerciaux	4 h
Gestion des déplacements des commerciaux	3 h
Réunions « Suivi des objectifs »	4 h
Gestion des appels des clients et des commerciaux	3 h
Prospection commerciale	3 h
Réalisation de certains documents : devis, plaquette commerciale…	4 h
Gestion des courriers, suivi et classement des dossiers clients	5 h
Réponse aux mails des clients et des commerciaux	5 h
Divers : gestion des imprévus…	6 h

Mme Carlier Assistante administrative	
Gestion de l'agenda du directeur	3 h
Gestion des déplacements du directeur	2 h
Entretien avec le directeur	4 h
Gestion des appels internes	5 h
Classement et archivage des dossiers salariés	4 h
Réalisation de certains documents : notes, rapports…	4 h
Réponses aux mails internes	3 h
Assistance auprès de la secrétaire comptable pour l'établissement des factures	6 h
Divers : gestion des imprévus…	4 h

Document 2 Propos recueillis auprès des deux assistantes

Mme Le Bacquer

« Franchement, je ne compte pas mes heures ! Je m'occupe de 12 commerciaux et des dossiers de leurs clients. Toute la journée, ça n'arrête pas : le téléphone, les mails, les imprévus, les clients désagréables… Parfois, j'ai l'impression de ne pas avoir assez de temps pour faire un travail de qualité. C'est un peu démotivant ! »

Mme Carlier

« Ce que j'apprécie le plus ? Le matin, quand j'appelle les collègues des autres services pour un débriefing rapide. C'est important de se tenir informés de la vie de l'entreprise ! Et puis, j'aime bien aussi aider Chloé, la secrétaire comptable, pour les factures, ça me rappelle mes études ! Ce n'est pas habituel, mais comme on s'apprécie, de temps en temps, on se donne un coup de main ! »

3 Coordonner des activités

EXPERTISE

Situation

La Marsanne est une cave coopérative du sud de la France. Créée en 1945, elle dispose aujourd'hui d'une renommée importante auprès des amateurs de vin et des grands chefs étoilés. Elle compte 85 vignerons qui œuvrent sur 700 hectares de vignes. Il y a 60 ans tout juste, la cave a obtenu l'appellation d'origine contrôlée (AOC) pour la qualité de son vin rouge. M. Carignan, le propriétaire, souhaite fêter cet anniversaire avec ses meilleurs clients et partenaires. Stagiaire en BTS SAM, vous êtes chargé(e) de coordonner les différents acteurs.

Consignes

1. **Identifiez les acteurs qui vont participer à l'organisation de cet anniversaire (documents 1, 2 et 3).**
2. **Réalisez la liste de contrôle. Vous pouvez :**
   a. envisager d'autres tâches ;
   b. prévoir les durées de réalisation de chacune des tâches.
3. **Concevez le diagramme de Gantt.**
4. COM **Concevez les supports de communication relatifs à cet événement (programme, publication Facebook, vidéo PowToon…).**

Document 1 Extrait de la réunion avec M. Carignan

M. Carignan : Pour l'anniversaire de notre AOC, je souhaite que nous prévoyions une exposition sur l'histoire de l'AOC en mettant en valeur notamment nos vins.

Sylvia Rotie, *responsable du caveau* : Je peux m'en occuper. Que pensez-vous de la salle de réunion ? On pourrait prévoir des panneaux explicatifs, des vidéos…

M. Carignan : Oui, ça sera parfait ! Il faudra tout organiser, je voudrais que la journée se déroule début juillet, le premier samedi du mois.

Vous, *stagiaire* : Nous avons donc trois mois. Je vais me charger de tout ce qui concerne l'organisation et la communication.

Olivier Tavel, *commercial* : De mon côté, je vais lancer les invitations à partir de la base de données.

M. Carignan : Très bien ! Prévoyez une invitation un peu formelle dans un premier temps avec un courrier, ensuite il faudra faire des relances par mail. De mon côté, je vais prévoir le programme de la journée.

Vous : Avez-vous déjà quelques idées ? Il va falloir penser à un budget !

M. Carignan : Je veux y consacrer environ 5 000 €. Je vais contacter un traiteur pour le déjeuner. Je pense aussi à un orchestre de jazz au moment de la pause déjeuner.

Sylvia Rotie : Il faudrait organiser des visites de la cave et du chai… Et puis, nous pourrions demander à notre œnologue conseil d'animer un stage ?

M. Carignan : C'est une excellente idée ! Le sommelier du restaurant Le Château pourrait aussi animer des séances de dégustation. Il faudrait se rapprocher de lui.

Vous : Ah, il vient de passer une commande ! Je vais le contacter à ce sujet.

M. Carignan : Les vignerons coopérateurs les plus proches pourraient réfléchir à un circuit dans leur vignoble, une marche d'une heure après le déjeuner avec des explications. Je vais en contacter quelques-uns. Et puis, il faudrait des animations pour les enfants…

Olivier Tavel : Nous pourrions demander au centre équestre.

Vous : Bonne idée ! Je vais les contacter pour de petites balades à poney. Je pense aussi réaliser une petite vidéo PowToon sous forme de dessin animé sur l'histoire du vin.

M. Carignan : Excellent ! Et puis j'espère des retombées positives… Que cette journée soit fructueuse pour la notoriété de la cave et pour le chiffre d'affaires !

Document 2 Extrait de votre rétroplanning

J-60	Créer un agenda partagé
J-60	Estimer le nombre d'invités
J-59	Établir la liste des invités
J-58	Rechercher un traiteur en demandant des devis
J-43	Commander des verres et des crachoirs
J-40	Réaliser et envoyer les lettres d'invitation
J-30	Envoyer les mails de relance
J-29	Créer un événement sur la page Facebook et inviter les personnes sélectionnées
J-25	Préparer l'exposition sur l'AOC
J-20	Se rendre chez les vignerons pour tester les circuits
J-10	Concevoir une affiche de sensibilisation sur la sécurité
J-5	Mettre en place l'exposition dans la salle de réunion
J-1	Installer la signalétique

Document 3 Échanges de mails

De : Sommelier
À : Vous
Objet : Fête anniversaire domaine

Bonjour,
Très bien, je m'occuperai des dégustations entre 11 h et 12 h 30, juste avant le déjeuner.

Cordialement,
Léo Carle

De : Vigneron coopérateur
À : Vous
Objet : Fête anniversaire domaine
PJ : Circuit promenade

Bonjour,
Je vous confirme le circuit de la promenade d'une heure prévue l'après-midi.
Elle se composera d'une partie en extérieur dans les vignes et d'une partie dans le hangar où se trouve le matériel agricole.

Cordialement,
Bastien Gomez

De : Œnologue
À : Vous
Objet : Fête anniversaire domaine
PJ : Devis

Bonjour,
Oui, je peux animer des séances de découverte portant sur le terroir, les cépages, les appellations et les procédés de vignification.
Il s'agirait de séances d'une heure pour des groupes de 15 personnes maximum. Dans la matinée, nous pouvons programmer 3 séances.

Cordialement
Carla de La Mont

De : Traiteur
À : Vous
Objet : Fête anniversaire domaine
PJ : Devis

Bonjour,
Vous trouverez en PJ le devis modifié pour 50 invités.
Comme convenu, le brunch sera composé de plats se mariant parfaitement avec les vins du domaine.

Cordialement,
Fanny Picchi

De : Orchestre de jazz
À : Vous
Objet : Fête anniversaire domaine
PJ : Devis

Bonjour,
Vous trouverez en PJ le devis demandé pour animer le moment du déjeuner.

Musicalement,
Flavio Durand
Groupe Jazzin'

De : Centre équestre
À : Vous
Objet : Fête anniversaire domaine

Bonjour,
C'est d'accord pour les balades à poney de :
- 10 h à 12 h,
- 14 h à 16 h.

À bientôt,
Sylvia

Chapitre 8

L'assistance à l'utilisation des équipements et des solutions numériques

ACTIVITÉ **1.1.** Support opérationnel en appui aux membres de l'entité

COMPÉTENCE Conduire l'action administrative en appui aux membres de l'entité.

TÂCHE **1.1.4.** Assistance à l'utilisation des équipements et des solutions numériques

VERS PIX
3.1. Développer des documents textuels
3.2. Développer des documents multimédia
5.1. Résoudre des problèmes techniques

Contexte : commune d'Augen

Dans le cadre de votre stage au sein de la Direction du développement économique de la commune d'Augen, l'organisation du marché de Noël vous a mis en relation avec les autres directions de la mairie, notamment avec les services opérationnels de production qui interviennent sur les différents sites de la commune.

Chaque équipe d'intervention est encadrée par un chef d'équipe qui dispose d'un bureau équipé (ordinateur, connexion Internet et intranet, imprimante partagée…) dans les locaux de la mairie. Les chefs d'équipe doivent rendre compte à leur direction des actions menées, établir des rapports chiffrés et argumentés, et organiser le travail de leur équipe *via* des plannings partagés. Ces tâches administratives représentent environ un quart de leur temps de travail. Ces personnels de terrain n'ont pas une culture de la technologie numérique ; reconnaissant vos compétences dans ce domaine, ils vous sollicitent fréquemment.

Cela vous a étonné(e) et vous avez alerté votre manager en lui précisant que ces nombreuses demandes d'assistance ralentissent votre mission d'organisation du marché de Noël et que la mauvaise maîtrise des outils numériques dégrade la productivité des chefs d'équipe. Mme Lafarge, attentive à vos arguments, vous demande de rencontrer la directrice générale des services, Mme Lagnoux, pour lui exposer le problème. Elle vous demande de réfléchir aux modalités d'une assistance technique plus rationnelle qui pourrait être apportée aux chefs d'équipe.

Découvrez la commune d'Augen en vidéo
liennathan.fr/3v58qe

- **Reportez les informations utiles du contexte au recto de la fiche E4 (organisation, contexte et objectifs de la mission, ressources).**

VOTRE RÔLE

Mme Lagnoux vous demande d'étudier la problématique de la mauvaise maîtrise de l'environnement numérique afin de proposer des solutions et mettre en place, après validation, les actions correctives nécessaires.

TRAVAIL À FAIRE

I. Identifier et analyser la nature des difficultés liées à l'environnement numérique de travail

Vos constatations directes sur les problèmes d'utilisation des outils numériques sont insuffisantes. Vous devez préciser et valider ces données.

1. Élaborez une enquête auprès des chefs d'équipe pour cerner la nature et l'origine des difficultés qu'ils rencontrent dans l'utilisation des outils numériques. Concevez le questionnaire en utilisant, par exemple, Google Forms.

Fiche ressource 1
Annexe 1

Vous avez dépouillé l'enquête mais les résultats sont difficiles à interpréter. Une observation complémentaire des pratiques est nécessaire. Vous avez donc quantifié les incidents relevés par les collaborateurs au cours d'une période de 15 jours.

2. Créez un formulaire de recueil des pannes et incidents.

COM **3.** Rédigez un rapport à l'attention de Mme Lagnoux présentant votre analyse du problème à travers l'identification des causes et des enjeux, puis vos préconisations.

Annexe 2

II. Mettre en place des outils d'assistance aux utilisateurs

La directrice générale des services a validé certaines de vos propositions. Elle vous a précisé ses priorités.

4. Rédigez une procédure de dépannage d'un poste informatique qui ne démarre pas.

a. Identifiez les dysfonctionnements possibles et les actions correctives à mener, puis schématisez le diagnostic.

b. Rédigez une procédure de dépannage d'un poste informatique.

Fiche ressource 2
Annexes 3 4

5. Présentez, dans un tableau comparatif, les différents outils d'assistance qu'il serait possible de mettre en place.

Fiches ressources 2 3

6. Recherchez un logiciel de capture vidéo et familiarisez-vous avec cet outil (vous pouvez par exemple utiliser Screenpresso ou Movavi).

7. Concevez un tutoriel vidéo de sauvegarde et de téléchargement des fichiers sur un Cloud (par exemple, Dropbox ou Drive de Google).

Fiche ressource 3

a. Identifiez les différentes étapes de votre tutoriel, puis concevez-le.

COM b. Diffusez le tutoriel : rédigez un message à l'attention des collaborateurs du service, précisant notamment le chemin d'accès au tutoriel et l'intérêt de l'utilisation du Cloud.

▪ Finissez de remplir la fiche E4 (contraintes, méthodologie, bilans professionnel et personnel).

DONNÉES DE LA SITUATION

Annexe 1 Difficultés rencontrées par les chefs d'équipe lors de l'utilisation des outils numériques

- **Paul :** Je dois organiser le planning de mes chantiers, mes collègues utilisent un logiciel. Il est bien installé sur mon ordinateur, mais je ne sais pas l'utiliser, alors je fais les plannings à la main…
- **Jacques :** L'imprimante m'énerve, elle n'imprime pas mes éditions… Je vais finir par lui taper dessus !
- **Roger :** Je sauvegarde toujours mes fichiers de travail mais je n'arrive jamais à les retrouver…
- **Alice :** Le service informatique n'est jamais disponible lorsque j'appelle pour me faire expliquer la démarche à suivre lorsque j'ai un problème sur mon poste. C'est vraiment énervant !…
- **José :** Je reçois des centaines de mails ! Il y en a tellement que je n'arrive pas à les retrouver lorsque je recherche un ancien courrier…
- **Rayane :** Le matin, j'ai du mal à ouvrir mon ordinateur. Quelquefois, l'écran reste noir, d'autres fois, ça ne se connecte pas…
- **Kevin :** Je n'ai pas de chance ! À chaque fois que je veux imprimer un courrier, l'imprimante n'a plus d'encre et je n'ose pas remplacer la cartouche car j'ai peur de casser quelque chose…
- **Sévan :** Lorsque j'imprime un fichier, ça sort dans les bureaux de la comptabilité. Je perds beaucoup de temps en allers et venues…
- **Jacques :** Pour nous aider à travailler sur nos outils numériques, nous avons bien les notices des fabricants, mais je ne comprends rien aux explications, c'est trop technique…
- **Paul :** J'aimerais bien pouvoir consulter mes dossiers lorsque je suis sur le chantier avec l'ordinateur du chef de chantier. Avec la 4G, on doit bien pouvoir faire quelque chose…

Annexe 2 Extrait du relevé des incidents collectés à partir de votre formulaire

Nature des incidents	Nombre d'incidents
Téléchargement des données impossible à partir du Cloud lorsque le collaborateur est en déplacement	12
Difficulté à ouvrir une session sur le serveur	4
Inaptitude à changer la cartouche d'encre de l'imprimante	1
Inaptitude à lancer une impression	2
Incapacité à créer un graphique sur le tableur	3
Difficulté à retrouver les fichiers sauvegardés	7
Mot de passe oublié	2

Annexe 3 Extrait d'article : « Mon PC ne démarre pas »

Branchement des câbles

Vérifier que tous les câbles sont bien branchés et qu'aucun n'a de jeu. Un câble mal enfiché peut suffire à empêcher l'ordinateur de fonctionner.

Vérifier également le clavier et la souris, même si une touche bloquée n'est pas censée empêcher le démarrage du système !

Vérification de l'écran

Vérifier que le moniteur fonctionne. Pour cela, la meilleure solution consiste à le brancher sur un autre ordinateur !

Analyse du fonctionnement interne

Vérifier que tous les ventilateurs tournent (alimentation, processeur, boîtier…). Si le système détecte un ventilateur grillé ou bloqué par la poussière, il empêchera le démarrage du PC.

Retrait des périphériques

Afin de diagnostiquer si le problème provient d'un des périphériques, retirer tout matériel ou périphérique nouvellement installé. Celui-ci peut provoquer un conflit et ainsi empêcher le démarrage du système.

Test des périphériques

Il va maintenant falloir tester tous les éléments matériels du PC, soit en les retirant un à un et en tentant de démarrer le PC si celui-ci peut fonctionner sans (une barrette de mémoire parmi d'autres, un disque dur secondaire, un lecteur CD, DVD, disquette, graveur), soit en les remplaçant par d'autres, soit en les testant sur un autre ordinateur (carte graphique, disque dur, alimentation, nappes IDE ou SATA, etc.).

Bilan

Si aucune de ces étapes n'apporte de solution, il reste alors l'éventualité d'une défaillance de la carte mère (le plus courant) ou du processeur.

Publié par Hamster. Ce document intitulé « Matériel - Mon PC ne démarre pas » issu de Comment-ÇaMarche (www.commentcamarche.net) est mis à disposition sous les termes de la licence Creative Commons.

Annexe 4 Courriel de la cellule dépannage du service informatique

Helvetica 12

À : Tout le personnel

Cc :

Objet : Panne de vos ordinateurs

De : info-depan@augen.fr

Bonjour,

Nos informaticiens reçoivent de nombreux appels pour résoudre des problèmes rencontrés lors du démarrage de vos ordinateurs. Ces demandes perturbent considérablement leurs activités. Nous avons décidé de mettre en place une cellule dépannage au sein de notre département. Nous vous demandons de les appeler directement en cas de dysfonctionnement de votre matériel au XX XX XX XX XX. Cependant, cette cellule étant dotée d'une seule personne à temps partiel, nous vous demandons de réaliser un prédiagnostic avant de l'appeler et peut-être résoudre immédiatement votre problème. Pour vous aider dans cette démarche, vous pouvez consulter, sur le site Comment ça marche, l'article « Mon PC ne démarre pas ».

Cordialement,
Roger Debache, directeur informatique

1 Organiser l'assistance aux utilisateurs

Les collaborateurs d'une organisation peuvent être confrontés à des difficultés techniques dans l'utilisation des équipements informatiques et des applications numériques. L'origine de ces difficultés peut être multiple et ces problèmes peuvent avoir des conséquences tant au niveau de la productivité qu'au niveau de l'ambiance. Le travail peut être ralenti, le matériel endommagé et des situations de stress peuvent dégénérer. Pour éviter ces situations préjudiciables pour l'organisation, il convient de mettre en place une assistance aux utilisateurs (« *help desk* » en anglais) animée par une personne ou un groupe de personnes.

I Cerner le problème

Un utilisateur peut être confronté à deux types de difficultés : l'incident technique et la méconnaissance de l'outil.

1. L'incident technique

Il peut provenir d'une défaillance inopinée du système ou d'une mauvaise utilisation de l'outil. Une défaillance mineure peut être résolue par l'utilisateur tandis qu'une défaillance majeure nécessite une intervention externe. Une mauvaise utilisation de l'outil, si elle n'a pas entraîné une défaillance technique majeure, pourra être corrigée avec une assistance interne.

2. La méconnaissance de l'outil

La multiplicité des outils mis à la disposition des collaborateurs pose le problème de leur maîtrise et de la capacité d'assimilation du personnel.

II Identifier les causes du problème

Maintenance insuffisante du matériel	Une mauvaise maîtrise de la maintenance est souvent la cause directe d'un incident technique.
Matériel inadapté	Un matériel sous-dimensionné à l'activité de l'organisation peut entraîner une usure prématurée, source de défaillance. À l'inverse, un matériel surdimensionné est souvent trop complexe et difficile à maîtriser.
Défaut ou insuffisance de formation	La pression de l'activité, le manque de temps, un turn-over trop important… expliquent souvent le manque de formation des utilisateurs. L'inutilisation pendant une longue période est également une cause de dysfonctionnement.

III Déterminer l'assistance adaptée

L'assistance peut revêtir plusieurs formes :
– **interpersonnelle :** l'utilisateur sollicite une aide et s'adresse à la personne ou au service ressource pour l'aider à résoudre son problème. Le canal peut être oral, par téléphone ou en ligne. Il est également possible d'ouvrir un forum de discussion sur l'intranet ;
– **écrite :** diffusion ou mise à disposition de procédures, modes opératoires ou foire aux questions sous un format papier ou numérique ;
– **vidéo :** mise en ligne d'une banque de tutoriels.
Toutes ces formes d'assistance prennent pour point de départ l'analyse d'une problématique et l'écriture d'une procédure ou d'un mode opératoire pour la résoudre, qu'il convient de diffuser par le biais d'un canal adapté.

FICHE RESSOURCE

2 Élaborer des procédures

Une procédure est un document de référence, interne et formalisé. Elle décrit, dans son ensemble, une activité, ses acteurs et précise ses modalités de mise en œuvre (contrairement au mode opératoire, qui décrit seulement les opérations pour réaliser une tâche).

I Caractéristiques

Il n'existe pas de norme, mais on doit veiller à ce que ce document soit :

– **lisible :** le vocabulaire et la forme doivent être adaptés au domaine qu'il traite et compréhensible par son utilisateur. Le document doit être structuré ;

– **identifiable :** le document doit être reconnu comme une procédure. Sa présentation doit être standardisée (feuille de style, modèle…) ;

– **identifié :** le document doit être référencé. En général, les procédures sont regroupées par thèmes dans un « classeur des procédures », qui peut être physique mais qui est le plus souvent numérique ; un sommaire permet de les localiser. On y précise également les références de l'auteur du document ;

– **actuel :** une procédure doit être régulièrement mise à jour. Seule la dernière mise à jour est conservée dans le « classeur des procédures ». Sur le document doivent être précisées la date de la première version et celle de la dernière mise à jour. Les anciennes versions doivent être archivées et ne plus être à la disposition des utilisateurs ;

– **approuvé :** une procédure est un document officiel qui organise une activité. Elle doit être approuvée par la hiérarchie avant toute diffusion.

II Présentation

Il n'existe pas de règles strictes mais on retrouve souvent en en-tête un cartouche standardisé qui intègre des données permettant d'identifier et de vérifier l'actualité du document.

Exemple

Logo	**Procédure** **Utilisation d'un périphérique de stockage externe**	**Réf. : PR-SECUINFO-001** **Date de création : jj/mm/aaaa** **Date de MAJ : jj/mm/aaaa** **Version : 1.0**
		Auteur : Georges Dupont

Objet : l'utilisation d'un périphérique de stockage externe est une source majeure de propagation de virus, *malwares* et autres chevaux de Troie. Il convient de s'en protéger.

Objectif : réguler l'utilisation des périphériques de stockage externe pour éviter toute infection ou intrusion du système.

Personnes concernées : l'ensemble des utilisateurs de postes informatiques connectés au réseau interne.

Modalités : un périphérique de stockage externe ne doit **en aucun cas** être connecté à un poste de travail avant d'avoir été systématiquement testé sur une station de contrôle installé dans le service. Les modalités de test suivent le processus suivant :

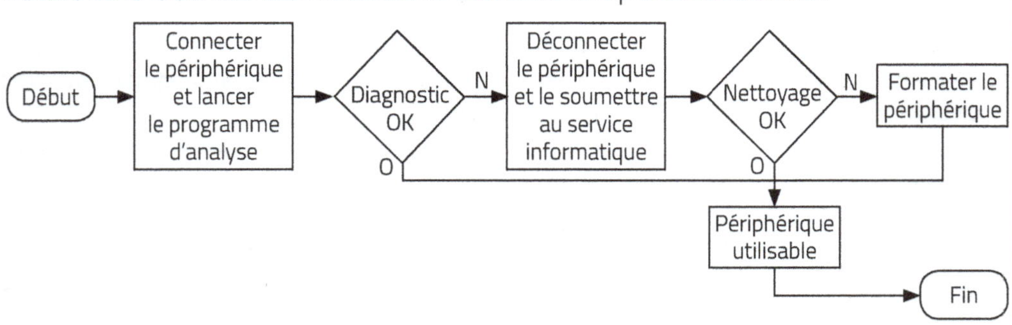

▶▶▶

III Contenu

La structure du document doit permettre de répondre aux questions suivantes.
- **QUI ?** Qui sont les acteurs de l'activité ?
- **QUOI ?** Quels sont la nature de l'activité, son objectif, ses conditions de mise en œuvre, les résultats attendus… ?
- **QUAND ?** À quel moment doit-on la réaliser ? Quand se termine-t-elle ?…
- **COMMENT ?** Comment doivent se dérouler l'activité, l'enchaînement des tâches (logigramme), les contrôles à réaliser, quelles sont les autorisations à demander… ?

IV Diffusion

Il est nécessaire d'informer les collaborateurs de la publication ou de la diffusion d'une nouvelle procédure ou d'une mise à jour. Cette publication peut être faite directement auprès des collaborateurs concernés, généralement par mail ou, d'une manière plus formelle, par note de service, ou en la diffusant auprès des chefs de service concernés.
La procédure est classée dans le « classeur des procédures », en général sauvegardé sur le serveur de l'entreprise. Ce classeur doit pouvoir être consulté à tout moment par les collaborateurs.

V Logigramme : outil de présentation d'un processus

Le logigramme est un outil constitué de symboles qui peut être utilisé pour présenter d'une manière schématisée, claire et organisée un processus à suivre dans le cadre d'une procédure.

L'ellipse marque le premier et le dernier évènements du processus.

Le demi-rectangle symbolise un (ou un ensemble de) document(s).

Le losange représente un choix qui débouche sur une réponse binaire (oui/non).

Le rectangle correspond à un évènement du processus.

Exemple : commande d'un matériel de bureau :

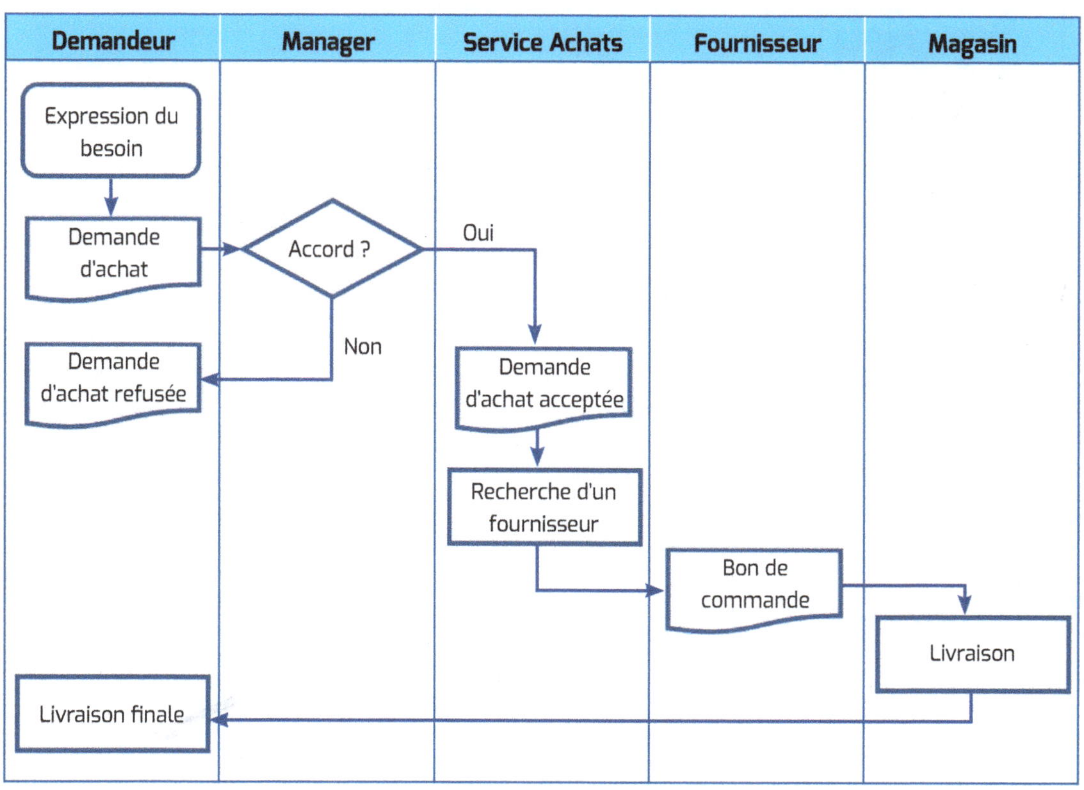

3 Créer des modes opératoires

Un mode opératoire est un document technique, sur support papier ou numérique, décrivant une suite d'instructions précises permettant de réaliser une tâche.

I Caractéristiques

Un mode opératoire répond à un besoin spécifique dans le cadre d'une utilisation brève et efficace. Son contenu doit être précis. On ne vise pas l'exhaustivité sur un sujet, ce qui nuirait à l'efficacité, mais on doit apporter uniquement l'information suffisante pour une tâche donnée. Le mode opératoire doit être actualisé régulièrement.

II Présentation

Le format est libre mais un mode opératoire doit être adapté au profil des utilisateurs et à leurs conditions de travail. Ainsi, on pourra opter pour un logigramme, un tableau, une *check-list*, des images, des dessins, des captures d'écran ou des vidéos.
Il n'existe aucune règle particulière. Cependant, le document doit comporter certaines informations indispensables, comme dans l'exemple ci-dessous.

Exemple

Dates de création et de mise à jour

Un titre précis

Un numéro de version

Une référence

MODE OPÉRATOIRE

Comment régler l'heure manuellement sur un smartphone sous iOS

Date de création : jj/mm/aaaa	Date de MAJ : jj/mm/aaaa	Version : 1.0	Réf. : MOP-001

- Dans le menu *Réglage*, cliquer sur *Général* puis sur *Date et heure*.

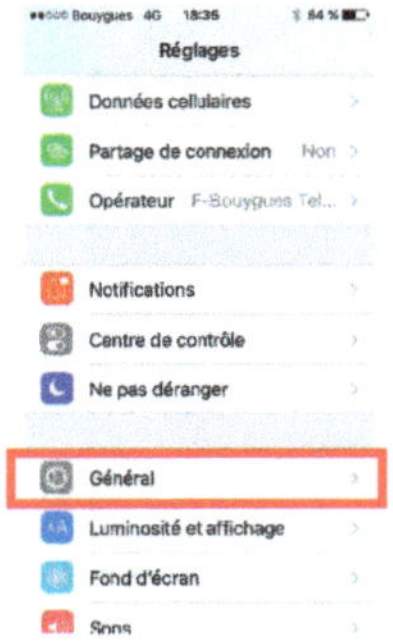
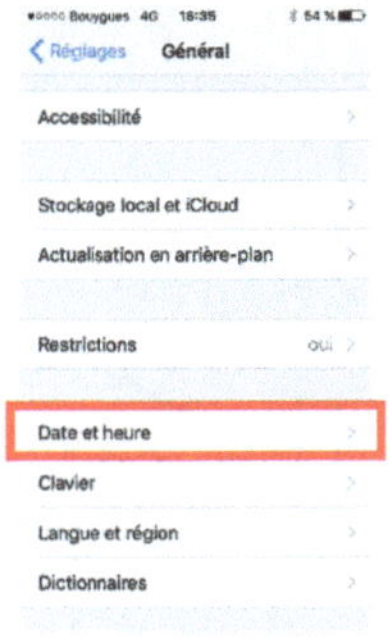

- Désélectionner *Réglage automatique*, appuyer sur la fenêtre présentant la date et l'heure puis choisir la date et l'heure en faisant défiler les valeurs affichées.

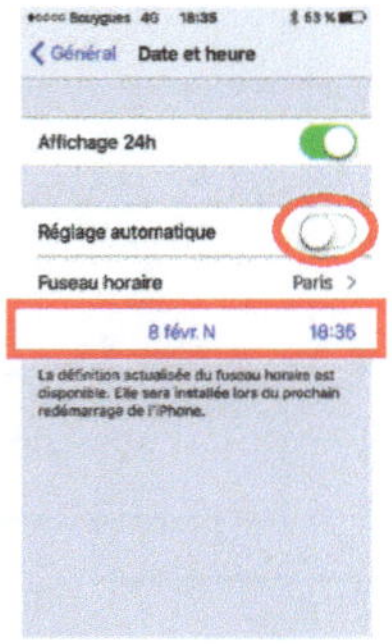
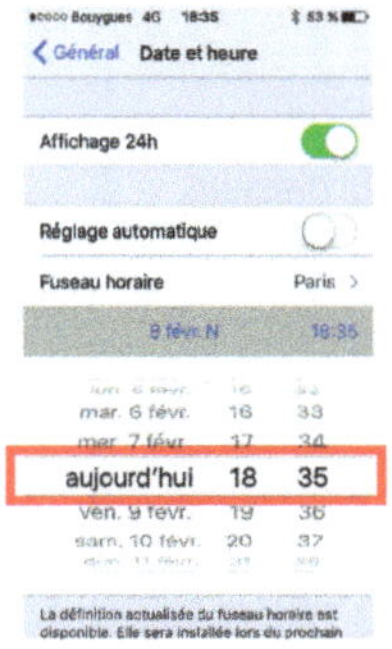

- Revenir à l'écran d'accueil en cliquant successivement sur *Général*, *Réglage* et sur le bouton *Home*.

1 Élaborer un recueil de modes opératoires

MAÎTRISE

Situation

Les employés de la mairie d'Augen envoient et reçoivent chaque jour des dizaines de messages électroniques. Ils ont beaucoup de difficulté à les gérer car ils ne maîtrisent pas les capacités de leur outil de messagerie. D'autre part, certains disposent de plusieurs adresses mail et perdent du temps en naviguant sur les différentes plateformes pour lire les messages et y répondre.
Pour venir en aide aux employés de la mairie et augmenter leur productivité, vous recherchez les fonctionnalités qui leur seraient utiles. Puis vous proposez une brochure : « Comment bien gérer sa messagerie », qui regroupera un ensemble de modes opératoires susceptibles de les guider dans le paramétrage de messagerie.
Ce document sera envoyé par mail aux collaborateurs, mis en ligne sur l'intranet et téléchargeable au format PDF. Il présentera, pour chaque thème :
– une brève introduction présentant les fonctionnalités et leur utilité ;
– les modes opératoires illustrés.

Consignes

1 Rédigez des modes opératoires portant sur les thèmes suivants :
a. Gérer les libellés.
b. Le mode « Conversation ».
c. Créer des filtres.
d. Créer une réponse automatique.

2 Concevez le document finalisé en y intégrant :
a. une page de garde ;
b. un sommaire automatique ;
c. une brève présentation du guide ;
d. la possibilité de consulter, sur l'application de messagerie, plusieurs comptes de messagerie ;
e. la possibilité de s'abonner à un calendrier.

COM **3 Rédigez le mail qui accompagnera l'envoi du document à l'ensemble des collaborateurs de la mairie.**

2 Créer un tutoriel de formation au classement des fichiers numériques

MAÎTRISE

Situation

La société Eole fabrique et commercialise des voiles pour bateaux de plaisance et de grand large. L'activité est florissante et le développement de l'entreprise est rapide.

Recruté(e) il y a quelques semaines dans le cadre d'un départ à la retraite, vous travaillez au sein de la DRH et assistez son directeur, M. Lecroc. En prenant vos fonctions, vous avez constaté que les fichiers de travail des dossiers qui vous ont été confiés ne suivaient aucune logique de classement, et vous avez eu beaucoup de mal à les réorganiser.

Après en avoir discuté avec les autres membres du service, vous vous êtes rendu compte que le personnel ne savait pas comment organiser ses fichiers d'une manière rationnelle, ce qui fait perdre du temps. Vous avez pris l'initiative d'en parler à M. Lecroc, qui vous demande d'étudier le problème et de proposer un outil simple et rapide d'autoformation qui permettra aux collaborateurs de maîtriser les principes d'organisation des fichiers sur poste informatique.

Consignes

1. **Quel est le problème posé par la situation actuelle ?**
2. **Quelles sont les attentes de votre supérieur ?**
3. **Proposez une (ou des) règle(s) de nommage des fichiers.**
4. **Proposez une arborescence des dossiers dans lesquels les fichiers seront sauvegardés (document).**
5. **Créez une fiche mémo, à l'attention des collaborateurs du service, pour les guider dans l'organisation de leurs dossiers numériques, et créez un tutoriel vidéo pour les aider dans cette démarche.**

Document Extrait des catégories de fichiers gérés par les collaborateurs de la DRH

- Contrats de travail des différents services (Direction, DAF, DRH, Production, Commercialisation)
- Avenants aux contrats de travail
- Recrutements
- Licenciements
- Demandes de congés
- Planning des congés
- Déclarations sociales (URSSAF, autres organismes)
- Accidents du travail

3 Rédiger une procédure de demande d'achat de matériel

MAÎTRISE

Situation

La société ClimAir commercialise sur tout le territoire des systèmes de climatisation industrielle. L'entreprise est dotée d'un parc informatique important. Jusqu'à présent, les nouveaux investissements et les renouvellements de matériels étaient réalisés à la demande des chefs de service auprès de la direction informatique, qui décidait seule de l'opportunité de l'opération. À la suite d'abus et/ou de négligences, des investissements inutiles ont été mis au jour et le directeur financier, M. Sinclair, a tenu à mettre en place une procédure d'achat plus stricte et l'obligation de soumettre la demande à l'avis de l'encadrement supérieur. Il vous a transmis ses instructions.

Consigne

Proposez au directeur financier un projet de procédure (document).

Document Message du directeur financier

Bonjour,

J'ai constaté de nombreuses aberrations dans nos achats de matériels informatiques.
Je souhaite clarifier les choses en mettant en place une procédure claire pour rationaliser nos investissements.
Je vous remercie de proposer un projet de procédure de demande d'achat de matériel informatique en tenant compte des points suivants :

- *Toute demande devra faire l'objet d'une validation par la hiérarchie (chef de service, directeur financier, secrétaire général et PDG). Cette dernière sera identifiée en fonction du montant de l'investissement.*
- *Je pense que l'échelle pourra démarrer à 500 € et évoluer par tranches de 1 000 €.*
- *En tout état de cause, il faudra que le directeur informatique contresigne l'autorisation avant que le bon de commande ne soit émis.*
- *Les demandes qui ne seront pas validées seront restituées à l'émetteur avec la mention : « refusé ».*

4 Créer un tutoriel avec une vidéo d'animation

EXPERTISE

Situation

La start-up BUMP est spécialisée dans la conception et le paramétrage de logiciels de gestion pour agences immobilières. Le créateur, Ugo Balestra, est un *self-made man* très impliqué dans l'intégration professionnelle des jeunes issus des quartiers difficiles. Il tient à recruter des intervenants pas forcément spécialistes de l'informatique mais avant tout curieux et motivés, même s'ils sont généralement sans diplôme. Ils sont formés en interne pendant un mois au paramétrage des logiciels avant d'entrer en contact avec les clients. Le planning est chargé et la jeune société n'a pas eu le temps de mettre en place des agendas partagés pour attribuer les rendez-vous et localiser les intervenants.

M. Balestra vous demande de réaliser un tutoriel vidéo simple et efficace pour les aider à comprendre et à utiliser cet outil. Vous avez suggéré l'application gratuite en ligne Powtoon pour réaliser une vidéo d'animation qui pourrait être mise en ligne sur YouTube et serait consultable sur téléphone portable.

Consignes

1. **Identifiez les caractéristiques de l'agenda partagé.**
2. **Visionnez la présentation de Powtoon (https://youtu.be/_euEfyBcjWc).**
3. **Créez le tutoriel sous Powtoon (https://www.powtoon.com).**
4. **Rédigez un message à M. Balestra pour présenter votre production.**

5 Réaliser un tutoriel vidéo

EXPERTISE

Situation

La société ActivVent est spécialisée dans l'événementiel professionnel. Elle organise des manifestations dans tout le sud-ouest de la France. N'ayant pas de logiciel de gestion de projet pour organiser les manifestations, les chefs de projet gèrent actuellement les plannings des événements sur des feuilles de calcul. Cet outil n'étant pas adapté, vous leur avez proposé d'utiliser un logiciel : GanttProject.

Votre manager, M. Richard, est très intéressé mais il vous fait remarquer que les chefs de projet n'ont jamais utilisé ce logiciel et qu'ils n'ont pas le temps de suivre une formation. Vous suggérez donc de diffuser un tutoriel vidéo sur l'intranet de l'entreprise afin de guider les chefs de projet dans leur apprentissage de l'outil : compte tenu de la relative ergonomie du logiciel, une prise en main rapide et autonome est possible. M. Richard vous demande lui proposer une maquette vidéo du projet.

Consignes

1. **Identifiez les fonctionnalités de GanttProject que vous souhaitez présenter.**
2. **Préparez le scénario correspondant pour chaque fonctionnalité et rédigez le texte de présentation.**
3. **Testez votre texte simultanément avec la mise en œuvre des fonctions que vous devez présenter.**
4. **Enregistrez la vidéo.**
5. **Visionnez le résultat puis testez la vidéo auprès d'une personne objective et relevez ses remarques.**
6. **Modifiez la vidéo si nécessaire et testez-la à nouveau.**

Chapitre

9

La gestion des approvisionnements de matériels et leur recyclage

ACTIVITÉ	**1.4.** Gestion des ressources de l'entité
COMPÉTENCE	Rationaliser l'usage des ressources de l'entité.
TÂCHE	**1.4.3.** Gestion des approvisionnements de matériels et leur recyclage
VERS PIX	**1.1.** Mener une recherche et une veille d'information **1.3.** Traiter des données

Contexte : Sothgam

Statut	Société à responsabilité limitée (SARL)
Localisation	2 sites dans le département des deux-Sèvres (Thouars et Argenton) 1 site en Vendée (La Roche)
Activité	Fabrication industrielle de fermetures pour le bâtiment (portes, volets, fenêtres…)
Dirigeant	Charles Sothgam
Effectif	275 salariés répartis sur les 3 sites

Suite à une décision de centralisation, le service Approvisionnement de la société Sothgam doit désormais assurer, pour ses trois sites, l'achat des EPI (équipements de protection individuelle), vêtements de travail, équipements et petites fournitures courantes (fournitures de bureau, consommables informatiques…), ainsi que des petits matériels (produits de nettoyage…).
Il traite les marchés, passe les commandes aux fournisseurs, réceptionne les marchandises, gère les stocks et distribue les produits aux divers services.
Le service Approvisionnement assure également la gestion des ressources en appliquant une politique de développement durable. Son objectif est de gérer les ressources matérielles avec la double préoccupation d'optimiser les coûts et de limiter l'impact environnemental en préférant l'achat écoresponsable. L'entreprise sélectionne ainsi des produits écolabellisés au meilleur prix.
Vous travaillez en collaboration avec Mme Maby, la directrice administrative et financière. Elle vous demande de l'aider à mettre en œuvre la nouvelle politique d'achat des fournitures et petits matériels.

Découvrez l'entreprise Sothgam en vidéo
liennathan.fr/m65d9z

- **Reportez les informations utiles du contexte au recto de la fiche E4 (organisation, contexte et objectifs de la mission, ressources).**

VOTRE RÔLE

Mme Maby, directrice administrative et financière, vous charge d'informer les salariés de la décision de centralisation de la gestion de l'approvisionnement en petites fournitures. Elle vous charge également d'assurer les commandes en fonction des prévisions de consommation et de prévoir le recyclage.

TRAVAIL À FAIRE

I. Informer les salariés de la réorganisation des achats

Mme Maby vous charge de présenter aux salariés la nouvelle procédure d'achat des EPI et de mettre en place un formulaire qui vous permettra de collecter les besoins de chaque site.

COM **1.** Rédigez une note à l'attention des salariés pour les informer de la nouvelle organisation. Présentez l'organisation de la gestion des achats des petits matériels et fournitures de bureau sous forme de schéma. — Annexe 1

2. Proposez un modèle de formulaire de commande d'EPI pour les entités et/ou services de l'entreprise. — Annexe 2

II. Prévoir les consommations et réaliser l'approvisionnement et son suivi

Dans un souci d'anticipation mais aussi de contrôle des consommations et des dépenses, Mme Maby vous demande de réaliser les prévisions de consommation des EPI. Elle vous fournit l'historique des dépenses en matière d'EPI depuis l'année N-5 pour chacun des sites.

3. Calculez le montant global des dépenses d'EPI pour les cinq dernières années. Déterminez le taux d'évolution de ces dépenses. — Fiche ressource 1 — Annexe 3

4. Définissez les causes qui peuvent être à l'origine de l'augmentation des dépenses d'EPI.

5. Calculez pour N+1 le montant prévisionnel des dépenses d'EPI pour le groupe, en utilisant l'option « courbe de tendance » sous Excel.

Dans le respect des normes de sécurité, Mme Maby a passé une commande d'EPI en fonction des besoins des employés. Elle vous communique le bon de commande adressé au fournisseur. Vous venez de recevoir les articles accompagnés du bon de livraison. La facture vous est également transmise.

6. Procédez aux contrôles : — Fiche ressource 3

a. à la réception de la commande ; — Annexe 5

b. à la réception de la facture. — Annexe 6

7. Procédez à l'enregistrement comptable de la facture.

Les commandes de papier seront aussi regroupées pour les trois unités. Mme Maby souhaite commander par quantité fixe. Le papier est acheté par cartons de 5 ramettes. La consommation annuelle est estimée à 896 cartons et le nombre théorique de réapprovisionnements à 12 commandes. Le délai de livraison est de 7 jours. Mme Maby souhaite avoir un stock de sécurité de 3 cartons.

8. Déterminez les quantités fixes à commander à des dates variables :

Fiche ressource 2

a. calculez la quantité théorique à commander ;

b. déterminez le point de commande et le stock d'alerte.

9. Déterminez le nombre de cartons à commander à chaque passation de commande.

III. Gérer l'acquisition des petits matériels et leur recyclage

Mme Maby envisage d'équiper les commerciaux en tablettes tactiles. Elle vous charge d'étudier ce projet.

10. Recherchez les écolabels en vigueur dans le domaine des équipements informatiques.

Annexe 4

11. Recherchez les tablettes actuellement disponibles sur le marché et réalisez un tableau comparatif.

COM 12. Rédigez une note de synthèse sur les obligations des entreprises en matière de recyclage des DEEE.

Fiche ressource 4

• Finissez de remplir la fiche E4 (contraintes, méthodologie, bilans professionnel et personnel).

DONNÉES DE LA SITUATION

Annexe 1 Nouvelle organisation des achats d'EPI

→ **Principes généraux**

1. Les commandes d'EPI (équipements de protection individuelle) seront centralisées par le service Approvisionnement rattaché au siège et dirigé par le responsable des approvisionnements. Dans chaque entité du groupe, les gestionnaires des commandes assureront la centralisation des commandes des différents services.

2. Un formulaire de commande d'EPI sera mis en ligne sur l'intranet. On y trouvera également le catalogue « maison » créé à partir d'une liste type d'articles régulièrement commandés par les services. Ce catalogue ne sera pas lié à un fournisseur en particulier. Les articles qu'il intégrera pourront provenir de fournisseurs différents. Les fournisseurs référencés auront été préalablement sélectionnés par le responsable des approvisionnements.

3. Deux fois par an, les gestionnaires des commandes des trois sites feront remonter leurs besoins en complétant le formulaire de commande automatisé et en l'adressant au responsable des approvisionnements. Celui-ci centralisera le tout et saisira la commande consolidée sur l'application de gestion dédiée. Les bons de commande seront générés et transmis à chaque fournisseur concerné par une commande.

4. Le catalogue est un outil de référence et de commande pour les sites ainsi qu'un outil de négociation pour le responsable des approvisionnements. Il est consultable par tous les salariés du groupe. Chaque service ou direction passe une commande auprès du gestionnaire des commandes de leur site. Le gestionnaire des commandes passe une commande consolidée au gestionnaire des approvisionnements.

5. Les commandes ne pourront être passées que deux fois par an. Cependant, en cas d'urgence absolue, le responsable des approvisionnements pourra débloquer l'application pour permettre une commande exceptionnelle.

→ **Au niveau du siège**

Le service Approvisionnement a pour mission de centraliser et de vérifier les commandes qui lui sont transmises.

Il négocie les achats et se fait livrer les commandes. Les articles sont ensuite dispatchés aux utilisateurs finaux de chaque site. Le responsable des approvisionnements est le garant du respect de la procédure d'achat d'EPI. Au moment de la livraison, le gestionnaire des commandes effectue un rapprochement des commandes avec les articles livrés. Il valide la conformité de la livraison. En cas de litige, il devra refuser la livraison. Il est aussi chargé de vérifier le respect des tarifs appliqués par les fournisseurs.

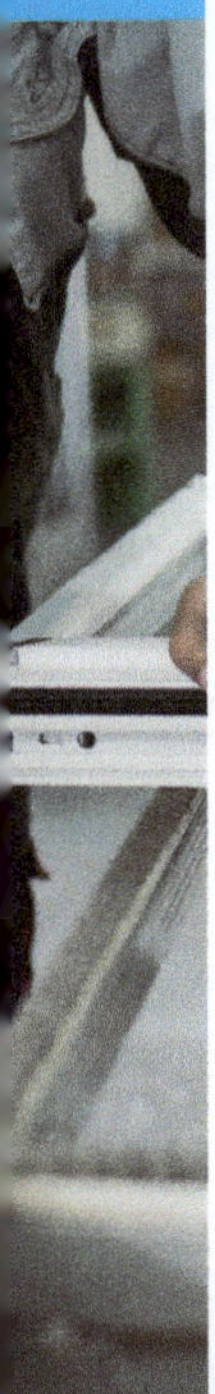

Annexe 2 Liste des EPI et vêtements de travail portés dans l'entreprise Sothgam

LES DIFFÉRENTS TYPES D'ÉQUIPEMENTS DE PROTECTION INDIVIDUELLE

Complémentaires aux moyens de protection collective, les EPI regroupent un large éventail d'équipements.

Désignations	Descriptif / Qualité
Protections auditives	
Protections auditives	Antibruit AUDIPACK E30 Poignée
Bouchons d'oreilles	SMARTFIT
Bouchons d'oreilles jetables	SNR 36dB
Casque antibruit – T1	Serre-tête – M : 25db
Casque antibruit – T3	Serre-tête – Protection forte, H : 40db
Gants	
Gants standard	• HANDLITE 200 g • Gants 5 doigts tricot nylon 600 g. Polyuréthane sur paume et face des doigts. Catégorie II Norme en420/en388, manutention moyenne et lourde
Gants anti-coupures	HANDLITE 450 TEGERA
Gants anti-perforation	Cuir
Gants scie à panneau	4544 SUPERCUT
Gants maintenance	Cuir – MONTANA 3123 soudure
Gants anti-froid	Power grabe – OPSIAL
Chaussures	
Chaussures	Sécu Step One Evol – S3 OPSIAL – basses
Chaussures	Sécu Step Work Evol – S3 OPSIAL – hautes
Chaussures	Confortable Textile
Lunettes	
Lunettes	Lunettes anti-projection solide et masque couvrant
Lunettes	Lunette à branches « impact et projection solide »
Lunettes	Masque « poussières liquides »
Peinture	
Masque peinture	FFP3
Masque filtre intégré	ffa2p3r
Combinaison peinture	Combinaison cat. 3 type 5.6 OPSIAL
Vêtements de travail	
Pantalon	OPTIMAX – Polycoton vert
Pantalon	OPTIMAX gris EJ84
Sweat	Sweat SC4C – Rouge 280 g – MABEO Niort
Sweat zippé	Rouge
T-shirt	165G SC 21C – Rouge – MABEO Niort
Blouson	RIPSTOP multipoches – Marine/noir
Gilet matelassé noir	ASTI

Annexe 3 Historique des consommations

Site de Thouars

	2017	2018	2019	2020	2021
EPI	3 990	4 110	4 432	4 331	4 914
Vêtements de travail	7 410	7 979	8 603	8 794	9 126
Total	**11 400**	**12 089**	**13 035**	**13 125**	**14 040**

Site d'Argenton

	2017	2018	2019	2020	2021
EPI	1 231	1 277	1 426	1 460	1 580
Vêtements de travail	2 008	2 083	2 428	2 284	2 471
Total	**3 239**	**3 360**	**3 854**	**3 744**	**4 050**

Site de La Roche

	2017	2018	2019	2020	2021
EPI	882	956	993	1 073	1 215
Vêtements de travail	1 638	1 856	1 927	1 993	2 160
Total	**2 520**	**2 812**	**2 920**	**3 066**	**3 375**

Annexe 4 Consignes laissées par Mme Maby

Je souhaite équiper les 15 commerciaux en tablettes ou hybrides professionnels.
Merci de préparer un dossier comparant les différents produits actuellement sur le marché.
J'insiste sur le fait que le matériel doit être conçu pour un usage professionnel. Je souhaite aussi en priorité des produits avec écolabel.
Je crois quil en existe différents types, à vous de voir et de les comparer.

Annexe 5 Bon de commande

BON DE COMMANDE

MABÉO NIORT
Rue du Puits-Japie – ZA Le Luc
79410 Échiré

Date :

ADRESSE DE FACTURATION

Raison sociale : SOTHGAM
Nom :
Prénom :
Adresse :
Code postal : 79100
Ville : THOUARS
Téléphone :
Fax :
N° SIRET :

ADRESSE DE LIVRAISON
(LAISSER VIDE SI IDENTIQUE)

Raison sociale :
Nom :
Prénom :
Adresse :
Code postal :
Ville :
Téléphone :
Fax :

Réf.	Désignation produits	Taille	PU HT	Qté	Montant HT
997344G	Pantalon OPTIMAX – Polycoton vert	38	24,61	1	24,61
997344G	Pantalon OPTIMAX – Polycoton vert	40	24,61	2	49,22
997344G	Pantalon OPTIMAX – Polycoton vert	42	24,61	4	98,44
997344G	Pantalon OPTIMAX – Polycoton vert	44	24,61	2	49,22
997344G	Pantalon OPTIMAX – Polycoton vert	46	24,61	1	24,61
540125L	Pantalon OPTIMAX gris EJ84	40	29,42	3	88,26
540125L	Pantalon OPTIMAX gris EJ84	42	29,42	3	88,26
540125L	Pantalon OPTIMAX gris EJ84	44	29,42	2	58,84
541159X	Sweat rouge SC4C – Rouge 280 g	S	10,94	1	10,94
541159X	Sweat rouge SC4C – Rouge 280 g	M	10,94	4	43,76
541159X	Sweat rouge SC4C – Rouge 280 g	L	10,94	10	109,40
541159X	Sweat rouge SC4C – Rouge 280 g	XL	10,94	10	109,40
541159X	Sweat rouge SC4C – Rouge 280 g	XXL	10,94	5	54,70
1097514	Tee-shirt rouge	M	3,85	6	23,10
1097514	Tee-shirt rouge	L	3,85	12	46,20
1097514	Tee-shirt rouge	XL	3,85	12	46,20
1097514	Tee-shirt rouge	XXL	3,85	5	19,25
1111031	Blouson	M	37,92	3	113,76
1111031	Blouson	L	37,92	2	75,84
1111031	Blouson	XL	37,92	2	75,84
1111031	Blouson	XXL	37,92	1	37,92
2005866	Gilet matelassé	M	29,94	5	149,70
2005866	Gilet matelassé	L	29,94	3	89,82
2005866	Gilet matelassé	XL	29,94	3	89,82
2005866	Gilet matelassé	XXL	29,94	2	59,88
				Sous-total HT	**1 636,99**
				Frais de port	8,00
				Total HT	**1 644,99**
				TVA (20 %)	329,00
				TOTAL TTC	**1 973,99**

Annexe 6 Bon de livraison et facture

BON DE LIVRAISON

MABÉO NIORT
Rue du Puits-Japie – ZA Le Luc
79410 Échiré

ADRESSE DE FACTURATION

Raison sociale : SOTHGAM
Nom :
Prénom :
Adresse :
Code postal : 79100
Ville : THOUARS
Téléphone :
Fax :
N° SIRET :

ADRESSE DE LIVRAISON
(LAISSER VIDE SI IDENTIQUE)

Raison sociale :
Nom :
Prénom :
Adresse :
Code postal :
Ville :
Téléphone :
Fax :

Réf.	Désignation produits	Taille	PU HT	Qté	Montant HT
997344G	Pantalon OPTIMAX – Polycoton vert	38	24,61	1	24,61
997344G	Pantalon OPTIMAX – Polycoton vert	40	24,61	2	49,22
997344G	Pantalon OPTIMAX – Polycoton vert	42	24,61	4	98,44
997344G	Pantalon OPTIMAX – Polycoton vert	46	24,61	1	24,61
540125L	Pantalon OPTIMAX gris EJ84	40	29,42	3	88,26
540125L	Pantalon OPTIMAX gris EJ84	42	29,42	3	88,26
540125L	Pantalon OPTIMAX gris EJ84	44	29,42	2	58,84
541159X	Sweat rouge SC4C – Rouge 280 g	M	10,94	4	43,76
541159X	Sweat rouge SC4C – Rouge 280 g	L	10,94	10	109,40
541159X	Sweat rouge SC4C – Rouge 280 g	XL	10,94	10	109,40
541159X	Sweat rouge SC4C – Rouge 280 g	XXL	10,94	5	54,70
1097514	Tee-shirt rouge	M	3,85	6	23,10
1097514	Tee-shirt rouge	L	3,85	8	30,80
1097514	Tee-shirt rouge	XL	3,85	12	46,20
1097514	Tee-shirt rouge	XXL	3,85	5	19,25
1111031	Blouson	M	37,92	3	113,76
1111031	Blouson	L	37,92	2	75,84
1111031	Blouson	XL	37,92	2	75,84
1111031	Blouson	XXL	37,92	1	37,92
2005866	Gilet matelassé	M	29,94	5	149,70
2005866	Gilet matelassé	L	29,94	3	89,82
2005866	Gilet matelassé	XL	29,94	3	89,82
2005866	Gilet matelassé	XXL	29,94	2	59,88

Reçu le

Visa du client et observations éventuelles

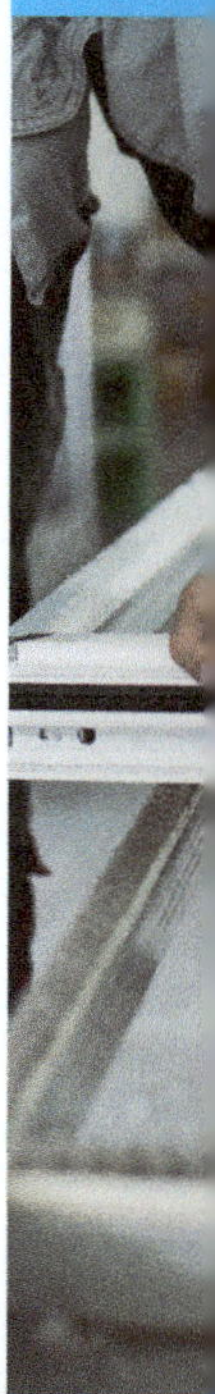

Annexe 6 Bon de livraison et facture (suite)

FACTURE

MABÉO NIORT
Rue du Puits-Japie – ZA Le Luc
79410 Échiré

Facture n° 5862
Date :

ADRESSE DE FACTURATION

Raison sociale : SOTHGAM
Nom :
Prénom :
Adresse :
Code postal : 79100
Ville : THOUARS
Téléphone :
Fax :
N° SIRET :

ADRESSE DE LIVRAISON
(LAISSER VIDE SI IDENTIQUE)

Raison sociale :
Nom :
Prénom :
Adresse :
Code postal :
Ville :
Téléphone :
Fax :

Réf.	Désignation produits	Taille	PU HT	Qté	Montant HT
997344G	Pantalon OPTIMAX – Polycoton vert	38	24,61	1	24,61
997344G	Pantalon OPTIMAX – Polycoton vert	40	24,61	2	49,22
997344G	Pantalon OPTIMAX – Polycoton vert	42	24,61	4	98,44
997344G	Pantalon OPTIMAX – Polycoton vert	44	24,61	2	49,22
997344G	Pantalon OPTIMAX – Polycoton vert	46	24,61	1	24,61
540125L	Pantalon OPTIMAX gris EJ84	40	29,42	3	88,26
540125L	Pantalon OPTIMAX gris EJ84	42	29,42	3	88,26
540125L	Pantalon OPTIMAX gris EJ84	44	29,42	2	58,84
541159X	Sweat rouge SC4C – Rouge 280 g	M	10,94	4	43,76
541159X	Sweat rouge SC4C – Rouge 280 g	L	10,94	10	109,40
541159X	Sweat rouge SC4C – Rouge 280 g	XL	10,94	10	109,40
541159X	Sweat rouge SC4C – Rouge 280 g	XXL	10,94	5	54,70
1097514	Tee-shirt rouge	M	3,85	6	23,10
1097514	Tee-shirt rouge	L	3,85	8	30,80
1097514	Tee-shirt rouge	XL	3,85	12	46,20
1097514	Tee-shirt rouge	XXL	3,85	5	19,25
1111031	Blouson	M	37,92	3	113,76
1111031	Blouson	L	37,92	2	75,84
1111031	Blouson	XL	37,92	2	75,84
1111031	Blouson	XXL	37,92	1	37,92
2005866	Gilet matelassé	M	29,94	5	149,70
2005866	Gilet matelassé	L	29,94	3	89,82
2005866	Gilet matelassé	XL	29,94	3	89,82
2005866	Gilet matelassé	XXL	29,94	2	59,88
				Sous-total HT	**1 610,65**
				Remise 5 %	80,53
				Net commercial	**1 530,12**
				Frais de port	8,00
				Total HT	**1 538,12**
				TVA (20 %)	307,62
				TOTAL TTC	**1 845,74**

1 La gestion d'un processus approvisionnement

I Le processus approvisionnement

1. Définition et enjeux

Le processus approvisionnement regroupe l'ensemble des opérations qui permettent à l'entreprise de disposer des biens et des services nécessaires à son activité.
Le service Achats cherche à optimiser le prix (appel d'offres), la qualité (une qualité excessive entraîne des coûts inutiles), les coûts (liés aux achats ou au stockage), les délais (absence de rupture de stocks). Il doit également respecter les principes de la RSE (responsabilité sociétale des entreprises) en privilégiant les achats écoresponsables.

2. Les étapes

Le processus lié à la fonction approvisionnement se décompose en plusieurs étapes :
- définition de la procédure d'achat à mettre en place à partir de la manifestation d'un besoin ;
- recherche du produit susceptible de répondre au besoin ;
- recherche des fournisseurs et sélection (sur la base de critères : coût, délai, qualité…) ;
- conclusion de l'achat avec le fournisseur sélectionné (phase de négociation) ;
- surveillance des délais de livraison (plannings), des coûts (budget) ;
- réception et contrôle des marchandises (contrôles quantitatifs et qualitatifs) ;
- stockage (codification, palettisation…).

II La prévision des besoins

1. Dresser un état des commandes antérieures

Cet état peut être construit pour chaque article commandé (ex. : cartons de ramettes A4) ou pour chaque famille d'articles (ex. : fournitures de bureau) exprimé en quantité et/ou en valeur (montant des articles facturés).

2. Prévoir les besoins futurs

La prévision consiste à extrapoler la tendance observée à partir des données historiques pour dégager une estimation probable. Cette extrapolation peut se réaliser avec un tableur.
Avec Excel, la détermination de la tendance se fait par l'ajout d'une courbe de tendance à un graphique basé sur des données historiques.

Exemple : ici, la consommation pour 2021 est extrapolée à partir des données de 2016 à 2020.

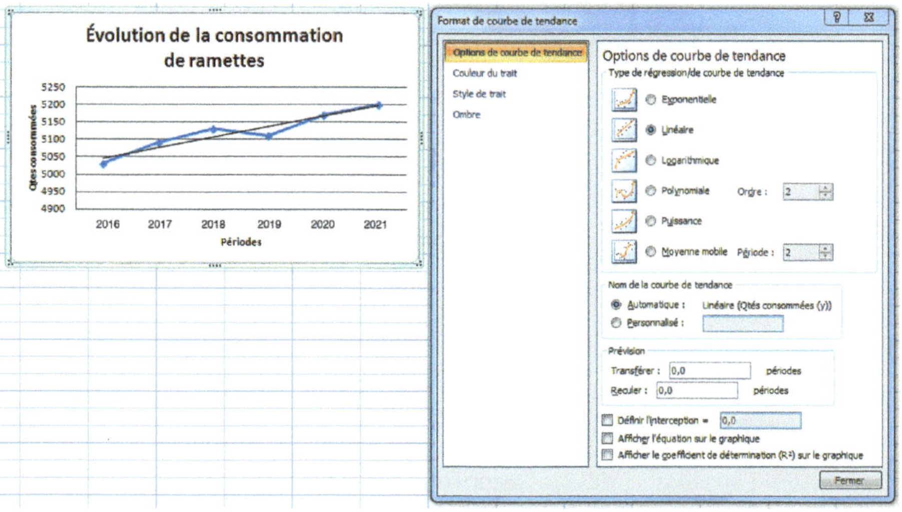

FICHE RESSOURCE

2 La gestion des stocks

Gérer les stocks revient à se poser deux questions : quand acheter ? Quelle quantité acheter ?
L'objectif est de minimiser :
– le risque de rupture pour ne pas affecter le fonctionnement de l'entité ;
– le coût en évitant le surstockage.

I Définir un stock de sécurité et un stock d'alerte

– Le **stock minimum** correspond au niveau critique de stock, c'est-à-dire à la quantité qui permet juste de couvrir les consommations pendant le délai d'approvisionnement. Il se détermine de la manière suivante :

Stock minimum = Consommation moyenne par jour
× Délai moyen d'approvisionnement (en nombre de jours)

– Le **stock de sécurité** permet de répondre à la demande, par exemple en cas de retard de livraison ou en cas d'augmentation inhabituelle de la demande.
– Le **stock d'alerte** est le seuil qui déclenche une nouvelle commande.

Stock d'alerte = Stock de sécurité + Stock minimum

Courbe de consommation

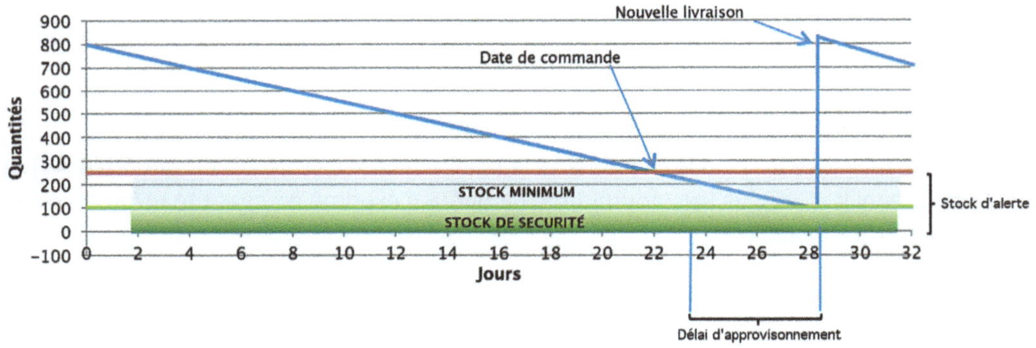

II Définir la méthode de gestion des stocks

Méthodes	Intérêts
Méthode calendaire : à date et quantité fixes	Elle ne peut s'appliquer que lorsque les conditions sont stables. **Exemple :** commande mensuelle de 250 ramettes de papier.
Méthode du point de commande : à date variable et quantité fixe	La date de commande est celle à laquelle le niveau de stock atteint le seuil d'alerte. **Exemple :** commande de 700 ramettes de papier lorsqu'il ne reste plus que 250 ramettes en stock.
Méthode de complément : à date fixe et quantité variable	Elle est basée sur l'expérience passée et les prévisions de consommation. **Exemple :** commande mensuelle de la quantité nécessaire pour reconstituer le stock à son niveau maximum.

3 Le contrôle des livraisons et l'enregistrement comptable

I La procédure d'achat et le contrôle des livraisons

1. Les documents supports à la procédure d'achat

– Le client indique sur le **bon de commande** la nature et la quantité de produits commandés.
– Le **bon de livraison**, remis au client lors de la livraison, permet de vérifier le contenu livré et d'en contrôler la conformité avec le bon de commande.
– La **facture**, adressée par le fournisseur, doit être conforme au bon de livraison et tenir compte des conditions commerciales négociées au moment de la passation de la commande.

2. Le contrôle des livraisons

C'est une opération importante qui déclenchera soit des réclamations à adresser au fournisseur, soit l'autorisation de paiement.

À la livraison	**Entre le bon de commande et le bon de livraison**	① Même nombre de références / Concordance des références / Concordance des quantités
	Entre le bon de livraison et la livraison physique	② Contrôle de la conformité des articles livrés (quantité et qualité)
À réception de la facture	**Entre le bon de livraison et la facture**	③ Concordance entre les éléments (contrôle des références, des quantités)
		④ Contrôle de l'application des conditions de vente (remises commerciales et financières éventuelles)
		⑤ Contrôle du respect de l'échéance (délai de paiement)

II L'enregistrement comptable d'une facture

La facture est un document comptable. Son enregistrement se construit selon le principe de la partie double (égalité des montants inscrits au débit et au crédit des comptes).

Exemple

Fournisseur
Doit **Client**
Facture n° 2...

Montant brut	10 000
Remise 5 %	500
Net commercial	9 500
Escompte 2 %	190
Net financier	9 310
Frais de port	130
Montant total HT	**9 440**
TVA 20 %	1 888
Net à payer TTC	**11 328**

Compte	Débit	Crédit
606 – Achats non stockés de matières et fournitures	9 500	
44566 – TVA déductible sur biens et services	1 888	
765 – Escomptes obtenus		190
401 – Fournisseurs		11 328
624 – Transports sur achats	130	

Les rabais, remises et ristournes ne font pas l'objet d'une écriture comptable distincte. L'achat est toujours comptabilisé pour son montant net commercial. Dans l'exemple ci-dessus, on enregistre donc 9 500 € d'achats.

4 La réglementation en matière de recyclage

I Une législation en évolution

La législation dans le domaine du recyclage est en constante évolution. La mise en place d'une veille juridique est donc essentielle. La loi relative à la transition énergétique fixe notamment des objectifs en matière de valorisation des déchets. Un premier décret d'application dit « décret des 5 flux » impose aux acteurs économiques, depuis 2016, d'organiser la collecte séparée des déchets papier, métal, plastique, verre et bois produits si leur volume est supérieur à 1 100 litres/semaine.

II Le recyclage des déchets papier

LA FORMULE :

volume de déchets produits par semaine

volume du bac de collecte utilisé × nombre de levées par semaine

La quasi-intégralité des documents papier de l'entreprise est concernée par le recyclage : papiers imprimés, notes, publications diverses, livres, classeurs, articles de papeterie façonnés, enveloppes ou encore papiers à usage graphique.

Pour organiser le recyclage, il faut donc :
– dresser un état du volume de déchets produits par nature ;
– identifier les filières et les prestataires pour le recyclage et comparer les offres (sauf si le recyclage est assuré par l'entreprise elle-même) ;
– mettre en place le tri et sensibiliser le personnel ;
– effectuer un suivi (demander l'attestation annuelle de collecte auprès de l'organisme de collecte) et communiquer sur les résultats du tri à la source.

Ces dispositions s'appliquent à toutes les organisations employant plus de 20 personnes.

III Le recyclage des déchets d'équipements électriques et électroniques

Les entreprises doivent assurer le recyclage des déchets d'équipements électriques et électroniques (DEEE) qu'elles utilisent.

1. Quels produits constituent des DEEE ?

Les DEEE regroupent tous les produits alimentés sur secteur, par piles ou batterie. Ils constituent, pour les entreprises, un grand nombre de déchets : imprimantes, ordinateurs, écrans, téléphones portables, GPS, appareils photo…

2. Que faire des DEEE ?

La réglementation distingue deux types de déchets en fonction de la date d'acquisition des produits. Si les produits ont été mis sur le marché avant le 13 août 2005, les détenteurs sont responsables de leur traitement. L'entreprise doit donc gérer elle-même ses déchets, en faisant éventuellement appel à un prestataire. S'ils ont été mis sur le marché après cette date, c'est aux fabricants d'assurer la collecte.

Plusieurs solutions peuvent alors être mises en place par le fabricant :
– l'organisation de son propre système de collecte ;
– le regroupement avec ses homologues au sein d'organismes collectifs agréés ;
– la délégation contractuelle de la gestion de la fin de vie des déchets à l'entreprise utilisatrice.

APPLICATIONS PROFESSIONNELLES

1 Optimiser la gestion des stocks de fournitures

MAÎTRISE

Situation

Vous êtes le (la) collaborateur(-trice) du responsable administratif de l'entreprise Peyraut, chauffagiste, à Bressuire (79). Cette entreprise de 97 salariés travaille sur l'ensemble du département des Deux-Sèvres et intervient auprès des entreprises et des particuliers. La responsable administrative constate régulièrement des ruptures de stock, ce qui provoque des mécontentements chez les collaborateurs et des retards dans l'avancement du travail. Par ailleurs, certaines fournitures peu demandées restent longtemps en stock. Le responsable administratif vous demande d'optimiser la gestion des stocks.

Consignes

1. **À partir du tableau récapitulatif des fournitures administratives de l'année N-1 (document 1), appliquez la méthode ABC (document 2) pour distinguer les trois classes de fournitures.**
2. **Indiquez le principe de gestion à appliquer à chacune des classes.**

Document 1 Extrait du listing des fournitures (Chap09_appli1_doc1)

Listing des fournitures administratives N-1

ARTICLES	Coût unitaire (€)	Stock moyen
Adhésif Scotch Magic (L. 33 m × l. 19 mm)	2,30	20
Agrafes (paquet de 5 000)	3,00	3
Agrafeuse	23,70	4
Bic Cristal (boîte de 50)	0,25	40
Bloc « bureau »	0,70	12
Boîte à archives	0,80	31
Cahier	2,80	21
Calculatrice de bureau	18,20	4
Cartouche d'encre pour imprimantes	25,00	10
Chemise 3 rabats à élastique (10 pièces)	0,99	8
Ciseaux	3,60	5

Document 2 La méthode ABC

Il s'agit de la loi de Pareto appliquée à la gestion des stocks.
- La classe A représente 80 % de la valeur analysée et correspond à 20 % du nombre de références.
- La classe B représente 15 % de la valeur analysée et correspond à 30 % du nombre de références.
- La classe C représente 5 % de la valeur analysée et correspond à 50 % du nombre de références.

2 Sensibiliser à la réduction des déchets MAÎTRISE

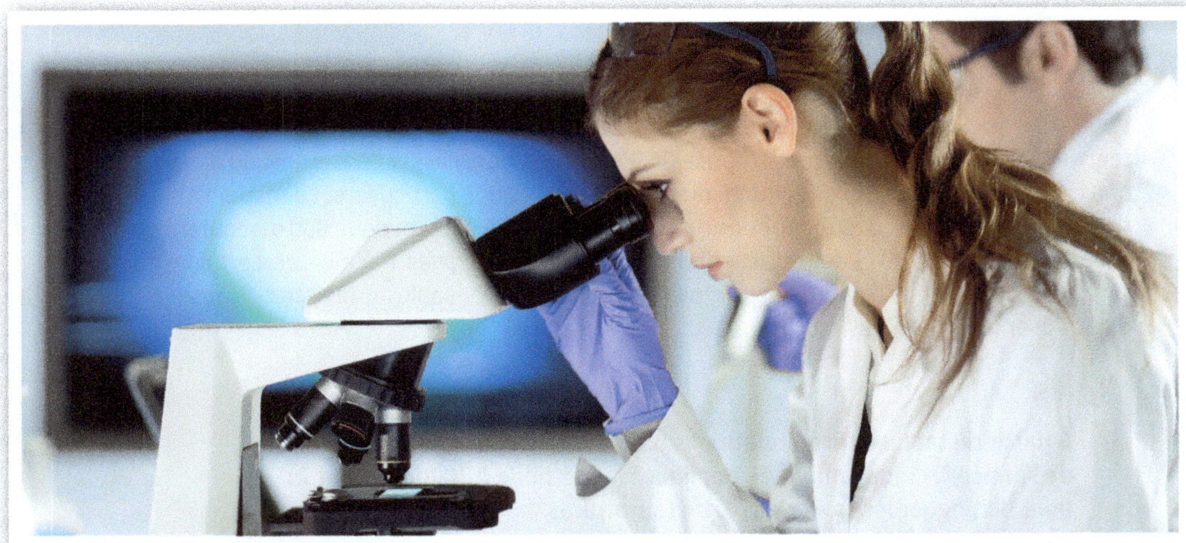

Situation

Paradoxalement, le développement du numérique ne s'est pas accompagné d'une diminution de la consommation de papier, qui représente 75 % des déchets de bureau. Chaque salarié consomme annuellement 70 à 85 kg de papier, soit l'équivalent de 3 ramettes par mois. Seulement 20 % des papiers sont recyclés dans les entreprises, contre 41 % chez les particuliers.
C'est ce constat ainsi que les nouvelles obligations en matière de tri et de valorisation des déchets qui ont incité l'entreprise C2E, laboratoire pharmaceutique, à réduire sa consommation de papier afin de limiter les coûts d'achat et de collecte pour le retraitement.
Le responsable des achats des fournitures administratives vous demande de réfléchir à la mise en œuvre d'une campagne de sensibilisation. L'objectif fixé est de réduire la consommation de papier de 20 % d'ici trois ans.

Consignes

COM

1. **Informez les collaborateurs de cette nouvelle politique interne dans une note et préparez un diaporama dans lequel vous listerez des pistes d'actions pour réduire leur consommation de papier.**
2. **À partir de l'historique des consommations (document), déterminez les objectifs à atteindre d'ici N+3. Indiquez le niveau de consommation attendu pour chacune des trois années.**
3. **Construisez un outil qui permettra au responsable de suivre les consommations et d'évaluer la performance par rapport aux objectifs définis.**

Document Historique des consommations de papier

Années	2017	2018	2019	2020	2021
Volume de consommation de papier (en kg)	2 260	2 320	2 340	2 390	2 520

3 Préparer et suivre une commande

EXPERTISE

Situation

Collaborateur(-trice) de M. Giret, responsable des achats dans la société Publisign (chapitre 6), vous êtes chargé(e) de la gestion des cartouches d'encre et des toners.

Le stock de certaines cartouches arrivant à un niveau critique, M. Giret vous demande de procéder au réapprovisionnement. Cette opération étant récurrente, vous proposez d'automatiser le bon de commande à partir du fichier des fournitures.

Consignes

1. **À l'aide du document 1, préparez un modèle de bon de commande automatisé sur tableur.**
2. **Complétez le bon de commande en fonction des consignes de réapprovisionnement laissées par M. Giret (document 2).**
3. **Contrôlez la livraison et la facture à partir des éléments fournis (document 3).**
4. **Procédez à l'enregistrement comptable de la facture.**

Document 1 Extrait du listing de cartouches et toners

Extrait du catalogue du fournisseur BureauEco – Cartouches et toners

Réf.	Désignation	Type	Prix unitaire HT
MK2822	Deskjet 500/500C/510/520 51626AE	40 ml noire	15,70 €
MK2824	Deskjet 816C/825C/840C/940C, Officejet 5110 C6615D	42 ml noire	13,70 €
MK4460	Set 4 cartouches Officejet 6000/6500/7000	XL cyan/magenta/jaune/noir	40,30 €
MK2858	Officejet 4500/Wireless, J4500 Serie, J4600 Serie	14 ml	19,90 €
MK3978	Officejet Pro X 451 DN + DW / X 476 DN + DW / X 551 DW / X 576 DW	173,5 ml	83,50 €

▶▶▶

Document 2 Consignes laissées par M. Giret

Le 02/04/N

Fournitures à commander au plus vite :
- 15 cartouches noires MK2858
- 12 cartouches MK2883
- 8 toners MK7554

Document 3 Bon de livraison et facture

Bon de livraison du 07/04/N (extrait)

Référence	Désignation matériaux	PU HT	Qté
MK2858	Officejet 4500/Wireless, J4500 Serie, J4600 Serie	19,90	15
MK2883	PIXMA MG2120/2140/2150/3140/3150	25,50	10
MK7554	TN-2000 5000	73,00	8

Facture du 14/04/N (extrait)

Référence	Désignation matériaux	Qté	PU HT	Montant HT
MK2858	Officejet 4500/Wireless, J4500 Serie, J4600 Serie	15	19,90	298,50
MK2883	PIXMA MG2120/2140/2150/3140/3150	12	25,50	306,00
MK7554	TN-2000 5000	8	75,00	600,00
			Montant brut	**1 204,50**
Paiement à 30 jours fin de mois			Remise 5 %	60,23
			Net commercial	**1 264,73**
			Frais de port	30,00
			TVA 20 %	258,95
			Net à payer TTC	**1 553,67**

4 Traiter une commande sur PGI

EXPERTISE

Situation

M. Giret vous demande de traiter la commande des consommables sur le PGI.

Consignes

1. **Mettez à jour le fichier fournisseurs en ajoutant le fournisseur BureauEco.**
2. **Importez la base de données consommables sur le PGI (chap09_appli4.xls).**
3. **Passez la commande à ce fournisseur.**
4. **Éditez le bon de réception.**
5. **Générez automatiquement la facture du fournisseur et enregistrez-la.**

Chapitre

10 Le suivi du budget de fonctionnement

ACTIVITÉ **1.4.** Gestion des ressources de l'entité

COMPÉTENCE Rationaliser l'usage des ressources de l'entité.

TÂCHE **1.4.1.** Suivi du budget de fonctionnement de l'entité

VERS PIX **1.3.** Traiter des données

Contexte : Sothgam

Rattaché à la direction financière, le service Contrôle de gestion de la société Sothgam élabore chaque année, début octobre, le budget prévisionnel des produits et des charges de l'année suivante.
Ces travaux complexes s'étendent sur une quinzaine de jours. Pour simplifier la tâche, la partie relative aux dépenses de fonctionnement des différents services est décentralisée auprès des directions respectives. En effet, cette partie du budget est très détaillée et les acteurs concernés sont plus à même de réaliser ces estimations avec précision.
Vous travaillez auprès de la directrice administrative et financière (DAF), Mme Maby, qui vous a confié la responsabilité de l'élaboration et du suivi du budget de fonctionnement de son service ainsi que l'organisation et la centralisation des travaux des autres services avant leur transfert au service Contrôle de gestion.

Découvrez l'entreprise Sothgam en vidéo
liennathan.fr/m65d9z

- **Reportez les informations utiles du contexte au recto de la fiche E4 (organisation, contexte et objectifs de la mission, ressources).**

VOTRE RÔLE

Nous sommes fin septembre. Mme Maby vous a transmis la note de la direction générale relative à l'élaboration du budget N+1. Elle vous a également précisé les données à prendre en compte pour le chiffrage du budget prévisionnel du service. D'autre part, pour sensibiliser les différents services et les impliquer dans le contrôle budgétaire, elle souhaite que vous proposiez, pour la DAF, un tableau de bord de suivi des dépenses qui mettrait en relief les écarts entre les prévisions et les réalisations. Si celui-ci est concluant, il sera étendu à toute la société.

TRAVAIL À FAIRE

I. Planifier l'élaboration du budget de la société

La DAF centralise les travaux de tous les services de l'entreprise pour le compte du service Contrôle de gestion. Il est nécessaire de rappeler la procédure à suivre aux responsables de ces unités.

1. Rappelez les différentes étapes de la démarche budgétaire. — Fiche ressource
2. Affectez à chaque service les budgets à réaliser. — Annexe 1
3. Planifiez ces travaux, en respectant la hiérarchie de budget. — Annexe 2
4. (COM) Rédigez une note d'information aux responsables des services précisant les modalités d'élaboration des budgets.

II. Chiffrer les dépenses prévisionnelles de la DAF

Vous prenez connaissance des consignes liées aux prévisions de dépenses de la DAF pour l'année prochaine.

5. Calculez les dépenses annuelles de la DAF par poste budgétaire. — Annexe 3
6. Répartissez ces frais par mois et complétez la trame budgétaire pour le premier semestre. — Annexe 4

III. Mettre à jour les prévisions de dépenses

Le projet de budget a été transmis à la direction générale et a été analysé par le cabinet conseil, qui préconise quelques modifications.

7. Mettez à jour les prévisions de dépenses. — Annexe 5

IV. Mettre en place un tableau de bord budgétaire

Mme Maby vous demande d'élaborer un tableau de bord budgétaire permettant de comparer la prévision de chaque poste budgétaire avec les dépenses réellement engagées, à la fois sur un mois donné mais aussi en cumul. Elle vous précise qu'une alerte visuelle, en cas de dépassement de la prévision, devra y être intégrée (mise en forme conditionnelle).

8. Proposez un tableau de bord budgétaire pour le premier trimestre de l'année.
9. Testez votre proposition avec les données de l'activité réelle du mois de février N+1. — Annexe 6

▪ Finissez de remplir la fiche E4 (contraintes, méthodologie, bilans professionnel et personnel).

DONNÉES DE LA SITUATION

Annexe 1 Note de la direction générale

SOTHGAM

NOTE

De : La direction générale

À : La direction administrative et financière

Le 30/09/N

Objet : Budget N+1

Madame la Directrice,

Nous vous rappelons que vous devez transmettre à la direction générale le budget N+1 de notre société le **19 octobre N** au plus tard. Ce budget sera ensuite contrôlé par un cabinet externe et d'éventuelles demandes de modifications pourront vous être communiquées.

Vous trouverez en annexe les trames budgétaires (ventes, production, investissements, frais généraux, trésorerie, général) sous format papier. Vous allez recevoir par intranet le support numérique correspondant. Vous devrez impérativement utiliser ces trames pour transmettre vos documents par le réseau.

Attention : il est impératif de ne pas modifier ces supports, qui feront l'objet d'une fusion pour réaliser la synthèse budgétaire de la société.

La date de présentation officielle du budget est fixée au **26 octobre**. Une convocation vous sera transmise ultérieurement.

Cordialement,

La direction générale

Annexe 2 Organigramme du siège

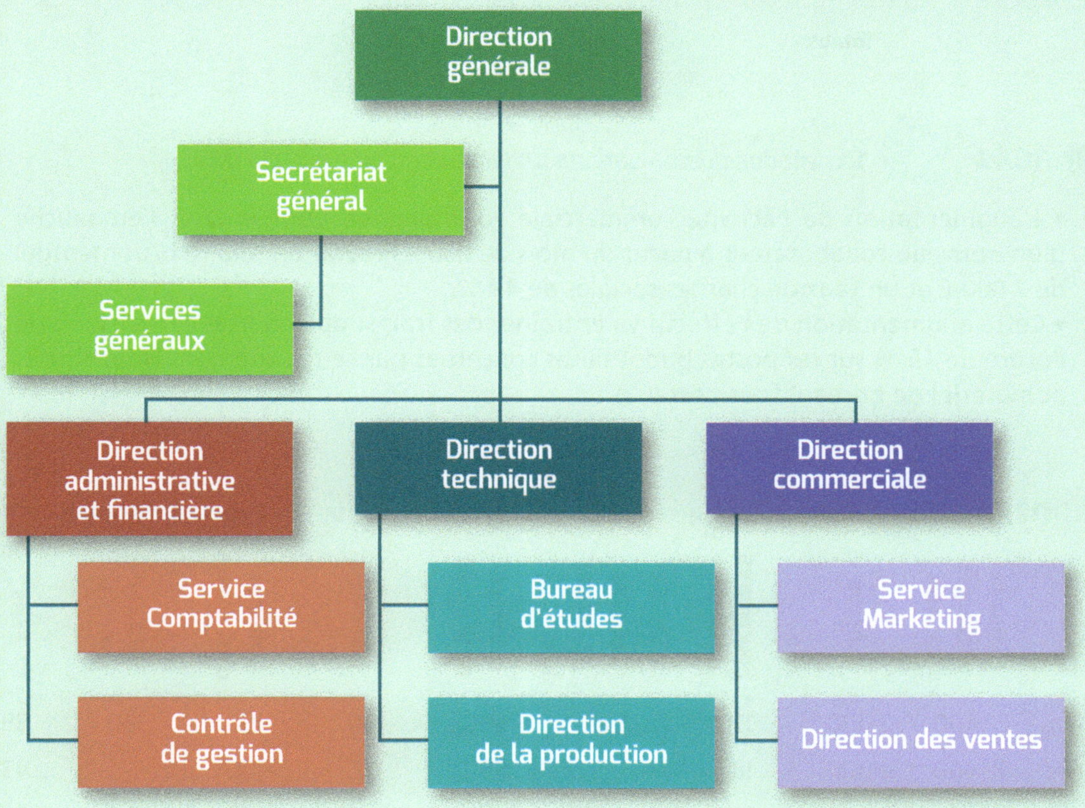

Annexe 3 Consignes budgétaires N+1 pour la DAF

- La direction administrative et financière est actuellement gérée par 6 personnes. La masse salariale annuelle, charges sociales comprises, s'évalue à 150 000 €.
- Elle occupe des locaux loués, dont la part de la DAF s'évalue à 2 000 € par mois.
- La DAF a acheté 2 000 € de fournitures de bureau en N. Le budget, réparti mensuellement, sera reporté cette année avec une majoration de 5 %.
- Les locations de matériels de bureau de la DAF s'élèvent à 4 800 € pour l'année. Ils sont facturés tous les deux mois à partir de janvier.
- Mme Maby dispose d'un véhicule de fonction loué 600 € par mois (assurance et entretien compris). Ce véhicule consomme 7,5 litres de gasoil (prix moyen : 1,50 €/l) et la distance annuelle parcourue, répartie uniformément par mois, est de 16 000 km.
- La quote-part des cotisations d'assurance des bâtiments, du matériel et du personnel pour la DAF s'élèvent à 1 200 €. Cette charge doit être répartie sur les douze mois de l'année.
- Le commissaire aux comptes intervient deux fois par an dans l'entreprise. Cette prestation est facturée 4 000 € en décembre. La DAF prend intégralement en charge ce poste de dépenses.
- Mme Maby est membre de l'association des DAF de France. Elle participe tous les trimestres à une réunion mensuelle à Paris (premier déplacement en mars). On considère qu'elle s'y rendra deux fois de plus par an (en janvier et en juin) pour assister à des formations, des réunions et des colloques. Le prix du billet de train aller-retour s'élève à 200 €.
- Le budget de l'année prévoyait 400 € par mois de frais postaux et de télécommunications (y compris le portable de Mme Maby). On estime que ces frais augmenteront de 5 % en N+1.

Annexe 4 Extrait de la trame budgétaire transmise par la direction générale

Charges	Janvier	Février	Mars	Avril	Mai	Juin
Effectif						
Salaires et charges sociales						
Locaux						
[…]						
Totaux						

Annexe 5 Extrait des préconisations du cabinet conseil pour la DAF

- L'augmentation de l'activité commerciale va impliquer, pour la DAF, l'embauche d'un nouveau collaborateur à partir du mois de mars. Prévoir un salaire brut mensuel de 2 000 € et un taux de charges sociales de 43 %.
- Cette augmentation de l'effectif va entraîner des frais supplémentaires mensuels de l'ordre de 15 % sur les postes budgétaires concernés par ce recrutement (fournitures et matériel de bureau, frais postaux).

Annexe 6 Dépenses réelles des mois de janvier et février N+1 et cumul annuel

	Salaires et charges sociales	Locaux	Fournitures de bureau	Matériel de bureau	Location de véhicule	Carburant	Cotisation d'assurance	Déplacements	Frais postaux
Janvier	12 400	2 000	170	820	600	130	100	190	390
Février	12 400	2 000	185		600	120	100		430
Cumul	24 800	4 000	355	820	1 200	250	200	190	820

L'élaboration du budget de fonctionnement d'un service

I La notion de budget général

Le budget général d'une organisation est une prévision annuelle valorisée, en quantité et en euros, des moyens mis en œuvre pour réaliser une activité (production et ventes). On s'appuie sur ce budget pour établir la prévision de trésorerie, qui met en évidence les flux financiers générés par l'activité.

C'est une synthèse des prévisions élaborées par les différents services de l'organisation.

II La notion de budget de fonctionnement d'un service

Le budget de fonctionnement d'un service décrit avec précision la structure nécessaire pour son fonctionnement au regard du niveau d'activité programmé par l'entreprise. Il comprend des données de volume (effectif, investissements, consommation de fournitures, d'énergie, de carburant…) ainsi que leur traduction financière. Il découle directement des budgets d'exploitation (production et ventes).

III Les différentes phases d'élaboration des budgets

Compte tenu des liens de dépendance entre les différentes activités de l'organisation, une hiérarchie dans l'élaboration des budgets est nécessaire. En effet, l'activité commerciale conditionne l'activité de production et la structure de l'organisation doit être adaptée à ces deux paramètres.

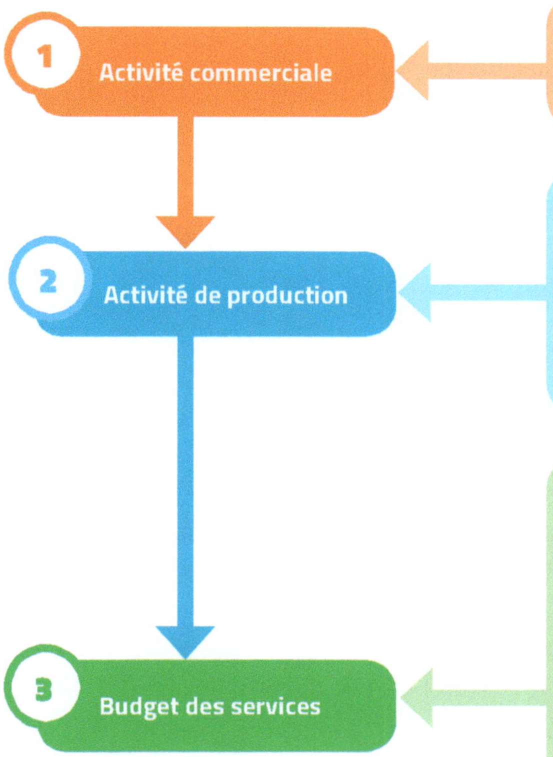

La prévision de l'activité du service commercial : le volume des ventes détermine le niveau de production.

La prévision de l'activité du service de production : le niveau de production détermine les investissements nécessaires à la réalisation de cette activité (investissements productifs et de structure).

Le **budget de fonctionnement des services** découle des deux prévisions précédentes. On y distingue :

a) les **charges variables**, qui évoluent en fonction de l'activité de l'entreprise (salaires des personnels de production, déplacements, énergie…) ;

b) les **charges fixes**, qui restent stables à court terme, même quand l'activité fluctue dans des limites raisonnables (loyers, amortissements des immobilisations, salaire des personnels fonctionnels…).

▶▶▶

IV Les caractéristiques du budget de fonctionnement d'un service

S'il n'existe pas de règles normatives dans la structure du budget d'un service, on peut toutefois dégager des caractéristiques communes :

- le budget est annuel ;
- le plan de présentation suit le schéma :
– effectif,
– charges de personnel (salaires, primes, avantages divers, charges patronales…),
– charges connexes liées au personnel (voyages et déplacements, transports…),
– autres charges de fonctionnement (amortissement des investissements, locations immobilières et mobilières, assurances, télécommunications, énergie…) ;
- le budget est mensualisé puis totalisé sur l'année. Ce total est ensuite comparé à celui de l'année précédente pour mettre en relief les évolutions.

Exemple : trame budgétaire

Nature des charges	Mois												Total N	Total N-1	Écarts N-1 / N
	Jan.	Fév.	Mars	Avr.	Mai	Juin	Juil.	Août	Sept.	Oct.	Nov.	Déc.			
Frais de personnel															
Salaires et charges sociales															
Locaux															
[…]															
Sous-total Frais de personnel															
[…]															
TOTAL GÉNÉRAL															

V Le contrôle budgétaire : un tableau de bord

Le contrôle budgétaire permet de calculer les écarts entre la prévision et la réalisation. Il peut être réalisé selon une périodicité variable (en général, le mois).

Exemple : trame de contrôle budgétaire pour un service

CHARGES	FÉVRIER					
	Prévu	Réel	Écart	Cumul prévu	Cumul réel	Écart cumulé
Salaires et charges sociales						
Locaux						
[…]						

APPLICATIONS PROFESSIONNELLES

1 Établir le budget d'une agence

MAÎTRISE

Situation

La société DEO réalise des travaux d'électrification des communes rurales et des villes moyennes. Elle travaille essentiellement pour Enedis, qui est chargée de 95 % du réseau de distribution d'électricité en France.

La presse spécialisée a souligné récemment que de nouvelles opportunités s'ouvrent en Grande-Bretagne. En effet, les réseaux de distribution d'électricité d'outre-manche sont en très mauvais état et les sociétés locales ont de grandes difficultés à répondre aux demandes des donneurs d'ordre.

Le directeur général de DEO a confié à son directeur commercial, M. Monayeur, un projet d'implantation d'une nouvelle agence dans le sud de la Grande-Bretagne. Il lui a demandé de réaliser une étude de marché sur le secteur de Southampton et de chiffrer le coût de fonctionnement d'une petite implantation commerciale et technique.

Vous travaillez depuis plusieurs années aux côtés de M. Monayeur. Celui-ci vous a chargé(e) de mettre en forme le budget prévisionnel de la nouvelle implantation.

Consigne

À partir des documents 1 à 5, établissez le budget prévisionnel de la nouvelle implantation pour le premier trimestre. Ce budget peut être réalisé sur tableur avec la trame proposée (chap10_appli1_trame.xls).

Document 1 Organigramme prévisionnel de la nouvelle implantation

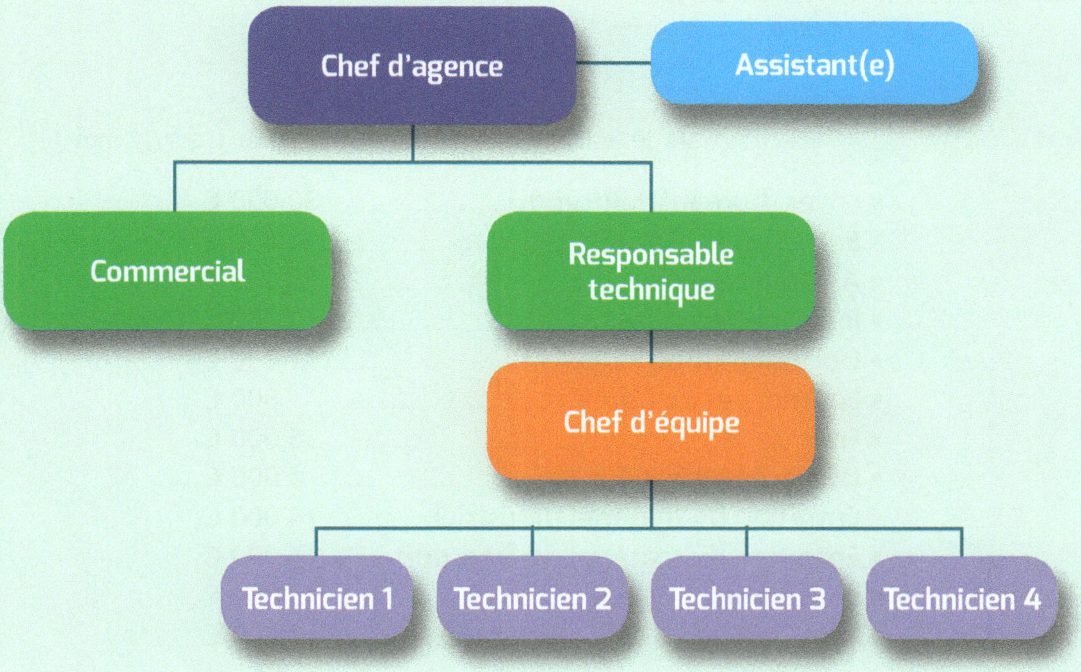

Document 2 Grille des salaires moyens

Fonction	Salaire annuel	Prime
Chef d'agence	50 000 €	10 000 €
Assistant(e)	20 000 €	
Commercial(e)	30 000 €	20 000 €
Responsable technique	30 000 €	3 000 €
Chef d'équipe	25 000 €	1 000 €
Technicien(ne)	20 000 €	

NB :
– Les salaires sont payés sur 13 mois (13e mois et primes payés en décembre).
– Le taux de charges sociales est de 50 %.
– Des paniers de 8,60 € par jour sont versés aux techniciens en déplacement. Ils ne sont pas soumis à cotisation. On estime que les techniciens seront en déplacement 200 jours par an.

Document 3 État des investissements à réaliser

Nature		Valeur	Amortissement
Mobilier		6 000 €	8 ans
Matériel de bureau		4 000 €	5 ans
Tractopelle		70 000 €	5 ans
Outillage		20 000 €	5 ans
Matériel de transport	Camion	90 000 €	4 ans
	Voitures	40 000 €	4 ans

NB : Amortissement = Valeur / Durée
L'amortissement est à répartir sur les 12 mois de l'année.

Document 4 État des frais de fonctionnement annuels (à répartir sur 12 mois)

- Loyer (bureau + entrepôt) .... 30 000 €
- Entretien des locaux .... 4 000 €
- Assurances .... 6 000 €
- Intérimaires .... 10 000 €
- Documentation .... 1 000 €
- Fournitures de bureau .... 600 €
- Frais de recrutement .... 5 000 €
- Déplacements .... 3 000 €
- Entretien du matériel industriel .... 4 000 €
- Entretien du matériel de transport .... 5 000 €
- Carburant .... 13 000 €
- Frais postaux .... 1 000 €

Document 5 Trame budgétaire

Nature	Janvier	Février	Mars
Salaires			
Charges sociales			
Paniers			
Amortissements			
Loyer			
Entretien des locaux			
Assurances			
Intérimaires			
Documentation			
Fournitures de bureau			
Frais de recrutement			
Déplacements			
Entretien du matériel industriel			
Entretien du matériel de transport			
Carburant			
Frais postaux			
TOTAL			

2 Élaborer le budget d'un parc de véhicules

MAÎTRISE

Situation

Créée en 1991, MOA Ingénierie est une société de conseil et d'expertise scientifique et technique. Elle exerce ses activités dans les secteurs du transport, de l'énergie, des télécoms et de la défense. Cette société, récompensée internationalement pour sa croissance, développe un processus d'amélioration permanente au travers d'une politique Qualité basée sur le référentiel des normes ISO 9001.
Vous travaillez au sein du service commercial de MOA Ingénierie et collaborez avec M. Cash, son directeur. Parmi vos fonctions, vous êtes responsable de la gestion du parc automobile du service et, à ce titre, vous intervenez dans la construction du budget.

Consignes

1. **Calculez le coût mensuel de chaque catégorie de véhicules (document).**
2. **Dressez le budget mensualisé du parc automobile du service pour les quatre premiers mois de l'année.**

Document Le parc automobile

Le parc automobile est composé de 20 véhicules attribués aux commerciaux et aux cadres de direction. Les véhicules sont loués deux ans à la société Hertz. Le contrat de location comprend la location proprement dite ainsi que l'entretien et l'assurance. À l'issue du contrat de location, les véhicules sont restitués et les frais de remise en état sont facturés au client. Il est attribué à chaque collaborateur disposant d'un véhicule de société une carte essence lui permettant d'acheter du carburant dans les stations Total sans avoir à avancer les frais. La société Total adresse les factures à MOA Ingénierie.

L'entreprise utilise quatre types de véhicules, tous à moteur Diesel :
– un véhicule de direction (affecté au directeur commercial). Location mensuelle : 1 000 €, consommation : 9 l/100 km, distance parcourue annuellement : 25 000 km ;
– des véhicules intermédiaires supérieurs (affectés aux cinq cadres de la direction commerciale). Location mensuelle : 700 €, consommation : 7 l/100 km, distance moyenne parcourue annuellement : 15 000 km ;
– des véhicules intermédiaires (affectés aux sept ingénieurs commerciaux). Location mensuelle : 600 €, consommation : 6,5 l/100 km, distance moyenne parcourue annuellement : 20 000 km ;
– des véhicules de base (affectés aux sept commerciaux). Location mensuelle : 400 €, consommation : 6,5 l/100 km, distance moyenne parcourue annuellement : 20 000 km.

On considère qu'un litre de gasoil coûtera en moyenne 1,50 € en N+1.

Deux véhicules intermédiaires supérieurs arrivent en fin de location au mois de mars. En général, les frais de remise en état, facturés lors de la restitution des véhicules au loueur, représentent un demi-loyer. Ces véhicules seront remplacés par des véhicules similaires mais dont le prix de location sera de 3 % supérieur à l'ancien tarif.

3 Mettre à jour le budget des dépenses de personnel

EXPERTISE

Situation

La société Volute est spécialiée dans le traitement des fumées toxiques issues de l'industrie pétrolière. Vous travaillez auprès de Philippe Amboise, le directeur technique de l'entreprise. Le service est tenu, notamment, de dresser le budget de ses dépenses de personnel. Tous les ans au mois d'octobre, l'entreprise dresse son budget général pour l'année suivante. Une révision budgétaire (c'est-à-dire une mise à jour des données budgétaires établies en octobre) est faite au mois de mars pour prendre en compte les évolutions qui n'avaient pas été prévues en octobre.
Depuis le début de l'année, la situation s'est considérablement améliorée pour l'entreprise et il est nécessaire de réviser les projections ayant servi de base à l'établissement du budget primitif. M. Amboise vous demande de mettre à jour le budget des dépenses de personnel du service.

Consignes

1. **Calculez les nouvelles rémunérations annuelles des collaborateurs ainsi que les charges sociales correspondantes.**
2. **Répartissez ces charges mensuellement.**
3. **En tenant compte des nouveaux éléments budgétaires, établissez le budget révisé des dépenses de personnel.**

Document 1 Organigramme du service technique

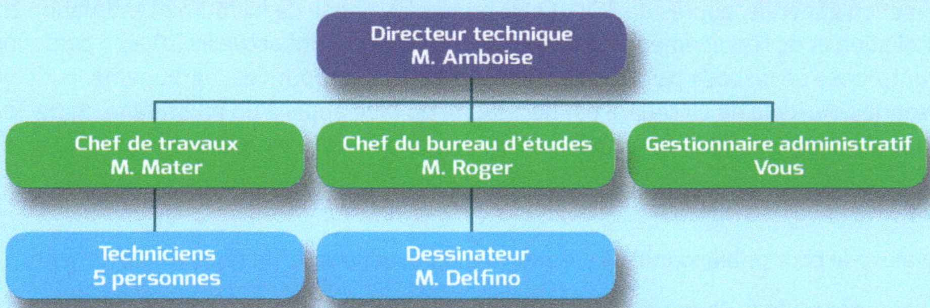

Document 2 Grille des salaires prise en compte pour le budget initial

Nom	Salaire[1]	Prime	Nom	Salaire[1]	Prime
Amboise	5 000 €	5 000 €	Technicien 1	1 800 €	700 €
Vous	2 000 €		Technicien 2	1 800 €	700 €
M. Roger	3 000 €		Technicien 3	1 700 €	500 €
M. Delfino	2 000 €		Technicien 4	1 700 €	500 €
M. Mater	2 600 €	2 000 €	Technicien 5	1 500 €	300 €

1. Salaires mensuels bruts payés sur 13 mois. Taux de charges sociales : 50 %.

Document 3 Éléments à prendre en compte pour la révision budgétaire

- Les salaires pourront être augmentés de 2 % à partir du mois de juillet.
- Le taux de charges sociales sera augmenté de 1/30e au second semestre.
- Une prime de 20 % du salaire mensuel net sera accordée en décembre aux collaborateurs qui n'en bénéficiaient pas dans la première version du budget.
- Deux intérimaires seront recrutés en juillet et août pour soutenir l'équipe. Ils seront facturés par la société Védiorbis en septembre pour un montant TTC de 4 000 €.
- Le 13e mois est payé pour moitié en juin (sur la base de la moyenne des salaires du premier semestre) et le solde en décembre (sur la base de la moyenne des salaires du second semestre).

4 Évaluer le budget de création et de fonctionnement d'une salle de réunion

EXPERTISE

Situation

La société Tricard fabrique et commercialise des chapentes industrielles. Vous travaillez au sein de la direction générale, auprès du PDG. Celui-ci vous demande de lui fournir l'estimation chiffrée de l'installation et de l'équipement d'une salle de réunion pouvant accueillir 20 à 25 personnes. En effet, l'entreprise ne dispose pas de salles de taille suffisante pour des regroupements de plus de 10 personnes. Au-delà de ce seuil, il est nécessaire de faire appel à un prestataire, Astra Technopole. Vous avez collecté des informations en interne et effectué des recherches.

Consignes

1. **Évaluez le coût prévisionnel de création de la nouvelle salle de réunion (documents 1 à 5).**
2. **Évaluez le budget de fonctionnement pour l'année.**
3. **Calculez, pour l'exercice N, le nombre minimum de réunions d'une demi-journée à partir duquel il est plus intéressant d'investir dans une salle que de faire appel à Astra Technopole.**

Document 1 Descriptif de la salle de réunion

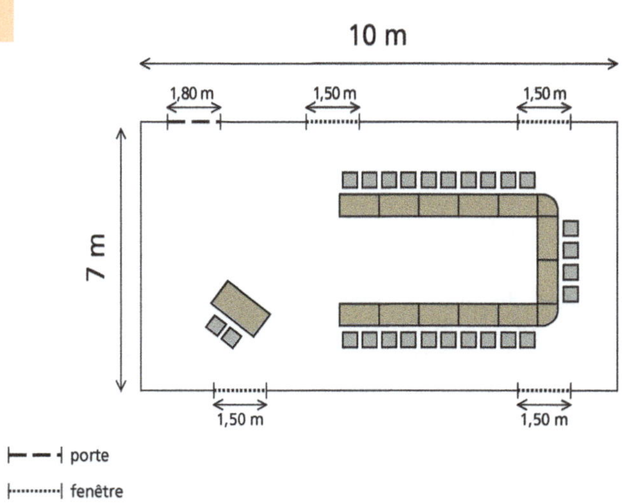

– Espace de 70 m² obtenu par la réunion de locaux existants avec suppression de cloisons.

– Réfection du revêtement du sol, du plafond et des peintures murales.

– Installation de l'éclairage et des branchements électriques réalisée par notre technicien.

– La salle sera équipée d'une table de conférenciers en plus des tables pour les participants, de chaises de réunion, d'un micro-ordinateur avec chariot, d'un vidéoprojecteur plafonnier, d'un écran mural et d'un tableau blanc.

Document 2 Coûts prévisionnels liés au projet de création de la salle de réunion

• Agencement et installation de l'espace de réunion

Un contact téléphonique avec notre partenaire Bricopro fournit une estimation :
– parquet collé au sol sur toute la surface : 78 € HT le m² ;
– peinture murale : 55 € HT le m² (surface : 72 m²) ;
– réfection et insonorisation du plafond : 65 HT € le m².

Les installations électriques (hormis le vidéoprojecteur plafonnier qui sera installé par le fournisseur) peuvent être réalisées par le technicien de l'entreprise. Les coûts estimatifs sont les suivants :
– fournitures : 705 € HT ;
– coût horaire moyen brut : 12,50 € ;
– charges sociales patronales : 44 % du salaire brut ;
– temps de travail nécessaire pour le technicien : 20 heures.

• Matériel de bureau et matériel informatique

– Micro-ordinateur avec chariot : 618 € HT
– Vidéoprojecteur plafonnier (frais d'installation compris) : 2 970 € HT
– Écran mural : 59 € HT
– Tableau blanc : 26 € HT

• Mobilier

– Table de conférencier (140 cm × 80 cm)
– Tables (120 cm × 60 cm) et chaises pour les participants et les conférenciers

Les modèles souhaités ont été sélectionnés dans le catalogue *France Bureau* :

DOMENON

• Structure noire 4 pieds tubes
• Assise renforcée avec carénage de protection
• Revêtement similicuir noir non-feu en stock
• Empilables
• Avec ou sans accoudoirs
• Différentes options
• 8 finitions revêtements similicuirs (dont2 non-feu) avec délais

à partir de **69 € HT**

Plateau en cm	Modèle MORZENA	Prix HT
120 cm × 60 cm	TR-1260-R+fin	142 €
140 cm × 80 cm	TR-1480-R+fin	168 €
1/4 de rond	TR3-12-A	131 €

PROMOTION
– 30 % sur les gammes MORZENA et DOMENON, à déduire sur le prix HT indiqué

▶▶▶

Document 3 Coûts directs et indirects liés au projet de création de la salle de réunion

• Coûts directs (coûts directement affectables à l'exploitation de la salle de réunion)

Amortissement comptable des différents éléments de l'investissement (on supposera que la salle est utilisée dès le mois de janvier).

• Coûts indirects (coûts globaux nécessitant une répartition pour les affecter aux différents objets de coût)

– Entretien : le coût annuel d'entretien de l'ensemble des salles de réunion est évalué par le service Contrôle de gestion à 970 € HT pour une surface totale de 155 m^2 actuellement. La clé de répartition de ces charges indirectes de fonctionnement est le mètre carré au sol, clé également retenue pour la nouvelle salle de réunion.

– Énergie et autres coûts indirects : le montant global actuel de ces coûts pour la direction générale est de 3 800 €. On estime que la nouvelle salle de réunion engendrerait une augmentation de 4,5 % du poste.

Document 4 Durées d'utilisation attendues par l'entreprise

– Agencements et installations : 15 ans
– Mobilier : 10 ans
– Micro-ordinateur : 3 ans
– Vidéoprojecteur : 4 ans

L'amortissement se fait selon le mode linéaire (Amortissement pour une année = Coût d'acquisition / Durée d'utilisation). L'écran mural et le tableau blanc sont intégrés pour leur valeur d'acquisition aux coûts directs de la première année de fonctionnement (ils ne sont donc pas amortis). La valeur résiduelle des différents composants de l'investissement est considérée comme nulle à l'issue de leur utilisation.

Document 5 Facture de location d'une salle de réunion (extrait)

ASTRA TECHNOPOLE

DEVIS N° 524B

Objet : Location de l'espace DIAMANT sur le site de Bordeaux

Espace	Durée de la location	Tarif horaire HT	Total HT
DIAMANT	4 heures	62,50 €	250,00 €
		TVA 20 %	50,00 €
		Total TTC	**300,00 €**

Caractéristiques de l'espace DIAMANT : salle de réunion d'une capacité de 20 à 25 places, équipée d'une table de conférence, d'un vidéoprojecteur, d'un écran et d'un tableau blanc (feutres fournis).

Chapitre 11

Le suivi des contrats

ACTIVITÉ	**1.4.** Gestion des ressources de l'entité	**TÂCHE**	**1.4.3.** Gestion des approvisionnements de matériels et leur recyclage
COMPÉTENCE	Rationaliser l'usage des ressources de l'entité.	**VERS PIX**	**1.1.** Mener une recherche et une veille d'information

Contexte : La chaîne hôtelière du Soleil

Statut	SA
Localisation	12 avenue Joseph-Clotis 83400 Hyères
Activité	Thalassothérapie et remise en forme
Effectif	350 collaborateurs
CA	10 M€

La chaîne hôtelière du Soleil offre des prestations de thalassothérapie et de remise en forme dans des établissements haut de gamme. Le concept, particulièrement porteur, a entraîné un développement très rapide de la chaîne, qui s'est déployée sur l'ensemble du sud de la France. Chaque établissement dispose d'une grande autonomie de gestion et d'organisation.

Vous occupez le poste de collaborateur(-trice) du directeur administratif et financier (DAF), M. Rozé, au siège social de la chaîne à Hyères.

La croissance soutenue de cette chaîne ne s'est pas accompagnée d'une organisation administrative suffisamment rigoureuse pour garantir un suivi sans faille des contrats de fournitures, petits matériels, abonnements et maintenance de chaque établissement. En effet, votre prédécesseur, qui cumulait plusieurs fonctions, et qui a quitté l'entreprise, se contentait de collecter les contrats signés par les responsables du siège et des différents établissements, les rangeait dans un dossier par catégories et en dressait une liste. M. Rozé a pris conscience des risques encourus par cette gestion trop sommaire. Il a décidé de rapatrier le suivi et le contrôle des contrats au sein d'un nouveau département : les services généraux du groupe. M. Rozé vous transmet le dossier de votre prédécesseur et vous demande de proposer des pistes d'amélioration dans le suivi des contrats (veille régulière technologique et juridique des contrats, actualisation des contrats, suivi des consommations, suivi des échéances et prestations).

Découvrez l'entreprise
La chaîne hôtelière du Soleil
en vidéo
liennathan.fr/5kv53x

- **Reportez les informations utiles du contexte au recto de la fiche E4 (organisation, contexte et objectifs de la mission, ressources).**

▶ VOTRE RÔLE

M. Rozé vous charge de dresser un état des contrats en cours que l'entreprise a passés avec divers prestataires. Vous devez les vérifier et proposer éventuellement des résiliations.

▶ TRAVAIL À FAIRE

I. Identifier les contrats

L'accroissement de l'activité a nécessité une augmentation de la surface des locaux. Vous disposez de la liste des contrats. Certains doivent être mis à jour pour les adapter à la nouvelle configuration du siège.

1. Regroupez les contrats par grandes catégories. — Fiche ressource 1

2. Dressez la liste des contrats de prestation devant être mis à jour suite à l'agrandissement des locaux et listez les dispositions contractuelles à modifier. — Annexe 1

3. Complétez le tableau des contrats avec les éléments manquants pour le prestataire DistriCafé. — Annexes 2 4

II. Suivre les contrats et les prestations

4. Créez un tableau affichant, pour chaque contrat et pour le premier semestre de l'année, les factures à recevoir et celles reçues, en les présentant sur une échelle de temps (échéancier).

La machine à café du siège n'est plus adaptée à l'effectif, qui est passé de 30 à 50 personnes. Il faudrait la changer. Nous sommes le 12 décembre N.

5. Est-il possible de demander la résiliation immédiate du contrat ?

COM **6.** Rédigez un courrier pour demander une résiliation amiable du contrat de location de la machine à café du siège et la mise en place d'un nouvel appareil plus adapté.

7. Après avoir identifié les contrats de prestation, proposez un planning de contrôle de la réalisation effective des prestations facturées.

Le siège social ne tient pas de stock des cartouches de toner. Le matériel d'impression est connecté avec le fournisseur, qui anticipe la fin des cartouches d'encre et en expédie de nouvelles. Des dysfonctionnements ont été relevés.

8. Proposez un outil de suivi de la consommation des cartouches de toner et de la facturation. — Annexe 5

III. Assurer une veille sociétale

La responsablité sociétale des entreprise (RSE) a été inscrite récemment dans les statuts de l'entreprise. M. Rozé souhaiterait que l'on prenne en compte cette démarche dans la gestion des contrats.

COM **9.** Constituez et alimentez un dossier de veille sociétale puis rédigez une note à l'attention de M. Rozé précisant les points sur lesquels il serait possible d'agir pour intégrer la RSE dans la gestion des contrats. — Fiche ressource 2 — Annexe 3

- Finissez de remplir la fiche E4 (contraintes, méthodologie, bilans professionnel et personnel).

DONNÉES DE LA SITUATION

Annexe 1 Extrait de la liste des contrats dressée par votre prédécesseur

N°	PRESTATAIRE	PRESTATION		RÉGION
		Type	Nature	
1	LOCACAR	Location du véhicule DG 234 SE	Location mobilière	Occitanie
2	FIRELESS	Entretien des extincteurs	Prestation	Corse
3	IMMOUEST	Location de bureaux	Location immobilière	PACA
4	Agence DUROC	Location de bureaux	Location immobilière	Nouvelle-Aquitaine
5	AXA	Assurance des locaux	Assurance	Siège
6	SECUR	Gardiennage	Sécurité	PACA
7	GARDENIA	Entretien des espaces verts	Prestation	Corse
8	XEROS	Location du photocopieur	Location mobilière	Siège
9	INFOTECH	Location du photocopieur	Location mobilière	Nouvelle-Aquitaine
10	DISTRICAFÉ	Location du distributeur de café	Location mobilière	Siège
11	LE MONITEUR	Magazine	Abonnement	Siège
12	ELIS	Fournitures de papier toilette et serviettes	Prestation	Siège
13	VERTNATURE	Location de la décoration florale	Location mobilière	Siège
14	CLARISSIMO	Entretien des locaux	Prestation	Occitanie

Annexe 2 Informations complémentaires sur certains contrats signés

N°	PRESTATAIRE	DATE SIGNATURE	DATE FIN DE CONTRAT	PRÉAVIS EN MOIS	ÉCHÉANCE (TERME À ÉCHOIR)	RÉSILIÉ
1	LOCACAR					Oui
2	FIRELESS	01/06/N-3		1	Annuelle	Non
3	IMMOUEST	01/10/N-9	30/09/N	3	Mensuelle	Non
4	Agence DUROC	01/02/N-4	31/01/N+5	3	Mensuelle	Non
5	AXA	01/02/N-2		1	Annuelle	Non
6	SECUR	01/06/N-3		2	Trimestrielle	Non
7	GARDENIA	01/06/N-5		1	Trimestrielle	Non
8	XEROS	01/11/N-4	31/10/N		Mensuelle	Non
9	INFOTECH	01/04/N-1	31/03/N+3		Mensuelle	Non
10	DISTRICAFÉ					Non
11	LE MONITEUR	01/01/N	31/12/N	1	Annuelle	Non
12	ELIS	01/08/N-1		1	Mensuelle	Non
13	VERTNATURE	01/03/N-5		1	Mensuelle	Non
14	CLARISSIMO	01/09/N-4		1	Mensuelle	Non

Annexe 3 Les grandes étapes pour constituer un dossier de veille

1. CADRER LE PROJET

1) Définir les objectifs à atteindre en les hiérarchisant (prioritaire, secondaire…)
2) Lister les informations nécessaires pour atteindre les objectifs
3) Identifier les personnes qui seront chargées de la veille
4) Préciser la durée et la fréquence de la veille

2. COLLECTER LES DONNÉES

1) Localiser les sources de collecte (presse, réseaux sociaux, données web, mémoires d'études, conférences…)
2) Collecter les données
3) Organiser les données

Annexe 4 Contrat de location de la machine à café du siège

CONTRAT DE LOCATION

CONTRAT CONCLU ENTRE :
D'une part : SARL DISTRICAFÉ, sis au 12 rue de l'Évêché 83400 Hyères, ci-après dénommé « le loueur »,
Et d'autre part : SA Chaîne Hôtelière du Soleil, sis au 234 route de Galice 83400 Hyères, ci-après dénommé « le locataire ».

Article 1. OBJET DE LA LOCATION
Un distributeur neuf de boissons de type X31 de marque ZEO dont le numéro de série est le RF234 543.

Article 2. LIEU DE LA LOCATION
Le matériel sera installé dans les locaux du locataire, sis au 234 route de Galice 83400 Hyères.

Article 3. DURÉE DU CONTRAT
Le contrat est conclu pour une durée de 12 mois renouvelable par tacite reconduction sur une nouvelle période de 12 mois à compter du 1er janvier N.

Article 4. PRÉAVIS DE RÉSILIATION
La résiliation du contrat devra être demandée avec un préavis de 1 mois par lettre recommandée avec avis de réception.

Article 5. LOYER
Un loyer mensuel de 150 € (cent cinquante euros) devra être versé par virement bancaire le 1er de chaque mois sur le compte LCL n° 2932 000003456Z 45.

Article 6. MODALITÉS GÉNÉRALES DE LA LOCATION
Le matériel remis au locataire est neuf, et remis et installé par le loueur dans les locaux du locataire. Un état du matériel, avec ses éventuelles réserves, sera signé par les deux parties lors de la livraison. Une formation sera assurée par le loueur. L'entretien du matériel et son approvisionnement en fournitures seront exclusivement assurés par le loueur. Le locataire s'engage à assurer le matériel et fournir au loueur une attestation de son assureur lui précisant l'étendue de la couverture. Le locataire sera responsable sans limite à tous les dommages. Le locataire devra prévenir le loueur sans délai en cas de panne ou de dysfonctionnement du matériel. À l'issue de la location, le matériel sera prélevé chez le locataire par le loueur qui en assumera les frais et la responsabilité.

Article 7. GARANTIE
Un dépôt de garantie de 500 € sera versé par le locataire au loueur. Ce dépôt de garantie sera restitué au locataire, sans intérêt, à l'issue de la location sous déduction de la valeur des frais de remise en état du matériel si des dommages étaient constatés lors de la restitution du matériel.

Contrat signé le : 15 décembre N-1 à Aix-en-Provence

Signatures : Le loueur Le locataire

Annexe 5 Relevé des observations du personnel concernant les imprimantes

- **Roger :** Je n'y comprends rien ! On me livre souvent une cartouche de toner alors que je viens de la changer.
- **Marion :** Moi, c'est le contraire, je tombe souvent en panne sèche ! Et le fournisseur me dit qu'il m'a bien livré une cartouche pour mon imprimante.
- **Milos :** Je ne sais jamais comment imputer en comptabilité les factures des cartouches d'imprimante car je ne sais pas dans quel service elles ont été livrées.
- **Cheng :** Lorsque je dois valider le paiement des factures de toner consommées par mon service, je n'ai aucun moyen de savoir si elles ont été bien livrées.
- **Olga :** On me livre souvent une cartouche du mauvais modèle et je dois appeler le fournisseur en urgence pour qu'il vienne la reprendre et m'en livrer une autre.

1 La typologie des contrats

I Les contrats de location mobilière

Un contrat de location mobilière est un contrat par lequel une personne met à disposition d'une autre personne un bien meuble pour son usage personnel moyennant un loyer.

Exemples : contrats de location de matériel informatique, d'un photocopieur, de la décoration florale, d'un véhicule.

II Les contrats d'abonnement

Un contrat d'abonnement est un type de contrat commercial conclu entre un prestataire et un bénéficiaire en vue de la réalisation d'une prestation réalisée en plusieurs fois et/ou sur une période définie pour un prix forfaitaire et global.

Exemples : contrats d'entretien des locaux, de téléphonie mobile, d'abonnement de revues spécialisées.

III Les contrats de maintenance

Un contrat de maintenance est un contrat entre un prestataire et un bénéficiaire vis-à-vis duquel il s'engage à mettre en œuvre, pendant la durée de la convention, un ensemble d'actions curatives ou préventives permettant de maintenir ou de rétablir un bien dans un état de fonctionnement normal, dans des délais prescrits, contre le paiement d'une contribution.

Exemples : contrats de maintenance du parc informatique, d'un photocopieur, d'un véhicule, d'une climatisation, d'un ascenseur.

IV Les points de vigilance

Points de vigilance	Enjeux
Définition précise du bien loué, de son état initial, de la prestation ou de l'abonnement	Éviter des litiges liés à une inadaptation de l'objet du contrat avec sa destination.
Durée du contrat	Éviter une durée trop longue qui peut rendre le contrat inadapté aux besoins suite à des évolutions de l'environnement.
Préavis de résiliation	Éviter un renouvellement tacite du contrat.
Modalités de résiliation	Éviter les litiges en cas de résiliation du contrat.
Clause de rupture amiable	Éviter d'attendre le terme du contrat pour résilier d'une manière anticipée.
Pénalités en cas de rupture anticipée	Calculer au préalable les pénalités associées à une rupture anticipée permet d'évaluer son opportunité.
Révision du loyer	S'assurer que cette clause n'est pas disproportionnée au regard de l'évolution de l'indice des prix.
État du bien loué	Éviter les litiges lors de la restitution du bien.
Réalisation de la prestation	S'assurer que ces clauses du contrat sont strictement appliquées.
Exactitude de la facturation par rapport au contrat	
Échéance de paiement	

2 Assurer un service de veille

Le suivi des contrats de l'entité impose une grande vigilance pour les adapter à l'environnement juridique et technologique. La démarche de veille est aujourd'hui un préalable à une bonne gestion contractuelle.

I La veille juridique et réglementaire

Le domaine juridique et réglementaire produit, modifie et réforme en permanence de nombreux textes auxquels sont soumises les organisations. La complexité de cet environnement et les risques, en cas de non-respect, imposent une vigilance toute particulière. Il convient donc de mettre en adéquation les contrats signés par l'entreprise et la législation.

Exemples

Source	Objet	Conséquences sur les contrats
Loi Chatel	Obligation pour le prestataire d'informer le bénéficiaire d'un contrat de la date de son échéance dans les 3 mois à 15 jours	Possibilité de résilier à tout moment sans pénalités si les délais ne sont pas respectés par le prestataire
Arrêté du 26 juin 2008 JORF n° 0158	Obligation de faire entretenir les ascenseurs par un organisme agréé	Veiller à ce que l'entreprise qui entretient les ascenseurs soit agréée
Article R-4228 du Code du travail	Obligation pour les entreprises de mettre à disposition des employés les moyens d'assurer leur propreté individuelle	Veiller à ce que le contrat d'entretien des locaux prévoit au moins un nettoyage des toilettes par jour

II La veille technologique

La veille technologique permet de faire évoluer les contrats en fonction des besoins évolutifs des organisations mais aussi des opportunités offertes par les innovations technologiques.
Elle porte donc en interne sur l'analyse permanente des besoins et en externe sur les innovations technologiques, tant dans le domaine des services que dans celui des matériels.

Exemple : l'évolution des technologies des véhicules électriques et l'augmentation de leur autonomie pourraient être une opportunité pour les entreprises dont les collaborateurs n'ont pas de grandes distances à parcourir tous les jours, d'autant plus que l'image de l'organisation pourrait également être renforcée en termes environnementaux.

III La veille sociétale

La veille sociétale est un outil de collecte d'informations relatives à l'évolution de la société, dans ses valeurs, ses comportements, sa sensibilité. Elle va permettre à l'entreprise d'adapter sa communication, son activité, ses produits et son organisation à ces évolutions et demeurer ainsi en phase avec son milieu. Elle s'intègre souvent dans la stratégie de responsabilité sociétale de l'entreprise (cf. https://www.novethic.fr/entreprises-responsables/quest-ce-que-la-rse.html).

APPLICATIONS PROFESSIONNELLES

1 Suivre les consommations

MAÎTRISE

Situation

La société Éco-Logis gère une flotte de véhicules pour ses collaborateurs nomades. Le parc est constitué de plus de 200 véhicules loués pour une durée de 24 mois et pour un kilométrage maximum de 30 000 km. En cas de dépassement kilométrique, l'entreprise doit s'acquitter d'une pénalité de 0,30 € par km. Pour éviter et/ou limiter ce surcoût, l'entreprise impose des rotations de véhicules de même type entre collaborateurs afin de lisser les distances parcourues sur tout le parc. Ainsi, un véhicule attribué à un « gros rouleur » qui risque de dépasser le kilométrage contractuel sera réattribué à un collaborateur dont les besoins en déplacement sont moins importants. Le véhicule de ce dernier sera ensuite réattribué au premier.

Vous disposez du dernier relevé de compteurs du parc de l'agence de Toulon. Nous sommes le 30/04/N.

Consignes

1. **Estimez le kilométrage prévisionnel en fin de contrat des véhicules du parc de Toulon, ainsi que les pénalités prévisionnelles pour les véhicules qui dépassent la limite contractuelle (document).**
2. **Envisagez les rotations possibles et calculez les nouvelles pénalités qui en résulteraient.**
3. COM **Proposez dans une note à M. Ribes, votre manager, les rotations qui vous semblent opportunes et/ou les mesures à prendre vis-à-vis de l'organisme de location.**

Document Relevé kilométrique des véhicules de l'agence de Toulon au 30/04/N

N°	Type	Immatriculation	Date de début de contrat	Date de fin de contrat	Conducteur	Relevé km
1	Mégane	DG 345 GH	01/05/N-1	30/04/N+1	Roger	12 000
2	Mégane	ED 629 LK	01/12/N-1	30/11/N+1	Stéphane	6 500
3	Clio	AF 694 CV	01/02/N-1	31/01/N+1	Igor	20 000
4	Clio	DL 564 OF	01/10/N-1	30/09/N+1	Natacha	10 000
5	Clio	AK 294 UQ	01/11/N-2	31/10/N	Myriam	18 000
6	Clio	DE 345 MP	01/09/N-1	31/08/N+1	Paul	9 000

2 Suivre les échéances et prestations

MAÎTRISE

Situation

Buzone est une entreprise spécialisée dans l'événementiel culturel et régional. Sa clientèle est principalement composée par les chambres de commerce et de l'industrie, les chambres des métiers et de l'artisanat ainsi que les offices de tourisme, localisés sur l'ensemble du territoire national.

Pour des raisons pratiques et de proximité vis-à-vis de son marché, Buzone dispose de nombreuses implantations locales de petite taille animées par deux ou trois salariés. Cette organisation éclatée entraîne une gestion complexe des contrats de service et prestation (baux, assurances, location de matériel, entretien, sécurité…).

Nouvellement embauché(e) au siège de la société, vous avez notamment la responsabilité de cette gestion. Votre prédécesseur, qui vient de prendre sa retraite, avait adopté une organisation traditionnelle sous forme de fiches cartonnées et de tableaux (document 1) sur lesquelles étaient précisées toutes les informations utiles à cette gestion.

Bien que cette méthode de travail soit très précise, vous vous êtes rendu compte rapidement qu'elle était très lourde et chronophage. Vous avez proposé à votre manager un nouveau mode d'organisation fondé sur l'utilisation d'outils numériques. Il vous a donné son accord de principe et vous a demandé de lui soumettre un projet.

Consignes

1. **Précisez les objectifs de l'outil que vous allez mettre en place.**
2. **Proposez un document de gestion des contrats permettant, notamment, de suivre les échéances et d'évaluer les prestations.**
3. **Alimentez votre tableau avec les factures, le contrat et l'avis d'échéance reçus des prestataires (document 2).**

Document 1 Outil de gestion des contrats actuel

FICHE CONTRAT N° 15

Nature : Entretien des locaux

Site : Agence de MARSEILLE Adresse : 12 rue du rocher 13005 MARSEILLE Tel : 04-91-17-23-12 Responsable local : Roger BACHELIER Tel : 06-87-13-22-81 Mel : roger.bachelier@buzone.fr	Prestataire : PROVENCE NETTOYAGE Adresse : 110 av de mazargues 13008 MARSEILLE Tel : 04-91-77-27-39 Fax : 04-91-77-27-40 Mel : contactpro@provencenettoyage.fr Correspondant : Didier AMIEL Tel : 06-12-24-42-13
PRESTATIONS : Nettoyage quotidien des locaux - Aspiration des moquettes - Nettoyage des moquettes (1 fois par mois) - "Vidage" des corbeilles - Evacuation des déchets - Dépoussiérage des bureaux, étagères, armoires, bords de fenêtres.	CARACTÉRISTIQUES DU CONTRAT : - Date signature : ...... 01-10-17 - Durée : .... 2 ans renouvelable - Préavis : .... 1 mois - Échéance : .... Mensuelle - Montant de l'échéance : 350 €

▶▶▶

Document 2 Factures, contrat et avis d'échéance reçus des prestataires

AGENCE DES DEMOISELLES
Agence immobilière
54 rue de la Fontaine
88000 ÉPINAL
Tél. : 03 29 56 32 34
Mail : agencedesdemoiselles@gmail.com

Épinal, le 01/02/N

BUZONE
32 avenue de la Corde
69000 LYON

Réf. : Bail du 30/12/N

FACTURE N° 54324

Location de bureaux situés au 23 rue du Faubourg 88000 ÉPINAL
Bail signé le 03/11/N-2 pour une durée de 6 ans.

Loyer HT du mois de février N	900 €
Avance sur charges	100 €
TVA 20 %	200 €
TOTAL TTC	**1 200 €**

Votre conseiller : Martin LEVAL (tél. : 06 43 65 98 88)

AGENCE DES DEMOISELLES
SA au capital de XXX € – RCS Épinal XXXXXXXXXXX

ASSURANCE TOUS RISQUES
AGENCE DE TOULON

Toulon, le 10 décembre N-1

BUZONE
32 avenue de la Corde
69000 LYON

AVIS D'ÉCHÉANCE

Cher Client,

Nous vous rappelons que le contrat d'assurance de vos locaux situés au 45 rue du Cordelier 83000 TOULON, signé le 14/12/N-3, arrive à son échéance dans quelques jours. Nous vous serions reconnaissants de nous transmettre par chèque votre cotisation N+1 pour un montant de 400 € avant le 31/12/N, faute de quoi vous ne seriez plus assuré.

Comptant sur votre diligence, nous vous prions d'agréer, Cher Client, l'expression de nos salutations distinguées.

20170413_235048_00001_HP0_PAR711_73
Document à conserver 5 ans
Page 1/6

NOUS CONTACTER
N° client : 5 010 436 506

Par internet
edf.fr
application mobile : EDF & MOI
mail : serviceclient@edf.fr

Par téléphone
Du lundi au samedi dès 8h et jusqu'à 20h
09 69 32 15 15
(Service gratuit + prix appel)
Mon Compte Sur Serveur Vocal
09 70 83 33 33
(Service gratuit + prix appel)

Par courrier
EDF SERVICE CLIENTS TSA 20012
41975 BLOIS CEDEX 9

Nos boutiques
Retrouvez la boutique la plus proche de chez vous sur boutiques.edf.com

Urgence dépannage Electricité (Enedis)
09 726 750 75 (Service gratuit + prix appel)

Lieu de consommation
12 RUE DU ROC
35000 RENNES

Titulaire du contrat
BUZONE

Votre contrat
N° de client : 5 010 436 508
N° de compte : 4 02 4 018 770 927
(numéro à transmettre pour le règlement de vos factures)
Electricité "Tarif Bleu"
• Point de livraison (PDL) :
N° 07 328 509 392 736
• Puissance : 06 kVA
• Base

BUZONE
32 avenue de la Corde
69000 LYON

Facture du 16/10/N
N° 23 607 708

Electricité (relevé Enedis)	3025,65 €
TVA	605,13 €
Facture TTC	3630,78 €

Montant total 3630,78 € TTC
Prélevé le 25/10/N

EDF-SA au capital de 1 054 568 341,50 € Siège social : 22-30 avenue de Wagram 75382 Paris Cedex 08 - France R.C.S. PARIS 552 081 317 N.I.T.V.A. FR 03 552 081 317

CONTRAT DE LOCATION (extrait)

CONTRAT CONCLU ENTRE :
D'une part : SARL CAFEBOX, sise au 5 rue de l'Atelier 69000 LYON, ci-après dénommée « le loueur »,
Et d'autre part : BUZONE, sis au 32 avenue de la Corde 69000 LYON, ci-après dénommé « le locataire ».

Article 1 – OBJET DE LA LOCATION
Un distributeur neuf de boissons de type CASEO de marque NETO dont le numéro de série est le 43928.

Article 2 – LIEU DE LA LOCATION
Le matériel sera installé dans les locaux du locataire, sis au 32 avenue de la Corde 69000 LYON.

Article 3 – DURÉE DU CONTRAT
Le contrat est conclu pour une durée de 12 mois renouvelable par tacite reconduction sur une nouvelle période de 12 mois à compter du 1er janvier N.

Article 4 – PRÉAVIS DE RÉSILIATION
La résiliation du contrat devra être demandée avec un préavis de 1 mois par lettre recommandée avec avis de réception.

Article 5 – LOYER
Un loyer mensuel de 140 € (cent quarante euros) devra être remis par chèque bancaire le 5 de chaque mois. [...]

Article 7 – GARANTIE
Un dépôt de garantie de 500 € sera versé par le locataire au loueur. [...]

Contrat signé le 15 novembre N-1 à Lyon
[...]

3 Actualiser des contrats

MAÎTRISE

Situation

La société Dur And Go est un concepteur de batteries auxiliaires pour téléphones portables. Son développement, extrêmement rapide, et l'augmentation des effectifs qui en a résulté ont rendu nécessaire un déménagement du siège vers des locaux plus spacieux. Le nouveau site a été choisi et le bail qui y est attaché est en cours de signature.
Vous êtes responsable de la gestion des contrats de services généraux de l'entreprise. À ce titre, vous êtes associé(e) au groupe de pilotage constitué pour mener à bien ce transfert. Lors de la première réunion de coordination, une répartition des tâches a été établie et l'adaptation des contrats actuels aux nouveaux locaux vous a été dévolue.

Consignes

1. **Faites l'inventaire des types de contrats qui pourraient être impactés par le déménagement (document 1).**
2. **Repérez les informations à collecter pour adapter ces contrats à la nouvelle configuration des locaux.**
3. **Rédigez un courrier de résiliation du bail des locaux actuels (document 2). Nous sommes le 25 février N et le déménagement est prévu pour le 31 août N.**

Document 1 Domaines de compétence des services généraux

Les domaines sont variés et non limités. Ils dépendent de la taille, de l'activité et de la localisation d'une entreprise :

- gestion des risques : espionnage, risques naturels ;
- logistique : courrier, livraisons, stockage, archivage, transport du personnel, véhicules de service ;
- sécurité des biens, des personnes, des données. Gardiennage, gestion des clés et contrôle d'accès ;
- maintenance du matériel, des locaux, des espaces verts, des ascenseurs ;
- gestion des déchets ;
- économat : achats, appels d'offres, fournitures, consommables pour imprimantes par exemple ;
- communication interne ou externe, système de visioconférence ;
- service d'accueil des visiteurs et standard téléphonique ;
- restauration du personnel ;
- etc.

▶▶▶

▶▶▶

Document 2 **Bail actuel du siège (extrait)**

BAIL COMMERCIAL

Entre les soussignés :

La SCI RAPET au capital de 1 000 000 euros, ayant son siège social à BREST, 12 rue de la Capitainerie, immatriculée au registre du commerce et des sociétés sous le numéro C 514 210 845 RCS BREST, représentée par M. CAIRN, Gérant, ayant tous pouvoirs à cet effet, ci-après dénommée « le Bailleur »,

D'une part,

Et

La SA Dur And Go au capital de 300 000 euros, ayant son siège social à RENNES, immatriculée au registre du commerce et des sociétés sous le numéro E 948 884 284 RCS RENNES, représentée par M. GIROUX, PDG, ayant tous pouvoirs à cet effet, ci-après dénommée « le Preneur »,

D'autre part,

Il a été préalablement exposé ce qui suit :

Le Bailleur est propriétaire de locaux sis 12 rue du Marché en vertu d'un acte d'acquisition reçu par Maître Lecas, notaire à Brest, en date du 12/08/1996.
Ceci exposé, il a été convenu et arrêté ce qui suit : par la présente, le Bailleur donne à bail, pour usage commercial, au Preneur, qui accepte, les locaux désignés ci-après.
Le présent bail est soumis aux statuts des baux commerciaux, aux dispositions supplétives du Code civil relatives au bail à loyer d'immeubles et aux conditions particulières précisées ci-après.

Article 1 – Désignation des locaux

Les lieux loués sont situés sur la commune de Rennes, 12 rue du Marché, et se composent d'un « open space ». Soit une superficie précise de 500 m^2.

Le Preneur déclare avoir parfaite connaissance desdits lieux pour les avoir visités.

Article 2 – Durée

Le présent bail est consenti et accepté pour une durée de neuf années entières et consécutives qui commencent à courir le 01/09/2015 pour se terminer le 31/08/2024, si le Preneur ne renonce pas à son droit de résiliation triennale.
Toutefois, conformément aux dispositions des articles L145-4 et L145-9 du Code de commerce, le Preneur aura la faculté de faire cesser le présent bail à l'expiration de chaque période triennale en donnant congé par acte d'huissier pour le dernier jour du trimestre civil et au moins six mois à l'avance.

[...]

Article 16 – Loyer

Montant. Modalités de paiement

Le présent bail est consenti et accepté moyennant un loyer annuel de 48 000 euros hors taxes, auquel s'ajoute la TVA au taux légal en vigueur, que le Preneur s'engage à payer en douze termes égaux d'un montant de 4 000 euros chacun.
Ce loyer est soumis à la contribution sur les revenus locatifs (CRL), laquelle, de convention expresse entre les parties, sera supportée par le Preneur qui la réglera en sus des loyers, ainsi que toute taxe qui lui serait substituée ou ajoutée.

Article 17 – Dépôt de garantie

Le Preneur verse au Bailleur qui lui donne quittance la somme de 8 000 euros correspondant à 2 mois de loyer hors taxes, en garantie du paiement du loyer, de la bonne exécution des clauses et conditions du présent bail telles qu'elles résultent de la loi ou des présentes, des réparations locatives et des sommes dues par le Preneur dont le Bailleur pourrait être rendu responsable et débiteur.

[...]

Article 23 – Élection de domicile

Pour l'exécution des présentes et de leurs suites et de la signification de tous actes, le Preneur fait élection de domicile dans les locaux loués et le Bailleur à son domicile.

[...]

4 Mettre en place une BDD pour gérer les contrats

EXPERTISE

Situation

La gestion administrative actuelle des contrats de la chaîne hôtelière du Soleil n'est pas satisfaisante. M. Robin vous demande de mettre en place une base de données des contrats de l'entreprise.

Consignes

1. **Élaborez une base de données qui vous permettra de gérer d'une manière optimale les contrats de l'entité (annexes 1 et 4 de la situation professionnelle).**
2. **Créez une requête permettant d'identifier les contrats dont le terme est fixé à moins de 3 mois (vous considérerez que nous sommes le 1er septembre N) pour anticiper leur renégociation et/ou un nouvel appel d'offres.**
3. **Présentez le résultat de la requête dans un état.**

5 Réaliser une veille sur les fournisseurs d'électricité

EXPERTISE

Situation

Pour sa fourniture en électricité, la chaîne hôtelière du Soleil est actuellement abonnée auprès de l'opérateur historique EDF. Depuis 2004, la législation permet aux entreprises de choisir son prestataire pour ouvrir le marché de l'énergie à la concurrence. De nouveaux opérateurs présentant des offres diverses animent le marché. Pour le pénétrer, ces opérateurs ont mis en œuvre différentes stratégies axées sur des prix agressifs, une qualité de la relation client, la fourniture d'une électricité verte…
Les dirigeants de la chaîne mènent une réflexion sur l'opportunité, ou non, de changer d'opérateur. Votre responsable, M. Robin, vous charge de préparer un dossier sur lequel il pourra prendre appui pour mener une réflexion au cours d'une réunion de direction.

Consignes

1. **Recherchez les fournisseurs d'électricité en France.**
2. **Identifiez les critères pertinents qui aideraient à leur comparaison.**
3. **Dressez un tableau comparatif des différentes offres.**
4. **Mettez en place un outil de veille (flux RSS et Google Alerts) centré sur les fournisseurs d'énergie.**
5. COM **Présentez votre étude dans une note argumentée destinée à votre manager.**
6. COM **Concevez un diaporama que M. Robin présentera lors de la réunion de direction.**

Chapitre

12 La préparation et la participation à la négociation

- **ACTIVITÉ** **1.4.** Gestion des ressources de l'entité
- **COMPÉTENCE** Rationaliser l'usage des ressources de l'entité.
- **TÂCHE** **1.4.2.** Préparation et participation à la négociation

Contexte : La chaîne hôtelière du Soleil

La chaîne hôtelière du Soleil compte huit établissements prestigieux 4 étoiles offrant des prestations de thalassothérapie et de remise en forme.

L'été s'annonçant caniculaire et suite à la demande des directeurs des huit établissements, vous proposez à la direction de rechercher des fournisseurs pour l'installation de fontaines à eau.

Les directeurs vous ont indiqué le nombre de fontaines qu'ils souhaiteraient installer en fonction de la configuration de leur établissement ; l'estimation (une fontaine dans le hall d'accueil, une à deux par étage et une dans l'espace « thalassothérapie ») conduit à une commande globale de 50 fontaines d'eau. Pour eux, il est souhaitable que le fournisseur référencé puisse les installer rapidement et assurer leur maintenance de façon fiable.

Le conseil d'administration a validé le principe de l'équipement en fontaines à eau des huit établissements de la chaîne. M. Rozé, après avoir attiré votre attention sur l'importance de l'achat, vous confie la sélection d'un fournisseur.

Découvrez l'entreprise la chaîne hôtelière du Soleil en vidéo

liennathan.fr/5kv53x

- **Reportez les informations utiles du contexte au recto de la fiche E4 (organisation, contexte et objectifs de la mission, ressources).**

VOTRE RÔLE

À la demande de M. Rozé, vous préparez minutieusement la négociation à venir, puis vous rencontrez les fournisseurs.

TRAVAIL À FAIRE

I. Préparer la négociation

Vous contactez un premier fournisseur local trouvé dans les Pages Jaunes de l'annuaire en ligne.

1. Qualifiez l'échange (style de l'échange, objectif, motivations, intérêts, relation, solutions, attitude).

Fiche ressource 1

Annexes 1 2

2. Indiquez si cet échange présente bien les caractéristiques d'une négociation .

3. Quelles informations utiles retirez-vous de ce premier contact ?

4. À partir de la comparaison des différentes options reçues du fournisseur Bellacqua, retenez une solution. Justifiez votre choix.

Annexes 3 4

II. Construire la négociation

Ce premier échange téléphonique vous incite à faire des recherches sur Internet pour bien cerner les caractéristiques des différents produits et services proposés par les fournisseurs.

5. Établissez une liste de vos principaux arguments visant à obtenir les meilleures conditions possibles.

Fiche ressource 3

Annexe 3

6. Établissez la liste des informations précises que vous devez absolument obtenir du fournisseur.

7. Anticipez les arguments que le vendeur mettra probablement en avant. Quelle contre-argumentation devez-vous faire ?

Vous profitez de la foire-exposition pour rencontrer le fournisseur Bellacqua.

8. Identifiez, dans l'échange avec le vendeur, les différentes étapes de la négociation.

Fiche ressource 2

Annexe 5

9. Retrouvez et analysez les objections formulées de part et d'autre et les réponses apportées par le vendeur.

Fiche ressource 4

III. Conclure la négociation

Tout ne s'est pas conclu sur le stand. Vous avez reçu le devis et une proposition de contrat de maintenance du fournisseur.

10. Le vendeur fait-il une proposition directe ?

Fiche ressource 4

11. Le contrat d'entretien vous apporte-t-il des informations non évoquées par le vendeur ? Remettent-elles en cause l'aboutissement de la négociation ?

Annexe 6

12. Quelle mention devez-vous indiquer sur le devis pour confirmer vos exigences, avant de le retourner au fournisseur ?

Annexe 7

13. D'après le devis, qu'a obtenu la chaîne hôtelière suite à la négociation ?

- Finissez de remplir la fiche E4 (contraintes, méthodologie, bilans professionnel et personnel).

DONNÉES DE LA SITUATION

Annexe 1 Les consignes de la direction

De : DG@chainehoteliereduSoleil.fr
Objet : Équipement fontaines à eau

Bonjour,

Mes recommandations : un modèle unique pour tous les établissements, esthétique, design moderne, pour une bonne intégration dans le hall d'entrée et l'espace « thalasso ». Eau fraîche seulement. Installation rapide, sans travaux si possible car on approche de la haute saison. La fourniture des bonbonnes doit être garantie car une fontaine qui ne fonctionne pas produit un très mauvais effet – impression de négligence. Budget maximum pour 50 fontaines : 26 000 €. Comparez avec les possibilités de location. Mais le service financier m'indique que si l'investissement initial est récupéré en 4 ans, on retiendra l'achat.

Me tenir informé de votre prospection et me faire une proposition. La décision doit être prise assez vite. Merci.

DG

Annexe 2 Premier contact téléphonique avec le fournisseur Bellacqua

Le standard transmet votre appel au responsable de la société Bellacqua, M. Duchemin.

M. Duchemin : Bonjour. Que puis-je pour vous ?

Vous : Bonjour, monsieur. Notre société souhaite équiper ses huit établissements hôteliers de fontaine à eau.

M. Duchemin : Des fontaines avec bonbonne ou des fontaines raccordées au réseau d'eau ?

Vous : Certainement pas un raccordement au réseau, il y aurait trop de travaux de plomberie.

M. Duchemin : Combien de fontaines avez-vous prévues ?

Vous : Une cinquantaine répartie dans les différents établissements.

M. Duchemin : Alors c'est un sacré budget ! Vous pensez acheter ou louer ?

Vous : Rien n'est encore décidé au niveau de la direction entre location ou achat. Elle souhaite bien étudier les deux options. Que conseillez-vous ?

M. Duchemin : C'est à vous de faire votre calcul en fonction de votre budget, au bout de combien de temps vous voulez récupérer votre investissement si vous choisissez d'acheter. Il faut regarder aussi l'entretien, forfaitaire et inclus dans la location.

Vous : Bon, il faut encore réfléchir...

M. Duchemin : Notre agent commercial peut passer vous voir pour vous aider à préciser votre projet. Nous pouvons établir plusieurs devis.

Vous : D'accord, prenons rendez-vous. Avant la fin de la semaine ?

M. Duchemin : Toute l'équipe sera sur notre stand de la foire-expo, donc pas avant 15 jours. Je suis désolé, mais il faudrait me rappeler... Sinon vous pouvez venir nous voir sur notre stand. Je vous envoie une invitation. D'ici là, pour vous faire une idée, je vous envoie une proposition par courriel.

Annexe 3 Fiche technique produit modèle Acquapure 525

Fontaine à eau réfrigérée Acquapure 525

Marque Bellacqua

Pour équiper entreprises, bureaux, écoles ou hôpitaux. Avec poignée intégrée et roulettes de transport.
Plusieurs formats de bonbonnes d'eau (5 L, 10 L ou 18,9 L).
Installation simple, facile et rapide, se branche à une prise électrique normale. Les bonbonnes se changent très facilement et se fixent avec un système de verrouillage sécurité.
Bac récupérateur d'eau avec grille amovible pour un nettoyage rapide et efficace.

Caractéristiques

- Débit eau froide : 7,5 L/H
- Réservoir eau froide : 2 L
- Compresseur hermétique : 1,8 ch / R134a
- Dimensions : ø 240 × H 1 017 mm
- Socle : ø 320 mm
- Poids : 15 kg
- Compresseur hermétique
- Distributeur de gobelets inclus

La bonbonne n'est pas livrée avec le kit d'hygiène à remplacer tous les 6 mois. Ce kit est vendu séparément sous la référence FRA525.

Annexe 4 Les fontaines à eau avec bonbonne

BELLACQUA	Achat	Location
Durée d'engagement		De 2 ans minimum à 5 ans
Livraison de l'appareil	60 € par fontaine Sous 10 jours	60 € par fontaine Sous 10 jours
Mise en service	Prise en charge par le fournisseur Durée de l'installation : environ 2 h par fontaine	
Livraison des bonbonnes	Gratuite sous 48 h	Gratuite sous 48 h
Qualités écologiques	Sécurité bactériologique de l'eau garantie. Préservation de l'environnement	
Possibilité contrat d'entretien / de maintenance	Oui	Contrat de maintenance inclus dans la mensualité de la location
Garantie	3 ans, pièces et main-d'œuvre	
SAV atelier	En option contrat	Inclus
SAV sur site	En option contrat	Inclus
SAV sur site à délai garanti 48 h	En option contrat	En option contrat
Machine de prêt en cas de panne	En option contrat	Inclus
Autres options au contrat	Collecteur de gobelets pour recyclage. Opération de désinfection spécifique. Remplacement des pièces détachées	
Coût d'achat ou de location	De 400 € HT à 650 € HT l'unité selon les modèles et le nombre de fontaines achetées	De 10 € à 25 € par mois selon la durée de l'engagement et les options du contrat
Coût des bonbonnes	Les bonbonnes, nécessaires au réapprovisionnement en eau de l'appareil, ont une contenance d'environ 20 L et coûtent approximativement 5 € pièce pour une capacité de 100 gobelets servis.	

Annexe 5 Rencontre avec le vendeur Bellacqua sur le stand de la foire-exposition

Vous : Bonjour… *(Le vendeur vient à votre rencontre).* Notre société, la chaîne hôtelière du Soleil, souhaite équiper ses huit établissements de fontaines à eau avec bonbonne. On se dirige vers un achat.

Le vendeur, *chaleureux* **:** Bonjour, notre direction m'a fait part de votre visite. Excellent choix ! Les fontaines avec bonbonne présentent peu de contraintes. Contrairement aux fontaines réseau, on les installe n'importe où, sans obligation d'être à proximité d'une arrivée d'eau, ce qui facilitera considérablement leur disposition dans vos locaux.

Vous : Nos établissements, implantés de Narbonne à Menton, sont tous classés 5 étoiles. Il nous faudrait donc un modèle design mais une proposition qui respecte notre budget.

Le vendeur : La bonbonne transparente est agréable à l'œil et rend l'espace accueillant. C'est pourquoi on retrouve souvent ce type de fontaine dans les espaces d'accueil et de réception des entreprises. Combien vous en faut-il ?

Vous : Une cinquantaine… À installer dans le mois, impérativement.

Le vendeur : À l'achat ou en location ?

Vous : Cela va dépendre des conditions de votre offre.

Le vendeur reprend les éléments de chacune des options déjà envoyées par courriel.

Le vendeur : Suivez-moi. Je vais vous présenter les modèles qui pourraient vous convenir. *Il présente les trois modèles en exposition sur le stand.*

Vous : Dites-moi, dans votre fiche technique, vous indiquez que l'installation n'est pas livrée avec le kit d'hygiène, qui est à remplacer tous les ans.

Le vendeur : Effectivement, il est vendu séparément.

Vous, *perplexe* **:** Il est à quel prix ?

Le vendeur : 58 € pièce. C'est le même prix à l'achat ou à la location.

Vous : C'est donc un supplément de… (*vous calculez rapidement*) 2 900 € !!! D'après votre flyer, il y a bien une promo spéciale « foire-expo » sur le modèle Acquapure 525, moins 20 % à l'achat ?

Le vendeur : Tout à fait. Elle est valable si l'achat est conclu sous quinzaine, 50 % d'acompte et 50 % à la fin de l'installation. Pas de frais de livraison, mais nous comptons 60 € de frais d'installation par fontaine.

Vous : Vu l'importance de notre commande… Nous versons habituellement à nos fournisseurs 20 % d'arrhes et leur réglons le solde à 60 jours.

Le vendeur : Nous ne pouvons pas modifier nos conditions de paiement, mais nous pouvons faire un geste commercial pour les frais d'installation.

Vous : Vous nous les offrez ? Avec un contrat d'entretien gratuit durant les six premiers mois, le temps de vérifier qu'il n'y a pas de fuites d'eau ?

Le vendeur : Aucun risque ! Elles ne sont pas reliées au système de circulation de l'eau. Pas besoin de plombier non plus.

Vous : Alors, ces frais d'installation, vous nous les offrez ? Vu l'importance de notre commande, nous pourrions avoir un kit gratuit à la livraison. Sinon, nous dépassons le budget.

Le vendeur : Je vous envoie une proposition de contrat d'entretien et un devis. Quant aux frais d'installation, c'est la direction qui décide…

Annexe 6 Extrait de la proposition du contrat d'entretien

Conditions générales du contrat

Le contrat est conclu pour une durée d'un an, renouvelable par tacite reconduction sauf dénonciation par lettre recommandée avec accusé de réception de l'une ou l'autre des parties au moins deux mois avant son échéance.

Le montant du contrat est payable au moment de la souscription ou du renouvellement.

Toutes les interventions non comprises dans le présent contrat seront facturées suivant les tarifs en vigueur de l'entreprise Bellacqua. Le kit d'hygiène, à remplacer tous les 6 mois, est vendu séparément sous la référence FRA525. Les pièces détachées, hors garantie légale, seront facturées en sus. Toute prestation non comprise dans le contrat pourra faire l'objet d'un devis sur la demande du client. […].

Le contrat d'entretien comprend :

1. Deux visites annuelles d'entretien programmée par l'entreprise Bellacqua.

Au cours de cette visite, l'entreprise Bellacqua exécutera les opérations suivantes :

– la désinfection de la fontaine (circuits, réservoirs d'eau, robinets) de tous germes et bactéries indésirables ;

– le nettoyage des composants frigorifiques et du circuit d'eau ;

– le remplacement de la cartouche filtrante deux fois par an.

[…]

4. La remise en service de la fontaine après nettoyage […]

Annexe 7 Proposition de devis

SOCIÉTÉ BELLACQUA
Bd de la Tsarine
34000 MONTPELLIER
Téléphone / Fax
Références Internet

BELLACQUA

DEVIS

Référence : FoireExpo56
Date : 18 mai N
N° client : *non encore attribué*

CHAÎNE HÔTELIÈRE DU SOLEIL
Monsieur le Directeur
La Restanque aux Lavandes
83400 HYÈRES

Intitulé : description du projet et/ou produit facturé

<table>
<tr><th>Quantité</th><th>Désignation</th><th>Prix unitaire HT €</th><th>Prix HT €</th></tr>
<tr><td>50</td><td>Fontaines à eau avec bonbonne réfrigérée Acquapure 525, frais d'installation inclus</td><td>470,00</td><td>23 500,00</td></tr>
<tr><td></td><td>Remise 20 % modèle foire-exposition</td><td></td><td>4 700,00</td></tr>
<tr><td>8 cartons
3 000 unités</td><td>Gobelets biodégradables capacité de 20 cl (en amidon et maïs)</td><td rowspan="2">Gratuit</td><td></td></tr>
<tr><td>8 unités</td><td>Collecteur de gobelets à 2 tubes pour recyclage (200 gobelets usés)</td><td></td></tr>
<tr><td>50</td><td>Kit hygiène à 50 %</td><td>29,00</td><td>1 450,00</td></tr>
<tr><td colspan="3" align="right">Total HT</td><td>20 250,00</td></tr>
<tr><td colspan="3" align="right">TVA 20 %</td><td>4 050,00</td></tr>
<tr><td colspan="3" align="right">Total TTC €</td><td>24 300,00</td></tr>
</table>

Nous restons à votre disposition pour toute information complémentaire.
Cordialement

Si ce devis vous convient, veuillez nous le retourner signé dès réception, précédé de la mention « BON POUR ACCORD ET EXÉCUTION DU DEVIS ».

Date :

Signature :

Validité du devis : 15 jours pour bénéficier de la remise exceptionnelle foire-exposition.
Conditions de règlement : 50 % à la commande, le solde à la livraison.

Toute somme non payée à sa date d'exigibilité produira de plein droit des intérêts de retard équivalents au triple du taux d'intérêt légal de l'année en cours ainsi que le paiement d'une somme de 40 € due au titre des frais de recouvrement.

N° SIRET 210 896 764 00015 – RCS Montpellier
Code APE 947 A – N° TVA intracommunautaire FR 77825896764000

1 Le processus de négociation

I Définition et enjeux

La négociation est une interaction entre deux ou plusieurs individus qui souhaitent régler des objectifs ou points de vue divergents à caractère personnel, social ou organisationnel. Elle n'est pas toujours coopérative, elle peut également être conflictuelle.
Négocier, c'est avant tout accepter de faire des concessions et chercher à atteindre des objectifs acceptables par tous. Les interlocuteurs ont compris que le résultat obtenu par concessions mutuelles est préférable à l'affrontement.

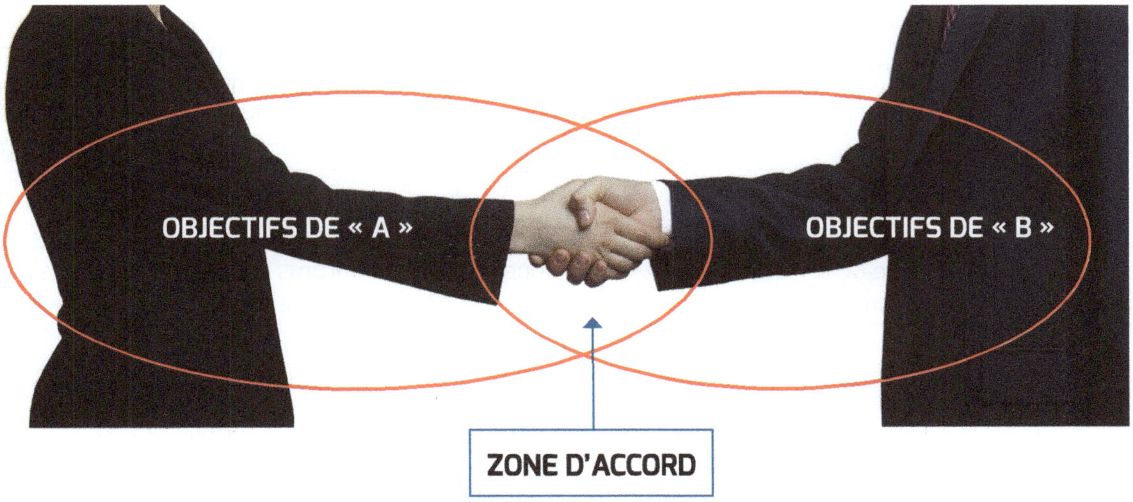

II Les types de négociation

Une négociation repose sur un échange plus ou moins raisonné, pouvant même être conflictuel.

	Négociation raisonnée et efficace	Négociation conflictuelle et inefficace
Style de l'échange	Coopératif	Compétitif
Objectif	Les parties cherchent un accord gagnant/gagnant.	Les parties s'affrontent et vont vers un résultat gagnant/perdant.
Motivations	Le gain commun est recherché.	Le gain individuel prend le dessus.
Intérêts	Convergents	Divergents, voire opposés
Relation	La relation ménage le long terme, s'inscrit dans la durée.	La relation ne prend en compte que les intérêts à court terme.
Solutions	Compromis qui puise à une pluralité de solutions	Une seule alternative possible (« c'est à prendre ou à laisser »)
Attitude	Courtoisie, respect, écoute active, empathie.	Domination, pression, intimidation, culpabilisation, déstabilisation, manipulation de la partie adverse.

FICHE RESSOURCE

2 La préparation et le déroulement d'une négociation

I La préparation de la négociation

Face à des vendeurs avertis, le collaborateur doit minutieusement préparer sa négociation s'il veut déjouer les pièges et obtenir les meilleures conditions possibles.

Que va faire le vendeur pour vous convaincre ?	Comment s'y préparer efficacement ?
Valoriser les aspects techniques (solidité, garantie).	Approfondir votre connaissance du produit ou du service.
Vous proposer des conditions particulières, exceptionnelles du fait de votre fidélité très appréciée.	Veiller à ce que les promesses soient effectivement tenues et fixer vos exigences : prix (respect de votre budget), délais de livraison, modalités d'installation, durée et contenu de la garantie, conditions du SAV (notamment frais de déplacement, délai de dépannage).
Mettre en avant le prestige de la marque, sa notoriété dans le milieu de référence.	Voir les possibilités de mise en concurrence de plusieurs fournisseurs.
Évoquer la réputation établie de son entreprise. Démontrer son sérieux et son professionnalisme.	Consulter sur des forums les avis authentiques d'internautes ayant l'expérience d'achat chez ce fournisseur.

II Les étapes de la négociation

Négocier, ce n'est pas chercher à convaincre la partie opposée mais parvenir à un accord grâce aux concessions de chaque partie.

1 Accueil	Prise de contact, présentation, mise en confiance.
2 Cadrage : définition des modalités de l'entretien	Durée de l'entretien, nombre et statut des intervenants.
3 Formulation des objectifs de l'entretien	Clarification des enjeux, de l'objet de la rencontre, des objectifs de chaque partie.
4 Recherche d'informations sur les positions de chacun	Classification des points de vue par questionnement, écoute, reformulation.
5 Confrontation des propositions et arguments	Exposé des faits, discussion, explications, démonstrations, persuasion.
6 Ajustements mutuels	Évaluation des propositions et de leurs effets, concessions, compromis, consensus (arbitrage si nécessaire).
7 Décisions	Évaluation des points d'accord et analyse des conséquences.
8 Conclusion de la négociation	Formalisation des accords mutuels.

3 L'argumentation et les différents types d'arguments

I Savoir argumenter

Argumenter consiste à convaincre et à persuader du bien-fondé d'un point de vue ou d'une opinion. Celui qui veut convaincre va tenter d'obtenir l'adhésion de son interlocuteur en faisant valoir des arguments. L'argumentation s'écarte aussi bien de la violence persuasive que du recours à la séduction ; elle respecte la liberté de pensée de l'autre. Son but n'est pas de « convaincre à tout prix ».

Pour convaincre, celui qui argumente fait appel à la raison, aux facultés d'analyse et de raisonnement de son interlocuteur de manière à obtenir son accord. Il utilise des arguments comme éléments de preuve. Ces arguments doivent être ordonnés dans le cadre d'un raisonnement sous forme de plan et s'inscrire dans une stratégie argumentative.

II S'appuyer sur le type d'argument adapté aux circonstances

1 S'appuyer sur des arguments d'autorité Utiliser des arguments d'autorité consiste à mobiliser une autorité acceptée par l'auditoire qui défend l'opinion que l'on propose ou que l'on critique. On fait référence à une personne reconnue et experte en la matière, une autorité qui inspire confiance.	**Quand ?** Quand l'auditoire doute, n'a pas confiance, il sera plus facilement convaincu par des arguments soutenus par des personnes et/ou une institution reconnues, donc fiables. **Exemples :** – La prestigieuse revue internationale *X* a conclu ce débat. – L'ONU confirme…

2 S'appuyer sur des arguments de communauté Ils consistent à faire appel à des croyances, des opinions ou des valeurs largement partagées. L'appel à des présupposés communs est largement utilisé. L'argumentaire s'appuie sur des valeurs supérieures. On justifie ses opinions en ayant recours à la hiérarchisation de ces valeurs, à des normes, des idées reçues…	**Quand ?** Quand l'interlocuteur a un sentiment d'appartenance à un collectif plus fort que des sentiments centrés sur son intérêt personnel. **Exemple :** la protection de l'environnement nous pousse à abandonner les véhicules diesel.

3 S'appuyer sur des arguments de cadrage Ils consistent à privilégier un certain point de vue, en amplifiant certains aspects et en en minorant d'autres de façon à faire ressortir la légitimité d'une opinion. La description n'est pas objective, on insiste sur un point particulier de manière à lui donner le plus d'importance.	**Quand ?** Quand un certain point de vue semble bien plus convaincant que d'autres. **Exemple :** « Ce mobilier de bureau est très design, il s'intégrera parfaitement dans les lieux. » Le vendeur met l'accent sur l'esthétique et occulte le côté pratique, le prix…

4 S'appuyer sur des arguments d'analogie L'analogie consiste à établir une correspondance entre deux faits jusqu'alors éloignés, qui permet de transférer à l'une les qualités reconnues à l'autre. Elle s'appuie sur l'utilisation d'exemples qui permettent la généralisation.	**Quand ?** Quand on présente à l'auditoire un phénomène qui n'est peut-être pas très clair pour lui parce qu'il fait partie d'un domaine inconnu ou peu familier. **Exemple :** l'entreprise X a réussi à gagner des clients en développant sa branche e-commerce.

4 Le traitement des objections et la conclusion

Au cours de la négociation, chaque partie peut émettre un avis s'opposant à une proposition ou une affirmation de l'interlocuteur. L'objection ne doit pas être considérée comme une agression mais comme une remarque permettant à l'interlocuteur de manifester son incompréhension, son désaccord, d'être rassuré ou d'affirmer sa personnalité.

I La typologie des objections

On distingue trois types d'objections :

	Objection réelle	Objection quiproquo	Objection prétexte
Caractéristiques	Sincère et fondée	Sincère mais non fondée	Non sincère et non fondée
Intention et objectifs de l'émetteur	Demande de précision, d'information sur un point particulier.	Fondée sur des préjugés, une mauvaise compréhension, un malentendu.	Recherche de déstabilisation de l'interlocuteur, attitude de repli ou de défense.
Comment y répondre ?	Expliquer, minimiser et, éventuellement, compenser.	Rassurer, dédramatiser, expliquer, informer et démontrer.	Faire préciser l'objection par son auteur, découvrir ses motivations, informer.

II Les techniques de traitement des objections

Traiter une objection consiste à l'accepter et à la valoriser (« vous avez raison de soulever ce point »), à la comprendre (en posant des questions pour en faire préciser le contenu et la sincérité) puis à y répondre brièvement et revenir à l'entretien tel qu'il était prévu. Dans tous les cas, il est important de réagir positivement face à une objection, en restant souriant et détendu, et de ne jamais dire à son interlocuteur qu'il a tort.

Exemples :

– Utiliser des phrases du type : « Oui, mais… », « Je comprends votre point de vue, mais… ».
– Réfuter l'objection grâce à des témoignages, des chiffres, des faits, des démonstrations.
– Impliquer l'interlocuteur (« Nous sommes d'accord sur le fait de… »).
– Affaiblir l'objection en laissant l'interlocuteur la préciser ou la justifier lui-même (« Pouvez-vous m'expliquer ce qui vous fait dire cela ? »).
– Reporter la réponse à l'objection si celle-ci est gênante ou arrive trop tôt dans le processus de négociation.
– Proposer une compensation si l'objection est fondée.

III Les techniques de conclusion

Conclure une négociation, c'est rassurer l'interlocuteur et l'aider à prendre une décision. La phase de conclusion démarre lorsque l'interlocuteur n'exprime plus d'opposition ou ne manifeste plus le désir de poursuivre l'échange.

Technique	Définition	Exemple
Faire une proposition directe.	Terminer la négociation par une formulation précise de l'accord.	« Nous sommes donc d'accord sur… » (préciser les modalités de l'accord).
Proposer une alternative.	Permet de vérifier que la décision sera validée en demandant l'accord de son interlocuteur sur des points annexes.	« Je vous recommande de contracter une extension de garantie. Vous préférez une durée de 3 ou 5 ans ? »
Conclure Implicitement.	L'accord est supposé acquis. On passe aux modalités, à la mise en œuvre.	« Mon assistante prendra contact avec vous dès demain pour convenir de… »
Faire du chantage.	Laisser penser qu'il n'y a pas d'autre solution.	« À défaut d'accord sous 8 jours, je ne pourrais garantir les mêmes tarifs. »

APPLICATIONS PROFESSIONNELLES

1 Préparer une négociation MAÎTRISE

Situation

Vous occupez un poste de collaborateur administratif au sein du cabinet Immob75, qui assure la charge de syndic de plusieurs immeubles en copropriété à Paris. Vous devez effectuer l'acquisition d'une machine à affranchir le courrier. Vous consultez sur un forum l'avis de quelques internautes (document). Quelques témoignages vous inquiètent.

Consignes

1. **Décrivez les étapes de la préparation de votre négociation.**
2. **Listez toutes les questions à poser au vendeur afin d'éviter les difficultés évoquées par les internautes. Quelles vont être vos exigences ?**

Document Avis des internautes sur le fournisseur Xprint

Machine à affranchir

Message de Replay 25 juillet 10:24

Bonjour, je souhaite ouvrir une discussion sur les machines à affranchir. Je gère une petite entreprise et je suis passé par 3 sociétés de location de machines à affranchir, dont Xprint. Voici ma dernière expérience avec Xprint.
J'ai passé 2 heures avec un commercial pour expliquer les besoins de notre société en matière d'affranchissement. Ce dernier me propose une machine qui rentre dans notre budget et qui répondra sans problème à nos besoins. Une fois livrée, je me suis rendu compte que la machine nous reviendra très cher en consommables et aussi qu'elle est beaucoup plus lente. Depuis, plus aucune nouvelle du commercial ! Je pense que, concernant les machines à affranchir, il existe un grand manque d'informations. J'espère que d'autres petites entreprises participeront au débat.

Message de Filoche 28 juillet 10:42

Bonjour ! Depuis deux mois, nous attendions le contrat signé. Il vient de nous parvenir. Nous avions demandé un contrat de 4 ans et nous nous retrouvons avec un contrat de 5 ans. Nous constatons que les cartouches sont plus chères que chez d'autres fournisseurs. Les étiquettes d'affranchissement standard sont incompatibles avec la machine à affranchir Xprint. On est donc obligés de commander chez eux à prix très élevé. La redevance postale n'est pas au prorata (nous devons payer l'année entière malgré un début de contrat fin mars N). La cartouche fournie avec la machine qui, selon la commerciale, devait tenir jusqu'à la fin de l'année, n'a duré en fait que 3 mois. Vu le prix de la cartouche, nous vous laissons imaginer le budget annuel pour une petite entreprise comme la nôtre !
Contact impossible avec le personnel ou la direction, qui préfère jouer l'autruche. Ceci n'est qu'un bref aperçu des problèmes que nous rencontrons depuis le début…

2 Négocier pour mettre les prestataires en concurrence MAÎTRISE

Situation

Le cabinet Immob75, au sein duquel vous occupez un poste de collaborateur administratif, envisage de mettre à l'ordre du jour de la prochaine assemblée des locataires des travaux importants : le remplacement indispensable de l'ensemble des portes palières d'ascenseur. Il souhaite faire réaliser ces travaux par une entreprise différente de LiftPro75, titulaire du contrat actuel, et envisage même la possibilité de résilier ce contrat. En effet, les coûts d'entretien des ascenseurs

▶▶▶

ayant flambé ces dernières années en raison de nouvelles obligations de mise aux normes, mettre en concurrence les ascensoristes permettrait de maîtriser les dépenses – d'après vous, jusqu'à 50 % de réduction sur le tarif du contrat d'entretien. Le syndic envisage de s'adresser à une petite entreprise parisienne indépendante répertoriée sur les PagesJaunes. Le syndic vous confie la préparation de la négociation avec le prestataire actuel, LiftPro75.

Consignes

1. **Réalisez une synthèse sur les possibilités de résiliation (document).**
2. **Rédigez des arguments de négociation avec votre prestataire actuel LiftPro75 à partir des possibilités offertes par le décret.**
3. **Rédigez une réponse à l'objection de LiftPro75 : « Si vous faites exécuter les travaux par d'autres que nous, nous ne pouvons plus vous garantir le bon usage de l'appareil dans le cadre de notre contrat d'entretien ! »**

Document — Les conditions de résiliation d'un contrat de maintenance « ascenseurs »

Le décret n° 2012-674 du 7 mai 2012 relatif à l'entretien et au contrôle technique des ascenseurs offre des possibilités pour résilier le contrat de maintenance des ascenseurs. Il faut en profiter pour remettre en concurrence les ascensoristes et négocier la facture.

3 Renégocier les éléments d'un contrat — EXPERTISE

Situation

Le cabinet Immob75, au sein duquel vous occupez un poste de collaborateur administratif, prend en charge, pour le compte des copropriétaires, le contrat d'entretien des espaces verts. Ce dernier est renouvelé par tacite reconduction depuis plusieurs années. Or, bien des changements sont intervenus : réduction de 50 % de la surface des pelouses, disparition des rosiers au profit d'une aire de jeux, remplacement des produits de traitement par souci de la protection de l'environnement, les arbres et les haies ne sont plus « jeunes ». À la réception d'un courrier d'actualisation des prix, vous décidez de renégocier ce contrat.

Consigne

COM **Rédigez la réponse au courrier (document) en précisant vos objections pour dénoncer l'augmentation prévue et vos arguments pour renégocier le contrat (chap12_appli3-contrat.doc).**

Document — Courrier reçu du paysagiste le 25 novembre (extrait)

Afin de vous permettre de préparer votre budget dans de bonnes conditions, veuillez trouver ci-dessous le taux d'actualisation prévu au contrat au moment de son renouvellement par tacite reconduction. Nous vous remercions de la confiance que vous nous accordez et souhaitons poursuivre avec vous une nouvelle année de collaboration.

Taux d'actualisation : 3,85 %	Pour mémoire : rappel de l'année précédente
Nouveau montant HT : 3 541,75 €	Montant HT : 3 410,45 €
TVA : 20 %	TVA : 20 %

Notre contrat autorise une réactualisation de 5,5 %.
Souhaitant que notre effort vous satisfera, nous vous prions d'agréer l'expression de nos salutations distinguées.

Chapitre

13

L'identification, la formalisation et la caractérisation des processus administratifs

ACTIVITÉ	**1.3.** Amélioration continue des processus	**TÂCHE**	**1.3.1.** Identification, formalisation et caractérisation des processus
COMPÉTENCE	Contribuer à la pérennisation des processus.	**VERS PIX**	**1.3.** Traiter des données

Contexte : Bonbec

Statut	Société à responsabilité limitée (SARL)
Localisation	Siège social : Chateaubriant (Loire-Atlantique) Usine production : ZI Carquefou
Activité	Confiserie industrielle
Effectif	756 collaborateurs répartis sur plusieurs sites
Responsables	M. Trief : responsable service R&D M. Duchêne : DRH

L'entreprise familiale Bonbec est née en 1920. Un siècle plus tard, son dynamisme et son sens de l'innovation l'ont imposée comme leader dans le domaine de la confiserie industrielle en France. Elle exporte dans plusieurs pays d'Europe, d'Amérique du Nord et du Sud. Depuis 2012, pour conserver sa position de leader, l'entreprise s'est dotée d'un service recherche & développement (R & D) constitué d'une équipe de 15 ingénieurs, amenée à innover en technologies, process, produits ou ingrédients. Ses innovations sont brevetées auprès de l'INPI (Institut national de la propriété industrielle) pour être protégées de la concurrence très vive dans ce domaine.
Recruté(e) il y a cinq ans, vous êtes amené(e) à collaborer avec M. Trief, responsable du service R&D. Un brevet devant être demandé dans chaque pays où la protection des innovations s'impose, cette activité occupe environ 20 % de votre temps de travail administratif. Votre poste de travail est équipé d'un ordinateur, d'une imprimante-scanneur-photocopieur partagée sur réseau.

Découvrez l'entreprise Bonbec en vidéo
liennathan.fr/i73s9n

- **Reportez les informations utiles du contexte au recto de la fiche E4 (organisation, contexte et objectifs de la mission, ressources).**

VOTRE RÔLE

Sous l'autorité de M. Trief, responsable du service R&D, vous êtes la gestion du processus sécurité des innovations technologiques. À la demande de la Direction, l'ensemble du processus doit être revu, vérifié et si besoin actualisé.

TRAVAIL À FAIRE

I. Analyser le processus actuel du dépôt de brevet

La question de la protection des innovations est particulièrement vive au sein de Bonbec. Vous maintenez un état de veille permanent en consultant fréquemment le site de l'Institut national de la propriété industrielle (INPI). Vous préparez une note à l'attention de votre responsable.

1. Relevez sur le site de l'INPI les étapes clés du dépôt d'un brevet.

Vous procédez ensuite à la mise à plat du processus en vigueur chez Bonbec.

2. Identifiez les acteurs internes et les acteurs externes impliqués dans l'actuel dispositif du dépôt de brevet. — Annexes 1 2 3
3. Identifiez les échanges d'informations entre les acteurs impliqués (flux émis et flux reçus). Présentez-les sous forme de tableau.
4. Réalisez le diagramme de flux correspondant. — Fiche ressource 1

II. Représenter le processus

5. Effectuez la représentation du processus sous la forme d'un diagramme postes-documents. — Fiches ressources 2 3 — Annexes 1 2
6. Quel intérêt présente cette représentation ? En quoi complète-t-elle le diagramme de flux ?

III. Procéder à une analyse critique du processus et l'améliorer

7. Identifiez les dysfonctionnements et les risques potentiels à partir de votre travail précédent. — Fiche ressource 3
8. Proposez des améliorations et argumentez-les.
9. Apportez les modifications correspondantes au diagramme postes-documents que vous avez réalisé.

IV. Communiquer sur la mise en œuvre des processus

COM 10. Rédigez une brève note de synthèse à l'attention de M. Trief, accompagnée des pièces que vous jugez les plus utiles pour la lisibilité de vos préconisations.

Vous accueillez un nouveau stagiaire qui sera affecté dans l'équipe en charge de traiter une commande exceptionnelle.

COM 11. Présentez oralement au stagiaire le processus de traitement d'une commande exceptionnelle émise par un client étranger. — Annexes 4 5

• Finissez de remplir la fiche E4 (contraintes, méthodologie, bilans professionnel et personnel).

DONNÉES DE LA SITUATION

Annexe 1 Qu'est-ce qu'un brevet ?

Un brevet est un titre de propriété industrielle qui confère à son propriétaire le droit d'interdire à tout tiers non autorisé la reproduction de l'invention telle qu'elle est définie dans le dépôt effectué auprès de l'INPI (Institut national de la propriété industrielle, établissement public à caractère administratif, placé sous la tutelle du ministère français de l'Économie et des Finances).

www.economie.gouv.fr

Annexe 2 Le processus de dépôt de brevet

1. C'est le chef de projet (en général, un ingénieur) qui identifie le procédé susceptible d'être breveté. Il rédige à cette occasion une courte note d'information et l'adresse à M. Trief.

2. Si M. Trief décide d'y donner une suite favorable, il vous transmet la note validée et vous demande d'ouvrir un dossier de brevet.

3. Vous contactez le chef de projet afin qu'il vous fournisse les éléments d'information pour compléter l'imprimé exigé par l'INPI. En effet, la demande de dépôt auprès de l'INPI consiste à compléter un imprimé administratif CERFA, intitulé « Requête en délivrance », qui comprend :
– le titre de l'invention et sa description ;
– des revendications de l'inventeur, qui délimitent exactement, techniquement et juridiquement, le domaine qu'il souhaite voir protéger par le brevet. C'est la partie la plus difficile à rédiger ;
– un descriptif abrégé de l'innovation technique.

4. Vous remplissez l'imprimé « Requête en délivrance » à partir des informations fournies par le chef de projet et soumettez cette première version à M. Trief.

5. M. Trief y apporte les modifications et les compléments qu'il juge nécessaires, notamment en ce qui concerne les revendications.

6. Pour mener à bien cette tâche délicate, M. Trief a parfois recours à un cabinet de conseil en propriété industrielle (CPI), ce qui peut avoir comme effet de retarder considérablement le processus. En effet, M. Trief, ayant bien d'autres tâches à assurer, tarde souvent à contacter le cabinet CPI, dont le délai de réponse est également plus ou moins long.

7. Lorsqu'il est en possession de tous les éléments, M. Trief vous les transmet.

8. Vous procédez dans les meilleurs délais à la rédaction définitive de l'imprimé « Requête en délivrance » et l'expédiez à l'INPI (version 2).

9. À partir du dépôt de la demande, l'innovation, objet du dépôt, est protégée. Naturellement, cette protection ne sera définitivement acquise que si le brevet est effectivement obtenu. Il est donc primordial pour Bonbec de déposer ses demandes de brevet au plus tôt.

10. Vous gérez l'interface avec l'INPI jusqu'à la délivrance définitive du brevet demandé. Notamment, lorsque l'INPI fait parvenir à Bonbec le rapport de recherche préliminaire, vous le transmettez aussitôt à M. Trief et veillez à ce que la réponse intervienne dans le délai imparti (3 mois).

Annexe 3 Tableau préparatoire à la conception du graphe des flux

Acteurs source	I	E		Flux d'information / documents	Acteurs cible	I	E
Chef de projet			1	Note d'information	Chef de service		
Chef de service			2	Transmission de la note validée et demande d'ouverture d'un dossier de brevet	Collaborateur		
			13				

I = acteurs internes
E = acteurs externes

Annexe 4 Contexte de la commande

Bonbec a reçu une proposition de commande importante de ses produits dans 185 magasins d'une même enseigne au Canada, « French touch ». Un groupe de projet est affecté à sa préparation et à son suivi.

Annexe 5 Le processus de traitement d'une commande client

Ce document interne permet au chef de projet de conduire les négociations avec les clients étrangers.

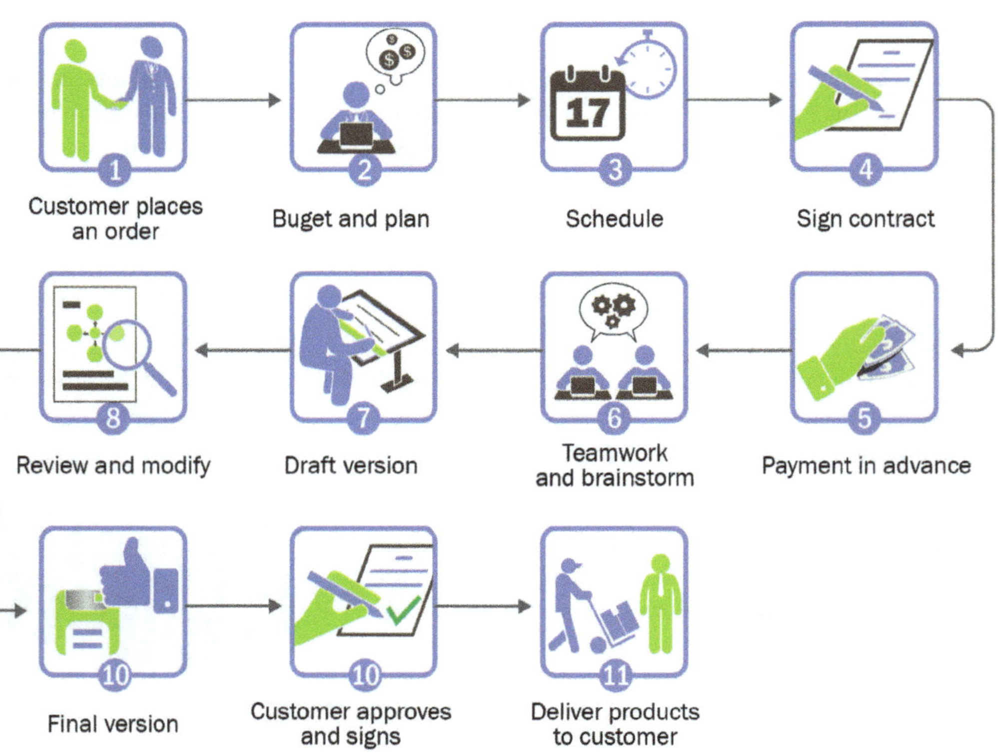

1 La représentation des échanges d'informations : le diagramme des flux

I Processus, acteurs et flux d'informations

Les processus de l'organisation sont pris en charge par des acteurs internes et/ou externes. Au cours de leurs activités, ces acteurs émettent ou reçoivent des flux d'informations, constitutifs du système d'information (SI) de l'organisation.

Un flux consiste en un transfert d'informations, quel que soit le support utilisé, entre deux acteurs du SI. L'un est source d'informations, l'autre en est la cible.

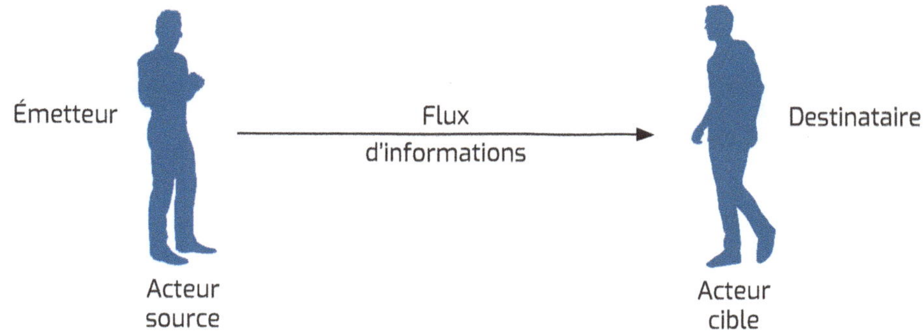

II Le diagramme des flux

Le diagramme des flux est un outil de représentation efficace car il permet d'effectuer un diagnostic des échanges d'informations entre les acteurs impliqués dans un processus.

Exemple : traitement du courrier papier entrant dans une étude notariale. L'étude notariale (à l'intérieur du rectangle) est clairement distinguée des correspondants externes.

Un stagiaire réceptionne le courrier chaque matin (1). Après ouverture, il procède à son enregistrement dans le registre « Courrier arrivée », puis il le transmet à la secrétaire de direction (2). Celle-ci prend connaissance de chaque lettre. S'il est possible d'y apporter une réponse directe, elle en rédige immédiatement le brouillon, qu'elle transmet au clerc de notaire (3), chargé de la rédaction définitive et de la saisie informatique. Dans le cas contraire, la lettre est transmise au notaire (4) ; si ce dernier est disponible, il indique en retour au clerc les éléments de sa réponse (5). Sous réserve de disponibilité du notaire, l'ensemble du courrier lui est soumis pour visa (6). Le stagiaire le récupère (7), met à jour le registre « Courrier départ » et procède à l'expédition (8).

Voici le diagramme de flux correspondant à cette activité :

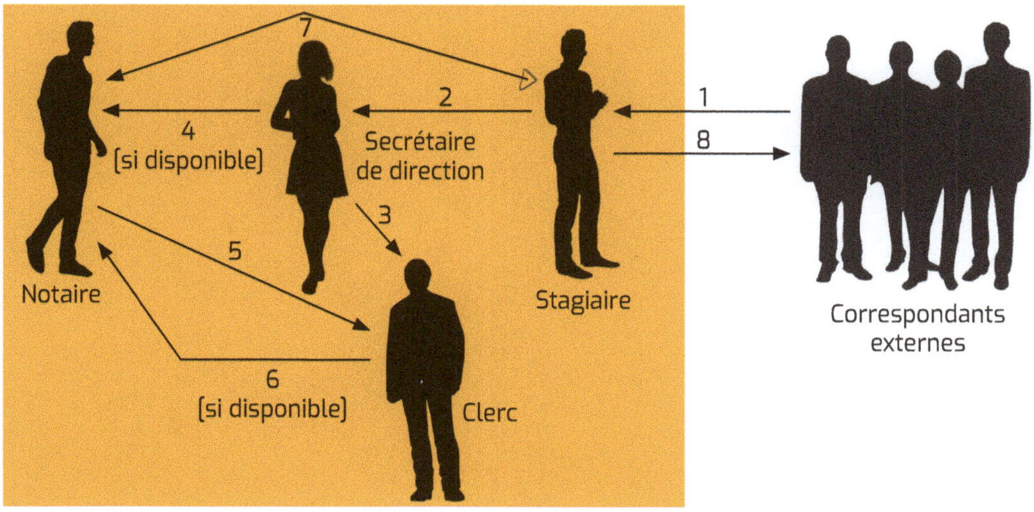

▶▶▶

▶▶▶

III Les propositions d'amélioration

L'analyse du digramme permet d'identifier des améliorations à apporter pour rendre les échanges d'informations plus efficaces.

Exemple (suite) : on remarque que l'apposition du visa du notaire (entre les flux 6 et 7) est susceptible de retarder considérablement le départ du courrier, notamment dans le cas où le notaire est indisponible. Une solution est de proposer au notaire une délégation de signature (signature électronique) à son profit, ce qui permettrait de signer le courrier en son absence.
Pour mettre en évidence les avantages de la solution envisagée, on peut s'appuyer sur un graphe des flux ainsi modifié :

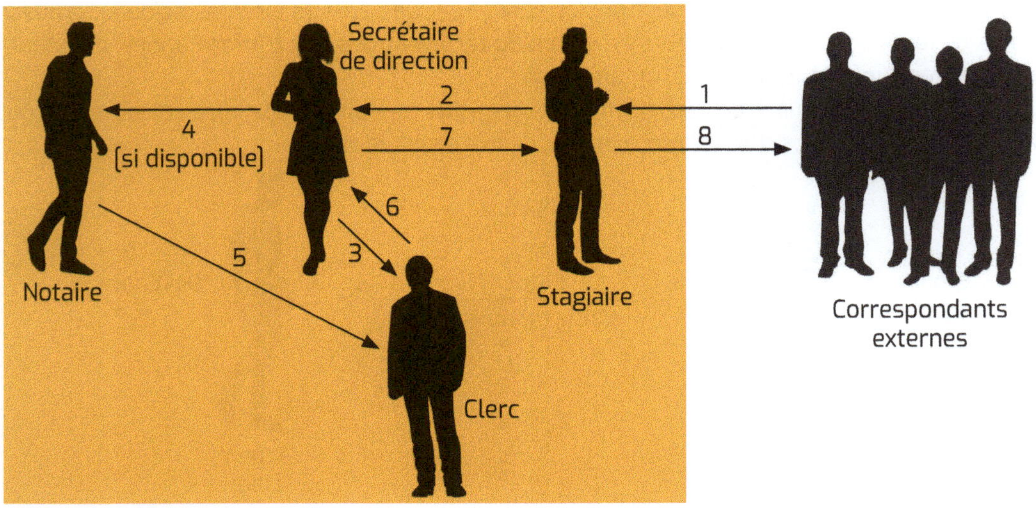

On remarque que le nombre de flux global n'est pas modifié. En revanche, le nombre de flux intéressant le notaire est réduit à 2 (au lieu de 4), ce qui indique clairement que son intervention dans l'activité considérée est allégée. On remarque également que le courrier transmis par le flux 4 dépend toujours de la disponibilité du notaire.
Comme souvent en matière de gestion administrative, il s'agit de trouver un compromis entre sécurité et rapidité. D'autres solutions sont envisageables, comme la possibilité de rediriger le flux 3 (courrier traité par la secrétaire de direction) vers le notaire : la sécurité de l'activité augmente mais la charge de travail du notaire également, même s'il est dispensé de la tâche de visa.

2 La notion de processus

I Définition d'un processus

Un processus représente un ensemble d'activités successives, coordonnées et organisées, visant à atteindre un résultat. Un processus est transversal : il concerne plusieurs fonctions de l'organisation et implique plusieurs acteurs répartis dans plusieurs services de l'organisation.

II Les différents types de processus

On distingue trois types de processus.

Les processus métier	Les processus support	Les processus de pilotage
Ils concourent directement à la réalisation du bien ou du service produit par l'organisation et représentent son cœur de métier. Ils sont déclenchés par un besoin exprimé à l'extérieur de l'organisation. Le résultat sera la réponse apportée par l'organisation.	Ils accompagnent et permettent de fournir les ressources et outils nécessaires aux processus métier. Ils sont déclenchés par un besoin d'un processus métier.	Ils assurent la cohérence des autres processus, le contrôle et le pilotage de l'organisation en permettant une mesure et un suivi des processus de l'organisation.

Cette distinction est étroitement liée à l'activité de l'organisation étudiée.

Exemple : le processus de gestion des factures est un processus support dans une entreprise industrielle alors que c'est un processus métier dans un cabinet d'expertise comptable puisqu'il s'agit d'une prestation de service réalisée pour un client.

III Les éléments constitutifs du processus

Éléments du processus	Définition	Exemple : l'organisation d'une formation pour le personnel
1. Des acteurs	Ce sont les parties prenantes au processus, tant internes qu'externes. Ils agissent comme clients en attente de l'information et/ou comme fournisseurs d'informations.	Les collaborateurs du service RH, du service Comptabilité, le personnel bénéficiaire de la formation, l'organisme qui vend la formation…
2. Des activités	Elles représentent l'ensemble des tâches à réaliser pour l'accomplissement de l'objectif.	Commander la formation au prestataire, informer le demandeur des dates et modalités de la formation, réaliser les inscriptions, les convocations, informer la comptabilité…
3. Des flux d'informations	Ils sont formés de données matérialisées par des documents qui circulent entre les acteurs (support papier ou numérique).	Échange de données entre les acteurs : prix, programme de la formation, dates et lieu de formation, modalités de paiement…
4. Un circuit de documents	Il est constitué des chemins empruntés par les supports d'informations dans le processus. Il peut être schématisé (logigramme, diagramme imagé…).	L'assistante RH transmet un bon de commande électronique au fournisseur de la formation. Celui-ci lui retourne l'accusé de réception électronique puis établit une facture.
5. Un résultat	C'est l'objectif à atteindre, l'aboutissement du processus.	Satisfaire les besoins de formation du demandeur.

▶▶▶

IV Les enjeux pour l'organisation

Tous les domaines peuvent faire l'objet de processus : service après-vente, réclamations, garantie, gestion des stagiaires, gestion des notes de frais du personnel en déplacement...

Une approche du fonctionnement de l'entreprise par processus permet :
– de comprendre qui fait quoi au cours des différentes étapes, et donc de renforcer le travail en équipe interservices : tous les acteurs comprennent bien leurs besoins et contraintes réciproques ;
– d'analyser la situation représentée, de noter les dysfonctionnements éventuels (tâches redondantes et inutiles, par exemple) puis d'améliorer l'enchaînement des activités grâce à l'identification des gaspillages en associant tous les acteurs concernés ;
– de rationaliser l'activité de l'organisation.

En définitive, une organisation qui s'intéresse à une approche par les processus vise plusieurs objectifs :
– réduire les délais et les coûts administratifs ;
– accroître la qualité du service rendu au client ;
– mobiliser les nouvelles technologies de l'information ;
– accroître la motivation des acteurs.

L'enjeu fédérateur est la satisfaction du client, qui est source de performance et de rentabilité. Un client satisfait est un client fidèle !

> **Exemple :** dans le secteur des assurances, maîtriser le processus de traitement d'un dossier « Accident » peut être un élément de fidélisation du client.

Un client satisfait peut devenir prescripteur.

V Les conditions de réussite de la mise en œuvre d'un processus

Le succès de cette organisation est conditionné par :
– l'implication du personnel concerné et l'intégration du processus aux exigences quotidiennes du travail ;
– la cohérence des pratiques dans tous les secteurs et leur suivi ;
– la communication des rôles et des procédures de mise en œuvre.

Le partage des documents en réseau, le travail collaboratif sur des bases de données facilitent la réorganisation des processus. Les acteurs intervenant dans un même processus bénéficient ainsi d'informations non redondantes et actualisées en permanence.

3 La représentation du processus : le schéma postes-documents

I L'intérêt d'une représentation schématique

Alors que le diagramme des flux ne s'intéresse qu'à la circulation des flux d'informations entre acteurs, le schéma postes-documents intègre des données supplémentaires : fonction/service auxquels appartiennent les acteurs, documents supports de l'information. Il permet ainsi :
– d'expliquer à chaque acteur son rôle et son positionnement au sein de l'organisation, d'un service, notamment à l'occasion d'un changement dans un processus (prise en compte de modifications dans le fonctionnement d'un service, simplification) ;
– d'analyser un processus : le représenter, le critiquer afin d'améliorer les dysfonctionnements constatés.

II Le formalisme des symboles utilisés dans les schémas

Cet outil n'est pas normalisé mais il utilise une symbolique courante.

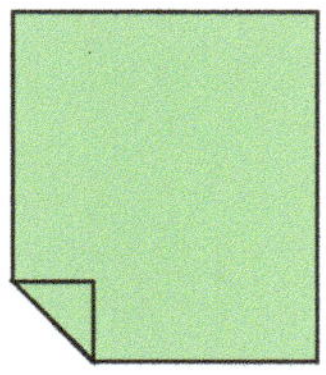	Imprimé
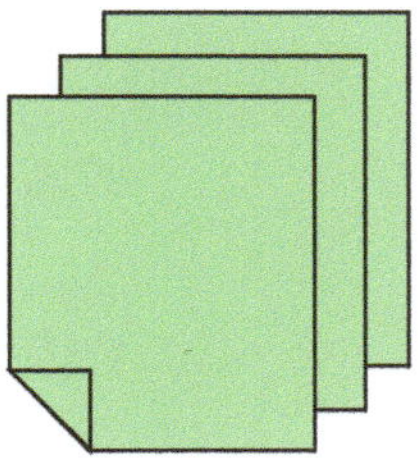	Liasse de documents
→	Transmission
⇢	Utilisation d'informations, notamment lecture
	Dossier

Titre, légende et numérotation des flux facilitent la compréhension du processus au lecteur.

▶▶▶

III Exemple de schéma postes-documents

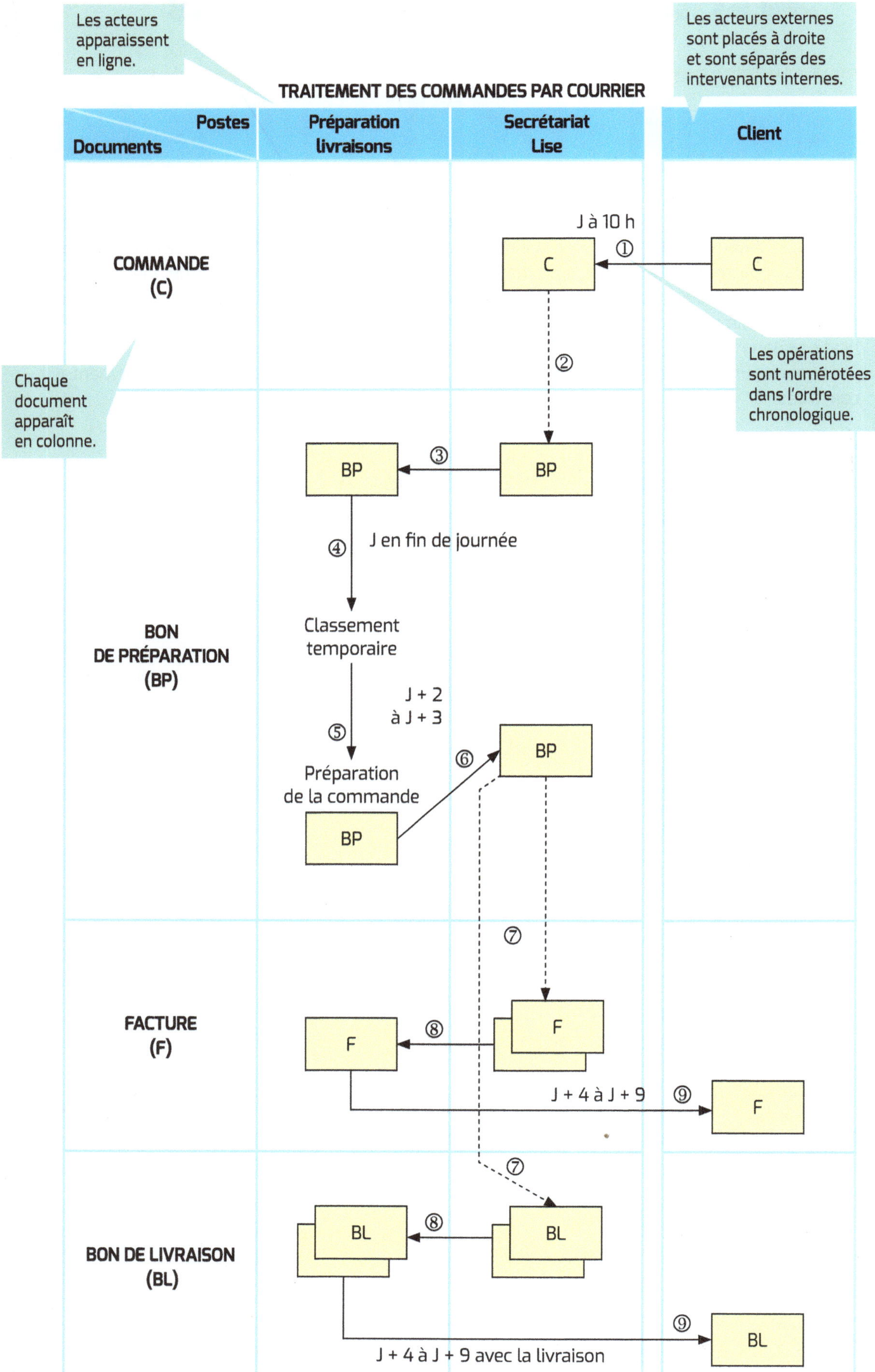

APPLICATIONS PROFESSIONNELLES

1 Représenter les flux d'informations liés à un recrutement

MAÎTRISE

Situation

Vous travaillez en tant que collaborateur (-trice) dans une agence d'intérim spécialisée dans différents métiers du domaine social. Vous participez à l'inscription des candidats à un emploi dans la base de données de l'agence.

Consigne

Représentez, sous forme d'un graphe des flux, les informations liées à une opération d'accueil/recrutement d'un candidat (document).

Document Inscription des candidats à un emploi dans une BDD

Lorsqu'un candidat se présente à l'agence – muni de son CV, de ses diplômes et de ses certificats de travail –, il est reçu en premier lieu par un chargé d'accueil spécialisé dans le recrutement, qui vérifie et authentifie les documents présentés. À la fin de l'entretien, le chargé d'accueil complète un formulaire de sa base de données « Fiches de recrutement » puis transmet *via* l'intranet l'ensemble des documents au psychologue du travail, qui reçoit à son tour la personne. Il s'agit d'un entretien en face-à-face évaluatif dont l'objet est d'établir, notamment, un bilan de compétences. À l'issue du second entretien, le psychologue transmet l'ensemble des documents papier au chargé d'accueil, qui les regroupe dans un dossier. Ce dossier est ensuite présenté au responsable pour avis. Si l'avis est favorable, le chargé d'accueil procède à l'inscription définitive de la personne dans les registres de l'agence, ainsi que dans la base de données (saisie informatique). Le candidat en est informé par courriel.

2 Concevoir un schéma postes-documents, proposer des améliorations

MAÎTRISE

Situation

La société Swan SA emploie 180 personnes. Le directeur des relations humaines, M. Renaud, dont vous êtes le (la) collaborateur(-trice), est chargé d'organiser et de contrôler les actions de formation et de perfectionnement professionnel.

Consignes

1. **Représentez le processus de formation (document) sous la forme d'un schéma postes-documents.**

COM 2. **Adressez une note à M. Renaud pour lui faire part des améliorations qu'il vous semble possible d'entreprendre.**

Document **Le traitement des demandes de formation**

Comme chaque année, certains cadres et employés se sont portés volontaires pour des formations individuelles proposées par des organismes extérieurs. La direction a retenu, parmi les propositions présentées par ces centres, un certain nombre de formations.
En conséquence, un programme a été élaboré et les salariés ont été invités à demander officiellement leur inscription pour la formation choisie.
Les diverses demandes sont traitées par deux personnes : Mlle Maurs (courrier) et Mme Vitry (classement et mise à jour des fichiers).
Ces employées vérifient les demandes de congé de formation présentées par les intéressés. Les informations utiles à la décision sont récapitulées, pour chaque membre du personnel, sur une fiche « Formation », sur laquelle seront notées les formations suivies. Un tableau permet de calculer le nombre de personnes en cours de formation. La décision étant prise par le directeur des relations humaines et consignée sur l'imprimé de demande, la réponse à l'intéressé est saisie en deux exemplaires, dont l'un est classé dans un échéancier et servira à contrôler, lors de sa réception, l'attestation de fréquentation effective.
Une première mise à jour du fichier « Formations » et du tableau est alors effectuée ; une autre se fera après réception de l'attestation. La demande et le double, classés provisoirement dans l'échéancier, seront enfin placés dans le dossier de l'intéressé, ainsi que l'attestation.

3 Analyser, représenter et améliorer un processus

MAÎTRISE

Situation

Le laboratoire pharmaceutique LaboPharm utilise un appareillage technique sophistiqué, dont la maintenance de premier niveau est effectuée en interne par le service Entretien. Lorsqu'une panne survient hors garantie et qu'elle implique le remplacement d'une pièce détachée coûteuse, son acquisition est soumise à un traitement particulier.

Consigne

Étudiez cette procédure (document) et proposez des suggestions concernant son éventuelle amélioration ou simplification. Vous utiliserez un diagramme des flux.

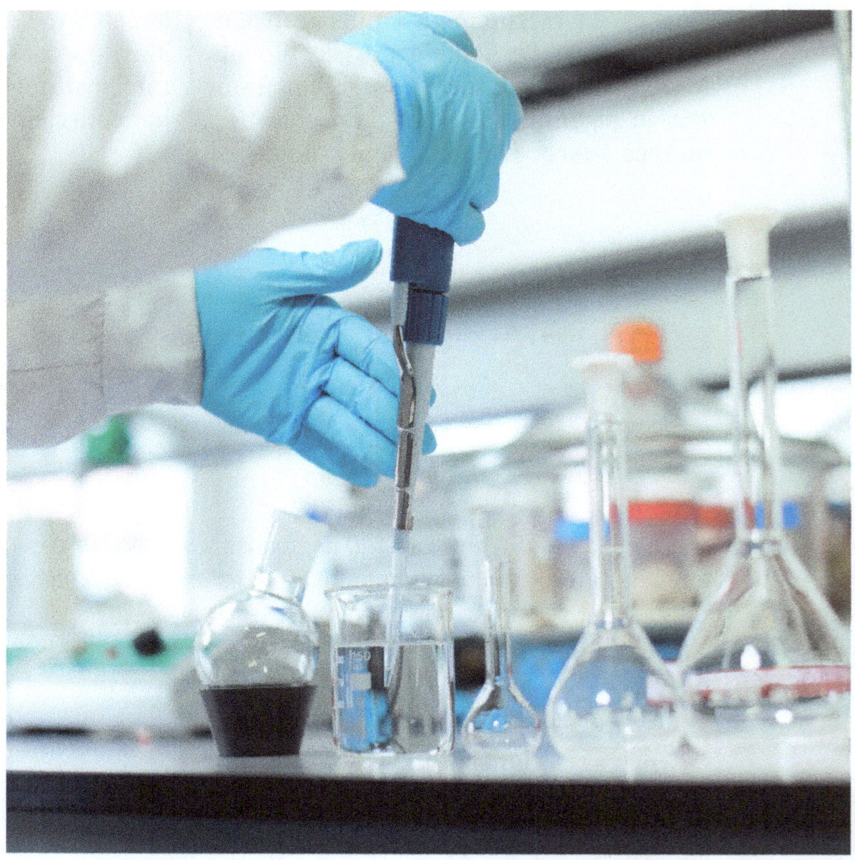

Document Traitement d'une demande d'achat

Le service Entretien rédige la demande d'achat en deux exemplaires, en archive un, puis transmet l'original au bureau technique. Le technicien de service contrôle le bien-fondé de la demande d'achat, l'annote puis il transmet le document à la comptabilité.
Celle-ci exerce un contrôle budgétaire puis transmet le document au service des achats, qui recherche alors un fournisseur. À cette fin, il rédige un appel d'offres et le diffuse. Il place en attente la demande d'achat, le temps que les soumissions lui parviennent. Il opère ensuite un choix définitif au vu de la facture pro forma.
Les deux documents sont alors transmis au service Comptabilité pour un nouveau contrôle budgétaire. La demande d'achat est encore annotée puis retransmise au service des achats, qui prépare et expédie le bon de commande. La demande d'achat retourne au service Comptabilité pour archivage dans le dossier « Achats en cours ».

4 Améliorer le processus de réalisation d'un prospectus publicitaire

EXPERTISE

Situation

Vous travaillez au sein du service administatif de l'hypermarché Amiprix, situé à Nancy (Meurthe-et-Moselle). Vous êtes chargé(e) de suivre la création du prospectus des soldes d'été du magasin qui sera diffusé dans les boîtes aux lettres des clients de la zone de chalandise.
Ce document publicitaire nécessite les services de deux prestataires externes (un photographe et une agence de publicité) et, en interne, votre collaboration et celle des chefs des trois secteurs commerciaux concernés par les soldes.
En N-1, le directeur du magasin, Karim Perret, avait regretté sa distribution un peu tardive par rapport à la publicité de la concurrence. Lors de la dernière réunion hebdomadaire, il a demandé aux acteurs du processus de réfléchir aux causes de ce retard et aux solutions à mettre en place pour accélérer le processus cette année.

Consignes

1. **Quel est l'enjeu d'une diffusion du prospectus « dans les temps » ?**
2. **Proposez un schéma pour représenter le processus de réalisation du prospectus.**
3. **À partir des extraits de la réunion du 15 mai N (document 2), critiquez l'existant et proposez des solutions.**
4. **Modifiez le schéma en conséquence.**

Document 1 Étapes de la réalisation du prospectus publicitaire

« Soldes d'été N » du magasin Amiprix

- Vous contactez le photographe pour vous mettre d'accord sur une date de prise de vue des objets à solder qui paraîtront dans le prospectus publicitaire avant les soldes.
- Dès la prise de rendez-vous, vous réservez la salle où seront placés tous les articles à photographier. Vous communiquez par courriel la date de prise de vue aux chefs des secteurs commerciaux et leur demandez de vous transmettre une liste des articles à solder (références, prix et autres indications légales). Les chefs des secteurs commerciaux saisissent et éditent leur liste puis vous la transmettent dans la semaine qui suit.
- Vous faites une photocopie des listes et rangez les originaux dans le dossier « Soldes N ».
- Le jour de la prise de vue, vous accueillez le photographe et le dirigez vers la salle où ont été placés tous les produits à photographier, sauf les plus encombrants, qui seront photographiés dans leur rayon. Vous assistez le professionnel dans son travail grâce aux listes fournies par les différents chefs des secteurs commerciaux.
- Quelques jours plus tard, le photographe transmet directement les photographies et les listes d'articles à l'agence de publicité. Celle-ci réalise un prospectus de plusieurs pages qui contient les articles photographiés, leurs descriptifs et leurs prix. Elle l'adresse ensuite au service administratif pour validation. À réception de la maquette, vous la classez dans le dossier « Soldes N » pour que le responsable du magasin décide, en réunion avec les chefs des secteurs commerciaux, de valider le prospectus.

Document 2 Extraits de la réunion du 15 mai N

Karim Perret : L'an dernier, notre publicité « Soldes d'été » a été diffusée avec du retard par rapport à nos concurrents. Il faut absolument être plus efficace cette année. Je vous propose de réfléchir ensemble à ce problème. À votre avis, quelles sont les causes de cette perte de temps ?

Laetitia Lecœur, *chef du secteur « Mode »* : Avions-nous rencontré des problèmes avec nos prestataires de services ?

Vous : Aucun, le photographe et l'agence publicitaire ont respecté les délais.

Laetitia Lecœur : Si je comprends bien, les pertes de temps ont été internes ?

Vous : En ce qui me concerne, j'ai eu des difficultés à récupérer toutes les listes complètes. Il m'a fallu relancer certains secteurs…

Sébastien Picard, *chef du secteur « Hi-fi/électroménager »* : C'est vrai qu'il nous faut du temps pour établir des listes complètes car nous avons à cœur de ne pas faire d'erreurs lors de la séance photo ou bien ensuite des erreurs dans le prospectus…

Lilou Fabrizzio, *secteur « Bazar »* : Pour aller plus vite tout en évitant les erreurs ou les omissions, il nous faudrait disposer d'un document simple à compléter.

Vous : Effectivement, pour l'instant, chaque secteur transmet sa liste personnelle. Je pourrais réfléchir à un modèle commun. Cela faciliterait le travail au niveau de chaque secteur, et pour moi, une liste homogène serait aussi plus facile à exploiter. Il ne me manquerait plus aucune information sur le nouveau prix, l'ancien, la référence…

Laetitia Lecœur : Bonne idée ! En plus, si cette liste est diffusée sur le serveur, nous gagnerons encore un temps précieux en transmission de documents.

Sébastien Picard : Dans ce cas, finies les omissions et les relances aussi…

Chapitre

14

L'identification d'un besoin ou d'un problème et l'établissement d'un diagnostic

ACTIVITÉ	**1.3.** Amélioration continue des processus	**TÂCHE**	**1.3.2.** Identification d'un problème ou d'un besoin et établissement d'un diagnostic
COMPÉTENCE	Contribuer à la pérennisation des processus.	**VERS PIX**	**3.1.** Développer des documents textuels

Contexte : Bonbec

L'entreprise de confiserie Bonbec est reconnue comme leader dans le domaine de la confiserie industrielle. Bonbec, qui compte 756 collaborateurs, est actuellement implantée sur deux sites : le siège social à Châteaubriant et l'usine de production sur la zone industrielle de Carquefou, distante de 54 km.

Cette organisation est source d'inefficacité :
– allongement des processus de gestion des flux (de l'approvisionnement à la livraison client) et de la prise de décision ;
– insuffisance de communication entre les collaborateurs.

Les salariés viennent d'apprendre, par une fuite dans la presse locale, que la direction projette de rassembler l'ensemble du personnel sur un seul site, celui de Carquefou. Les salariés du siège social, qui vont devoir déménager, manifestent alors leur opposition.

Vous êtes un(e) proche collaborateur(trice) de Ronald Duchêne, directeur des ressources humaines de l'entreprise Bonbec, à qui la direction demande de mener des investigations sur le blocage manifeste du personnel face au déménagement.

Découvrez l'entreprise Bonbec en vidéo

liennathan.fr/i73s9n

- Reportez les informations utiles du contexte au recto de la fiche E4 (organisation, contexte et objectifs de la mission, ressources).

VOTRE RÔLE

La direction de Bonbec vient de publier un communiqué sur l'intranet dans la rubrique « La vie de l'entreprise », mais cela ne suffit pas à calmer les appréhensions du personnel. Il faut donc lui démontrer que le problème est sérieusement pris en considération.

Ronald Duchêne, le DRH, vous charge de vous attaquer méthodiquement au problème du blocage croissant du personnel face aux perspectives de déménagement.

TRAVAIL À FAIRE

I. Identifier et caractériser le problème

Vous consultez une check-list concernant les techniques et outils utilisables à chacune des étapes de la démarche de résolution des problèmes.

Fiche ressource 1
Annexes 1 2 3

1. Caractérisez le problème en utilisant un QQOQCP.
2. Présentez l'intérêt de cet outil dans la première approche du problème.

II. Collecter des informations pour repérer les causes du problème

Vous suggérez de commencer par collecter des informations pour avoir une idée plus précise sur le ressenti du personnel. Une rencontre est donc organisée par M. Duchêne avec les délégués du personnel. À l'issue de celle-ci, vous organisez les remontées d'informations éparses.

Fiche ressource 2
Annexes 2 4 5

3. Repérez dans les échanges les principales causes du mécontentement des salariés face à ce déménagement.
4. Présentez sous la forme d'un diagramme causes-effets le détail de ces causes.
5. Présentez l'intérêt de cette représentation à ce stade de la réflexion.
6. Quelle différence faites-vous entre des informations recueillies d'une source informelle et des informations recueillies dans un cadre organisé ?

M. Duchêne souhaite compléter sa connaissance des causes réelles au moyen d'une enquête de terrain auprès des 30 salariés qui seront concernés par la première étape de l'opération de déménagement.

Fiche ressource 3

7. Rédigez l'enquête.
8. Précisez les conditions dans lesquelles l'enquête doit être réalisée pour obtenir le maximum de réponses.
9. Saisissez votre enquête dans un logiciel d'enquête.

III. Réaliser le diagnostic pour préparer l'action

La direction demande à M. Duchêne de lui communiquer un diagnostic sur la situation. Le DRH vous charge de cette mission, que vous effectuez à l'aide de l'ensemble des informations collectées et de vos travaux précédents.

Fiche ressource 4

COM 10. Présentez le diagnostic opérationnel dans un rapport.
11. D'après vous, quelles vont être les phases suivantes ?

- Finissez de remplir la fiche E4 (contraintes, méthodologie, bilans professionnel et personnel).

DONNÉES DE LA SITUATION

Annexe 1 Check list « Les outils et techniques de la démarche de résolution de problème »

Étape de la démarche	Techniques et outils utilisables
1. Identifier et caractériser le problème (nature, ampleur, fréquence, gravité, enjeux)	▪ Méthode du QQOQCP ▪ Questionnaire d'enquête et entretien ▪ Matrice des MOFF (menaces, opportunités, forces, faiblesses)
2. Rechercher les causes	▪ Méthode du QQOQCP ▪ Étude statistique et tableau de bord
3. Analyser les causes, les ordonner	▪ Diagramme causes-effets (Ishikawa) ▪ Diagramme de Pareto pour prioriser les causes ▪ Arbre des causes
4. Rechercher des solutions	▪ Techniques de créativité (remue-méninges, carte mentale)
5. Comparer les solutions	▪ Calcul de coûts et de rentabilité ▪ Tableaux de comparaison (avantages / inconvénients) ▪ Matrice de compatibilité et matrice multicritères
6. Mettre en œuvre la solution optimale	▪ Liste de contrôle (p. 110), planning ▪ Réseau PERT pour ordonnancer les tâches ▪ Diagramme de Gantt pour visualiser les étapes (p. 112) ▪ Cahier des charges / Tableau de bord / Budget
7. Suivre et contrôler	▪ Tableau de bord ▪ Calcul des coûts prévisionnels et réels ▪ Mesure et analyse des écarts

Annexe 2 Entretien téléphonique avec le DRH, Ronald Duchêne

Ronald Duchêne : Notre direction générale s'alarme des fuites dans la presse concernant la restructuration, et notamment le déménagement de Châteaubriant à Carquefou. Depuis l'annonce du transfert du Service Relation Clients (SRC), qui se fera en premier, je ressens un malaise croissant chez les salariés. La DG veut y voir clair ! Et vous ? Avez-vous des échos ?

Vous, *l'air préoccupé* **:** Oui, de façon informelle… autour de la machine à café, dans les couloirs… Il y a de vraies inquiétudes, beaucoup d'interrogations.

R. D. : Cette situation m'inquiète. Il faut absolument que ce déménagement soit bien vécu par tout le personnel. Sacré défi ! Tout le monde devra se mobiliser sans que les clients ne soient pénalisés. Il faut apporter le maximum de réponses aux problèmes rencontrés par les salariés et faire des propositions qui atténuent les craintes, sachant d'ores et déjà qu'aucun licenciement n'est prévu. Nous avons besoin d'un état des lieux précis de la situation. Pour cela, je dois connaître les difficultés à titres privé et professionnel ainsi que les interrogations en matière d'organisation matérielle du déménagement. Vous connaissez bien toutes les personnes de ce service, vous avez un bon contact. Restez à l'écoute.

Annexe 3 Le Service Relation clients (SRC) et son transfert

La direction générale a décidé que le SRC, actuellement implanté à Châteaubriant, sera le premier service à être transféré sur le site de Carquefou, la semaine du 11 au 15 septembre. Cette opération concerne 30 salariés.

La clientèle est composée exclusivement de professionnels, répartis en deux catégories :

• « Grands comptes » : grossistes en confiserie / centrales d'achat des hypermarchés, grands magasins et supermarchés ;

• « Détaillants » : magasins et fournisseurs spécialisés en confiserie et snacks / pâtisseries, cafés, boulangeries / commerces en ligne / distributeurs automatiques.

Il remplit les missions suivantes :

– gestion des contrats signés par les sous-directions commerciales ;

– suivi de la relation clients de la commande au règlement : planification des livraisons, facturation, règlement, relances, litiges ;

▸▸▸

Annexe 3 Le Service Relation clients et son transfert (suite)

– maintien de contacts permanents avec les responsables financiers des clients « Grands comptes ».

Le maintien de la cohésion de l'équipe SRC est essentiel pour conserver la qualité de la relation clients. La réussite opérationnelle du transfert doit donc être totale.

Annexe 4 Échanges informels entre salariés du SRC au restaurant d'entreprise

Jean : Je me demande ce que la DG a derrière la tête… Est-ce qu'ils ne vont pas en profiter pour en licencier certains ? Qui dit qu'ils n'en profiteront pas aussi pour nous répartir différemment dans les services ? Ma performance risque de baisser et comme j'ai une prime sur objectif… elle va baisser aussi ! Je me demande si le patron ne va pas faire exprès de me changer de clients pour que je n'aie pas la prime ?

Julie : Et après, on sera moins nombreux ! On aura plus de travail avec un portefeuille clients plus intéressant. Et si ça se trouve, je vais enfin changer de sous-direction !

Jean : Moi, je n'ai pas envie de faire autre chose que ce que je sais faire, je connais bien mes petits détaillants…

Anne : Tu as raison.. Le niveau de service à la clientèle baissera si on les connaît moins.

Judith : Mes enfants vont rester plus longtemps chez la nourrice ! Qui va me payer le temps supplémentaire ?

Catherine : Et moi, la crèche ferme à 18 h ! Je ne pourrai plus aller les chercher comme avant. Avec mon mari, on n'avait besoin que d'une voiture, il nous en faudra deux ! Aller à Carquefou, ça me rallonge de 30 km ! Qui va me payer les kilomètres supplémentaires ?

Julie : Je sors à peine du déménagement de mon appartement ! Et maintenant, il faut déménager le bureau ! J'ai 48 ans. J'ai mal au dos et j'ai autre chose à faire que de remplir des cartons !

Laura : Fini le club de sport ou les courses entre midi et deux le vendredi. J'habite à l'est de Châteaubriant, je fais du covoiturage avec ma voisine. Si je dois aller à Carquefou, comment je vais faire ? Il me faudra une voiture ou alors prendre le bus, s'il existe. Eh bien, au final, ça m'est égal ! Ça tombe même bien, je pensais quitter l'entreprise… J'aurai peut-être une prime ?

Annexe 5 La consultation d'une délégation du personnel

Serge : Vous imaginez ce que c'est un open space ? On passe la plupart de notre temps au téléphone, avec 30 personnes dans la même pièce, ça va être le cirque !

Mylène : De toute façon, quand quelqu'un parle à côté de moi, je ne peux pas me concentrer. L'open space, c'est la déshumanisation du lieu de travail ! Finies plante verte et photos des enfants… J'étais tranquille dans mon bureau. Je pouvais faire mes commandes sans être dérangée. Finie l'intimité !

Ronald Duchêne : Vous avez peut-être raison… mais en open space, la communication sera plus facile entre vous. Vous pourrez organiser plus rapidement une réunion pour régler un problème urgent, sans passer par les mails.
Moi, je trouve ça plutôt bien. À Carquefou, vous serez plus proches de la production. Ce sera plus facile de négocier des changements de plans de production. Plus facile aussi d'avoir l'information pour gérer les litiges… Enfin, mettre un visage sur le nom des collègues de la production.

Antoine : Les collègues se demandent comment ce déménagement va s'organiser dans le temps. Ils veulent participer à l'aménagement des lieux, améliorer leurs conditions de travail, fauteuils, équipements informatiques plus ergonomiques… Il ne s'agit pas d'en profiter pour faire des économies en réduisant les m² !

Fabienne : Il paraît aussi que le restau d'entreprise est moins bon à Carquefou. Là-bas, ce sont les gars de l'usine qui y déjeunent. Ils mangent deux fois plus… Tu peux chercher longtemps la salade ou le poisson grillé !

1 Identifier et caractériser un problème : le QQOQCP

I Définition

Cette méthode d'analyse consiste à poser six questions clés : Quoi ? Qui ? Où ? Quand ? Comment ? Pourquoi ?
Cet outil, simple d'utilisation, s'intègre à tous les niveaux de la démarche de résolution de problème.
En effet, les six questions balaient l'ensemble des aspects du problème ou du besoin et donnent :
– une vision d'ensemble qui permet de formuler le problème, de chercher des informations complémentaires si nécessaire ;
– des pistes pour rechercher les causes.

II Méthodologie

Les six questions clés déclinées permettent une exploration approfondie du besoin ou du problème.

Questions clés	Déclinaisons
Quoi ?	**De quoi s'agit-il ?** · Que fait-on ? · Quels sont les éléments qui caractérisent l'action ?
Qui ?	**Qui est concerné ?** · Qui est acteur ? responsable ? exécutant ? · Quels sont les services concernés ?
Où ?	**Où se passe la situation ?** · Dans quels services se manifeste la situation ? · Sur quels sites ? À quel poste de travail ? · En interne ? en externe ?
Quand ?	**Quand se produit la situation ?** · Depuis quand se produit-elle ? · Est-ce périodique ? Sur quelle durée ? · À quel moment du mois ? de la journée ?
Comment ?	**Comment se déroule la situation ?** · Selon quelle procédure ? · Quelles sont les actions qui la génèrent ? · Quels sont les outils, les matériels impliqués ?
Pourquoi ?	**Pourquoi la situation apparaît-elle ?** Quelles sont les premières causes apparentes ?

À toutes ces questions clés, on peut combiner la question « **Combien ?** » :
– Depuis combien de temps la situation dure-t-elle ?
– Combien de personnes sont impliquées ?
– Combien de lieux sont touchés ?
– Combien cela coûte-t-il à l'entreprise ?

2 L'analyse des causes d'un problème : le diagramme causes-effets (Ishikawa)

I Définition

Le diagramme causes-effets est l'un des outils permettant de représenter les causes d'un problème en les structurant et de les analyser. Appelé également « diagramme d'Ishikawa », du nom de son inventeur, il est construit à partir de la méthode des 7M (Main-d'œuvre, Matière, Méthode, Machines, Milieu, Management, Moyens financiers). Il permet de visualiser les causes par catégorie et permet d'orienter le manager sur les causes à traiter en premier lieu.

II Méthode de représentation

1. Étape 1

Il faut d'abord répertorier les catégories de problèmes possibles, en fonction de leur origine.

Exemple :

– Main-d'œuvre : compétences, attitude, effectifs ;
– Matière : matières premières, marchandises ;
– Méthode : procédure utilisée ;
– Machines : matériel informatique/de reproduction utilisé ;
– Milieu : environnement matériel ou immatériel (intranet), conditions de travail ;
– Management : style, consignes données ;
– Moyens financiers : coûts, budget alloué.

2. Étape 2

Il faut ensuite effectuer la représentation schématique :
– tracer une flèche horizontale au bout de laquelle on énonce le problème (dans l'exemple ci-dessous, la panne d'une imprimante) ;
– de cette flèche centrale, tracer des flèches convergentes portant les titres des 7M (ou moins selon la situation) ;
– sur chacune de ces flèches, inscrire les causes du problème et ses qualificatifs.

Exemple : diagramme causes-effets d'une imprimante partagée qui tombe souvent en panne

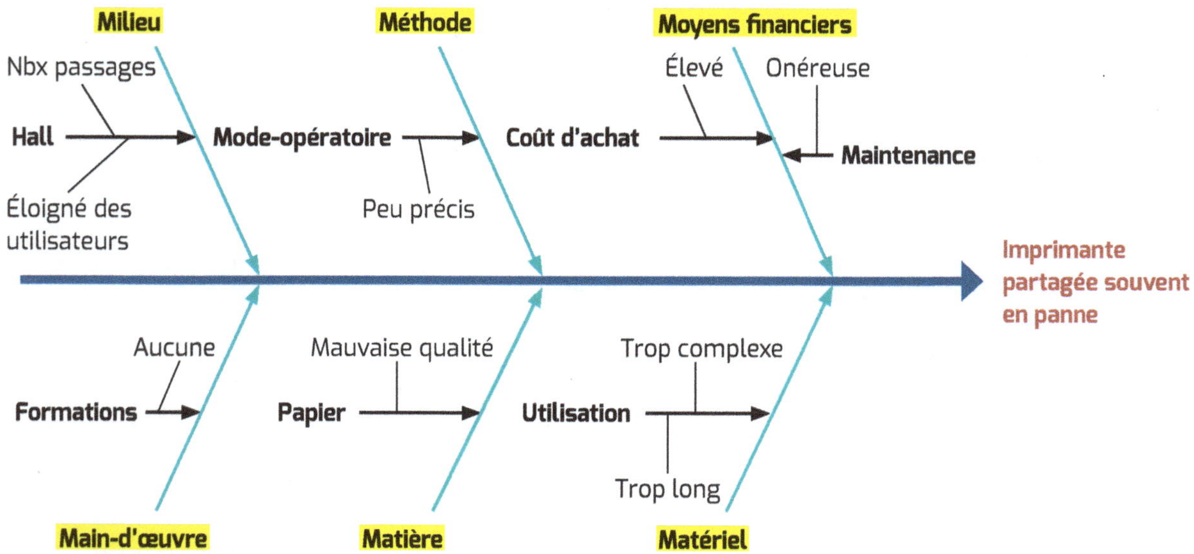

3 L'enquête par questionnaire

Une enquête par questionnaire peut permettre de collecter des informations sur un besoin, un problème, utiles à la prise de décision du manager.

I Les étapes de l'enquête

Définir l'objectif de l'enquête. → **Structurer le questionnaire.** → **Formuler les questions.** → **Tester le questionnaire et administrer l'enquête.** → **Effectuer le traitement et produire un rapport.**

II La structure du questionnaire

QUESTIONNAIRE DE SATISFACTION SUR VOTRE FORMATION

Vous venez de participer à une formation de deux jours à notre siège. Nous vous remercions de bien vouloir compléter le questionnaire en ligne ci-dessous afin que nous puissions ensemble construire de nouvelles formations adaptées à vos besoins.

VOTRE FORMATION

1. Pour cette formation, vous êtes dans l'ensemble :
O Très satisfait(e) O Plutôt satisfait(e) O Plutôt insatisfait(e)

LES CONDITIONS MATÉRIELLES

2. Comment jugez-vous l'accueil lors de cette formation ?
O Excellent O Bon O Moyen O Mauvais O Très mauvais

3. Les moyens informatiques étaient-ils suffisants ? O Oui O Non

L'ANIMATION

4. Avez-vous apprécié le style d'animation de l'animateur ? O Oui O Non
Si non, pour quelle raison ? [ ]

LE CONTENU

5. Les apports étaient-ils (*vous pouvez cocher plusieurs cases*) :

	Suffisamment	Pas assez	Pas du tout
Clairs ?	O	O	O
Techniques ?	O	O	O
Adaptés à votre besoin ?	O	O	O

LE BILAN

6. Pensez-vous que vos objectifs ont été atteints ?
O Oui O Partiellement O Non
Si non, pour quelle raison ? [ ]

7. La durée du stage était-elle suffisante ? O Oui O Non

8. Selon vous, ce que vous avez appris est-il utile à l'exercice de votre fonction ?
O Oui O Partiellement O Non
Expliquez : [ ]

9. Souhaitez-vous une formation complémentaire ?
O Oui O Non Si oui, précisez sur quel point : [ ]

Nous vous remercions pour votre contribution. **Envoi du questionnaire**

- Le titre doit susciter l'intérêt.
- Les questions sont classées par thèmes de façon logique.
- Question ouverte
- Le questionnaire ne doit pas être trop long.
- Remerciements
- Présentation du but de l'enquête
- Question avec échelle de jugement pour évaluer sur un critère de valeur
- Question à choix multiple (plusieurs réponses possibles)
- Question binaire fermée (deux réponses possibles)

Les questions, qu'elles soient ouvertes ou fermées, doivent respecter quelques règles de base :
– ne pas être biaisées, c'est-à-dire qu'elles ne doivent pas induire certaines réponses ;
– être simples, précises et formulées clairement (une seule idée par question, pas de termes ambigus, vagues ou trop techniques).

III L'administration du questionnaire

Elle dépend du type d'enquête, de la cible et des conditions matérielles.

> *Exemple :* pour évaluer une formation interne, un questionnaire est généralement remis à la fin de la formation ; il est alors renseigné sur place.

Les questionnaires sont souvent administrés en ligne, avec des outils comme Google Drive. En liant le formulaire Google à une feuille de calcul Google, les réponses peuvent être automatiquement ajoutées à cette feuille et permettre ensuite de réaliser des calculs ou des graphiques.

4 Établir un diagnostic

I Définition

Un diagnostic est l'analyse d'une situation qui pose problème. Cette opération consiste à procéder à un état des lieux en vue de préparer la prise de décision du manager et la ou les actions à mener pour corriger le problème.

II La démarche

1. Formuler clairement le problème

– Formuler le problème de manière complète sous forme de constat, chiffré ou non.

| *Exemple :* le taux de réclamations a augmenté de 5 % de novembre à janvier.

– Identifier avec précision l'origine du problème, les causes externes au service ou à l'organisation et/ou les causes internes.

2. Recenser les forces et les faiblesses de l'organisation face au problème

L'inventaire des forces et des faiblesses en interne s'établit à l'issue d'entretiens, de réunions ou à partir de documents internes à l'organisation (tableaux de bord, planning, base de données) ou d'un audit.

Cet inventaire débouche sur des mesures pouvant aider à surmonter ces menaces ou faiblesses et mettre en avant les opportunités et les forces constituant des leviers d'actions.

III La présentation du diagnostic

Le diagnostic fait en général l'objet d'un écrit structuré, sous la forme d'une note ou d'un rapport d'étude adressé au(x) décideur(s). Ce document sera plus ou moins volumineux selon le sujet et les données collectées pour nourrir la réflexion. Les annexes (graphiques, tableaux, schémas...) sont rassemblées en fin de rapport.

LOGO
Émetteur

RAPPORT (Objet)

Introduction
Elle rappelle la demande (ou ce qui motive le rapport) et annonce le plan.

Développement
Il présente un constat de la situation avec structure apparente : forces/opportunités à saisir et faiblesses/risques à surmonter, par exemple. Le style utilisé est neutre et indirect pour exposer les faits. Il peut occuper plusieurs pages.

Conclusion
Elle propose ou suggère des solutions ou des actions. Dans la proposition de solution, l'émetteur parle en son propre nom et les pronoms personnels « je » et « nous » peuvent être utilisés. Elle peut être accompagnée ou non de recommandations, d'observations qui attirent l'attention sur des risques relatifs aux chances de réussite, aux coûts à prévoir, aux ressources à mobiliser. Si plusieurs pistes ou solutions sont évoquées, il faut alors les comparer selon des critères pertinents : coût, performance, pérennité.

Mentions obligatoires : émetteur (+ logo), destinataire, date, objet).

APPLICATIONS PROFESSIONNELLES

1 Identifier un besoin

MAÎTRISE

Situation

Vous travaillez au sein de la DRH du conseil régional le plus proche de chez vous. Pour améliorer la qualité des services aux administrés, l'amplitude d'ouverture des différents services a été étendue. Or, l'effectif de votre région compte actuellement 50 % de jeunes parents. Les horaires souvent décalés posent maintenant le problème accru de la garde de leurs enfants en bas âge. Quelques mères s'organisent avec leur conjoint ou leur famille ou, par défaut, recourent à des solutions coûteuses : jeune fille au pair ou assistante maternelle à domicile. Les places en crèches ne permettent pas toujours l'accueil aux horaires souhaités.
Lors d'un entretien informel avec M. Trident, le DRH, vous évoquez les difficultés de vos jeunes collègues et émettez l'idée de créer une crèche commune à plusieurs collectivités locales. Préoccupé par les difficultés liées aux absences croissantes pour cause de garde d'enfants malades ou de nourrices indisponibles, M. Trident a également songé à cette solution. Il souhaite défendre ce dossier auprès du président de région. Pour cela, il faut préciser le besoin réel au moyen d'une enquête.

Consignes

1. **Élaborez le questionnaire qui servira pour l'enquête.**
2. **Précisez le mode d'administration.**
3. COM **À partir des résultats (chap14_appli1_resultats.xls), rédigez une note de synthèse à l'attention du DRH sur le bien-fondé du besoin.**

2 Repérer les causes de la dégradation de la rentabilité

MAÎTRISE

Situation

Le Spa d'Athéna, entreprise industrielle de mobilier sanitaire haut de gamme et spas à domicile, constate une nette dégradation de ses délais de livraison et de sa rentabilité. Ce secteur d'activité a pourtant le vent en poupe. Les commandes affluent et, pour y répondre, l'entreprise a recruté, à des salaires attractifs, de jeunes diplômés rares sur le marché. Sur les 50 salariés actuels de l'entreprise, 25 % font partie de la jeune génération. L'intégration a été difficile et s'est traduite par l'apparition de clans opposant jeunes et anciens. Par ailleurs, cette absorption rapide pour faire face à la demande n'a pas été suivie par la nécessaire réorganisation des processus de production et de suivi des commandes.
M. Rivière, fondateur de l'entreprise, inquiet de voir la situation se dégrader, a décidé de réagir. Il a donc fait appel à un cabinet de consultants afin de procéder à un audit. Vous l'avez assisté dans cette phase en tenant le rôle d'interface. Afin de mieux cerner le problème, vous en avez repéré les causes (document). Sur les préconisations du cabinet de consultants, M. Rivière veut résoudre le problème. Il vous demande de l'aider à préparer la réunion qui se tiendra prochainement.

Consignes

1. **Analysez les causes (document) en les classant par familles (main-d'œuvre, matière, méthodes, milieu, matériel).**
2. **Tracez le diagramme d'Ishikawa correspondant.**
3. **M. Rivière ouvrira la réunion par la présentation de la situation actuelle. Produisez pour cela un diaporama retraçant le problème, les causes, les enjeux de la situation actuelle et les objectifs à atteindre, que vous aurez pris soin de hiérarchiser. Vous ferez quelques commentaires dans la partie prévue à cet effet.**

▶▶▶

▶▶▶

Document Les causes

- Les services manquent de coordination.
- Les devis sont émis avec retard.
- Les ateliers sont mal organisés.
- Les pannes de machines sont nombreuses et aléatoires.
- Le retard de production entraîne des pénalités auprès de nos clients.
- Les salaires entre les ouvriers sont très hétérogènes.
- Personne ne sait exactement quels sont les délais de fabrication à respecter.
- Les salariés les plus anciens perdent leur motivation.
- L'arrivée de nouveaux a créé des clans.
- Le logiciel de gestion n'est plus assez performant.
- Davantage de pièces sont défectueuses.
- Les stocks de matières premières sont insuffisants.
- Il y a peu de réunions de coordination entre les ateliers.
- Personne n'a été désigné pour s'occuper de la planification.
- Quand il y a des urgences, on recourt à des sous-traitants dont on ne maîtrise pas toujours la qualité d'intervention.

3 Repérer les contraintes et les dépasser EXPERTISE

Situation

À Table, association basée à Vanne (Morbihan) et présidée par M. Guégan, a pour activité la distribution à domicile de repas aux personnes âgées. Préparés dans les centres de restauration des collectivités locales, les plateaux-repas sont livrés deux fois par jour, 7 jours sur 7. L'association emploie 250 salariés à temps partiel, peu ou pas diplômés et dont la moyenne d'âge est de 54 ans. Ayant eux-mêmes des parents âgés et dépendants, ils se sentent proches de leurs clients et sont donc bien impliqués dans leur mission. L'association a des partenariats avec les collectivités locales, les partenaires sociaux en charge des personnes âgées et les autres associations (soins infirmiers, aides à domicile).
Les demandes sont toujours plus nombreuses et le secteur géographique tend à s'élargir au-delà du département. Des réunions mensuelles sont organisées par les quatre chefs de secteur (document 1). Le but de ces réunions est de faire le point sur les expériences, d'intégrer les nouveaux venus, de faire le bilan avec les partenaires sociaux qui subventionnent pour partie l'association. M. Guégan a toujours eu le souci de rester proche du terrain et participe à toutes les réunions de secteur.
Toutefois, ce mode de fonctionnement a eu tendance à éloigner les salariés du siège de l'association, dont les échanges se limitent au domaine administratif. M. Guégan envisage une nouvelle stratégie : créer des antennes locales où le chef de secteur consacrerait un temps plein.
Lorsque M. Guégan a suggéré son idée aux acteurs concernés, celle-ci a été accueillie plutôt froidement. Il semblerait que les personnes ne soient pas toutes prêtes à passer à temps plein. Pour des questions d'ordre organisationnel, cette solution semble pourtant incontournable. M. Guégan provoque alors une réunion.
Vous avez assisté à la première réunion évoquant la mise en place des secteurs, qui a débouché sur un statu quo. Elle a réuni les chefs de secteur, les représentants du personnel, M. Guégan et vous-même. Vous avez rédigé le compte rendu (document 2).

Consignes

1. **Analysez les causes des réticences du personnel sous forme d'un schéma heuristique (*mind mapping*).**

COM 2. **M. Guégan vous demande de l'aider à prendre la meilleure décision dans la mise en œuvre du projet. Rédigez le diagnostic, dans lequel vous mettrez en évidence le problème et ses effets, analyserez les causes, évaluerez les objectifs et les contraintes.**

▶▶▶

▶▶▶

Document 1 Organisation de l'association

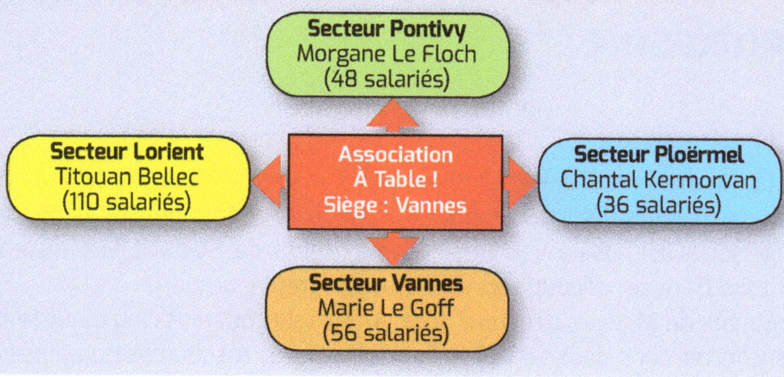

Document 2 Compte rendu de réunion

RÉUNION DU 5 JANVIER N
COMPTE RENDU

Ordre du jour : mise en place d'antennes locales
Étaient présents :
M. Guégan, président de l'association – *Vous*, collaborateur(-trice) de M. Guégan
LORIENT : M. Bellec, chef de secteur – Mme Hascouet, représentante des salariés
PLOËRMEL : Mme Kermorvan, chef de secteur – Mme Cloarec, représentante des salariés
PONTIVY : Mme Le Floch, chef de secteur – Mme Petit, représentante des salariés
VANNES : Mme Le Goff, chef de secteur – M. Guérin, représentant des salariés

• M. Guégan ouvre la réunion en expliquant les objectifs poursuivis par ce projet : structurer davantage l'association qui fonctionne comme une entreprise ; reconnaître le statut de chef de secteur (car le cumul avec la distribution devient lourd à gérer) et lui donner les moyens d'accomplir sa mission ; renforcer les relations avec les financeurs et les partenaires locaux, ce qui permettrait une meilleure visibilité de l'association sur le département, voire à long terme sur la région. Il projette aussi de créer deux autres secteurs limitrophes sur le département du Finistère pour décharger le secteur de Lorient devenu très lourd à gérer pour une personne.
• M. Bellec reconnaît qu'il a du mal à concilier les livraisons et le suivi des salariés. Pour lui, c'est déjà un temps plein qu'il accomplit de son domicile.
• Mme Kermorvan déplore la sédentarisation. Ce qui lui plaît dans cette activité, c'est le contact avec ses clients. Elle ne veut plus d'un travail de bureau.
• Mme Le Goff explique qu'elle n'est pas contre le projet, mais demande quels moyens vont être mis à sa disposition : voiture de fonction, assistant…
• M. Guégan répond que ce projet est à l'étude et que les besoins seront pris en compte.
• Mme Petit rapporte que les salariés, qui ont eu l'information, ont peur d'être « fliqués ». Et donc que l'association en perdrait de son intérêt.
• Mme Cloarec ajoute que les salariés y voient une perte de la convivialité car de petites réunions avec de moindres effectifs s'organisaient sur certains secteurs de Ploërmel les uns chez les autres.
• M. Guégan insiste sur le fait que, justement, cette organisation est faite pour rapprocher les salariés en instituant une véritable animation, un point relais entre eux, mais aussi entre les clients et leurs familles et des animateurs sociaux et les salariés. Il estime que ce métier implique les mêmes besoins que les travailleurs sociaux qui interviennent déjà chez leurs clients.
• M. Bellec signale qu'il n'est pas contre le fait de se décharger d'une partie de ses effectifs, mais demande s'il est opportun de faire appel à des personnes hors de la structure existante pour gérer les deux nouveaux secteurs du Finistère.
• M. Guégan répond que cette idée s'est imposée parce qu'en interne, il n'a pas trouvé de volontaires qui répondraient à l'exigence de travail à temps plein.
• Mme Hascouet ajoute que les salariés craignent de voir arriver des chefs de secteur qui ne connaissent ni les clients, ni le travail, ni les salariés eux-mêmes. Ils redoutent que le côté hiérarchique s'accentue si ces chefs de secteur sont en plus de jeunes diplômés.

La réunion se termine. M. Guégan invite les participants à approfondir la réflexion pour la prochaine réunion du 28 janvier N.

4 Établir un diagnostic sur un problème d'absentéisme

EXPERTISE

Situation

Aquasextius est le leader mondial des services liés à la gestion de l'eau (distribution d'eau potable, traitement des eaux usées, maintenance du réseau de distribution) dans 75 pays à travers le monde. Son siège social est basé à Neuilly-sur-Seine (Hauts-de-Seine). Elle a implanté six succursales sur le territoire français, découpé en six zones géographiques.
Vous travaillez auprès de M. Jean, directeur de la succursale couvrant cinq départements du Sud-Ouest. Il doit rencontrer dans deux semaines le directeur des ressources humaines du siège avec ses homologues des autres succursales afin d'établir le bilan semestriel de la gestion du personnel. M. Jean vous confie la préparation de l'un des points à l'ordre du jour : la rédaction d'une synthèse sur l'état des absences des équipes relevant de la succursale. Vous avez édité le tableau de bord des six premiers mois de l'année en cours (document).

Consignes

1. **D'après le document, caractérisez le problème grâce à la méthode du QQOQCCP.**
2. **Réalisez les graphiques sur tableur pour visualiser correctement la situation.**
3. **Analyser les résultats obtenus.**
4. COM **Rédigez un diagnostic sous la forme d'une note de synthèse en indiquant vos préconisations pour approfondir les investigations.**

Document — Tableau de bord du premier semestre N

Indicateurs : 1 = nombre de jours d'absence pour arrêt maladie
2 = nombre de jours d'absence pour accident du travail
3 = nombre de jours d'absence pour autres motifs

Succursales	Effectifs	Indicateur	Janvier	Février	Mars	Avril	Mai	Juin
Agen	54	1	4,03	4,63	4,03	4,63	4,63	4,41
		2	4,83	5,56	4,83	5,56	5,56	5,29
		3	1,29	1,48	1,29	1,48	1,48	1,41
Bordeaux	62	1	2,45	2,82	2,45	2,82	2,82	2,69
		2	5,26	6,05	5,26	6,05	6,05	5,76
		3	1,40	1,61	1,40	1,61	1,61	1,54
Bayonne	44	1	1,48	2,27	3,46	5,57	4,55	4,33
		2	2,96	3,41	4,45	5,11	5,68	5,41
		3	0,99	1,36	1,78	2,27	2,27	2,60
Pau	46	1	2,36	2,72	2,36	2,72	2,72	2,59
		2	1,89	2,17	1,89	2,17	2,17	2,07
		3	0,95	1,09	0,95	1,09	1,09	1,04
Toulouse	58	1	3,37	3,88	3,37	3,88	3,88	3,69
		2	5,25	6,03	5,25	6,03	6,03	5,75
		3	0,75	0,86	0,75	0,86	0,86	0,82

Chapitre 15

La proposition de solutions

ACTIVITÉ	**1.3.** Amélioration continue des processus	**TÂCHE**	**1.3.3.** Proposition de solutions
COMPÉTENCE	Contribuer à la pérennisation des processus.	**VERS PIX**	**1.1.** Mener une recherche et une veille d'information **1.3.** Traiter des données

Contexte : Bonbec

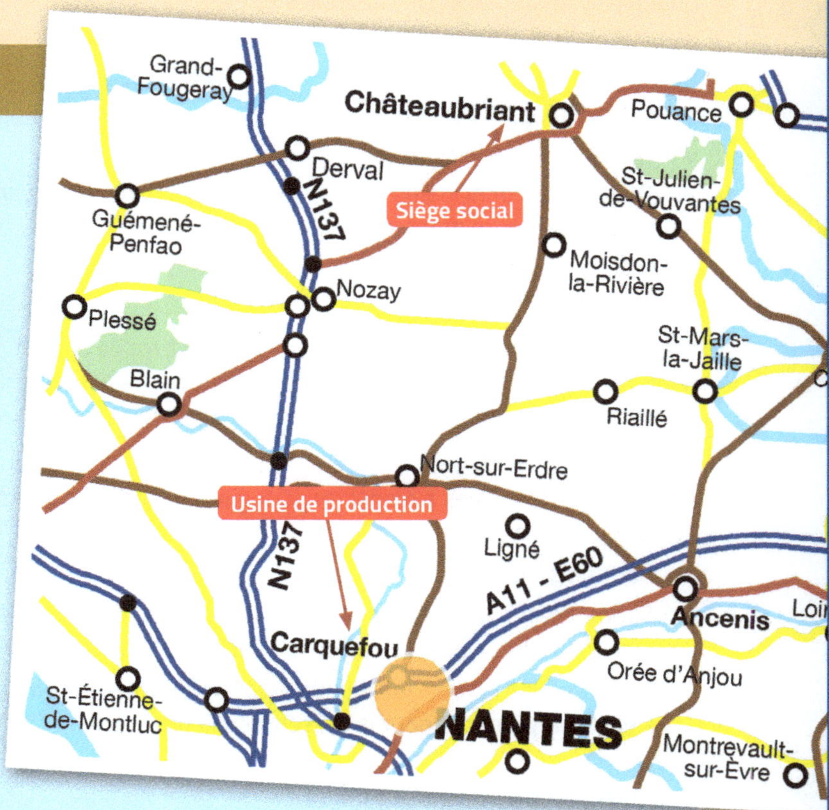

L'entreprise de confiserie Bonbec compte 756 collaborateurs, dont 158 travaillent au siège social à Châteaubriant.

Le déménagement progressif de l'ensemble de ses activités sur le site de Carquefou a été officiellement annoncé par la direction et s'effectuera en trois étapes :

– dans 3 mois, le service Relation clientèle (30 salariés). Un bilan sera effectué à l'issue de cette première étape ;

– dans 12 mois, l'ensemble des fonctions supports (comptabilité, marketing, DRH...) ;

– dans 16 mois, la direction et le service Communication.

Le personnel s'est mobilisé pour manifester son opposition à ce déménagement sur la zone industrielle de Carquefou. Des consultations ont été organisées. La direction s'est fixé une priorité : proposer aux salariés des solutions concrètes et dans des délais rapides, à partir de la collecte d'informations de terrain.

Vous travaillez sur le dossier "déménagement" sous la direction de Ronald Duchêne, DRH.

Les ressources logicielles comme le traitement de texte et le tableur vous sont particulièrement utiles. Vous recourez à des outils de géolocalisation pour apprécier les distances, temps de déplacement, etc.

Découvrez l'entreprise Bonbec en vidéo
liennathan.fr/i73s9n

- **Reportez les informations utiles du contexte au recto de la fiche E4 (organisation, contexte et objectifs de la mission, ressources).**

VOTRE RÔLE

En lien avec le DRH Ronald Duchêne, vous exploitez les informations déjà recueillies (chapitre 14) pour proposer des solutions susceptibles de réduire l'hostilité du personnel du site de Châteaubriant envers le déménagement sur la zone industrielle de Carquefou.

TRAVAIL À FAIRE

I. Établir une priorité parmi les causes à traiter

La direction souhaite connaître les principales causes de mécontentement pour proposer des solutions adaptées aux salariés. En effet, la mobilisation du personnel d'encadrement comme les moyens financiers doivent être orientés le plus efficacement possible.

1. Faites apparaître les causes principales du mécontentement à l'aide d'un graphique de Pareto.

Fiche ressource 1
Annexe 1

2. Dégagez les principales causes auxquelles il faut s'attaquer en priorité d'après le graphique.

II. Utiliser des techniques de créativité

Une séance de remue-méninges réunissant un groupe de huit responsables de l'encadrement est organisée pour explorer les solutions répondant à ces deux causes principales. Le DRH vous en confie l'animation.

3. Rappelez les règles à respecter pour garantir l'efficacité de cette séance de remue-méninges.

Fiche ressource 2

4. Formulez l'idée de départ.

5. Simulez le remue-méninges et notez les idées émises sous forme de carte mentale à l'aide des logiciels Mindomo, MindMap ou Xmind.

6. À ce stade de la réflexion, quelle est, d'après vous, la solution à retenir ? Trouvez des arguments pour la présenter à la direction.

III. Évaluer le coût des solutions

La direction, bien consciente qu'elle impose aux salariés une mobilité géographique, souhaite néanmoins limiter le coût des indemnisations de déplacement qu'il faudra verser, et vous demande de le chiffrer. Vous disposez des résultats d'une requête réalisée sur la base de données « Personnel » concernant les 30 salariés du SRC. Vous en extrayez les données nécessaires pour rédiger le rapport final à adresser à la direction.

7. Après avoir visionné la vidéo « Trier et filtrer des données » (http://urlz.fr/6tsa), réalisez par extraction de la BDD trois tableaux présentant :

Annexe 2
Chap15_TAF_bdd.xls

a. la situation familiale des salariés du SRC ;

b. le nombre de salariés par commune ;

c. le nombre de salariés ayant des enfants à charge et un conjoint qui travaille.

M. Duchêne vous indique les critères à remplir pour prétendre à une indemnisation.

8. Ajoutez deux colonnes au tableau (distance domicile/Châteaubriant et distance domicile/Carquefou). Annexe 3

9. Calculez ces distances à l'aide d'un outil de géolocalisation (Google Maps ou Mappy, par exemple) pour chacun des salariés.

Vous saisissez ces distances dans les colonnes précédemment créées en retenant la distance par la voie la plus rapide arrondie au kilomètre supérieur.

10. Évaluez le coût d'indemnisation occasionné par les déplacements. Annexe 3

IV. Comparer et présenter les solutions retenues

La direction envisage de créer un service de navette de ramassage du personnel entre les deux sites, Chateaubriant et Carquefou, matin et soir, tous les jours ouvrables.

11. À partir de vos recherches sur Internet, comparez les deux solutions : achat d'un minibus neuf Ford Transit Diesel de 16 places, ou location en leasing. Présentez vos résultats sous la forme d'un tableau « avantages-inconvénients » et concluez. Fiche ressource 3

COM **12.** Rédigez une note comparative des deux solutions (indemnisation des frais de déplacement et mise en place d'un service de navette).

COM **13.** En conclusion, rédigez un rapport présentant les propositions de solutions. Illustrez vos résultats à l'aide de graphiques.

- Finissez de remplir la fiche E4 (contraintes, méthodologie, bilans professionnel et personnel).

DONNÉES DE LA SITUATION

Annexe 1 Les causes principales du mécontentement

Le nombre de citations des causes de mécontentement lors des entretiens et de l'enquête administrée à l'ensemble du personnel travaillant sur le site de Châteaubriant se répartit ainsi :

Causes du blocage	Nombre de citations
Éloignement du domicile, donc coût supplémentaire de transport	85
Pas de moyen de locomotion personnel	12
Aversion pour le travail en open space	8
Pas de permis de conduire	4
Site de Carquefou excentré	15
Insuffisance de transport collectif	15
Aucune envie de changer ses habitudes de travail	18
Supplément de fatigue du fait de l'allongement des trajets	56
Risques de retard du fait des difficultés de circulation	22
Coût supplémentaire pour la garde des enfants	68

Annexe 2 Base de données « Personnel » (extrait)

Titre	Nom	Prénom	Poste occupé	Domicile	Situation	Permis B	Date embauche	Enfants à charge	Profession conjoint
M.	BETAR	Mohamed	Responsable GMS 2	ANCENIS	marié	oui	3/1/2008	3	enseignante
Mme	WACHEN	Farida	Gestionnaire enseignes GMS 2	ANCENIS	mariée	oui	5/1/2008	2	artisan
Mme	RODIER	Cathy	Responsable pôle export	ANCENIS	mariée	oui	3/1/2009	3	commerçant
M.	SIMON	Michel	Gestionnaire enseignes GMS 1	ANCENIS	pacs	oui	5/15/2014	2	sans
Mme	SOUK	Marianne	Gestionnaire enseignes GMS 2	BLAIN	pacs	oui	5/15/2010	0	cuisinier
Mme	REIBOLD	Nadine	Gestionnaire export	BLAIN	pacs	oui	3/20/2013	0	livreur
Mme	REIS	Louisa	Gestionnaire enseignes GMS 2	BLAIN	célibataire	oui	12/1/2015	1	-
M.	ASTARDI	Michel	Gestionnaire export	CARQUEFOU	marié	oui	2/1/2004	5	sans
Mme	ZIDOUNE	Dalilha	Responsable pôle CHD	CARQUEFOU	mariée	oui	15/06/2005	4	enseignant
M.	MADINE	Lone	Directeur SRC	CARQUEFOU	marié	oui	6/1/2008	2	sans
M.	FABRICE	Alan	Gestionnaire export	CARQUEFOU	célibataire	oui	9/1/2015	0	-
Mme	COCQUET	Sylvie	Gestionnaire accord client CHD	CARQUEFOU	célibataire	oui	2/13/2015	0	-
Mme	ISSOUDUN	Sandrine	Gestionnaire accord client CHD	CHATEAUBRIAND	mariée	oui	10/15/2014	0	chômage
Mme	KOHL	Martha	Gestionnaire enseignes GMS 1	CHATEAUBRIANT	mariée	oui	12/15/2011	0	chômage
M.	LETSEN	Ralph	Données de base CHD	CHATEAUBRIANT	marié	oui	4/1/2015	1	infirmière
Mme	VOGUE	Annie	Gestionnaire accord client CHD	GUEMENE PENFAO	divorcée	oui	9/1/2012	0	-
M.	REAL	Franc	Gestionnaire enseignes GMS 1	GUÉMENÉ PENFAO	marié	oui	5/15/2010	0	commerciale
M.	SCAPELLETTI	Antony	Gestionnaire enseignes GMS 1	GUÉMENÉ PENFAO	célibataire	oui	10/15/2015	0	-
M.	MIELLE	John	Données de base GMS	GUÉMENÉ PENFAO	célibataire	non	9/1/2016	0	-
Mme	OPPIDUM	Carine	Gestionnaire enseignes GMS 2	NANTES	mariée	oui	1/12/2011	0	gendarme
Mme	ZAN	Claudie	Gestionnaire accord client CHD	NANTES	célibataire	oui	2/1/2015	0	-
Mme	MAITRE	Christel	Gestionnaire enseignes GMS 2	NORT SUR ERDRE	divorcée	oui	10/12/2011	2	-

Annexe 3 Entretien avec le DRH concernant les indemnités prévues

Vous : Dites-moi jusqu'où on peut aller... en particulier pour l'enveloppe budgétaire à prévoir en ce qui concerne l'indemnisation des frais de transport.

M. Duchêne : La direction envisage plusieurs pistes d'indemnisation. Nous avons toujours eu le souci du bien-être du personnel et c'est important. Alors, par exemple, si sur les 30 salariés du SRC, il y en a quelques-uns qui ont des difficultés de déplacement, avec l'accord de la direction générale, nous trouverons un moyen pour les dédommager ; mais évidemment, s'il y en a 30, je ne pourrai pas ! Faites des simulations, pour ceux dont l'allongement du trajet aller-retour est par exemple supérieur à 15 km. Prenez comme base l'indemnisation de 0,32 €/km que nous utilisons habituellement pour le remboursement des frais professionnels, sans oublier nos 7 semaines de congés payés et nos 5 jours ouvrés hebdomadaires.

S'il y a d'autres types de demandes, il faut que nous gardions une ouverture. Pourquoi ne pas envisager le ramassage par navette ? Pas de refus catégorique, même si cette solution semble *a priori* assez onéreuse ! Nous devons nous efforcer d'apporter des solutions à toutes les situations. Pour ça, la direction générale est prête à y mettre les moyens (indemnité de garde d'enfants durant un an, 10 € par jour ouvré et par enfant). Et pourquoi pas une aide forfaitaire de 180 € pour passer le permis de conduire ?

Voir aussi un encouragement au covoiturage : réserver une place sur le parking pour les salariés qui choisissent de se regrouper...

1 Le diagramme de Pareto ou la loi des 20/80

I Définition

L'application de la loi de Pareto, ou loi des 20/80, permet de déterminer les causes les plus fréquentes d'un problème et d'évaluer la priorité des actions à mettre en place. En effet, on peut en déduire que si 20 % des causes produisent 80 % des effets, il suffit de travailler sur ces 20 % pour influencer fortement le phénomène. La loi de Pareto est un outil efficace de prise de décision.

II Exemple

Une entreprise souhaite analyser la satisfaction des participants à une formation en e-learning.
1re étape : collecter des informations à partir d'une enquête portant sur 10 items.

| *Exemple :* Citez deux motifs essentiels de satisfaction à l'issue de votre formation en e-learning.

2e étape : classer dans l'ordre décroissant le nombre de citations.
3e étape : calculer les pourcentages.
4e étape : calculer les pourcentages cumulés.

Avis	Nombre de citations	%	% cumulé
La délivrance finale d'une attestation de compétences	195	20,74	20,74
L'individualisation de votre parcours	185	19,68	40,43
La qualité des échanges avec votre tuteur	112	11,91	52,34
Le forum des stagiaires	95	10,11	62,45
Le rythme de votre apprentissage	85	9,04	71,49
La richesse et la variété des modules	81	8,62	80,11
Les évaluations sous forme de tests	75	7,98	88,09
Le niveau adapté des cours	65	6,91	95,00
La fréquence des évaluations	15	1,60	96,60
La qualité des échanges avec votre tuteur	14	1,49	98,09
La fréquence des rendez-vous téléphoniques avec votre tuteur	10	1,06	99,15
La facilité de connexion	8	0,85	100,00

5e étape : réaliser la représentation graphique.

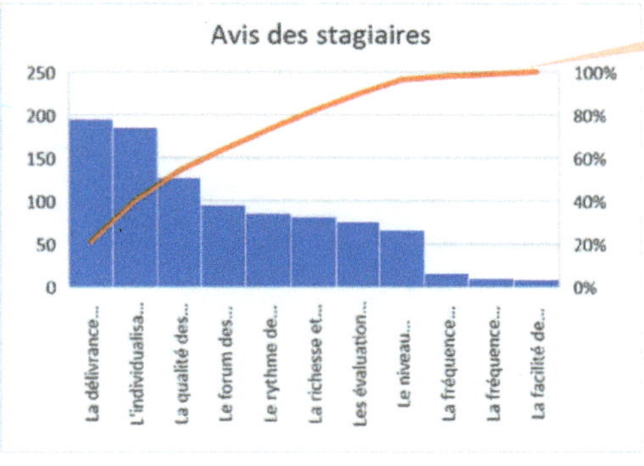

6e étape : conclure. On traite prioritairement les items n'ayant pas donné satisfaction : la fréquence des évaluations, la qualité des échanges avec le tuteur, la fréquence des rendez-vous téléphoniques avec le tuteur, la facilité de connexion.

2 Les techniques de créativité

Pour trouver des solutions à un dysfonctionnement ou à un problème, pour rechercher des idées innovantes, les techniques de créativité stimulent l'émergence d'idées.

I La recherche d'idées : le remue-méninges

Le remue-méninges, aussi appelé *brainstorming*, consiste à trouver un maximum d'idées sans émettre de jugement sur ces idées dans un premier temps. Il se déroule en deux temps.

1. Le recueil d'un maximum d'idées

L'animateur présente le problème.
Il rappelle les règles de fonctionnement :
– s'interdire les critiques ;
– s'abstenir de l'autocensure ;
– rebondir sur les idées des autres.

Il régule les débats en faisant cesser les critiques et en stimulant les membres du groupe dans leur créativité.
Il recueille l'ensemble des idées sans jugement mais de façon ordonnée.

2. La pensée convergente : la sélection des idées

Les critères de sélection des idées sont définis collectivement.
Le groupe procède à la sélection et au classement des idées.

II Les associations d'idées : la carte mentale ou shéma heuristique

La carte mentale, appelée aussi « shéma heuristique » ou « *mind mapping* », consiste à développer un concept central par association d'idées. Sa présentation visuelle donne un aperçu global de toutes les idées.
La méthode obéit à quelques règles :
– écrire ou dessiner le concept sur lequel on réfléchit au centre de la feuille ;
– établir un certain nombre de catégories qui constituent les branches de premier niveau de la carte. L'outil étant visuel, l'utilisation de couleurs et d'images est recommandé ;
– le développement des branches se fait ensuite par association d'idées. Seuls des mots-clés sont inscrits sur les branches.
Des applications en ligne permettent d'élaborer, de partager et de présenter ce type de schéma, notamment Mindomo (https://www.mindomo.com/fr/).

Exemple : carte sur l'organisation d'un déplacement à Moscou

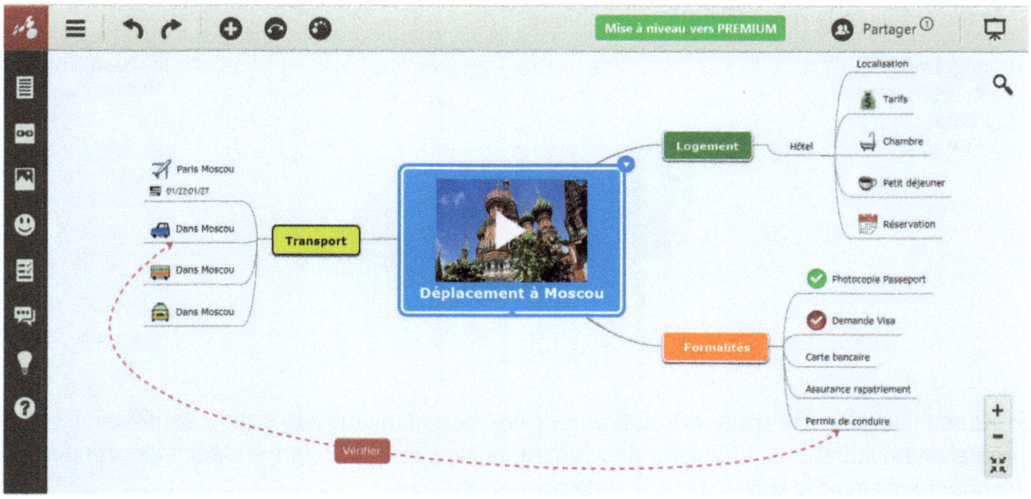

3 Les outils d'analyse des solutions

Face à un besoin ou à un dysfonctionnement, plusieurs solutions peuvent être envisageables. Il faut alors évaluer ou comparer chaque solution pour retenir celle qui sera la plus adaptée en termes de coût et d'efficacité.

I Le tableau « avantages-inconvénients »

Il a pour objectif de lister tous les avantages et tous les inconvénients de chacune des solutions envisagées pour résoudre un problème ou opérer un choix.

Exemple : pour assurer l'entretien de ses locaux, le dirigeant d'une PME se demande s'il doit engager du personnel ou faire appel à une entreprise de nettoyage. Un tableau « avantages-inconvénients » l'aidera à choisir l'une des deux solutions.

Analyse des solutions pour l'entretien des locaux (extrait)

Solutions	Avantages	Inconvénients
Recrutement	– Coût inférieur à celui de la sous-traitance – Possibilité d'employer le personnel pour d'autres tâches – Liberté pour choisir le personnel à employer	– Mise en place d'une procédure de recrutement – Nécessité d'évaluer les compétences des candidats – Temps consacré à la gestion de salariés supplémentaires
Sous-traitance	– Pas d'augmentation de l'effectif de l'entreprise – Pas de problème de remplacement en cas d'absence – Pas d'achat de matériel – Pas d'achat de produits consommables (produits d'entretien)	– Coût élevé – Flexibilité des horaires

II La matrice de compatibilité

L'objectif est d'aider la prise de décision en s'appuyant sur des critères de choix. Lorsqu'une des solutions est compatible avec le plus grand nombre de critères, celle-ci est considérée comme optimale.

Pour chaque solution et au regard du critère analysé, on note :

+ s'il y a compatibilité avec le critère ;
– s'il y a incompatibilité ;
? s'il n'est pas possible de trancher (information à valider ou peu fiable) ;
rien s'il y a indépendance.

Exemple : face à un problème de surcharge de travail dans un service administratif, trois solutions sont envisageables et comparées.

Solution optimale

Critères \ Solutions	Embauche	Réorganisation du travail	Informatisation
C1 : coût	–	+	–
C2 : rapidité	+	+	+
C3 : amélioration de la productivité	?	–	+
C4 : acceptation par les salariés	+	–	+

▶▶▶

III La matrice multicritères

Elle a pour but de choisir la solution optimale parmi plusieurs options en se basant sur des critères de choix. Elle aboutit à un choix plus objectif.
La démarche à suivre consiste à :
① identifier toutes les solutions possibles ;
② identifier les critères de choix ;
③ pondérer chaque critère par un coefficient en fonction de l'importance relative qu'on lui attribue ;
④ noter les solutions au regard de chaque critère ;
⑤ multiplier chaque note par le coefficient attribué au critère, totaliser et comparer.

Exemple : le service Communication réalise des épreuves préalables à la publication des documents. Ces épreuves nécessitent un tirage en couleurs, sur papier et en multiples exemplaires. Trois solutions sont envisageables :
– imprimante à jet d'encre ;
– imprimante laser ;
– photocopieur multifonctions connecté au réseau informatique.

Le choix des coefficients de pondération correspond à l'appréciation, parfois subjective, qui est faite sur les critères du choix.

Exemple (suite) : le coût d'acquisition est valorisé, c'est un critère déterminant ; la maintenance est minorée, on y attache moins d'importance.

La solution optimale est celle qui obtient la note pondérée la plus élevée.

Exemple (suite)

Évaluation des solutions
(5 = meilleure note, 1 = plus mauvaise note)

Critères	Coefficients de pondération	Imprimante à jet d'encre		Imprimante laser		Photocopieur	
		Note / 5	Note coeff.	Note / 5	Note coeff.	Note / 5	Note coeff.
C1 : coût d'acquisition	8	5	40	3	24	1	8
C2 : qualité de l'impression	5	1	5	5	25	4	20
C3 : rapidité d'impression	3	1	3	3	9	5	15
C4 : maintenance	4	5	20	3	12	1	4
Total	**20**		**68**		**70**		**47**

Solution retenue

APPLICATIONS PROFESSIONNELLES

1 Évaluer l'importance des problèmes avant de prendre une décision

MAÎTRISE

Situation

Vous êtes adjoint(e) administratif(ve) au sein du groupe AssurAzur, département « Remboursement des dommages ». Vous êtes affecté(e) au contrôle des remboursements suite aux dommages subis par les assurés. Vous avez également pour mission de détecter et de signaler les éventuelles fraudes. L'équipe des agents a effectué le contrôle de 2 600 dossiers de remboursement des sinistres pour le dernier semestre et relevé des anomalies (document).

Dans le cadre d'une démarche qualité, la responsable du département s'est fixé un objectif : supprimer toutes les anomalies en accordant la priorité aux plus fréquentes. À cet effet, elle vous charge d'étudier le problème dans le détail.

Consignes

1. **À l'aide d'un tableur, mettez en évidence la fréquence des anomalies selon leur type (document).**
2. **Réalisez la représentation graphique à l'aide d'un diagramme de Pareto.**
3. **À partir de ce travail, précisez les anomalies qui justifient la mise en œuvre, dans les plus brefs délais, d'une démarche d'analyse et de résolution de problème.**

Document Relevé des anomalies

Code	Type d'anomalie	Nombre de dossiers
RIN	Remboursement partiellement injustifié (marge d'erreur dépassée)	150
RDD	Non-respect des délais de déclaration	52
CAC	Non-concordance assuré/conducteur du véhicule responsable du sinistre	18
ARB	Références bancaires non actualisées	21
CFR	Non-prise en compte de la franchise dans le remboursement	43
MPJ	Manque une pièce justificative	400
FSD	Anomalie dans le montant des frais de soins déclarés	151
EDS	Erreur sur la date des sinistres	126
FAV	Fraude avérée	7
RDI	Non-réponse à la relance pour dossier incomplet	76
DPA	Double paiement	2
DRA	Dossier de remboursement en attente suite contentieux (montant non accepté par l'assuré)	15

2 Choisir une solution en utilisant un tableau « avantages-inconvénients »

MAÎTRISE

Situation

Vous avez trouvé un stage de six semaines dans une PME située en zone industrielle. Vous envisagez plusieurs solutions pour faire le trajet domicile/entreprise : transport personnel (covoiturage, moyen de locomotion personnel ou transport collectif éventuel (train, bus, métro…).

Consignes

1. **En fonction de votre situation personnelle et d'une recherche à l'aide d'un outil de géolocalisation, évaluez la distance entre votre domicile et le lieu de stage.**
2. **Listez tous les moyens de locomotion possibles.**
3. **Comparez les avantages et les inconvénients de chacune des solutions. Présentez vos résultats dans un tableau.**
4. **Quelle solution retenez-vous ?**

3 Utiliser un tableau de comparaison pour rationaliser un choix

MAÎTRISE

Situation

Vous souhaitez acquérir un ordinateur portable. Choisissez le modèle qui vous convient. Vous hésitez maintenant entre deux solutions d'achat : sur un site d'e-commerce ou dans un magasin spécialisé.

Consignes

1. **Identifiez six critères de comparaison.**
2. **Attribuez un coefficient de pondération à chacun des critères retenus en fonction de l'importance personnelle que vous leur accordez.**
3. **Présentez dans un tableau le résultat de vos appréciations pour chacune des solutions.**
4. **Quelle solution retenez-vous ?**

4 Réaliser un tableau croisé dynamique

EXPERTISE

Situation

M. Guichard est le directeur commercial à l'export du troisième négociant en foie gras du marché français. L'entreprise a misé sur des marques d'entrée de gamme à bas prix pour conquérir les marchés étrangers. Les 23 commerciaux sont répartis en sept zones géographiques couvrant l'ensemble de la planète. Ils sont donc amenés à se déplacer régulièrement sur le terrain, environ 150 jours par an. M. Guichard supervise l'ensemble et se déplace uniquement pour la signature de contrats importants. Après des années de croissance ininterrompue, les ventes ont ralenti progressivement. La hausse du prix des matières premières et le maintien de prix bas ont eu un impact direct sur la rentabilité de l'entreprise. Aussi, M. Guichard suit de près les dépenses de personnel et le retour sur chiffre d'affaires. Dans ce contexte de réduction des coûts, il s'intéresse aux frais de déplacement. Même s'ils sont inévitables dans son service, il souhaite néanmoins avoir une idée plus précise de la situation. Vous l'assistez dans sa démarche. Il attend votre première analyse pour prendre des décisions.

Consigne

Après avoir visionné la vidéo sur les tableaux croisés dynamiques (http://urlz.fr/6tsb), présentez les chiffres des dépenses par types et par zones pour l'année N en utilisant la fonction du tableau croisé dynamique (chap15_appli4_deplacements.xls).

5 Proposer et suivre l'application d'une solution

EXPERTISE

Situation

Le festival « Arts universels », géré par une association loi 1901, s'efforce d'encourager la création artistique dans le domaine du théâtre et de la danse. La nouvelle programmation d'une quarantaine de spectacles est communiquée au public par différents canaux, dont une brochure numérique diffusée auprès des adhérents courant juillet. Elle comporte une page par spectacle donnant les informations principales sur l'œuvre, l'adaptation, la mise en scène et des pages pratiques (calendrier, modalités d'adhésion…). Son envoi est accompagné d'une invitation à la présentation officielle du festival dans le grand théâtre de la Maison de la Culture. Cette présentation est fixée cette année au 1er octobre. Depuis que la brochure est numérique, sa réalisation pose un problème de coordination. Votre solution est de réaliser un schéma d'ordonnancement des tâches et d'en surveiller l'application.

Consignes

1. **Qualifiez le problème qui apparaît depuis que la brochure est numérique.**
2. **En quoi votre solution peut-elle résoudre le problème ?**
3. **Présentez un schéma d'ordonnancement des tâches (document) pour connaître la semaine de début de cette réalisation.**
4. **En cours de réalisation, le bénévole chargé de l'opération J demande une semaine supplémentaire pour accomplir sa tâche et l'informaticien vous prévient qu'il souhaite fixer ses dates de vacances à l'avance. Il risque d'être absent aux moments où sa présence sera requise. Quelles solutions apportez-vous à ces demandes ?**
5. **Comment allez-vous suivre l'application de ces solutions ?**

Document **Liste des tâches pour la réalisation de la brochure numérisée**

		Durée en semaines	Antériorités immédiates
A	Demande de documentation auprès des différentes compagnies des spectacles retenus pour la saison et attente des réponses	2	–
B	Synthèse des informations à partir de la documentation reçue	1	A
C	Préparation d'un « avant-programme »	1	B
D	Consultation d'un groupe d'adhérents de l'association sur l'« avant-programme », prise en compte des avis	1	C
E	Préparation d'un dossier numérisé de présentation – contenant l'« avant-programme » destiné aux relais et entreprises partenaires – et tenue de la réunion	2	D
F	Travail de recherche avec le webdesigner à partir de la synthèse des informations	3	B
G	Transmission de la synthèse des documents sur les spectacles au bénévole chargé de la communication	1	B
H	Prise de contact avec les entreprises partenaires présentes à la réunion pour accord du partenariat et envoi de leur logo	1,5	E
I	Rédaction des pages pratiques de la brochure (modalités d'adhésion et de réservation, calendrier, insertion des logos...)	0,5	H
J	Relecture, corrections ou réécriture des textes sur les spectacles par le bénévole et retour de ces textes sous forme de fichiers numérisés	2	G
K	Transmission au graphiste des textes sur les spectacles, des logos et des pages pratiques	0,5	I - J
L	Conception des épreuves de la maquette du site par le graphiste et réception de ces épreuves	1,5	K - F
M	Préparation et tenue de la réunion de l'équipe de direction pour la relecture des épreuves, rédaction du carton d'invitation à la présentation officielle de la saison	1	L
N	Remise des épreuves de la brochure à l'informaticien et mise en ligne	1,5	M
O	Conception par un bénévole graphiste des cartons d'invitation et mise à jour de la BDD des invités	1	M
P	Impression des étiquettes d'envoi des cartons d'invitation et du carton d'invitation par le secrétariat du festival	1	O
Q	Contrôle avec l'informaticien de la maquette définitive de la brochure à mettre en ligne et mise au point définitive	2	N
R	Envoi des cartons d'invitation 2 semaines avant la présentation officielle de la saison par le secrétariat du festival.	0,5	R - P

Présentation officielle de la nouvelle saison le 1er octobre.

Chapitre

16 L'animation d'espaces collaboratifs

ACTIVITÉ **1.2.** Gestion des dossiers en responsabilité

COMPÉTENCE Conduire l'action administrative en gestionnaire de dossier.

TÂCHE **1.2.2.** Animation d'espaces collaboratifs et de médias sociaux

VERS PIX **2.2.** Partager et publier

Contexte : Bonbec

L'entreprise familiale de confiserie Bonbec, qui compte 756 collaborateurs, est implantée sur deux sites : le siège social à Châteaubriant et l'usine de production sur la zone industrielle de Carquefou, distante de 54 km. La direction a décidé de rassembler l'ensemble du personnel sur le site de Carquefou.

La variété des origines du personnel provoque de fortes tensions dans l'usine de production, où l'on recense, parmi les ouvriers, 26 nationalités aux pratiques culturelles et religieuses très diverses. Certains salariés sont discriminés par d'autres. Les clivages se creusent, à tel point que certains collègues ne se parlent plus. Les responsables d'atelier ont alerté la direction à plusieurs reprises ces derniers mois.

De plus, la distance entre Châteaubriant et Carquefou a créé une scission entre les membres du personnel, qui ont du mal à se considérer comme appartenant à une seule et même entité. La collaboration entre les deux sites est rare. Or, le personnel de Châteaubriant étant sur le point de s'installer sur le site de Carquefou, il apparaît urgent de renforcer la cohésion afin de prévenir d'éventuels conflits.

M. Duchêne, le directeur des ressources humaines des deux sites, souhaite trouver une solution pour apaiser les tensions, qui nuisent au bien-être des salariés et à la performance des ateliers.

Découvrez l'entreprise Bonbec en vidéo

liennathan.fr/i73s9n

- **Reportez les informations utiles du contexte au recto de la fiche E4 (organisation, contexte et objectifs de la mission, ressources).**

VOTRE RÔLE

M. Duchêne précise qu'il ne s'agit pas de gommer les différences, mais plutôt de promouvoir la richesse de cette diversité afin d'en faire une force. Il décide de constituer un groupe de réflexion « Diversité » et vous associe étroitement à son animation, notamment pour accompagner la production de documents partagés et faciliter les échanges collaboratifs.

TRAVAIL À FAIRE

I. Analyser la dynamique d'un groupe

M. Duchêne a convié pour une première réunion l'ensemble du groupe de réflexion Diversité, composé de collaborateurs provenant du site de production, issus de toutes professions de l'entreprise et de toutes origines. Cette réunion a pour objectif de présenter le projet. Soucieux de sa réussite, le DRH présente longuement son diagnostic sur la diversité. La réunion prend alors une forme informative où les interactions sont réduites au minimum. Après la réunion, M. Duchêne ne perçoit pas l'adhésion qu'il espérait. Vous échangez à propos de la méthode d'animation pour que le groupe se sente davantage concerné par cette réflexion collective sur la diversité.

Fiche ressource 1
Annexes 1 2

1. Repérez les éléments constitutifs d'un groupe qui font défaut dans cette situation.

2. Pour chaque élément manquant, trouvez des actions à mener afin que l'ensemble des collaborateurs forme véritablement un groupe.

3. D'après vous, quel plan d'animation M. Duchêne aurait-il dû suivre pour obtenir l'adhésion des participants ?

COM **4.** Présentez votre analyse sous la forme d'une note que vous remettrez à M. Duchêne.

Le DRH a suivi vos conseils et le groupe est maintenant productif. Il se réunit régulièrement par web conférence pour faire le point sur les actions menées et celles à réaliser.

Annexe 3

5. Quelle est la décision proposée en début de réunion ? Quelle est la décision prise en fin de réunion ?

6. Repérez les phénomènes qui ont influencé cette décision.

7. D'après vous, pourquoi la décision a-t-elle basculé ?

II. Mettre en œuvre les outils et méthodes du travail collaboratif

Le groupe de réflexion a proposé un certain nombre d'activités qui visent à sensibiliser les salariés à la diversité, notamment l'organisation d'activités théâtrales sur ce thème. M. Duchêne vous a confié pour mission l'organisation des ateliers théâtre en collaboration avec Mme Mucchini et M. Begag du site de Carquefou.

Dans le cadre de sa politique de promotion du travail collaboratif, la direction de Bonbec envisage de mettre en place un réseau social d'entreprise (RSe). Il a été décidé de procéder à un test sur quelques personnes avant de déployer la solution logicielle à l'ensemble du personnel. Le groupe Diversité a été pressenti pour tester ce RSe. M. Duchêne vous a confié la tâche d'animer le groupe sur le RSe.

8. Vous recherchez des arguments pour convaincre le groupe d'adhérer au projet. Qu'est-ce que le RSe pourrait apporter au groupe Diversité ? Illustrez votre réponse.

Fiche ressource 3
Annexe 4

9. Vous décidez de concevoir la page de présentation du groupe Diversité sur le thème du RSe. Rédigez-la et choisissez une image qui représente le groupe.

Après quelques mois de fonctionnement, le groupe Diversité est très satisfait de l'outil RSe. La direction décide donc de déployer immédiatement la solution à l'ensemble de l'entreprise. M. Duchêne souhaite toutefois rester prudent pour réussir ce déploiement : il vous demande de mener une recherche à ce sujet.

10. À l'aide de vos recherches sur Internet, rédigez une note dans laquelle vous présenterez les précautions à prendre pour que le RSe soit durablement adopté par l'ensemble du personnel. Formulez des propositions.

III. La rédaction collective de documents partagés

Votre travail sur les ateliers théatre a bien avancé. Il faut maintenant s'occuper des inscriptions des salariés aux représentations. Vous vous occupez de cette tâche en binôme.

11. À l'aide de vos recherches sur Internet et des consignes de M. Duchêne, rédigez un article sur les ateliers théâtre qui sera diffusé à l'ensemble du personnel. Vous utiliserez Google Docs. Pour cela :

Fiche ressource 2
Annexe 5

a. Créez un compte Google, puis créez un nouveau document dans le Drive.

b. Partagez ce document avec votre binôme. Quel type de partage allez-vous choisir ?

c. Rédigez l'article à deux.

d. Partagez votre article avec l'ensemble du groupe Diversité. Quel type de partage allez-vous choisir ? Pourquoi ?

12. Concevez dans Google Form le formulaire d'inscription aux ateliers théâtre en vous aidant de l'annexe 5.

a. Ajouter votre binôme en tant que collaborateur. Que constatez-vous en termes de partage ?

b. Rédigez à deux l'ensemble des questions.

• Finissez de remplir la fiche E4 (contraintes, méthodologie, bilans professionnel et personnel).

DONNÉES DE LA SITUATION

Annexe 1 Présentation des membres du groupe de projet

M. Duchêne, directeur des ressources humaines, exerce ses fonctions dans l'entreprise depuis 8 ans. Il est toujours à l'écoute des remarques de ses collaborateurs.

M. Begag a intégré le site de production de Carquefou l'année dernière en tant que chef d'atelier. Témoin de nombreuses altercations racistes dans son équipe, qui regroupe des personnes issues de 15 origines ethniques différentes, il a déjà alerté la direction à deux reprises.

M. Vidof est comptable à Châteaubriant. Après 31 ans au sein de l'entreprise, il va bientôt partir en retraite. Il est régulièrement raillé sur son âge et son manque de connaissances dans le domaine du numérique.

M. Lefranc et Mme N'Daye sont opérateurs à Carquefou. Leur chef d'atelier, M. Begag, a constaté qu'ils faisaient systématiquement taire les remarques discriminantes proférées par certains de leurs collègues.

M. Li est assistant RH à Châteaubriant. Père d'un petit garçon déficient visuel, il est très impliqué dans l'intégration des salariés en situation de handicap. Il est d'ailleurs actuellement tuteur d'un jeune apprenti sourd.

Mme Mucchini occupe le poste d'ingénieure en recherche et développement. Elle est aussi représentante du personnel au Comité d'hygiène, de sécurité et des conditions de travail (CHSCT). Évoluant dans un monde d'hommes, elle est particulièrement sensible aux questions relatives à la discrimination.

Annexe 2 Quelques échanges par petits groupes à la sortie de la réunion

• Le groupe des salariés de l'usine de Carquefou

Mme N'Daye, *à MM. Lefranc et Begag* : L'idée est bonne, mais je n'ai pas très bien compris ce qu'on attend de nous.

M. Lefranc : Nous sommes les seuls de Carquefou, ils sont tous de Châteaubriant. Nous travaillons loin du siège, ils vont vite nous oublier !

M. Begag : Oui, d'autant plus qu'à la fin de la réunion, on ne connaît toujours pas les autres participants.

Mme N'Daye : Pourquoi avoir intégré une ingénieure dans le groupe ? Elle n'a pas de problème, elle !

M. Lefranc : En tout cas, si on nous fait déplacer sans cesse à Châteaubriant pour ce genre de réunions, ça va coûter cher à l'entreprise.

• Le groupe des salariés de Châteaubriant

M. Li, *à M. Vidof* : Comment cela va-t-il se passer ? Va-t-on nous réunir souvent ? Devrons-nous assurer des tâches complémentaires ? Devrons-nous travailler en dehors de nos horaires de production ou pendant ? Si c'est pendant, qui va me remplacer ?

M. Vidof : Je ne sais pas...

M. Li : Mais qu'attend-on de nous au fond ?

• Les cadres de Châteaubriant

Mme Mucchini, *à M. Duchêne* : Le projet me semble excellent, mais tu aurais pu prévoir une petite collation après la réunion afin d'échanger sur nos expériences, nos idées sur la question. Tu ne crois pas ?

M. Duchêne : Tu penses que cela aurait vraiment apporté quelque chose ?

Annexe 3 Extrait de la réunion relative aux actions à mener dans le cadre du projet Diversité

M. Duchêne : Nous sommes d'accord, nous signons la charte de la diversité demain et, à plus long terme, nous obtiendrons le Label Diversité. Quelqu'un a-t-il une autre idée d'action ?

M. Begag : Nous pourrions organiser des ateliers théâtre pour sensibiliser le personnel des ateliers à la lutte contre les discriminations.

M. Duchêne : J'hésite... Cela me semble beaucoup de travail pour un résultat incertain.

M. Vidof : Oui, concentrons-nous sur l'obtention du label, c'est déjà un gros travail !

Mme Mucchini : À force de se disperser, on risque de se perdre. Il me semble préférable de nous focaliser sur la labélisation.

M. Li : Je suis d'accord.

Les autres acquiescent.

M. Begag : Vous trouvez mon idée mauvaise ?

Tous se regardent et regardent M. Duchêne.

M. Duchêne : Ce n'est pas une mauvaise idée, mais je ne vois pas en quoi cette activité serait profitable.

M. Begag : La charte et le label sont des actions desquelles les opérateurs sont exclus. Ils risquent de penser que cela ne changera pas leur quotidien. Or, nous recherchons exactement le contraire. La charte et le label ne feront pas changer leur comportement. Il faut provoquer une véritable prise de conscience.

M. Vidof : Mais la lutte contre les discriminations est évoquée dans la charte, elle les concerne tout autant que nous !

M. Begag : Cela reste très théorique pour les opérateurs, alors qu'une séance de théâtre marque les esprits. Et bien souvent, les comédiens impliquent les spectateurs en les faisant monter sur scène.

Mme N'Daye : Tu commences à me convaincre...

M. Begag : L'organisation de ce type d'atelier n'est pas si compliquée.

M. Vidof : Tout compte fait, tu as raison. C'est une bonne idée.

M. Li : Je suis d'accord.

M. Duchêne : Puisque M. Begag nous a convaincus, je valide cette idée. Qui s'occupe d'organiser les ateliers théâtre sur les deux sites ?

Annexe 4 Les fonctionnalités principales du RSe de Bonbec

Le RSe de Bonbec reprend les fonctionnalités classiques d'un réseau social.

Chacun crée son profil pour s'inscrire : il s'agit de se présenter et d'exposer ses expériences et ses compétences. Chaque membre de l'entreprise peut consulter les profils.

Le réseau s'ouvre sur un flux d'activité avec des conversations, des commentaires et des documents joints.

Il est possible de créer des forums où l'on pose des questions afin que l'ensemble des membres inscrits au forum apportent une réponse.

On peut former des groupes. On y trouve quatre pages pour chaque groupe :

- une page de flux d'actualité qui regroupe les conversations, les commentaires et tous les documents joints. C'est la page qui s'ouvre en premier quand on se rend sur le groupe ;
- une page de présentation du groupe, c'est le « profil » du groupe ;
- une page avec la liste des fichiers partagés ;
- une page d'espace de coédition, c'est-à-dire d'écriture collaborative.

Annexe 5 Les consignes pour l'organisation des ateliers théâtre

Vous avez pris des notes lors d'un entretien avec M. Duchêne, qui vous a transmis ses consignes au sujet des ateliers théâtre.

Penser à expliquer ce qu'est le théâtre sur le site afin que chacun d'entreprise prenne conscience de la dimension participative de ce type d'atelier.

Modalités d'inscription :

• Inscription individuelle impérativement par le biais du formulaire mis en ligne sur le site

• Dates : 23 et 24 mars à Carquefou / 27 et 28 mars à Châteaubriant

• Possibilité d'assister aux ateliers théâtre pendant le temps de travail, sur autorisation du chef d'équipe (ne pas nuire aux objectifs de production).

1 L'animation des collectifs de travail

Un groupe est constitué d'un petit nombre de personnes où les interactions individuelles sont nombreuses. On distingue traditionnellement les groupes formels, prévus et organisés par l'entreprise, et les groupes informels, qui naissent de manière spontanée.

I La dynamique de groupe

1. L'exercice du pouvoir par l'animateur ou le leader du groupe

Chaque leader exerce ses fonctions selon un style d'animation qui lui est propre. On distingue trois grandes catégories d'animateurs :
– l'animateur autoritaire : il décide de tout sans concertation. Les membres du groupe doivent lui obéir, ils sont passifs et attentistes ;
– l'animateur démocratique : les décisions sont discutées et prises par le groupe. Le rôle du leader tient dans sa force de proposition et sa qualité d'animation. Ce style est propice à la créativité et à l'innovation ;
– l'animateur « laisser-faire » : il reste passif. Il se contente de répondre aux questions du groupe sans faire de proposition. Ce style provoque généralement de fortes tensions.

2. La prise de décision dans le groupe

En général, le groupe subit la pression de la majorité : on parle de conformisme. Les membres du groupe modifient leurs comportements ou leur façon de penser pour se conformer à la majorité. Ce type de comportement évite les remises en cause et les conflits, mais enferme le groupe dans ses habitudes. Parfois, un ou quelques membres du groupe s'écartent du conformisme pour proposer une idée nouvelle ou adopter un comportement différent. Cela peut provoquer des conflits, mais si l'idée ou le comportement est affirmé(e) avec fermeté et constance, elle/il peut être adopté(e) par le groupe. Cette minorité active a un rôle innovant.

II L'animation des groupes

Caractéristiques d'un groupe	Conséquences sur l'animation du groupe
Les individus qui constituent le groupe ont un statut (une fonction attribuée) et exercent un rôle (comportement attendu ou non des autres membres du groupe).	L'animateur du groupe doit s'assurer que chacun a connaissance de son statut afin que les membres adoptent le rôle qu'on attend d'eux. Une méconnaissance des statuts ou une distorsion entre statut et rôle peut provoquer des tensions dans le groupe.
Le groupe restreint se caractérise par des relations interindividuelles.	Il revient à l'animateur d'encourager ces relations interindividuelles, qui peuvent être formelles ou informelles. Elles peuvent porter sur le travail à réaliser ou sur d'autres thèmes qui entretiennent les relations sociales.
Le groupe connaît un ensemble de normes qui marquent l'appartenance au groupe et permettent de distinguer ceux qui font partie du groupe et ceux qui n'y appartiennent pas.	Les normes sont élaborées ou adoptées collectivement sous l'impulsion de l'animateur du groupe. Un nouveau groupe devra donc construire dès le début ces différentes règles ou habitudes afin d'obtenir une identité qui lui est propre.
La cohésion représente les forces qui poussent les membres à vouloir rester dans le groupe. Ces forces recèlent deux dimensions : – la dimension opératoire, c'est-à-dire atteindre l'objectif commun ; – la dimension affective, c'est-à-dire les relations entre les membres du groupe.	La cohésion favorise la motivation d'un groupe. Elle doit être régulièrement entretenue afin de valoriser le but commun et d'encourager les relations au sein du groupe.

2 L'élaboration de documents à plusieurs

Le travail collaboratif est simple quand les personnes se trouvent au même endroit, mais il est plus complexe et nécessite l'utilisation d'outils informatiques quand elles sont géographiquement éloignées. Plusieurs collaborateurs peuvent travailler sur un même document en mode asynchrone (successivement) ou en mode synchrone (en même temps).

I Le partage de document

Partager un document signifie autoriser d'autres personnes à travailler sur ce document. Les applications collaboratives proposent différents types de partage. Le collaborateur à l'origine du partage doit effectuer le paramétrage adéquat. Il peut ainsi choisir d'autoriser :
- l'apport de modifications dans le document ;
- uniquement l'ajout de commentaires ;
- la lecture seule du document.

Il peut également autoriser ou non les contributeurs à inviter d'autres contributeurs.

II Les révisions successives et les commentaires

Travailler à plusieurs sur un document nécessite que chacun puisse effectuer des modifications et poser des questions aux différents collaborateurs. C'est ce que permettent les révisions et les commentaires. Ces deux fonctions permettent également de conserver un historique des actions effectuées sur le document afin de savoir qui a fait quoi et quand ont eu lieu les différentes modifications.

1. Les révisions successives

En mode synchrone, avec des applications comme Google Docs, une étiquette de couleur indique le nom du contributeur en action. En mode asynchrone, les modifications successives sont enregistrées et apparaissent dans différentes couleurs.

Dans Word, il faut activer le mode « Suivi des modifications » en cliquant sur l'icône correspondante. Les modifications apparaissent aux yeux de tous grâce à leur affichage dans une couleur différente et sont marquées dans la marge de droite du document.

2. Les commentaires

Les commentaires permettent de soumettre des propositions ou de répondre à un autre commentaire. Le mode « Commentaires » fonctionne en modes synchrone et asynchrone.

Dans Word, il faut sélectionner la partie du document à commenter et cliquer sur l'icône *Nouveau commentaire*. La fenêtre « Commentaires » apparaît dans la marge de droite du document. Elle mentionne le nom de l'auteur du commentaire et offre la possibilité de répondre. Chaque contributeur peut à son tour commenter l'annotation ; une zone de discussion s'ouvre dans chaque fenêtre de commentaires.

3 Le réseau social d'entreprise (RSe) pour faciliter les échanges collaboratifs

Les entreprises utilisent des solutions informatiques pour encourager la collaboration entre ses membres. Elles déploient des réseaux sociaux internes appelés « réseaux sociaux d'entreprise » (RSe).

I Définition

Le RSe est une plateforme informatique qui donne la possibilité aux professionnels d'interagir individuellement ou dans des groupes pour échanger, partager des contenus ou coéditer (créer un document collaboratif en mode synchrone). Il fonctionne sur les mêmes principes que les réseaux sociaux publics comme Facebook ou LinkedIn. On crée son profil, on constitue des groupes, on partage, on commente, on discute grâce à une messagerie instantanée… Mais, puisque le RSe est intégré à l'intranet de l'entreprise, les échanges restent strictement professionnels.

II Les fonctionnalités d'un RSe

Se fédérer

- Accroissement de la communication transversale
- Mise en valeur des compétences de chacun
- Création des liens entre les salariés travaillant sur différents sites
- Aide à l'intégration des nouveaux collaborateurs

Partager

- Des informations
- Des documents
- Des connaissances
- Des expériences et bonnes pratiques

Produire

- Création de groupes de travail
- Coédition de documents
- Constitution de communautés de pratiques et de réseaux d'entraide

▶▶▶

III Les apports du RSe pour les entreprises

Le RSe est une solution coûteuse, longue à mettre en place et dont le résultat reste incertain, mais il profite à l'ensemble de l'entreprise. En ce sens, le RSe apporte :
– une meilleure productivité des salariés grâce à la mise en commun des ressources (informations, documents, connaissance, expertise, expérience) ;
– une montée en compétence des salariés grâce aux nombreux échanges et partages d'expériences et de bonnes pratiques ;
– une appartenance renforcée : la communication transversale favorise les échanges entre les différents métiers et services de l'entreprise. Chacun se connaît mieux et comprend que tous œuvrent à leur manière aux objectifs communs de l'entreprise ;
– une implication accrue grâce à la cohésion dans les groupes. Les salariés sont acteurs des groupes auxquels ils appartiennent. Ils ont à cœur de répondre au mieux aux sollicitations de leurs collègues ;
– une créativité accélérée grâce à la mise en relation de collaborateurs qui n'auraient pas de contact sans le RSe. Ces regards croisés sont propices à l'émergence de nouvelles idées.

IV Les facteurs de réussite du déploiement d'un RSe

Le déploiement d'un RSe se fait progressivement et par étapes. Sans cela, il risque de ne jamais être utilisé par les salariés. Chacun, à des rythmes différents, passe par trois phases. Il revient à la direction d'accompagner les salariés dans ces trois phases, en mettant en place des dispositifs adaptés aux différents publics.

Découverte

Les salariés apprennent à utiliser la plateforme. Ils sont rassurés sur leurs inquiétudes (protection des données, regard des autres, liberté d'expression...).

Adhésion

Les salariés observent comment ils peuvent appliquer l'outil dans leur quotidien de travail. Ils comprennent ce que cette plateforme peut leur apporter. Le RSe fait sens.

Adoption

Les salariés deviennent utilisateurs : ils s'approprient l'outil. Ils expérimentent. Ils créent de nouvelles pratiques et les diffusent.

APPLICATIONS PROFESSIONNELLES

1 Collaborer sur un document

MAÎTRISE

Situation

GERMOJ Groupe est une entreprise de terrassement qui œuvre essentiellement dans le cadre de la création et de l'entretien des réseaux d'eau, d'électricité et de télécommunications. Le groupe compte 25 agences en France, toutes pilotées par le siège à Toulouse.

La sécurité du personnel est une préoccupation constante dans ce secteur, par nature accidentogène. Cependant, depuis quelques mois, un certain nombre de faits inquiètent M. Rasco, le directeur des ressources humaines. En effet, les ouvriers se plaignent d'insultes de la part de riverains et d'automobilistes qui ne peuvent pas emprunter les routes sur lesquelles ils travaillent. D'autres déplorent la dégradation de l'ambiance de travail avec certains chefs d'équipe particulièrement autoritaires. De plus, les cadences leur semblent de plus en plus difficiles à tenir. Les chiffres attestent ce mal-être : le nombre d'arrêts de travail a fortement augmenté ces six derniers mois.

M. Rasco envisage de réunir les directeurs d'agence pour attirer leur attention sur ces risques psychosociaux dans l'entreprise. Il vous demande de préparer le diaporama qu'il présentera lors de cette réunion. Vous êtes aidé(e) par Mme Liéta, directrice de l'agence de Nantes, très sensibilisée sur le sujet.

Consignes

1. **Connectez-vous à Google Drive par l'intermédiaire de votre compte Gmail.**
2. **Créez un nouveau diaporama (Google Slide).**
3. **Partagez-le en mode « Modification » avec un(e) camarade.**
4. **Construisez en binôme ce diaporama (document) grâce à vos connaissances et vos recherches sur Internet.**
5. **Partagez ce diaporama en mode « Commentaires » avec votre professeur, qui jouera le rôle de M. Rasco.**

Document — Les questions à traiter dans votre diaporama

M. Rasco a laissé quelques consignes, notamment les questions qu'il souhaite aborder lors de la réunion avec les directeurs d'agence

- *Comment définir les risques psychosociaux ?*
- *Qu'est-ce qui provoque les risques psychosociaux ?*
- *Quelle est la réglementation en vigueur sur les risques psychosociaux ?*
- *Quelles sont les conséquences des risques psychosociaux pour les salariés ?*
- *Comment lutter contre les risques psychosociaux ?*
- *Quel est l'impact des risques psychosociaux sur l'entreprise ?*

2 Repérer l'influence du style de direction sur le groupe

EXPERTISE

Situation

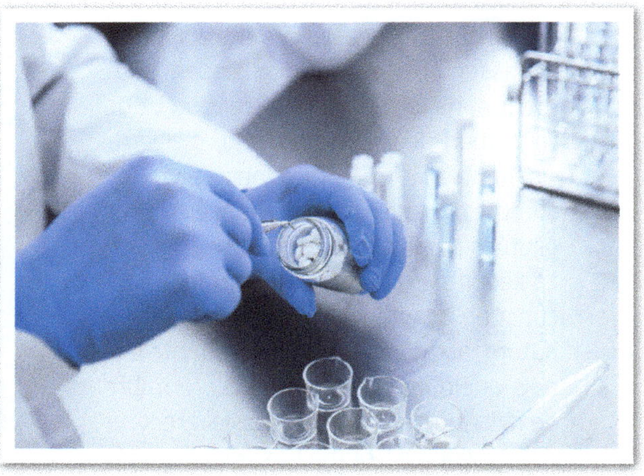

Dwelm, laboratoire pharmaceutique de portée internationale, a commercialisé quelques médicaments à succès. Aujourd'hui, son portefeuille de brevets vieillit. Il se tourne donc vers le développement de médicaments issus des biotechnologies, qui offrent une nouvelle perspective de croissance. En conséquence, il devient nécessaire de former le personnel afin qu'il maîtrise ces nouvelles technologies. La responsable des ressources humaines, Mme Sert, a proposé à M. Rayla, le directeur général, de mettre en place une cellule d'information et d'orientation. Cette cellule aura pour objectif d'accompagner le personnel dans son effort d'adaptation. Une première réunion se tient pour former les contours de ce projet.

Consignes

1. **Identifiez le style de direction de M. Rayla (document). Justifiez votre réponse.**
2. **D'après vous, quelles conséquences ce style d'animation peut-il avoir sur la motivation du groupe ?**
3. **Rejouez la scène en adoptant un style d'animation qui motiverait davantage les participants.**

Document Réunion sur la mise en place de la cellule (extrait)

M. Rayal : Je vous ai réunis aujourd'hui au sujet de la mise en place d'une cellule d'information et d'orientation dans le cadre de notre passage aux biotechnologies. Comme cette idée m'enthousiasme, j'ai décidé de présider la réunion à la place de Mme Sert. *(Se tournant vers elle)* Vous n'y voyez pas d'inconvénient ?

Tous regardent Mme Sert sans répondre.

M. Rayla : J'ai déjà prévu un local à côté de mon bureau. Cela montre que je suis très impliqué dans le projet.

M. Fonquès, *psychologue du travail* : Êtes-vous sûr que ce soit le meilleur endroit ? On va beaucoup parler de compétences manquantes, de difficultés à se mettre à niveau. Je crains que cette proximité en décourage certains.

M. Rayla : Mais non ! Au contraire, je suis toujours à l'écoute, tout le monde le sait.

M. Betz, *responsable de la formation* : Il faudrait définir la mission de cette cellule et ses horaires d'ouverture.

M. Rayla, *souriant* : Ce n'est pas compliqué, elle est là pour informer et distribuer les formations ! Elle sera ouverte quelques heures par semaine, c'est bien suffisant. N'est-ce pas M. Fonquès ?

M. Fonquès, *sceptique* : Il me semble qu'il faudra du temps pour bien orienter les personnes.

M. Rayla : Nous n'avons pas le temps. Je veux lancer les nouveaux produits dans cinq mois au maximum.

Les participants se taisent mais font une moue dubitative.

M. Rayla : Mme Sert, vous n'avez rien dit. Vous êtes d'accord avec moi, n'est-ce pas ? Vous vous chargerez de l'aménagement de cette cellule.

La réunion se termine sans que Mme Sert puisse intervenir.

Chapitre 17

La contribution à la qualité et à la sécurité du système d'information

ACTIVITÉ	**1.3.** Amélioration continue des processus
COMPÉTENCE	Contribuer à la pérennisation des processus.
TÂCHE	**1.3.5.** Contribution à la qualité et à la sécurité du système d'information
VERS PIX	**2.1.** Interagir **3.1.** Développer des documents textuels **4.1.** Sécuriser l'environnement numérique **4.2.** Protéger les données personnelles et la vie privée

Contexte : Loca+

Statut	Société anonyme (SA)
Localisation	Boulevard Chanzy Montreuil-sous-Bois (93)
Activité	Location de matériel BTP (Bâtiment et travaux publics)
Effectif	280 collaborateurs (dont une vingtaine au siège social) pour 30 agences
CA annuel	55 M€

Grâce à sa volonté de satisfaire au mieux ses clients, l'entreprise Loca+ est en progression constante depuis plusieurs années. Proposer des matériels de qualité, disponibles et au juste prix fait partie de l'ADN de la société. Son dirigeant, M. Jacquemot, s'inquiète toutefois de la multiplication des attaques informatiques qui semblent toucher toutes les organisations.

Extrait de l'organigramme de Loca+

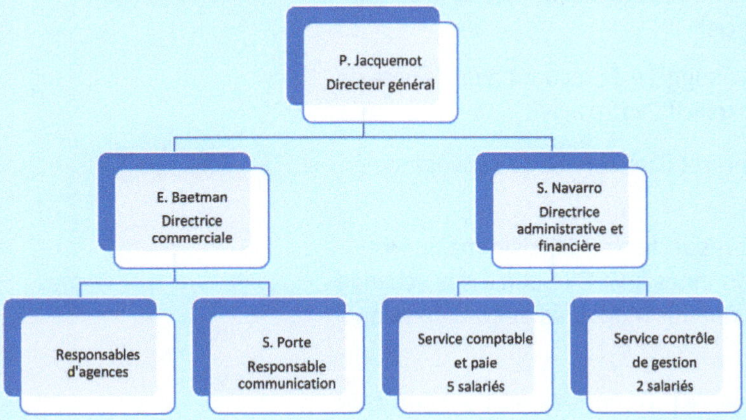

Vous êtes stagiaire dans l'entreprise ; suite à un incident récent, on vous confie la mission d'analyser le système d'information en place, puis de proposer des améliorations, en prenant en compte les évolutions réglementaires susceptibles de l'affecter.

Découvrez l'entreprise Loca+ en vidéo
liennathan.fr/833smb

- Reportez les informations utiles du contexte au recto de la fiche E4 (organisation, contexte et objectifs de la mission, ressources).

VOTRE RÔLE

Mme Navarro, la directrice administrative et financière, vous demande d'analyser le processus Paie en vue de proposer des améliorations, puis de rédiger une note d'information à l'attention des collaborateurs concernant les risques informatiques.

TRAVAIL À FAIRE

I. Caractériser le SI et participer à son évolution

Vous prenez connaissance des éléments du SI afin de proposer des améliorations.

1. Repérez les différents moyens mis en œuvre dans le système d'information de Loca+.

Fiche ressource 1
Annexes 1 2

2. Identifiez les fonctions du SI mises à contribution dans le traitement des bulletins de paie.

3. Mme Navarro considère que l'obtention des données relatives à la paie n'est pas optimale. Rédigez une note dans laquelle vous suggérerez des pistes d'amélioration possibles.

Fiche ressource 2

II. Contribuer à la sécurité du SI

Suite à un incident susceptible d'affecter la sécurité du SI, vous étudiez ce qu'il s'est passé.

4. Identifiez les services de sécurité impactés par la situation dans laquelle se trouve M. Jacquemot.

Fiche ressource 3
Annexes 3 4

COM **5.** Vous êtes chargé(e) de rédiger un rapport analysant la situation, éventuellement en menant une recherche complémentaire sur Internet. Précisez pourquoi Mme Navarro s'inquiète d'une connexion au réseau de Loca+.

COM **6.** Élaborez, en exploitant l'outil de votre choix, un support de communication à destination des collaborateurs de Loca+ permettant d'éviter que cette situation se reproduise.

7. Examinez si la politique de sauvegarde actuelle permet de protéger Loca+ en cas d'attaque par rançongiciel.

Annexe 5

Le prestataire informatique de Loca+ suggère de recourir à un service de sauvegarde en ligne : M. Jacquemot sollicite votre avis.

COM **8.** Rédiger un courriel montrant l'intérêt d'un service de sauvegarde en ligne pour Loca+.

Annexe 6

Comme toute entreprise, Loca+ doit respecter les dispositions du Règlement général sur la protection des données (RGPD). Suite à des échanges avec des pairs, Mme Navarro s'inquiète des modalités de transmission des bulletins de paie aux salariés.

9. Expliquez pourquoi le service Paie de l'entreprise Loca+ est particulièrement concerné par le RGPD.

COM **10.** Vous êtes sollicité(e) pour vérifier que les modalités de transmission des bulletins de paie sont bien conformes. Présentez vos conclusions dans une note de synthèse.

- Finissez de remplir la fiche E4 (contraintes, méthodologie, bilans professionnel et personnel).

DONNÉES DE LA SITUATION

Annexe 1 Réseau informatique du siège de Loca+

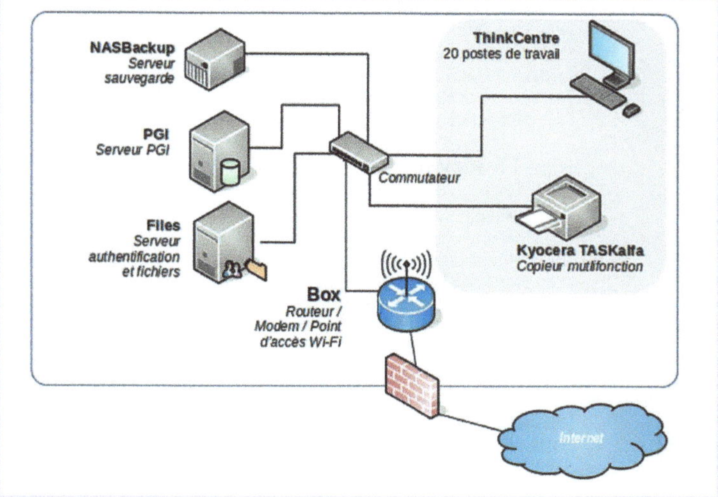

Annexe 2 Processus d'élaboration des bulletins de paie chez Loca+

Loca+ utilise le PGI Onaya, qui permet de couvrir l'ensemble de ses processus. Plusieurs modules sont exploités, dont le module Paie pour l'établissement des bulletins de paie des salariés.

En fin de mois, chaque responsable d'agence transmet par courriel les éléments nécessaires à la réalisation des bulletins de paie (heures supplémentaires travaillées, congés pris...). Ces éléments sont saisis dans le module Paie du PGI par le service en charge de la paie, au siège de Loca+. Ce service contrôle ensuite les divers éléments : si une anomalie est détectée, des explications sont demandées au responsable d'agence concerné. Si la réponse fournie est justifiée, les éléments de la paie sont validés par le service de gestion du personnel et le bulletin est généré. Les bulletins de paie sont ensuite transmis aux salariés sous forme de fichier PDF envoyé sur leur messagerie personnelle.

Annexe 3 Extrait de dialogue entre M. Jacquemot et Mme Navarro

M. Jacquemot : « J'ai un gros problème informatique, je ne peux plus travailler ! »

Mme Navarro : « Que se passe-t-il ? »

M. Jacquemot : « Comme chaque soir, j'ai emporté mon ordinateur pour finaliser certaines tâches et traiter mes courriels ; cela me permet de gagner un temps précieux lorsque je suis dans l'entreprise. »

Mme Navarro : « Oui, et alors ? »

M. Jacquemot : « J'ai reçu un courriel avec une pièce jointe que j'ai ouverte, un banal fichier de traitement de texte. Je pensais qu'il s'agissait d'un document envoyé par un futur client. Un message sur mon écran est apparu et, depuis, je n'ai plus accès à mes fichiers. Je n'ai plus touché à rien et j'ai laissé mon ordinateur branché sur secteur, avant de le rapporter ici. »

Mme Navarro : « Vous ne l'avez pas connecté au réseau de l'entreprise ? »

M. Jacquemot : « Bien sûr que non ! »

Annexe 4 Message du rançongiciel reçu par M. Jacquemot

www.usine-digitale.fr

Annexe 5 Les modalités de sauvegarde actuelles

Les données des différents serveurs sont dupliquées tous les soirs sur le NAS (*Network Attached Storage* : serveur de stockage en réseau). Une sauvegarde est réalisée automatiquement dans la nuit du vendredi au samedi sur un disque dur externe que M. Jacquemot récupère le lundi matin. Un second disque dur est utilisé pour la sauvegarde du vendredi suivant. M. Jacquemot utilise donc les deux disques en alternance.

Annexe 6 Offre de sauvegarde en ligne ADBackup

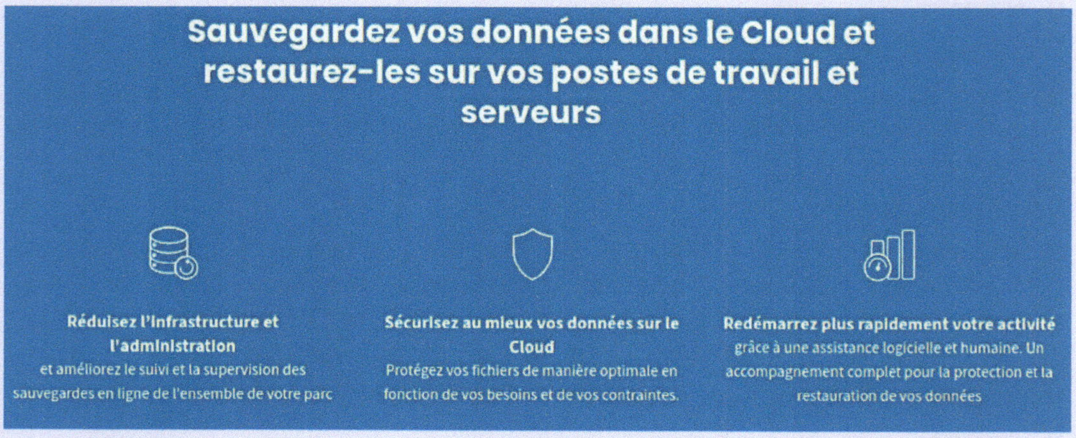

www.oodrive.fr

1 Les composantes du système d'information

I La composition du système d'information (SI)

Le SI correspond aux différents moyens mis en œuvre pour collecter, utiliser, mémoriser et diffuser l'information au sein de l'entreprise et dans son environnement. Il comprend :
– des **moyens humains**, qui correspondent aux personnes qui reçoivent, utilisent et émettent l'information (acteurs) ;
– des **moyens techniques, matériels et immatériels**, c'est-à-dire les outils exploités dans la manipulation des informations, souvent le système informatique (matériels et logiciels) ;
– une **dimension organisationnelle** avec des procédures et des méthodes : il s'agit des règles suivies et appliquées dans la réalisation des activités afin d'atteindre les résultats souhaités.

Le SI permet donc le stockage et le traitement d'informations ayant une origine interne ou externe (environnement), et les restitue sous une forme utilisable au moment opportun pour faciliter la prise de décision et le fonctionnement de l'entreprise. Le système informatique est donc une partie du SI et ne doit pas être confondu avec lui.

II Les fonctions du SI

Le SI remplit quatre fonctions essentielles.

Fonctions	Explications
Collecte	Le SI permet d'obtenir des informations, qu'elles proviennent de sources externes (partenaires extérieurs tels que les fournisseurs, les clients, les institutions financières, les administrations…) ou internes (services de l'organisation qui produisent de l'information pouvant être stockée dans des fichiers ou des documents internes).
Mémorisation	Le SI permet de conserver les informations de manière durable et stable afin de rendre possible une utilisation ultérieure. Souvent, l'enregistrement des informations est réalisé sur des supports informatisés et organisés en bases de données.
Exploitation	Cette fonction correspond à l'utilisation des informations dans des programmes informatiques ou à des interventions manuelles, afin de prendre des décisions ou de produire de nouvelles informations.
Diffusion	Il s'agit de transmettre les informations entre acteurs, internes ou externes.

2 Contribuer à l'évolution du système d'information

I La qualité du système d'information (SI)

Disposer d'un SI de qualité est primordial afin de garantir le fonctionnement satisfaisant de l'entreprise. Il peut également permettre de développer un avantage concurrentiel. L'appréciation de la qualité d'un SI repose sur plusieurs critères.

Critères de qualité	Explication
Garantir la fiabilité des informations	La prise de décision repose sur les informations fournies par le SI. Celles-ci doivent permettre de réduire l'incertitude et d'éviter de commettre des erreurs. Les informations doivent donc être exactes et actualisées.
Permettre un traitement optimal des informations	Les informations doivent être disponibles et accessibles pour les différents acteurs au moment où ils en ont besoin, afin de réaliser les traitements dans les délais impartis et conformément aux processus administratifs en place dans l'entreprise.
Assurer la sécurité des informations	Le caractère sensible et le degré d'importance des informations manipulées doivent être pris en considération. Différents risques et menaces sont susceptibles de les affecter. Il faudra donc les repérer et mettre en place des dispositifs de sécurité adaptés afin de garantir la confidentialité, l'intégrité et la disponibilité des informations.

II L'évolution et l'amélioration du SI

L'évolution et l'amélioration du SI sont possibles en agissant sur ses trois composantes.

Humaine	Déterminer les bons destinataires de l'information, si elle est compréhensible pour ceux-ci… **Exemple :** un responsable hiérarchique systématiquement mis en copie des échanges de courriels entre salariés risque d'être submergé et de manquer une information importante noyée dans la masse d'informations non pertinentes.
Technique	Déterminer si les outils utilisés (matériels informatiques, logiciels…) répondent aux besoins de façon satisfaisante (temps d'accès, complexité…). **Exemple :** une ouverture trop lente des différentes applications informatiques utilisées peut impacter la productivité des salariés. Le serveur est-il assez puissant pour le nombre d'utilisateurs ? La connectivité réseau est-elle assez rapide ?
Organisationnelle	Vérifier si les procédures prévues sont appliquées, si des modifications sont nécessaires pour tenir compte d'évolutions réglementaires ou de dysfonctionnements observés et qu'il faut corriger… **Exemple :** une proposition commerciale comportant d'importantes réductions entraîne en définitive une opération déficitaire. Pour éviter cette situation, on intègre une validation des propositions futures par un gestionnaire de l'entreprise.

III Le rôle du PGI

Un progiciel de gestion intégré (PGI) est un logiciel qui permet de gérer l'ensemble des processus d'une entreprise, en intégrant par exemple la gestion des ventes, les approvisionnements, la production, les obligations comptables et financières, la relation client, les ressources humaines… Le PGI est organisé en modules qui se partagent une base de données unique, ce qui évite les risques d'incohérence des données car elles sont actualisées pour tous les modules en temps réel. Il offre par ailleurs la possibilité d'automatiser une grande partie des processus, ce qui permet de limiter considérablement les tâches répétitives et à faible valeur ajoutée. Il en résulte donc une optimisation des quatre fonctions essentielles du SI.

3 Contribuer à la sécurité du système d'information

I Les risques et menaces pesant sur le système d'information

Contribuer à la sécurité du système d'information nécessite de connaître et de comprendre les risques et menaces susceptibles de l'affecter. Un risque peut être considéré comme un événement susceptible de causer des dommages. Une menace introduit la notion de tiers à l'origine d'actions impactant le système d'information. Dans les deux cas, le fonctionnement du SI est perturbé, voire paralysé, ce qui affecte également le fonctionnement de l'entreprise.

Exemple : un incendie représente un risque ; une intrusion sur le réseau informatique de l'entreprise représente une menace : si les serveurs sont détruits, les applications sont inaccessibles, les informations sont effacées, l'activité de l'entreprise est interrompue.

II La sécurité du système d'information

1. Les services de sécurité

La sécurité du SI repose sur la mise en œuvre de mesures préventives destinées à éviter la concrétisation des risques et menaces identifiés ou d'en diminuer la portée. Ces mesures seront complétées par des mesures palliatives ou de récupération, afin de permettre le retour au fonctionnement normal du SI en cas de besoin.
La sécurité d'un système d'information s'apprécie essentiellement à travers trois services de sécurité devant être assurés : la confidentialité, la disponibilité, et l'intégrité.

Services de sécurité	Explications	Exemples de risques et menaces associés pouvant affecter le SI
Confidentialité	Seules les personnes autorisées peuvent prendre connaissance des données ou accéder à certaines ressources.	Fuite d'informations sensibles (financières : tarifs préférentiels négociés ; ou techniques : procédés de fabrication innovants) en cas d'accès par des personnes non habilitées ou en cas d'accès frauduleux.
Disponibilité	Les informations et les ressources sont accessibles et utilisables au moment où les utilisateurs en ont besoin.	Destruction (incendie), panne, erreur provoquant la suppression d'informations, attaque informatique, lenteurs importantes…
Intégrité	Les informations ne doivent pas subir d'altération ou de déformation, qu'elle soit accidentelle ou délibérée.	Altération involontaire (fausse manipulation, erreur), bogues dans les logiciels utilisés, erreurs dans la transmission des informations, déformation intentionnelle dans le but de nuire à l'entreprise…

2. La mise en œuvre de la sécurité du SI

L'entreprise doit définir une politique de sécurité du système d'information (PSSI), reposant sur l'identification des risques et menaces auxquels l'entreprise est confrontée et sur la détermination des moyens (dispositifs de sécurité) permettant d'y faire face. Cette PSSI est formalisée dans un document, puis diffusée aux acteurs du système d'information.

▶▶▶

▶▶▶

Exemples de risques et de menaces	Dispositifs de sécurité possibles
Fuite d'informations sensibles (financières, techniques) en cas d'accès par des personnes non habilitées ou en cas d'accès frauduleux	· Dispositif d'**authentification des utilisateurs** (identifiant/mot de passe renouvelés régulièrement) · Octroi de **droits d'accès appropriés** : distinction entre les administrateurs disposant de privilèges (installation de logiciels...) et les utilisateurs ayant des droits restreints · Mise en place d'un **pare-feu** (*firewall*) empêchant l'intrusion de tiers sur le réseau informatique de l'entreprise · Utilisation du **chiffrement** des données lors de leur stockage ou de leur transmission pour préserver la confidentialité · **Sensibilisation et formation des utilisateurs** avec notamment la signature d'une charte d'utilisation du SI
Destruction (incendie), panne, attaque informatique (rançongiciel...)	· **Infrastructure** informatique et énergétique **redondante** (utilisation de plusieurs serveurs, d'onduleurs) · Procédure de **sauvegarde automatisée** et de qualité avec **réplication** sur des **sites distants** (hébergeurs et *Cloud computing*) · Utilisation de solutions logicielles de sécurité (antivirus)
Altération involontaire (fausse manipulation, erreur) ou intentionnelle	· **Sensibilisation et formation** des utilisateurs · Suivi et application des **mises à jour** de logiciels pour corriger les failles de sécurité découvertes · **Procédure de contrôle** et de **validation** des informations

La **charte d'utilisation du SI** recense les règles de bon comportement lors de l'usage des moyens du SI, et plus précisément des moyens informatiques associés (dimension technologique du SI). Cette charte comportera par exemple des préconisations liées à :
– l'**usage des ressources** : ne pas communiquer ses mots de passe, ne pas contourner les dispositifs de sécurité, ne pas exploiter une éventuelle faille de sécurité ;
– la **protection de l'information** : assurer la confidentialité des informations, faire preuve de discrétion, ne pas contourner les restrictions en place... ;
– le **respect de la législation** : ne pas porter atteinte au fonctionnement du SI, ne pas effectuer de copie illégale de logiciels...

III La sécurisation des données personnelles

Le **RGPD (Règlement général sur la protection des données)** encadre l'utilisation des **données personnelles** (toute donnée permettant d'identifier une personne physique). Leur traitement par l'entreprise doit respecter plusieurs **obligations** :

Finalités	**Seules les données pertinentes** et nécessaires à la finalité du traitement sont collectées.
Droits des utilisateurs	Les utilisateurs peuvent **accéder** aux données, les faire **rectifier** ou s'opposer à leur utilisation. Ils peuvent également les récupérer (droit à la portabilité) et demander leur **suppression**.
Transparence	Toute collecte et utilisation des données personnelles doit faire l'objet d'un **accord** de la personne concernée avec obtention de son **consentement explicite**.
Sécurité	Tous les **moyens requis** pour préserver la sécurité des données doivent être mis en œuvre (éviter le piratage ou l'accès non autorisé). Il est obligatoire d'**informer les utilisateurs** et les autorités en cas de **défaillance**. Des **sanctions** peuvent être infligées à l'entreprise.

APPLICATIONS PROFESSIONNELLES

1 Contribuer à l'évolution et à la sécurité du SI

MAÎTRISE

Situation

L'imprimerie Papercut, située à Bagnolet (Seine-Saint-Denis), propose l'impression de *flyers*, affiches, brochures, magazines... Dirigée par Jacques Groq, elle compte 15 salariés, épaulés lors des pics d'activité par quelques intérimaires.

Son système d'information repose sur l'utilisation d'un PGI métier spécialisé pour l'imprimerie qui gère l'ensemble des besoins liés aux aspects commerciaux (devis, facturation), la fabrication, la comptabilité et la paie. L'imprimerie échange également régulièrement avec ses clients grâce au courrier électronique et pièces jointes associées pour les projets et maquettes. Plusieurs allers-retours peuvent être nécessaires avant qu'une production soit réalisée. Les clients peuvent également envoyer les fichiers informatiques correspondant au résultat souhaité sur un serveur de l'entreprise auquel ils accèdent avec un couple identifiant/mot de passe qui leur a été transmis. Parfois, certaines modifications tardives envoyées par les clients ne sont pas prises en compte par le service Fabrication, ce qui se traduit par la mise au pilon (destruction) des exemplaires déjà édités. Dans certains cas, la responsabilité est imputable au client qui a changé d'avis après le lancement de la fabrication. Dans d'autres cas, les fichiers informatiques envoyés par le client ne permettent pas d'obtenir un résultat conforme aux attentes car ils ne répondent pas à certaines exigences techniques indispensables pour les machines utilisées pour la fabrication.

En termes de sécurité du SI, le besoin de formaliser une PSSI (politique de sécurité du système d'information) n'a jamais été réellement ressenti jusqu'à ce qu'un stagiaire utilisant une clé USB personnelle pour écouter de la musique ait involontairement diffusé un logiciel malveillant qui a bloqué plusieurs ressources, notamment le serveur PGI. L'intervention d'un prestataire informatique a été nécessaire, et celui-ci n'a pu que réinstaller et reparamétrer le serveur, puis restaurer les données depuis la dernière sauvegarde effectuée par M. Groq une semaine auparavant. Toute l'activité réalisée au cours de la semaine écoulée a donc été perdue.

▶▶▶

Consignes

1. Quels problèmes pouvez-vous relever dans la procédure de traitement des commandes existante (document 1) ?
2. Proposez une évolution du SI permettant d'y remédier.
3. Vous êtes sollicité(e) pour traiter plusieurs situations susceptibles de compromettre la sécurité du SI de l'imprimerie. Complétez le tableau correspondant (document 2).
4. Suite aux dégâts provoqués par le logiciel malveillant qui a affecté le SI de Papercut, rédigez un rapport sur les améliorations qui vous semblent pertinentes.

Document 1 Les étapes de traitement d'une commande

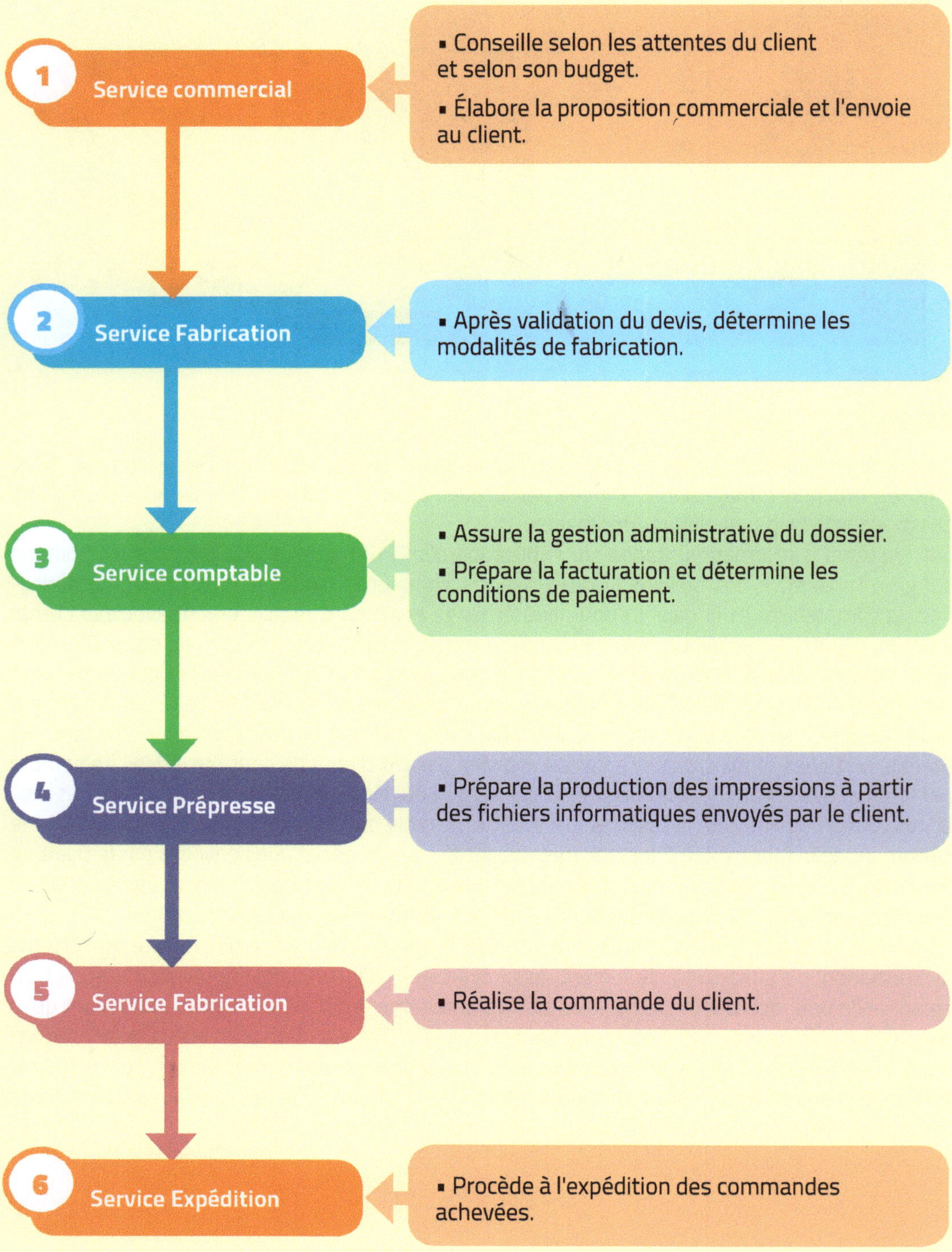

▶▶▶

Document 2 Les situations à risque (à compléter)

Situations	Risques	Actions à envisager
Le mot de passe de M. Groq est « admin ».		
Afin d'améliorer leur productivité, des salariés désactivent l'antivirus pour que leur ordinateur fonctionne plus vite.		
Une clé USB a été trouvée. Un salarié consulte son contenu pour savoir à qui elle appartient.		
Certains salariés utilisent leur adresse mail personnelle pour des tâches professionnelles.		
Afin de bénéficier d'une version plus récente d'un logiciel de PAO (publication assistée par ordinateur) réputée plus performante, un salarié télécharge et exécute le programme d'installation dudit logiciel.		
Une sauvegarde des données stockées sur le serveur est réalisée chaque semaine, durant le week-end.		

2 Élaborer une charte informatique

EXPERTISE

Situation

L'entreprise Gaz Dépann' est spécialisée dans la vente, la mise en service et la maintenance d'appareils de chauffage au gaz et de ventilation mécanique. Basée à Montpellier (Hérault), elle intervient dans l'ensemble du département.

Son SI repose sur des moyens humains : technico-commerciaux, plombiers chauffagistes, fonctions support basées au siège (service comptable et financier, RH...) ainsi que deux informaticiens qui s'occupent de la maintenance informatique du réseau de l'entreprise et du support aux utilisateurs.

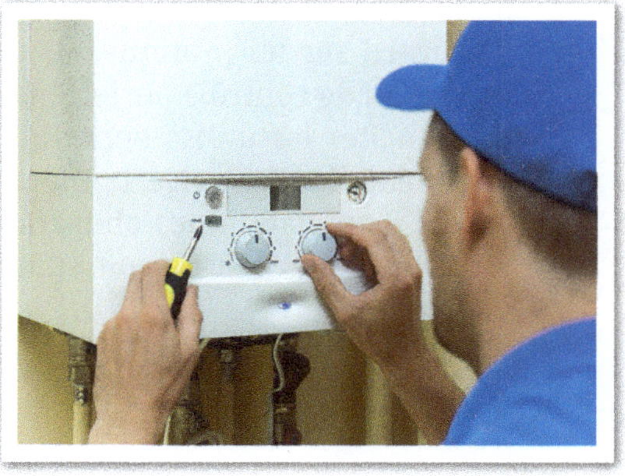

▶▶▶

Consigne

En exploitant le document fourni, en consultant les guides d'élaboration d'une charte informatique proposés par l'ANSSI et la CNIL disponibles sur Internet, et en vous inspirant de chartes existantes, proposez une charte informatique pour Gaz Dépann'.

Document Le contenu d'une charte informatique

Charte informatique : que contient-elle ?

Une charte informatique est un document élaboré par une organisation (une entreprise, une association, un établissement…) et dont le but est de délimiter les droits et obligations en matière d'utilisation du système d'information et de communication des employés, membres ou adhérents de l'organisation en question.

L'élaboration d'une charte informatique

La charte informatique est élaborée par l'organisation qui souhaite réglementer l'usage des systèmes d'information de ses employés, membres ou adhérents. Il s'agit généralement d'un document se présentant sous la forme d'un règlement intérieur imposé unilatéralement par l'organisation. Le choix dont disposent les employés, membres ou adhérents est d'accepter les conditions proposées ou d'interrompre tout lien avec l'organisation. Cette charte peut, depuis le 1er janvier 2017, être utilisée pour réglementer le droit à la déconnexion défini par la loi Travail (loi El Khomri).

Le contenu d'une charte informatique

Le contenu de la charte informatique varie en fonction du contexte et des préoccupations de l'organisation qui l'impose. Ce document prend généralement en compte l'équilibre qui doit exister entre les intérêts de l'organisation qui la met en place et ceux des employés, adhérents ou membres. Dans tous les cas, il s'agit de ne pas imposer des obligations trop contraignantes qui contreviendraient à certaines libertés ou droits dont jouissent les employés, adhérents ou membres. Par exemple, les employés, adhérents ou membres ne pourront généralement pas braver les interdits liés aux droits d'auteur sur Internet, faute de quoi ils pourraient engager la responsabilité de l'organisation. Il en va de même pour d'autres pratiques comme celles portant atteinte à la dignité humaine ou celles consistant à communiquer des informations qui pourraient porter préjudice à l'organisation.

Le contrôle et les sanctions en cas de violation des obligations

Afin de se prémunir contre des agissements néfastes, l'organisation à l'initiative de la charte informatique va généralement imposer unilatéralement un droit de regard sur les pratiques des employés, adhérents ou membres. Ce droit de regard ou de contrôle porte généralement sur une période suffisamment longue pour inciter les utilisateurs du système d'information à ne pas enfreindre les règles établies. En outre, la charte informatique prévoit également des sanctions en cas de violation des obligations. Il pourra s'agir, selon les cas, de sanctions disciplinaires, voire de poursuites pénales dans certains cas.

www.journaldunet.fr

Chapitre

18 La gestion des documents de l'entité

ACTIVITÉ	**1.2.** Gestion des dossiers en responsabilité	**TÂCHE**	**1.2.3.** Gestion des documents de l'entité
COMPÉTENCE	Conduire l'action administrative en gestionnaire de dossier.	**VERS PIX**	**2.2.** Partager et publier

Contexte : Loca+

Vous travaillez au sein de la société Loca+ comme collaborateur(-trice) de Pierre Jacquemot, directeur et fondateur de l'entreprise. L'activité est en pleine croissance et génère une masse documentaire importante : bons de commande, documents de suivi des chantiers, documentations techniques, factures, etc.
Jusqu'ici, le directeur n'estimait pas nécessaire de rationaliser la gestion de ces documents, que chacun gérait à sa façon. De récents problèmes lui ont fait comprendre que cette méthode n'était plus adaptée : difficultés pour retrouver les documents, documents confidentiels accessibles à tous, etc.
M. Jacquemot a conscience qu'une meilleure gestion documentaire faciliterait le classement et la recherche et permettrait à ses employés d'être plus efficaces. Il a également la conviction que la dématérialisation de ces documents, utilisés quotidiennement ou ponctuellement par le personnel, apporterait un gain significatif sur la productivité. Il souhaite ainsi que les différentes opérations sur les documents (recherche, consultation, création, tri, classement, modification, suppression) soient assistées par l'outil informatique. Enfin, agacé par des archives papier trop volumineuses, il souhaite faire évoluer l'archivage actuel vers un archivage électronique.

Découvrez l'entreprise Loca+ en vidéo
liennathan.fr/833smb

- Reportez les informations utiles du contexte au recto de la fiche E4 (organisation, contexte et objectifs de la mission, ressources).

VOTRE RÔLE

Vous assistez M. Jacquemot dans la mise en place du système de gestion documentaire. Dans un premier temps, vous améliorerez le classement actuel afin d'optimiser la recherche des documents. Dans un second temps, vous mènerez une étude pour mettre en œuvre l'archivage électronique.

TRAVAIL À FAIRE

I. Classer les documents

M. Jacquemot a identifié un certain nombre de problèmes relatifs aux documents stockés dans le système d'information. Tout d'abord, les fichiers sont enregistrés dans des sous-répertoires créés arbitrairement par les différents utilisateurs dans le répertoire dit « racine » du serveur et sont en libre accès alors que certains documents sont confidentiels.

1. Critiquez l'organisation des documents dans le répertoire racine du serveur.

2. Proposez une nouvelle arborescence du répertoire racine.

3. Définissez des règles de nommage pour les fichiers du répertoire racine.

Fiche ressource 1
Annexe 1

COM **4.** Rédigez une courte note à destination des collaborateurs de Loca+ sur l'utilité des propriétés des documents et leurs mots-clés.

Fiche ressource 3

COM **5.** Expliquez, dans une courte note à destination de M. Jacquemot, la démarche à suivre pour sécuriser l'accès aux documents stockés dans le système d'information.

II. Préconiser une solution de GED

Malgré la mise en réseau des six postes informatiques de l'entreprise, 80 % de l'information circulent toujours sous forme papier. Votre responsable envisage une solution de GED pour améliorer la circulation, la consultation, le stockage et la diffusion des documents internes et externes.

6. Indiquez à votre responsable si la configuration informatique actuelle permet de mettre en place une GED.

Fiche ressource 3

7. Exposez à votre responsable les apports de la GED pour Loca+.

8. Recherchez sur Internet les fournisseurs de solutions de GED. Pensez aux mots-clés suivants : « logiciel », « gestion », « électronique », « documents ».

9. Identifiez les critères de comparaison des différentes solutions de GED qui permettront de réaliser un tableau comparatif.

COM **10.** Rédigez un rapport à l'attention de M. Jacquemot pour lui présenter le résultat de votre recherche. Vous veillerez à illustrer votre rapport.

11. Quels formats de fichier allez-vous utiliser pour diffuser ce rapport afin de pouvoir l'envoyer par e-mail ?

12. Comment pouvez-vous alléger le poids des illustrations ?

III. Archiver les documents

Depuis sa création, Loca+ archive tous les documents. Aujourd'hui, ces archives papier sont devenues trop volumineuses et M. Jacquemot souhaite y mettre de l'ordre : il pense qu'une bonne partie de ces documents n'a plus besoin d'être conservée. De plus, pour ne plus être confronté à un tel problème, il souhaite basculer son archivage papier en archivage électronique.

13. Conseillez M. Jacquemot sur ce qu'il convient de faire pour réduire le nombre de documents papier conservés aux archives.

Fiche ressource 2

Un extrait des documents conservés aux archives est présenté en annexe. Annexe 2

14. Complétez le tableau fourni en précisant la durée légale de conservation de chaque document.

15. Déterminez le format de fichier le plus adapté pour conserver des documents numériquement.

Une bonne partie des documents papier a été numérisée. M. Jacquemot a besoin de modifier le contenu d'un document (texte d'une page) mais il ne peut pas car le fichier numérisé est une image du texte d'origine.

16. Indiquez la solution à mettre en œuvre pour permettre de modifier ce fichier.

M. Jacquemot a entendu parler de prestataires spécialisés dans l'archivage électronique, les tiers archiveurs, mais il ne comprend pas leur utilité.

17. Expliquez le rôle de ces prestataires, par exemple la société Locarchives (https://locarchives.fr), et l'intérêt de faire appel à eux.

- **Finissez de remplir la fiche E4 (contraintes, méthodologie, bilans professionnel et personnel).**

DONNÉES DE LA SITUATION

Annexe 1 Extrait du répertoire racine

Informations sur le contenu du répertoire racine

Les documents sont enregistrés dans le répertoire dit « racine » du serveur. Pourquoi nommer ce répertoire comme cela ? Simplement parce ce qu'il se situe physiquement à la racine du serveur. Ce répertoire est partagé entre tous les utilisateurs.

Le répertoire racine du serveur de Loca+ contient quatre dossiers :

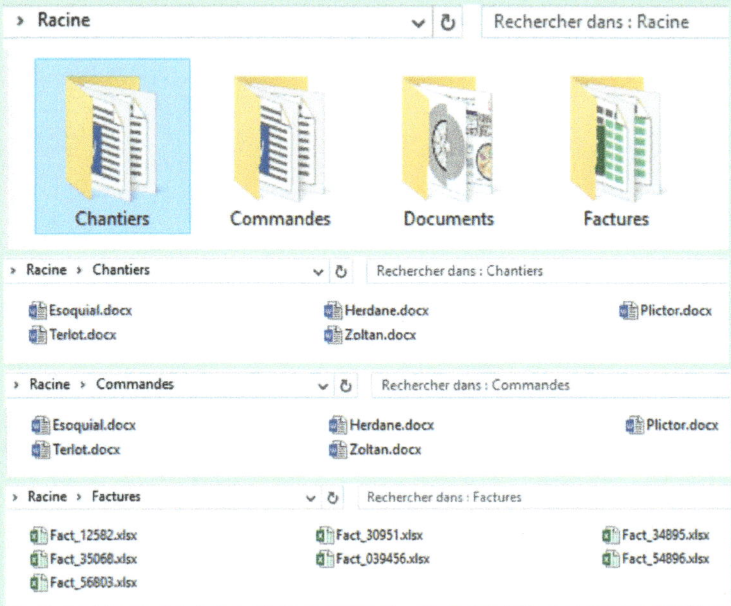

– « Commandes » : pour les bons de commande (chaque bon est identifié par le nom du client) ;
– « Chantiers » : pour les suivis de chantier des maisons (chaque fichier de suivi est identifié par le nom du client) ;
– « Documents » : pour stocker la documentation technique et les autres documents que l'on ne sait pas où ranger ;
– « Factures » : pour stocker les factures clients par numéros.

■■■

DONNÉES DE LA SITUATION

...

Annexe 1 Extrait du répertoire racine (suite)

› Racine › Documents — Rechercher dans : Documents

Nom	Type	Taille
Demande_Subvention.doc	Document Microsoft Word 97 - 2...	110 Ko
emergence_h_tel.pdf	Adobe Acrobat Document	1,24 Mo
emergence_h_tel_Page_1.jpg	Fichier JPG	238 Ko
emergence_h_tel_Page_2.jpg	Fichier JPG	281 Ko
emergence_h_tel_Page_3.jpg	Fichier JPG	323 Ko
Matériaux écologiques.pdf	Adobe Acrobat Document	54,6 Ko
plans_el435.pdf	Adobe Acrobat Document	733 Ko
plans_el435_Page_1.jpg	Fichier JPG	183 Ko
plans_el435_Page_2.jpg	Fichier JPG	204 Ko
plans_el665_v.pdf	Adobe Acrobat Document	474 Ko
plans_el665_v_Page_1.jpg	Fichier JPG	174 Ko
plans_el665_v_Page_2.jpg	Fichier JPG	157 Ko
plans_el665_v_Page_3.jpg	Fichier JPG	154 Ko
Plans_Gamme_Harmonique.pdf	Adobe Acrobat Document	334 Ko
RetD.pdf	Adobe Acrobat Document	55,2 Ko
Revue de presse.jpg	Fichier JPG	121 Ko
RT_2012.pdf	Adobe Acrobat Document	120 Ko
tarifs_el_435_481_201203.jpg	Fichier JPG	111 Ko
tarifs_el_435_481_201203.pdf	Adobe Acrobat Document	153 Ko
tarifs_h_201301.pdf	Adobe Acrobat Document	425 Ko
tarifs_ogival_201203.pdf	Adobe Acrobat Document	199 Ko

Annexe 2 Extrait des documents issus des archives

Documents	Pas d'obligation	3 ans	5 ans	3 à 5 ans	10 ans	30 ans	Sans limitation
Bon de commande signé							
Bon de commande non signé							
Facture							
Photocopie d'une facture							
Acte d'achat du siège social							
Déclaration fiscale 2015							
Déclaration fiscale 2014							
Déclaration fiscale 2013							
Plaquette d'un fournisseur							
Notes prises durant un rendez-vous							
Contrats de travail des salariés							
Statuts de l'entreprise							
Brevets							
Double des feuilles de paie des salariés 2012							
Double des feuilles de paie des salariés 2011							
Double des feuilles de paie des salariés 2010							
Invitation aux salons							
Bilans							
Journaux comptables							
Brouillon des journaux comptables							
Feuille de présence des salariés 2016							
Feuille de présence des salariés 2015							

1 Le classement des documents

I L'accès à l'information

L'information, en tant que ressource stratégique, doit pouvoir être facilement et rapidement retrouvée. Une information peut être stockée dans le système d'information :
– soit dans des bases de données ;
– soit dans des fichiers.

L'exécution des processus au sein d'une organisation nécessite l'utilisation de nombreux documents. Certains sont créés par l'organisation elle-même, d'autres sont reçus par des tiers. Ainsi, les informations, selon leur type (texte, image, son, vidéo), peuvent être enregistrées au format papier ou numérique. L'ensemble de ces documents forme ce que l'on appelle le fonds documentaire.

II Le plan de classement

Un plan de classement précise comment sont organisés les documents du fonds documentaire, c'est-à-dire la hiérarchie des dossiers/sous-dossiers et le classement retenu dans chacun d'eux. Sa création s'effectue selon les étapes suivantes.

1. Créer les dossiers et y regrouper les documents

L'arborescence retenue est propre à chaque organisation.

> **Exemple :** un jardinier paysagiste possède une entreprise dont la plupart des documents concernent des contrats propres à la création et à l'entretien de jardins. Dans le cas d'une création de jardin, on distingue l'aménagement sur jardin neuf ou sur jardin déjà existant.

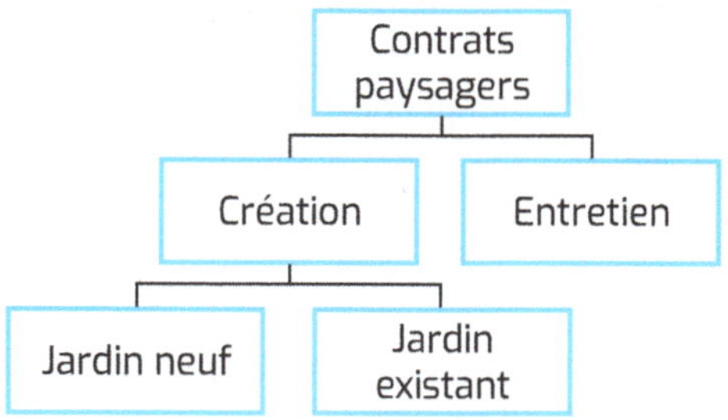

2. Classer les documents au sein de chaque dossier

Le classement peut être alphabétique, thématique (propre au contenu), numérique (identifié par un numéro) ou chronologique.

> **Exemples :**
> – classement alphabétique : noms des clients par ordre croissant ;
> – classement thématique : documentation sur les isolants classés par types : liège, laine de verre, paille, polystyrène... ;
> – classement numérique : factures classées par numéros ;
> – classement chronologique : contrats classés par dates.

3. Renommer les documents au sein de chaque dossier

Afin d'être facilement retrouvés, les documents sont renommés, dans chaque dossier, selon des règles de nommage propres à chaque organisation.

> **Exemples :**
> – nommage des factures selon un classement numérique : FACT_01, FACT_02... ;
> – nommage des factures selon un classement chronologique : FACT_01022018, FACT_24022018...

FICHE RESSOURCE

2 L'archivage des documents

L'archivage est l'ensemble des actions, outils et méthodes mis en œuvre pour conserver des documents, à moyen ou à long terme, à des fins éventuelles de consultation ultérieure.

I Les enjeux

1. Une obligation légale

Durée	Documents à conserver
Sans limitation	Statuts et documents relatifs au fonctionnement de la société.
30 ans	Documents relatifs à l'acquisition de l'actif professionnel (immeuble, mobilier, matériel...), titres de propriété de brevets ou de licences. Fiches individuelles de répartition de la participation et de l'intéressement.
10 ans	Documents comptables (livres, registres...) et justificatifs. Contrats.
3 à 5 ans	Documents sociaux (registre des procès-verbaux, feuilles de présence, rapports des dirigeants sociaux...).
5 ans	Livre de paie, registre du personnel, double des feuilles de paie.
3 ans	Déclarations fiscales + année en cours.

2. Alléger le fonds documentaire

L'archivage, en délestant le fonds documentaire des documents qui ne jouent plus un rôle actif dans les processus de l'organisation, allège ce fonds et permet ainsi aux fonctions de recherche de s'exécuter sans dégradation de performance.

3. Préserver un patrimoine informationnel

Le fonds documentaire fait partie du patrimoine de l'organisation. Le conserver permet notamment de sauvegarder ses droits par la production de preuves en cas de litige devant les tribunaux.

II Les caractéristiques d'un document archivé

La mise en place d'une veille automatique peut aboutir à la collecte de nombreuses informations.
Un document archivé doit être :
– intègre (strictement identique à l'original) ;
– pérenne (afin qu'il puisse être lu tout au long de la vie de l'organisation) ;
– sécurisé (c'est-à-dire protégé contre tout accès en lecture et en écriture par des utilisateurs non autorisés).

III La politique d'archivage

1. Les conditions d'archivage d'un document

Les archives doivent être régulièrement épurées des documents dont le délai légal de conservation est atteint et pour lesquels on a la certitude qu'aucune utilisation ultérieure ne sera nécessaire. On procède alors à l'effacement des documents électroniques et à la destruction des documents papier.
Un ensemble de lois favorise la dématérialisation des documents et admet l'écrit sous forme électronique comme preuve au même titre que l'écrit papier, à condition qu'il soit conservé dans des conditions de nature à en certifier l'intégrité, ce que garantit normalement l'archivage électronique *via* la norme NF-Z42-013.

2. Le dispositif d'archivage

Une organisation peut opter pour un archivage en interne mais peut aussi faire appel à des tiers archiveurs. Ces entreprises de services du numérique (ESN) spécialisées dans la gestion et l'archivage électronique de documents proposent une gestion en ligne avec numérisation des documents papier ou un archivage entièrement électronique.

3 La gestion électronique de documents (GED)

I Définition

La gestion électronique de documents (GED) recouvre l'ensemble des moyens informatiques permettant de gérer les documents utilisés par une organisation afin d'en faciliter la recherche, la consultation, la circulation et le stockage.
Ces fonctionnalités peuvent être mises en œuvre sous Windows ou être gérées directement *via* des logiciels spécialisés.

II Les étapes de la GED

Une GED comprend quatre grandes étapes.

1. La création

Cette étape consiste à enregistrer les documents utilisés par l'organisation dans son système d'information. Deux cas de figure sont envisageables : les documents papier et les documents numériques.

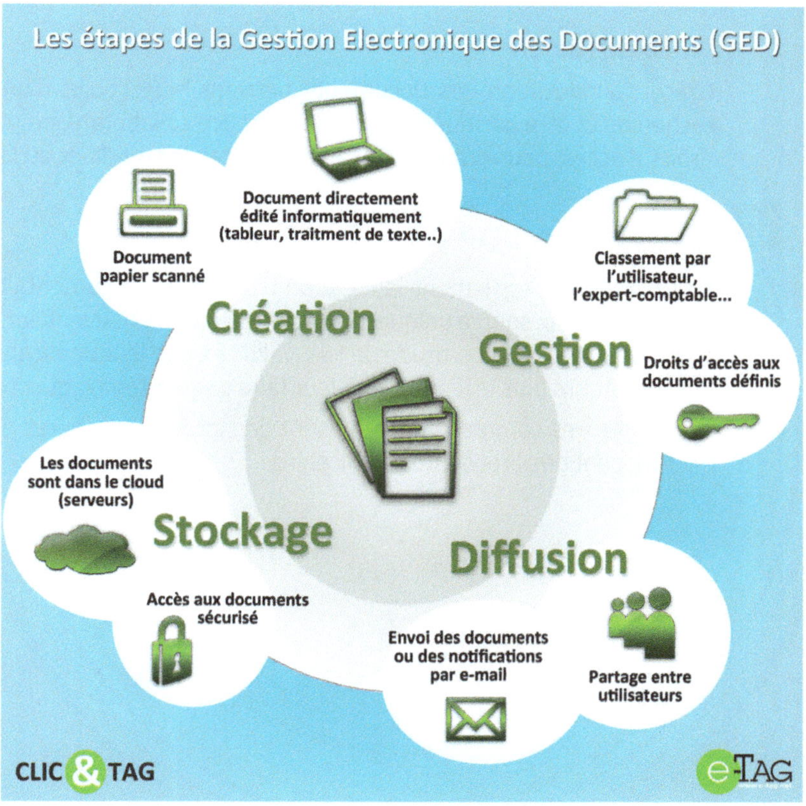

a. Les documents numériques

Dans le cas de documents numériques (textes, feuilles de calcul, images…), la création s'effectue simplement par le déplacement des documents dans l'arborescence du logiciel de GED.

b. Les documents papier

Dans le cas de documents papier (bons de livraison, catalogues, documentations diverses), il faut au préalable les numériser, c'est-à-dire les transformer en documents numériques grâce à un scanner. On parle alors de dématérialisation par numérisation. Le document numérisé peut être au format image (TIFF, JPG ou PNG) ou au format PDF (*Portable Document Format*), plus adapté car moins volumineux et plus universel. Une fois numérisés, les documents font parfois l'objet d'une reconnaissance optique de caractères (ROC ou OCR en anglais) afin de les rendre modifiables et pouvoir intervenir sur leur contenu si besoin.

2. Le stockage

Les documents numériques sont conservés selon le plan de classement retenu par l'organisation, qui choisit soit d'installer un logiciel dans son système informatique (dans ce cas, les documents y sont stockés), soit d'externaliser ce service auprès d'une ESN spécialisée dans la GED (auquel cas les documents sont stockés chez le prestataire).

▶▶▶

▶▶▶

3. La gestion

La gestion se caractérise par la mise en place d'une indexation et d'habilitations.

a. L'indexation

La GED facilite la recherche de documents grâce à l'indexation, c'est-à-dire l'attribution de mots-clés décrivant les propriétés du document et appelées « métadonnées ». L'indexation peut être manuelle ou automatique : elle est manuelle lorsque le créateur ou l'utilisateur attribue lui-même des mots-clés au fichier.

Certaines solutions de GED proposent une option d'indexation automatique :

– en fonction de critères préalablement définis par l'entreprise (origine, date de création ou de modification, mots-clés…) ;

– selon le contenu intégral du document (méthode *full text*). Dans ce cas, la totalité du fichier texte est aspirée et intégrée dans une base de données, ce qui permet de retrouver les documents contenant la ou les chaînes de caractères spécifiées.

b. Les habilitations

Les habilitations sur les documents consistent à accorder des droits d'accès aux différents utilisateurs : création, lecture, modification, suppression. En effet, tous les collaborateurs n'ont pas le même accès aux documents de l'organisation, certains pouvant comporter des informations confidentielles. La gestion des habilitations consiste à créer des groupes d'utilisateurs, puis à affecter des droits à chaque groupe sur un fichier ou sur un dossier.

4. La diffusion

Grâce à l'indexation, les documents peuvent faire l'objet d'une recherche *via* un moteur de recherche et être partagés au sein d'un espace collaboratif, où plusieurs utilisateurs, selon leurs droits d'accès, pourront les créer, les consulter, les modifier ou les annoter.

III L'intérêt d'une GED

La GED permet également la création d'un portail documentaire ou référentiel documentaire, c'est-à-dire une source unique où les collaborateurs peuvent consulter les documents clés d'une organisation avec la certitude de leur validité et de leur applicabilité. Cela contribue à rendre les collaborateurs plus efficaces, et à leur faire gagner temps et confort de travail.

Exemple : les commerciaux disposent des tarifs et brochures produits à jour, et les opérateurs disposent des procédures applicables.

APPLICATIONS PROFESSIONNELLES

1 Utiliser une reconnaissance optique de caractères

MAÎTRISE

Situation

Dans son répertoire « Chantiers », Loca+ possède un rapport de visite enregistré au format image PNG. Le responsable de chantier a besoin d'y apporter des modifications et des ajouts de texte. Il faut donc convertir le document au format texte.
Pour cela, vous utilisez un outil gratuit de reconnaissance de caractères en ligne, à l'adresse www.free-ocr.com.

Consigne

- **Scannez le fichier fourni (chap18_appli1_rapport.png) puis effectuez la reconnaissance optique de caractères. Vérifiez le résultat.**

2 Gérer et classer les documents de l'organisation

MAÎTRISE

Situation

En poste chez ProBat, entreprise spécialisée dans la fourniture de matériaux de construction, vous participez à la gestion quotidienne en centralisant l'ensemble des documents administratifs pour les mettre à disposition des différents acteurs. Les divers types de documents papier reçus ou émis (télécopies, courriers, documents internes...) sont numérisés, puis classés selon la codification suivante :

Type de document_Date_N° Séquentiel

Par exemple, la codification FAC_15/06/N_03 correspond à la facture n° 3 reçue (ou émise) le 15 juin N.
Les documents papier sont ensuite classés dans des dossiers par année, selon leur type. Les documents numériques sont également classés par année, dans un répertoire correspondant à leur type.
Un devis de fournisseur au format papier vient d'arriver en ce 15 juin N (document).

Consigne

- **Quelle action devez-vous mettre en œuvre pour gérer ce devis ?**

Document Codification des types de documents

Type de document	Codification	Type de document	Codification
Télécopie	TEL	Devis	DEV
Courrier	CR	Facture	FAC
Document interne	DOC	Courriel	CL
Fichier	FIC		

3 Proposer une solution d'archivage

EXPERTISE

Situation

Vous êtes en poste dans une entreprise spécialisée dans la commercialisation d'équipements électroménagers. Votre responsable souhaite améliorer son archivage, qui consiste actuellement en un simple dépôt des documents papier dans un local dédié. Les documents sont simplement regroupés dans des dossiers par année. Il vous fait savoir qu'une solution « zéro papier » aura sa préférence.

Consigne

Dans une note structurée, proposez à votre responsable les différentes options envisageables en vous aidant des documents 1 et 2. Concluez en recommandant la solution la plus adaptée à sa demande.

Document 1 Une solution d'archivage électronique

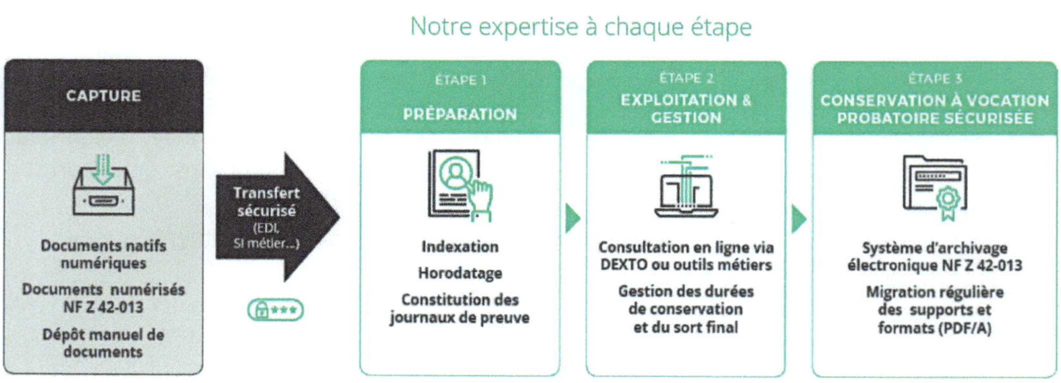

www.locarchives.fr

Document 2 La norme NF Z42-013

La norme NF Z42-013, propre à l'archivage électronique, décrit les spécificités à respecter pour garantir la pérennité de la conservation des documents stockés, leur intégrité et leur valeur légale. Nécessitant des techniques informatiques évoluées (comme l'horodatage et la signature électronique des documents), elle est difficile à mettre en œuvre pour les petites entreprises. Par conséquent, l'archivage électronique est souvent confié à des prestataires spécialisés dans ce domaine : les « tiers archiveurs ».

Chapitre 19

La gestion des déplacements sur le territoire national et à l'étranger

ACTIVITÉ	**1.2.** Gestion des dossiers en responsabilité	**TÂCHE**	**1.2.1.** Prise en charge d'un dossier
COMPÉTENCE	Conduire l'action administrative en gestionnaire de dossier.	**VERS PIX**	**1.3.** Traiter des données **2.2.** Partager et publier

Contexte : Business Club

Statut	ONG fondée en 1948 par un industriel américain
Zone d'influence	1 400 000 membres dans le monde répartis dans 206 pays
Branche française	Association loi 1901 Neuilly-sur-Seine (92)
Activité	Organisation de collectes de fonds pour des actions sociales (notamment par mécénat)
Résultat 2020	20 millions d'euros de dons collectés
Présidente (France)	Ella Steevy

Vous êtes recruté(e) comme salarié(e) permanent(e) sur un poste d'administratif/trésorier au siège de l'ONG Business Club à Neuilly-sur-Seine ; vous travaillez auprès de la présidente Ella Steevy.

La branche française de l'ONG est découpée en sections locales regroupant plusieurs clubs. Les bénévoles des clubs soutiennent, au choix, des actions de recherche médicale, d'enseignement, des actions humanitaires dans les pays en développement, et des actions d'aide aux victimes de catastrophes. L'ONG rend compte à ses donateurs et à ses bénévoles.

Ella Steevy est confrontée au risque de dépassement du budget consacré aux dépenses de déplacement. Elle devra aborder le sujet lors de la prochaine réunion du conseil d'administration, chargé de superviser la gestion courante de l'association.

Dans le cadre de vos missions, Ella Steevy vous charge du dossier Gestion des déplacements sur le territoire national et à l'étranger. Votre responsabilité est totale, depuis l'organisation des déplacements jusqu'au contrôle des frais afférents. Vous rendez compte chaque mois à la présidente de l'état des dépenses.

Découvrez l'ONG Business Club en vidéo
liennathan.fr/2xv5c9

- Reportez les informations utiles du contexte au recto de la fiche E4 (organisation, contexte et objectifs de la mission, ressources).

VOTRE RÔLE

Vous constatez rapidement que la totalité du processus est à organiser et décidez de procéder par étapes. Il faudra mettre à jour la base de données des voyageurs, puis rationaliser les déplacements sur le territoire national et à l'international.

TRAVAIL À FAIRE

I. Collecter des informations sur les voyageurs

Vous commencez par créer une base de données des voyageurs potentiels, sachant que ceux-ci se déplacent fréquemment sur le territoire national et à l'étranger.

Fiches ressources 1 2
Annexes 1 2

1. Concevez le formulaire de saisie qui permettra à l'ensemble des membres du siège (permanents et bénévoles) de vous fournir les informations utiles les concernant.
2. Testez ce formulaire avec les renseignements concernant Ella Steevy.
3. COM Demandez par courriel à la présidente de vous communiquer les informations manquantes.

L'association peut prendre ponctuellement en charge les frais de membres étrangers.

4. Rédigez en anglais la fiche de demande d'information que vous adresserez à chacun des membres.
5. COM Rédigez le courriel type qui accompagnera votre demande.
6. Quel intérêt l'ensemble de ces premières tâches de rationalisation présente-t-il ?

II. Organiser les déplacements sur le territoire national

Tom Slovak, le superviseur de zones, salarié permanent de la branche, vous charge d'organiser ses déplacements des 12 et 15 décembre. Il vous donne quelques consignes sur ses attentes et vous suggère de mener une recherche sur Internet.

Fiche ressource 2
Annexes 1 3

7. Réservez les billets pour chaque déplacement en choisissant le mode de transport apportant le confort maximal.
8. Effectuez la réservation de l'hébergement à Nice.
9. Conseillez à M. Slovak une application qui facilitera son séjour à Nice et précisez-lui comment la télécharger.
10. Rédigez, à l'attention de M. Slovak, une brève fiche récapitulative du déroulement de chacun de ses déplacements.

III. Organiser des déplacements à l'international

Ella Steevy doit participer à une conférence internationale qui réunira les délégués des Business Club européens à New Delhi, en Inde. Elle vous transmet le courriel qu'elle a reçu.

Fiche ressource 2
Annexe 4
Annexe 5

11. Informez la présidente des modalités d'obtention d'un visa indien à partir de votre recherche sur Internet.
12. Effectuez la réservation des billets de transport et de l'hébergement à New Delhi.
13. COM Rédigez un courriel à l'attention d'Ella Steevy pour connaître les ateliers auxquels elle souhaite assister le 20 décembre.

14. Établissez une *check-list* des informations à transmettre à la présidente avant son départ.

15. Réalisez la fiche pratique « Informations sur le lieu et le déroulement du déplacement ».

16. Rédigez une fiche sur les démarches d'obtention d'un permis de conduire international.

IV. Contrôler et calculer le coût des déplacements

Ella Steevy est soucieuse du budget de fonctionnement du siège de Business Club France. D'après elle, la gestion des notes de frais mérite une vigilance particulière, c'est pourquoi votre proposition d'abandon des formulaires papier pour un formulaire numérisé a été validée.

17. Proposez un formulaire de saisie des frais à mettre à disposition des membres de la branche sur l'intranet.

18. Testez ce formulaire à l'aide de la note de frais papier remise par Tom Slovak. Annexe 6

Le 5 janvier, Ella Steevy vous demande l'état des dépenses engagées au mois de décembre et un compte rendu sur le respect du budget « Frais de déplacement » pour l'année écoulée.

19. Calculez le total des frais occasionnés par le déplacement à New Delhi. Annexe 4

20. Complétez les lignes de la feuille de calcul concernant les frais de déplacement du mois de décembre. Chap19_TAF_frais.xls

21. Complétez le tableau de bord récapitulatif. Présentez les résultats à Ella Steevy. Chap19_TAF_TDB.xls

- Finissez de remplir la fiche E4 (contraintes, méthodologie, bilans professionnel et personnel).

DONNÉES DE LA SITUATION

Annexe 1 Extrait des directives nationales « Politique des déplacements Business Club »

Plusieurs formalités sont applicables à l'ensemble des clubs du territoire national.

1. Avant la mission

Une autorisation permanente est accordée à certains membres de l'ONG par la direction nationale. Cet ordre de mission (OM) « Déplacement permanent » renouvelable chaque année donne droit à louer un véhicule de location ou à utiliser un taxi.

Une autorisation ponctuelle est accordée aux collaborateurs ayant besoin de se déplacer, sous réserve d'être validée par le président de la branche.

Tout membre peut utiliser son véhicule personnel pour un déplacement professionnel s'il a obtenu au préalable une autorisation ponctuelle. Il doit avoir fourni les photocopies suivantes : permis de conduire, carte grise, attestation d'assurance. Le barème des indemnités kilométriques est celui de l'année en cours.

2. Après la mission

Pour obtenir le remboursement des frais de déplacement, l'intéressé doit remettre une note de frais, obligatoirement accompagnée de toutes les pièces justificatives originales nécessaires (tickets d'autoroute, notes de restaurant...). La note de frais signée par le voyageur et cosignée par l'ordonnateur certifie la réalité de la mission effectuée et des dépenses s'y rattachant.

Remboursement des repas et de l'hébergement : pour les bénévoles comme pour les salariés, le plafond est fixé en N à :
- 18,40 € par repas ;
- 58,90 € pour l'hébergement + petit déjeuner (75,80 € pour un hébergement sur Paris ou dans les départements 92, 93 et 94).

Annexe 2 Renseignements sur Ella Steevy

Civilité	Madame	**CP**	95190
Nom de naissance	Daroussin	**Téléphone**	06 23 05 58 78
Nom d'usage	Steevy	**Date de naissance**	05/09/85
Prénom(s)	Ella, Marie	**Lieu de naissance**	Nîmes
Nature et n° du titre de séjour*	–	**Pays de naissance**	France
Situation de famille	Mariée	**Nationalité**	Française
Adresse	50 rue Millet	**N° de Sécurité sociale**	2850930001026 98
Ville	Goussainville	**Nb d'enfants à charge**	2

* Pour les salariés hors Union européenne.

Annexe 3 Agenda et consignes de Tom Slovak

• Lundi 12 décembre : réunion des responsables de zone à Nice
Adresse : 355 Promenade des Anglais – L'Arénas – 06200 Nice – France
Début de la réunion à 9 h, fin à 19 h. Je souhaite arriver la veille pour être à l'heure à la réunion et en profiter pour une visite de la vieille ville dimanche après-midi.

• Jeudi 15 décembre : déplacement à Bordeaux – Lieu du RV : place Pey Berland, à 13 h

Je n'ai aucune réduction SNCF ou compagnie aérienne.

Annexe 4 Courriel reçu du comité d'organisation de la conférence

Émetteur shardy-BusinessClub-india@gmail.com
Récepteur esteevy-BusinessClub-france@gmail.com
Date 15 septembre N
PJ Conference Program

Dear Ella,

We have registered your application form to participate in the International Conference on the Prevention of Violent Extremism through Education, 19th-20th December in New Delhi.
We alert you to the fact that a visa must be obtained from the Indian Embassy in your country.
https://indianvisaonline.gov.in/visa/index.html

Remaining costs are:
• enrolment fee: US $120;
• reception cocktail on 19th December hosted by UNESCO (Pullman Hotel Courtyard Aerocity, New Delhi): US $25.

You can get a special discount when you reserve the hotel: US $65 for 1 night, breakfast included (20% off the normal price). Use the code BCC17181912.

Please tell us what workshops you wish to attend on the 20th December as soon as possible.

Best regards,
Sandy

• Convener: Business Club New Delhi
• Contact: Sandy Hardy
• Address: 230A Shantipath Chanakyapuri 110 021 NEW DELHI

Annexe 5 Programme de la conférence

International Conference on the Prevention of Violent Extremism through Education

19th-20th December

Hotel Novotel Aerocity, Peacock Convention Centre, New Delhi, India

Co-organized by Business Club Headquarters and the Institute of Education Gandhi for Peace and Sustainable Development

Day 1 – 19th December

8:30-9:30	Participant registration (in front of Peace Room I)
9:30-10:30	Opening session (Peace Room I) Opening of the conference by Karel Fracape, Business Club New York
10:30-11:00	Coffee break
11:00-12:30	Plenary session 1 – What can education achieve against violent extremism? (Peace Room I) *Panel discussion with policy makers followed by questions and answers.*
12:30-14:00	Lunch
14:00-15:30	Plenary session 2 – Town hall meeting with youth (Peace Room I)
15:30-16:00	Coffee break
16:00-17:30	Plenary session 3 – The education sector's interactions with the broader society: how to improve community outreach and work towards a common goal? (Peace Room I) *Panel discussion with experts and practitioners, followed by a discussion with the floor.*
19:00-20:30	Cocktail reception hosted by UNESCO (Pullman Hotel Courtyard Aerocity, New Delhi

Day 2 – 20th December

Concurrent sessions will consist of short presentations focusing on concrete examples to be followed by interactive discussions.

9:30-11:00	· Paths to radicalization and drivers of violent extremism (Peace Room II) · Straight talk: building key competencies for the prevention of violent extremism (Peace Room III) · The role of teachers in curtailing violent extremism (Peace Room I)
11:00-11:30	Coffee break
11:30-13:00	· Global citizenship education to prevent violent extremism (Peace Room II) · Education and intercultural and interreligious dialogue (Peace Room III) · Addressing intolerance and extremism through universal values in curriculum (Peacock Room I)
13:00-14:30	Lunch
14:30-16:30	· Non-formal education approaches to the prevention of violent extremism (Peace Room II) · PVE-E in countries affected by armed conflict and violence in the region: best practices in seizing the peace premium (Peace Room I) · Developing digital citizenship competencies (Peace Room III)
16:30-17:00	Closing plenary session – Way forward (Peace Room I)

Annexe 6 Note de frais

NOTE DE FRAIS – Déplacement du *15 décembre*

NOM Prénom *SLOVAK Tom*

Statut *Permanent* **Fonction** *Superviseur zone*

Autorisation Permanente ~~ou ponctuelle~~

Déplacement véhicule personnel (si autorisation)				
Motif	**Date**	**Lieux : Départ – Arrivée**	**Nombre de km A/R**	**Forfait au km**

Transport (métro, RER, taxi, train, avion)				
Motif	**Date**	**Lieux : Départ – Arrivée**	**Moyen**	**Coût A/R**
	15/12	*Gare - Bordeaux*	*TGV*	....
	15/12	*Neuilly – Gare Montparnasse*	*Métro*	*3,80 €*
	15/12		*Bus urbain Bx*	*3,20 €*

Repas				
Motif	**Date**	**Lieu**	**Nombre de repas**	**Coût unitaire**
	15/12		*2*	*18,40 €*

Hébergement				
Motif	**Date**	**Lieu**	**Nombre de nuitées**	**Coût unitaire**

Frais divers *(Joindre les différentes factures ou justificatifs : parking, péage...)*			
Motif	**Date**	**Désignation**	**Coût**
		Total	

Le :

Date du remboursement :

Mode de remboursement :

Signatures :

Voyageur :

Ordonnateur :

1 Les règles de gestion des déplacements professionnels

Un déplacement professionnel est effectué par un collaborateur pour le compte de l'organisation à l'occasion d'une mission temporaire en dehors de son domicile et du lieu d'activité habituel (visite à des clients, des fournisseurs, rendez-vous sur un chantier, participation à une réunion…).

I L'optimisation du processus de gestion des déplacements

Tout déplacement entraînant des frais, leur gestion rigoureuse limite les risques de dérapage des dépenses. Si une seule personne maîtrise la totalité du cycle, l'absence de contrôle rend les abus possibles. Il faut donc séparer les pouvoirs.

Étape	Question	Réponse
1 Demande d'autorisation d'engagement de frais de déplacement	Qui a le pouvoir d'engager des frais de déplacement ?	L'ordonnateur a une délégation de pouvoir du responsable de l'organisation. Exemples : chef d'entreprise, président d'une association, élu à la tête d'une collectivité.
2 Autorisation d'engagement de frais de déplacement	Qui a le pouvoir d'autoriser l'engagement des frais ?	
3 Paiement de la dépense à l'intéressé(e)	Qui paie les frais ?	Le payeur a une délégation de signature bancaire. Exemples : directeur financier, trésorier d'une association.

II Les formalités administratives liées aux voyages à l'étranger

Catégories	Questions à se poser	Éléments de réponse
Formalités d'entrée et de séjour	Quels sont les documents d'identité exigés ? Comment obtenir les visas ?	Ces informations sont disponibles auprès des ambassades.
Formalités douanières	Faut-il faire des démarches ? Par exemple, pour les échantillons commerciaux à emporter sur des foires ou salons.	
Risques sanitaires	Quels sont les vaccinations nécessaires et les délais à respecter ? Quelles sont les maladies endémiques, les épidémies éventuelles, les précautions à prendre ?	Le site du ministère des Affaires étrangères propose de nombreuses informations dans la rubrique « Conseils aux voyageurs ».
Conditions de sécurité	Existe-t-il des risques répertoriés pour la période du voyage ?	
Couverture sociale et assistance rapatriement	Le dispositif en place est-il adapté au pays de destination ? Quels sont les documents à emporter ?	Des renseignements sont disponibles sur le site de l'Assurance maladie (carte européenne d'assurance maladie, formulaires S-9203 et S-3125). Les cartes bancaires et les compagnies d'assurances offrent des services d'assistance.
Permis de conduire international	Est-il nécessaire ?	Se renseigner en préfecture.

Une *check-list* permet de ne rien oublier. Les formalités changent d'un pays à l'autre, évoluent dans le temps. Un état de veille et d'alerte est donc nécessaire.

FICHE RESSOURCE

2 La démarche d'organisation des déplacements professionnels

I La vérification de l'identification du voyageur

Dès qu'un membre de l'organisation se déplace, la création d'une fiche « profil » du voyageur permet de disposer rapidement de toutes les informations utiles le concernant :
– nom et prénom ;
– date de naissance (afin de savoir s'il peut bénéficier de réductions liées à son âge) ;
– informations utiles concernant le passeport (numéro, date de délivrance...) ;
– numéro de sa carte nationale d'identité ;
– réductions éventuelles dont il bénéficie sur les titres de transport ;
– numéros de ses cartes de fidélité (compagnies ferroviaires et aériennes) ;
– habitudes de voyages, catégorie d'hébergement, préférences alimentaires...

II Les étapes de la préparation

Tâches	Informations à collecter	Exemples de sites et applications
Réaliser un plan du voyage	– Déroulement du déplacement – Itinéraires avec évaluation des temps de trajet – Adresses des lieux de rendez-vous, de conférence...	– Google Maps – Citymapper
Réserver l'hébergement	– Plans des villes – Adresses des hôtels ou autres hébergements	– Booking.com – TripAdvisor
Rassembler des informations sur le lieu du déplacement	– Décalage horaire, climat, taux de change, liste de restaurants, numéros de téléphone (hôtel, ambassade, consulat...), traditions (jours de fête) – Éventuelles consignes de sécurité	– Sites : offices du tourisme, guides touristiques – Ministère de l'Intérieur
Gérer les contacts	Liste des contacts à établir sur le lieu du déplacement avec heures et lieux des rendez-vous	Application de gestion de contacts Android, iPhone
Réunir les billets de transport	Billets et cartes d'embarquement numérisés, horaires et contraintes à respecter, informations sur les transferts, n° de dossier de réservation des véhicules de location...	– SNCF – Skycanner – Applications des compagnies aériennes et agences de location de véhicules
Obtenir les bons de réservation (*vouchers*)	Titres des prestations réservées et payées à l'avance (hôtels, restaurants, véhicules de location...)	

La plupart des documents utiles au voyageur sont envoyés par les prestataires sous forme numérisée qu'il faut ensuite communiquer à la personne concernée par courriel. Cette dernière pourra consulter et stocker ces informations sur son téléphone portable ou sur sa tablette.

1 Appliquer des règles de gestion aux déplacements en train

MAÎTRISE

Situation

Vous travaillez dans la société Goglus, implantée à Talence (Gironde), dont le siège social est situé à proximité de la gare Montparnasse à Paris. Vous gérez les déplacements des ingénieurs et techniciens. Ceux-ci se rendent avec une fréquence variable à Paris pour des réunions techniques ou en formation. Jusqu'à présent, les collaborateurs voyageaient en seconde classe (prix moyen de 98 € pour un aller simple).

Ils réclament à présent avec insistance de voyager en première classe pour pouvoir travailler dans le train. Le coût mensuel d'une carte d'abonnement en première classe est de 752 € + 1,50 € par réservation.

Consignes

1. **D'après le document, quelles ont été les dépenses consacrées aux déplacements en train en N ?**
2. **Évaluez le budget total « Déplacements en train » de N+1 sur la base d'un tarif moyen en première classe de 132 € pour un aller simple et en anticipant une augmentation de 5 % du nombre de déplacements par rapport à N.**
3. **Parmi les collaborateurs, quels sont ceux qui rentabiliseront cet abonnement ?**

Document Récapitulatif des déplacements à Paris en N

NOM Prénom	Qualification	Nombre d'allers-retours
LE BARS Guy	Chef d'agence	36
BETOUCHE Saïd	Attaché administratif	2
ALLAN Mac	Ingénieur	18
PRINCE Jonathan	Ingénieur	9
GIMENEZ Malika	Commerciale	8
DATA Chloé	Commerciale	13
KOUIDER Sabri	Technicien	4
CARPACCIO Alain	Technicien	3

2 Choisir un mode de transport

MAÎTRISE

Situation

Basé à Strasbourg, SynthéPharma est sous-traitant d'un grand laboratoire pharmaceutique dont le siège se situe à Genève. Huit chercheurs strasbourgeois vont participer à un programme de formation d'une journée mensuelle pendant six mois au siège du laboratoire. La formation commençant à 8 h 30 le matin, ils dormiront la veille sur place. L'hôtel à Genève coûte au minimum 157 € par personne, petit déjeuner inclus. En tant que responsable de la gestion des déplacements, vous envisagez deux solutions : transport ferroviaire ou transport aérien (vol régulier et jet privé).

Consignes

1. **À partir de vos recherches sur Internet, comparez dans un tableau les différentes solutions possibles (coût, durée, confort, avantages, inconvénients).**
2. **Quelle solution conseillez-vous au directeur de SynthéPharma ?**

3 Souscrire une assurance maladie pour un stage à l'étranger

MAÎTRISE

Situation

Vous allez partir en stage dans un pays européen et devez demander une carte européenne d'assurance maladie (CEAM), utilisable dans les États de l'Union européenne / Espace économique européen (UE / EEE) et en Suisse. Vous envisagez de télécharger la carte en version dématérialisée dans votre application Ameli pour smartphone et tablette.

Rendez-vous sur
ameli.fr
L'ASSURANCE MALADIE EN LIGNE

Consignes

1. **Créez un compte Ameli (www.ameli.fr).**
2. **Installez l'application Ameli pour smartphone et tablette, disponible sur l'App Store ou Google Play.**
3. **Commandez votre carte européenne d'assurance maladie (CEAM), gratuite, depuis votre compte (rubrique « Mes démarches ») *via* l'application ou le site.**

4 Assister les collaborateurs dans l'utilisation d'applications nomades

EXPERTISE

Situation

Les commerciaux du groupe Villazur, constructeur de maisons individuelles, se déplacent fréquemment sur des chantiers, chez des clients ou divers partenaires (architectes, notaires, service du cadastre en mairies...). Pour améliorer l'efficacité de leurs déplacements, et après une large consultation, la direction a mis à leur disposition des tablettes iPad. Un peu perdus par l'importance sans cesse renouvelée de l'offre d'applications téléchargeables, les commerciaux souhaitent être orientés dans leurs choix. Les applications seront de préférence gratuites ou de faible coût.

Consigne

Concevez des fiches pratiques (conseils synthétiques) sur les thèmes suivants :
– applications pour gérer ses contacts professionnels ;
– applications pour se déplacer dans une ville, une région ;
– applications pour prendre des notes, des photos, faire des croquis sur un chantier.

Chapitre 20

L'animation de la communication avec les médias sociaux

ACTIVITÉ	**1.2.** Gestion des dossiers en responsabilité	**VERS PIX**	**2.2.** Partager et publier **2.4.** S'insérer dans le monde numérique **3.2.** Développer des documents multimédia **3.3.** Adapter les documents à leur finalité
COMPÉTENCE	Conduire l'action administrative en gestionnaire de dossier.		
TÂCHE	**1.2.2.** Animation d'espace collaboratif et de médias sociaux		

Contexte : Un Cors'sain

Statut	Filiale d'une chaîne nationale
Localisation	Corse (3 centres de remise en forme)
Siège	Ajaccio (pour les centres corses)
Activité	Remise en forme et musculation
Effectif	12 salariés
Gérante	Marine Bartoli

Chaque centre de l'entreprise Un Cors'sain emploie quatre entraîneurs diplômés d'État – dont un(e) est manageur – et deux agents d'accueil. Les installations sont accessibles 7 jours sur 7 de 6 h à 23 h. Chaque centre comporte de différents espaces : un plateau de musculation libre, un espace « cardio », un espace d'entraînement, un espace de cours vidéo diffusés sur écran géant et un espace de cours dispensés par les entraîneurs.
La gérante, Marine Bartoli, souhaite mieux faire connaître ses établissements :
– à court terme pour accueillir davantage d'abonné(e)s ;
– à long terme pour ouvrir d'autres centres sur l'île de Beauté.
Elle a récemment assisté, à la chambre de commerce et d'industrie (CCI), à une conférence sur « l'économie de demain » qui présentait les médias sociaux comme « incontournables ». Convaincue, elle souhaite que l'entreprise développe sa présence sur Internet et les réseaux sociaux.

Vous travaillez en étroite collaboration avec Mme Bartoli, qui vous confie ce développement. Dans un premier temps, vous ne disposez pas d'un budget spécifique mais, si vos démarches sont concluantes, l'entreprise envisage d'allouer une partie de son budget publicitaire actuel aux démarches que vous entreprendrez. Mme Bartoli attend un compte rendu régulier de l'avancement de votre travail.

Découvrez l'entreprise Un Cors'sain en vidéo
liennathan.fr/9s26ga

- **Reportez les informations utiles du contexte au recto de la fiche E4 (organisation, contexte et objectifs de la mission, ressources).**

VOTRE RÔLE

Votre intérêt pour les réseaux sociaux et tous les outils – smartphone, tablette... – n'a pas échappé à Mme Bartoli. Elle vous met à contribution pour animer la communication sur les réseaux sociaux.

TRAVAIL À FAIRE

I. Sensibiliser aux enjeux des médias sociaux

Avant de vous lancer dans le projet, Mme Bartoli souhaite que tous les collaborateurs de Un Cors'sain soient sensibilisés aux enjeux d'une présence sur les médias sociaux.

1. Présentez les différents médias sociaux adaptés à l'entreprise et leurs fonctionnalités. — Fiche ressource 1

2. Définissez les usages que l'entreprise peut faire pour chaque réseau en précisant leur intérêt et en donnant des exemples d'actions à mener.

COM **3.** Synthétisez ces informations dans un diaporama illustré que vous présenterez devant vos collègues.

II. Communiquer sur Twitter

Mme Bartoli constate qu'une grande proportion de clients utilisent essentiellement Twitter sur leur téléphone et voudraient que Un Cors'sain y soit présent. De nombreux clients se prennent en photo pendant leurs séances et les postent ensuite sur le réseau. Un client (un acteur connu) a proposé à Mme Bartoli de lui offrir quelques photos. Il a échangé des messages avec elle à ce sujet.

4. Traduisez en termes simples le dernier message que vous montre Mme Bartoli sur son téléphone. — Fiche ressource 3 — Annexe 1

5. Créez un compte Twitter pour l'entreprise.

6. Recherchez et suivez des comptes de professionnels renommés du fitness et de la musculation.

7. Publiez l'offre « Découverte » au moyen d'un tweet. — Fiche ressource 2

8. Activez les statistiques Twitter et consultez les résultats de votre premier tweet. — Annexe 2

III. Communiquer sur Facebook

Mme Bartoli vous demande votre avis sur l'opportunité de créer une page Facebook.

COM **9.** Présentez dans une note à Mme Bartoli vos arguments en faveur de la création d'une page Facebook d'entreprise. — Fiche ressource 4

10. Créez la page de l'entreprise sur Facebook.

11. Invitez des comptes à aimer la page.

12. Publiez un message de bienvenue accompagné des conseils de l'entraîneur Lucca Casanova. — Fiche ressource 2 — Annexe 3

13. Proposez des pistes d'exploitation d'un groupe Facebook pour Un Cors'sain.

14. Suggérez des vidéos à réaliser que vous pourriez héberger sur YouTube ou TikTok et diffuser sur Facebook.

IV. Rédiger un article et une *newsletter*

Annexes 2 3

15. Créez une *newsletter* présentant l'offre « Découverte » en tenant compte des conseils de Lucca Casanova.

16. Rédigez un article en mettant en avant les bienfaits d'une pratique sportive régulière pour inciter de nouveaux clients à s'abonner.

V. Gérer l'e-réputation de l'entreprise sur Internet

Vous surveillez les messages laissés par les visiteurs sur la page Facebook.

Annexe 4

17. Rédigez une réponse aux messages laissés par les internautes sur la page Facebook de l'entreprise.

▪ **Finissez de remplir la fiche E4 (contraintes, méthodologie, bilans professionnel et personnel).**

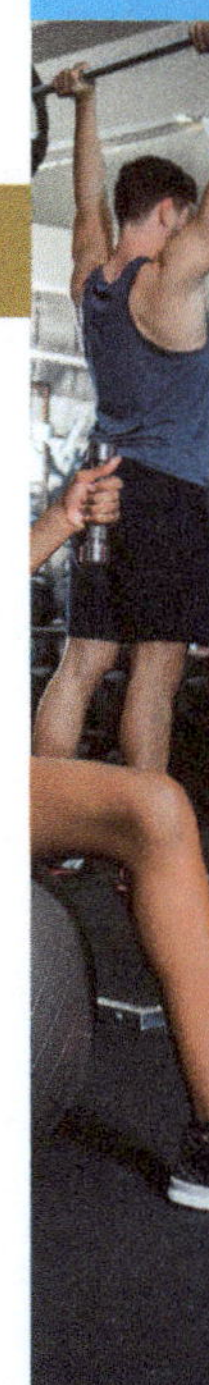

DONNÉES DE LA SITUATION

Annexe 1 Messages reçus par Mme Bartoli sur son smartphone

Bonjour Mme Bartoli !
Jetez un œil à cette photo prise pendant une séance ce matin !

Super, merci ! Est-ce une photo que l'on peut diffuser ?

Je suis actif sur Twitter, je vous aurais taggué avec plaisir pendant les séances mais je n'ai pas trouvé de compte à follow !
#VousAttendezQuoi?

Annexe 2 Offre « Découverte »

Un mois à 19,99 €* qui comprend un accès illimité aux trois salles corses avec :

✓ **une carte magnétique nominative**

✓ **l'accès illimité à tous les espaces**
- Plateau de musculation libre
- Espace « cardio »
- Espace d'entraînement
- Espace de cours vidéo sur écran géant
- Espace de cours avec des entraîneurs diplômés d'État

✓ **l'accès gratuit aux douches et aux casiers individuels**

~~29.99 €~~
19.99 €*

Pièces à fournir pour l'inscription
- Une photocopie de la carte d'identité
- Un RIB + un chèque de garantie (75 € non encaissés)

À l'inscription, versement du 1er mois + frais de dossier*

* Frais de dossier : 39 € (1 seule fois et valable à vie !)

Annexe 3 Conseils de l'entraîneur Lucca Casanova

La régularité est essentielle : pour obtenir des résultats, il faut au moins 2 séances de 90 minutes par semaine.

Un entraînement se prépare

- **À chaque séance, une partie du corps :** on alterne les membres supérieurs et inférieurs pour ne pas blesser l'un d'eux.
- **Il faut varier les programmes :** sur les machines, choisir des programmes dont la résistance évolue pour progresser.
- **Il faut travailler les postures :** toujours prévoir en fin de séance des exercices de posture (yoga, Pilates ou stretching).

Annexe 4 Avis laissés sur la page Facebook

Avis

Robert Leduc
Dommage qu'il n'y ait pas de nocturnes certains soirs de la semaine et que ce soit fermé le dimanche. Du coup, il y a beaucoup de monde le samedi : il faut attendre un quart d'heure devant la machine convoitée.
J'aime • Il y a une heure

Éric Legault
La possibilité des cours collectifs est un plus mais il faut payer un supplément et s'inscrire avant. J'ai essayé, ils sont bien, les horaires sont intéressants, c'est un bon point.
J'aime 1 • Il y a 2 heures

Marie Bornée
Attention à l'hygiène ! Des cheveux dans les douches. Revoir la propreté des toilettes.
J'aime • Il y a un jour

Cédric Gonzalez
Je me demande si je suis prêt à payer davantage pour avoir accès au hammam ou au sauna.
J'aime • Il y a 3 jours

Isabelle Fayard
Il faut s'engager sur un abonnement annuel, j'aurais préféré m'inscrire au mois, au trimestre ou au semestre, ce qui peut être bien pour essayer une salle avant de l'adopter définitivement.
J'aime • Il y a environ une semaine

1 Les grandes familles de médias sociaux

I Différencier médias sociaux et réseaux sociaux

1. Qu'est-ce qu'un réseau social ?

Un réseau social désigne un groupe d'individus reliés par des interactions sociales. Ces liens peuvent également se créer autour d'une passion ou de centres d'intérêt communs.
Sur Internet, un réseau social est une plateforme qui crée des liens entre individus à l'aide de divers outils d'interaction (publication de profils, de contenus, partage de fichiers, mise en relation...). Chaque plateforme (Facebook, LinkedIn...) permet d'entretenir un lien social avec des individus, des entreprises, des organisations... éloignés géographiquement ou socialement.

2. Qu'est-ce qu'un média social ?

Un média est un moyen de diffusion : texte, son, image, vidéo. La notion de média social inclut toute plateforme permettant de créer du contenu ou de rédiger des commentaires. Un réseau social fait donc partie des médias sociaux.
Les médias sociaux les plus connus en France sont : les blogs/forums : WordPress, Jimdo, Blogger, Twitter (microblogging) ; les sites participatifs : Wikipédia, Quora ; les partages de fichiers : YouTube, Instagram, SlideShare ; les réseaux sociaux : Facebook, LinkedIn, Snapchat.

II Les réseaux généralistes à usage professionnel

Les réseaux généralistes sont ouverts à tous et offrent des usages multiples. On y traite de tous les sujets, on y partage des contenus multimédia, on y transmet des informations mais, surtout, on y interagit avec amis, collègues, familles, clients et tous ceux qui composent le réseau social.

1. Facebook

Avec ses « pages », Facebook a créé un espace personnalisable dédié aux organisations réunissant leur communauté de « fans ». Depuis sa propre page, l'organisation peut structurer sa prise de parole, ses actions de marketing viral et/ou communautaire et organiser la relation client. La boîte à outils Facebook permet d'ajouter des applications à la page, qui se déclinent en diverses catégories, dont les applications ludiques (concours), collaboratives (*crowdsourcing*) et *business* (formulaire, coupons, catalogues...). Ainsi, l'organisation recrute et engage sa communauté, provoque du trafic et collecte des données sur les utilisateurs.

2. Twitter

Utilisé pour publier de brefs communiqués ou des commentaires d'actualité (280 caractères maximum pour un tweet), son usage et sa fréquentation varient selon les pays et les langues. Contrairement aux pays anglo-saxons où Twitter est fortement répandu, en France, on trouve majoritairement cinq catégories d'utilisateurs : la presse (journalistes, blogueurs), des personnalités (artistes, *people*), des sportifs, des personnalités politiques, et les métiers supports (marketing, communication, RH).
La maîtrise du réseau passe avant tout par une capacité à assimiler les codes et usages de la plateforme. Les comptes les plus influents sont suivis par des milliers de *followers*, eux-mêmes influenceurs à leur échelle. Twitter permet à l'information de se propager à une vitesse qui dépasse celle des médias traditionnels. Mais il y a un revers : le manque de vérification des informations, qui peuvent rapidement prendre de l'ampleur.

▶▶▶

▶▶▶

III Les réseaux multimédia

1. YouTube

Ce réseau social permet de partager des vidéos simplement et gratuitement. YouTube est également adapté à un usage professionnel : les organisations peuvent créer leur chaîne et diffuser toutes sortes de contenus : présenter leur activité, produits, services, modes d'emploi, tutoriels, témoignages… Les publications peuvent être commentées et notées et les vidéos peuvent être affichées dans d'autres supports : site Web de l'organisation ou autre réseau social.

2. Instagram

Propriété de Facebook depuis 2012, ce réseau de partage de photos et vidéos est devenu incontournable. L'image est au cœur d'Instagram et, même si la possibilité d'y publier des vidéos a élargi son champ, la photo et les options de filtrage restent son principal facteur de succès. L'environnement est idéal pour les marques disposant d'un contenu riche, de produits et/ou de lieux à mettre en valeur par l'image.

3. TikTok

Lancé en 2016, TikTok permet de visionner des clips musicaux, mais aussi de filmer, monter et partager ses propres clips. L'utilisateur choisit une chanson puis se filme par-dessus pendant 60 secondes. Des filtres et des effets d'accélérations et ralentis rendent ces vidéos originales.

IV Les réseaux professionnels et leur positionnement

Ils utilisent les mêmes dispositifs que les réseaux généralistes mais sont axés sur le réseautage d'affaires. L'objectif reste de rassembler la plus importante audience qualifiée.

1. LinkedIn

Réseau social professionnel de référence créé en 2003, LinkedIn repose sur la mise en forme de son profil (CV), dynamisé par les interactions des membres. Avec des groupes professionnels orientés autour de thématiques, métiers ou produits, et avec un format dédié aux entreprises, LinkedIn permet aux organisations de communiquer avec les utilisateurs (cadres avec un niveau d'études élevé pour la France).

2. Viadeo

La plateforme française compte 65 millions d'utilisateurs actifs dans le monde. Les profils des secteurs institutionnels (banque, assurance, secteur public) y sont encore très actifs et justifient l'intérêt des entreprises pour ce réseau.

V Les réseaux sociaux d'entreprise

Ils facilitent la collaboration au sein d'une organisation en offrant la possibilité de publier des messages ou des documents. C'est un outil utile aux télétravailleurs et de nombreuses entreprises y ont investi depuis la crise sanitaire de 2020.

1. Workplace from Facebook

La plateforme créée en 2015 permet de se connecter entre collaborateurs, de créer des groupes, gérer des projets, assurer des services d'assistance, utiliser une messagerie instantanée et faire de la visioconférence.

2. Microsoft Sharepoint

Créée en 1999, c'est la plateforme historique de gestion d'intranets de Microsoft. Elle intègre des outils comme Teams (groupes, messagerie instantanée, visioconférence) et Outlook (emails, annuaire, agendas collaboratifs).

2 Les contenus à publier sur les réseaux sociaux

Les organisations qui entretiennent régulièrement leur communication sur les réseaux sociaux sont beaucoup plus suivies que celles qui ne le font pas. Il existe deux solutions pour entretenir sa communication : soit publier directement sur les réseaux, soit publier des contenus sur un blog ou un site Web puis les « pousser » sur les réseaux sociaux.

I Les bases de la rédaction sur les réseaux sociaux

Il est important de bien connaître les spécificités de format de chaque plateforme. Après avoir identifié les limites imposées (par exemple, 280 caractères sur Twitter), il faut définir la tonalité du message selon son audience : ton détendu sur Facebook, sérieux et professionnel sur LinkedIn, plus nuancé sur Twitter.

1. Le style rédactionnel à adopter

La rédaction doit privilégier des phrases simples et courtes. Il faut essayer de faire comprendre immédiatement à qui s'adresse le message, quel est le gain ou la création de valeur potentielle pour celui qui interagit avec le contenu. Enfin, le contenu doit toujours être produit dans le but d'être facilement partageable et/ou pour encourager les interactions comme les « likes » ou commentaires. Il faut éviter les contenus froids et sans émotion.

2. Les illustrations

Un contenu illustré par une image, une vidéo ou une infographie générera 20 % d'engagement supplémentaire.

3. La propriété intellectuelle

À l'exception de documents du domaine public ou publiés sous certaines licences « Creative Commons », tout ce que l'on trouve sur Internet est soumis aux droits d'auteur. Pour qu'une ressource soit réutilisable, il faut une autorisation écrite, sans quoi cela signifie que la ressource est protégée. Nul besoin de lire un « copyright / © » ou une mention « Tous droits réservés » : toute ressource est protégée par la propriété intellectuelle.

II Les articles

1. Connaître les attentes de son public

Un article doit toucher les cibles commerciales de l'entreprise. Pour cela, il faut connaître les attentes de son public.

> **Exemple :** une entreprise qui commercialise des articles liés à la sécurité au travail pourra commenter les nouveaux textes réglementaires.

2. Optimiser son référencement

Le choix des mots est déterminant pour optimiser le référencement et la visibilité des articles. Une attention particulière doit être portée au choix du titre et de l'introduction car ces deux éléments seront visibles en « résumé » lors de partages sur les réseaux sociaux.

Il faut également que l'article remplisse certaines conditions : totaliser au moins 300 mots ; être structuré à l'aide de sous-titres ; comporter des illustrations (photos, schémas...).

▶▶▶

▶▶▶

III Les *newsletters*

1. La rédaction d'une *newsletter*

La rédaction d'une *newsletter* requiert une bonne préparation et ne s'improvise pas. Plusieurs prérequis sont à respecter pour un envoi réussi.

- **Titre :** le titre d'une *newsletter* est le premier élément qu'un destinataire lira. Si le titre ne capte pas l'attention et n'est pas percutant, 9 destinataires sur 10 supprimeront le message sans même le lire… En France, un internaute reçoit en moyenne 40 mails par jour, la concurrence est donc rude !

- **Contenus :** la qualité et l'intérêt des contenus sont également à soigner. Une *newsletter* efficace doit « rendre service » à l'internaute, non lui faire perdre du temps. 50 % des internautes passent moins de 10 secondes pour consulter une *newsletter*, il faut donc être bref. Si le lecteur est intéressé, il se rendra sur le site de l'entreprise.

- **Ton :** il doit être direct, comme si le message s'adressait personnellement au lecteur. Il est donc conseillé d'utiliser les nom ou prénom : « Bonjour M. Dupont » ou « Bonjour José » sera toujours plus apprécié que « Madame, Monsieur ». Comme dans une conversation en face-à-face, les termes employés doivent donner envie d'en savoir plus sur le produit ou service.

- **Forme :** le choix des illustrations et des couleurs est essentiel. Chaque couleur agit de façon différente en fonction du contexte, il faut donc bien se renseigner sur les couleurs à utiliser en fonction de l'activité de l'entreprise et du message à délivrer.

- **Incitation à l'action :** en marketing, cette pratique, appelée CTA (*Call-To-Action*), consiste à rappeler au lecteur que l'entreprise souhaite qu'il se rende sur son site à l'aide de boutons d'appel.

> *Exemple*
>
> Inscrivez-vous dès maintenant | Bénéficiez de cette offre | Télécharger maintenant votre code

- **Respect des obligations légales :** à la fin de chaque message, on doit trouver une procédure de désinscription, qui est normalement insérée directement par les plateformes d'e-mailing.

2. La création et l'envoi d'une *newsletter*

Il existe de nombreuses plateformes d'e-mailing, comme MailJet (en français) : après avoir créé un compte sur https://fr.mailjet.com, il faut créer une « campagne », c'est-à-dire une action de communication visant à diffuser un message personnalisé auprès d'une cible précise afin d'obtenir un retour immédiat. Une campagne fonctionne donc grâce à une base de contacts collectés en amont. Une des premières opérations sera donc d'importer une liste de contacts afin de réaliser les envois.

3. Respecter la législation

Le 25 mai 2018 est entré en application le Règlement général sur la protection des données (RGPD), nouvelle loi européenne en matière de protection des données à caractère personnel.
Cette législation renforce les droits individuels en matière de consentement et d'accès aux données. Elle a une incidence sur les *newsletters* : pour qu'un internaute soit inscrit sur la liste de destinataires, l'organisation doit être en mesure de démontrer qu'elle a obtenu son « consentement explicite ». Cette inscription doit donc être le résultat d'une double « action positive » de l'internaute : cocher une case dans un formulaire pour s'inscrire à une *newsletter* ou saisir une adresse mail dans un champ d'inscription ; confirmer l'inscription en cliquant sur un lien reçu par mail à l'adresse en question.
Le RGPD implique également de rendre le consentement facilement retirable n'importe quand, d'expliquer comment faire, de prendre en compte le retrait du consentement le plus vite possible et surtout de ne pas pénaliser les individus qui souhaitent retirer leur consentement.

3 La mise en œuvre de Twitter

I Principes de fonctionnement

Twitter est un réseau social majeur qui repose sur le microblogging. Pourquoi « micro » ? Parce qu'un message posté ne peut pas dépasser 280 caractères. Cette limitation contraint les utilisateurs à être synthétiques et efficaces dans le choix de leurs publications. Cela a permis à Twitter de devenir un réseau social très utilisé par les professionnels, qui y ont vu un outil simple à mettre en œuvre pour communiquer et faire de la veille.

II Vocabulaire associé

- **Timeline (fil d'actualités) :** flux comportant toutes les publications des comptes auxquels l'utilisateur est abonné et qui s'actualisent en temps réel.
- **Profil :** il se présente comme le fil d'actualités mais ne contient que les publications de l'utilisateur et les publications qu'il a choisies (retweets).
- **Biographie :** elle contient une brève description du compte (160 caractères maximum). Cela permet à un individu de se présenter ou à une entreprise de présenter son activité. Cette biographie apparaît sur la page de profil et lorsqu'on passe la souris sur un compte.
- **Follower (abonné) :** utilisateur Twitter qui a décidé de suivre le compte pour recevoir les publications directement dans son fil d'actualités.
- **Retweeter :** action qui consiste à reposter le tweet d'un autre utilisateur pour qu'il apparaisse dans le profil sans modifier le contenu ou l'auteur d'origine. Cela permet de partager un tweet avec ses abonnés sans qu'ils soient abonnés au compte de l'auteur d'origine.
- **#Hashtag :** initié à la base par Twitter puis repris par la plupart des réseaux sociaux, le suivi de tendance, au travers de « mots-dièses » (*hashtags* en anglais), c'est-à-dire de mots ou expressions précédés du caractère #, est rendu possible par le regroupement et l'affichage de tous les fils de discussion où ces mots ont été mentionnés. Très utilisé pour faire de la veille, chaque mot-dièse est cliquable.
- **Tag :** « tagguer » un utilisateur consiste à écrire son nom précédé d'une arobase (@). Cela revient à le « citer » (ou à l'identifier sur une photo) et a pour effet de notifier l'utilisateur mentionné (qui sera donc au courant de la mention de son compte dans le tweet) et ainsi de permettre aux abonnés de cliquer sur le compte (pour en avoir les détails ou s'y abonner).

III Créer un compte et personnaliser son profil

Se connecter à https://twitter.com et créer un compte (attention, le nom d'utilisateur étant limité à 15 caractères, il faut bien le choisir afin qu'il soit clair, sans équivoque et facile à retenir).
Une fois le compte créé, il faut personnaliser le profil qui sert de « vitrine » à la présentation de l'organisation, de son activité, des biens et/ou services qu'elle propose.
Une attention toute particulière doit être portée sur le choix de l'avatar, de l'image de fond et surtout sur la rédaction de la biographie qui, en 160 caractères maximum, devra être la plus claire possible.

▶▶▶

IV Suivre des profils intéressants

Il existe plusieurs façons de trouver des profils intéressants.
- Directement sur Twitter :
– en utilisant le moteur de recherche intégré à la plateforme ;
– en consultant ensuite les listes d'abonnements et d'abonnés des comptes trouvés ;

166 abonnements **285** abonnés ;

– en parcourant la liste des comptes suggérés sur la timeline de l'organisation :

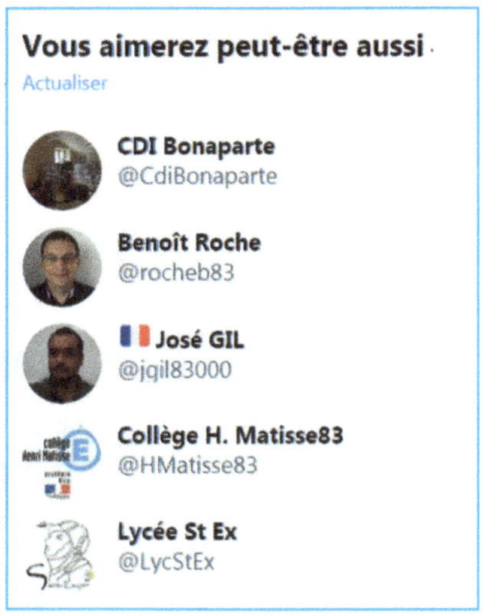

- En dehors de Twitter :
– en prenant l'habitude de regarder les signatures des articles intéressants lus sur Internet pour voir si le compte Twitter des auteurs y est présent ;
– en consultant les catalogues produits et les cartes de visite des partenaires de l'entreprise.

V Rédiger son premier tweet

Pour une meilleure efficacité, la rédaction d'un tweet doit suivre quelques règles strictes.

Le style et la typographie	On n'écrit pas en majuscules, on utilise la ponctuation, on soigne l'orthographe, on évite si possible les abréviations et on essaye d'être le plus clair et le plus concis possible. Une attention particulière doit également être apportée au ton utilisé : professionnel, mais sans être trop formel.
Les hashtags	En inclure au maximum deux (au-delà, Twitter désactive leurs effets) pour catégoriser le tweet et toucher des non-abonnés.
Les mentions	Citer la source d'une information ou des comptes concernés. Cela permet de favoriser l'engagement (si un compte populaire est mentionné et retweete la publication, la visibilité du message s'en verra grandement augmentée).
Les images et les liens	Les tweets contenant une image ont 9 chances sur 10 d'être retweetés, il ne faut donc pas hésiter à inclure une illustration pertinente. Certains liens permettent également de générer un aperçu d'article, ce qui permet de ne pas avoir à choisir soi-même une image.
L'horaire	Les taux d'engagements sont plus élevés lorsque l'on publie en semaine (du lundi au vendredi) entre 12 h et 18 h. En cas de publication visant des cibles à l'international, une attention particulière doit être portée sur le décalage horaire.

VI Suivre son engagement

Une fois publié, un tweet doit être surveillé. Twitter met à disposition des statistiques permettant de mesurer la portée d'un message. Il peut être judicieux de voir qui a retweeté un message, et de le remercier le cas échéant.

4 La mise en œuvre de Facebook

I Les caractéristiques des pages Facebook

1. La cible

Les comptes Facebook sont consacrés aux individus. Les pages Facebook sont destinées aux commerces, aux entreprises, aux organismes ou institutions, aux marques, aux artistes, aux groupes ou aux personnalités publiques.

2. Les outils

Les pages Facebook disposent des mêmes outils que les comptes Facebook privés (publications de statuts et de photos) auxquels viennent s'ajouter des outils de communication tels que le bouton « J'aime », qui permet de s'abonner à une page (on dit aussi « devenir "fan" ») et des outils pour gérer et suivre l'engagement, c'est-à-dire le nombre d'interactions qu'a suscitées une page avec des comptes Facebook (abonnés ou non). Cet engagement se mesure en nombre de mentions « J'aime », de commentaires, de partages et de clics sur la publication. L'ensemble de ces critères fournit le nombre de personnes dites « engagées ».

3. Les intérêts

Les principaux intérêts d'une page Facebook sont le gain de visibilité (22 millions d'utilisateurs actifs au quotidien en France), la possibilité d'informer ses abonnés de nouveaux produits ou services directement sur leurs « murs » (fil d'actualités qui s'affiche sur la page d'accueil de chaque compte) et la facilité à gérer une page.

II La création d'une page entreprise Facebook

Pour créer une page, il faut disposer d'un compte Facebook et se connecter à cette adresse : https://www.facebook.com/pages/create.php.

1. Choix du type de page

La première étape consiste à choisir le type de page que l'on souhaite créer.

- **Lieu ou commerce local :** ce type de page concerne un lieu réel (par exemple, une boutique) ayant une adresse physique qui accueille des clients.

- **Entreprise, organisme ou institution :** c'est le type de page Facebook le plus utilisé. Il concerne toutes les entreprises, de l'indépendant aux grands groupes, en passant par les TPE, les PME et les associations.

- **Marque ou produit :** ce type permet de créer une page pour une marque, un produit unique ou un site unique d'e-commerce.

- **Divertissement :** ce type de page concerne celles et ceux qui souhaitent promouvoir un loisir, une émission de télévision, un film, une radio, un jeu vidéo, un sport, une équipe sportive…

- **Cause ou communauté :** ce type de page complète souvent une page association ou entreprise existante. Il permet de créer une page soutenant des campagnes humanitaires (exemples : lutte contre la pauvreté, lutte contre la faim dans le monde).

On choisit ensuite la catégorie de l'organisation en fonction de son activité, puis on saisit le nom de l'organisation.
Enfin, on valide la création en cliquant sur *Démarrer*.

2. Choix d'une photo de profil et d'une photo de couverture

Cette étape permet de personnaliser sa page. La photo de profil est celle qui apparaît dans les résultats de recherche et la photo de couverture sert de bannière en haut de la page.

– Cliquer sur *Upload a Profile Picture* puis choisir la photo de profil désiré.

– Une fois sur la page que l'on vient de créer, cliquer sur le bouton *Ajouter une couverture* et choisir l'option *Importer une photo/vidéo*.

3. Ajout d'un nom d'utilisateur et d'une description « À propos »

Le nom d'utilisateur permet aux utilisateurs de Facebook de « mentionner » la page dans leurs publications. Cela permet ensuite à ceux qui voient la publication de cliquer sur le nom et d'arriver sur la page de l'organisation, ce qui est un facteur d'engagement. Ce nom est limité à 50 caractères et permet également d'obtenir une adresse personnalisée (www.facebook.com/*nom*/). Une fois la page créée, il faut cliquer sur le lien *Créer un nom d'utilisateur de page* "@" présent sous la photo de profil pour accéder au choix du nom d'utilisateur.
Une zone en milieu de page invite également à *Ajouter une courte description*. Elle permet aux personnes présentes sur Facebook de voir en quelques mots ce que propose l'organisation.

4. Ajout d'un lien vers le site Web de l'organisation

Dans la rubrique « À propos », renseigner l'adresse du site Web de l'organisation dans la zone prévue à cet effet :

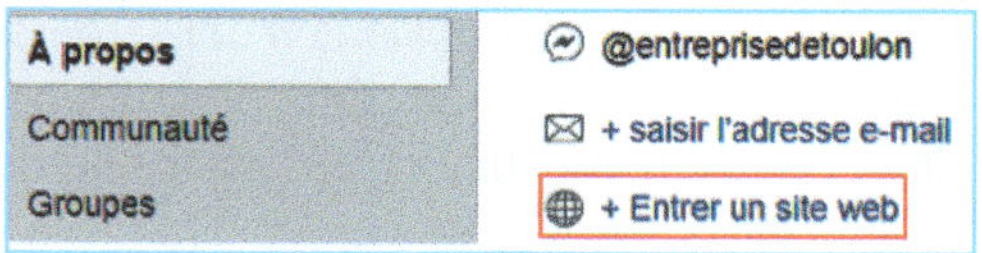

5. Publication d'une actualité

Tant que rien n'est publié, Facebook vous propose de *Créer une publication*.
Ensuite, les publications suivantes se font *via* le bouton *Publier*.

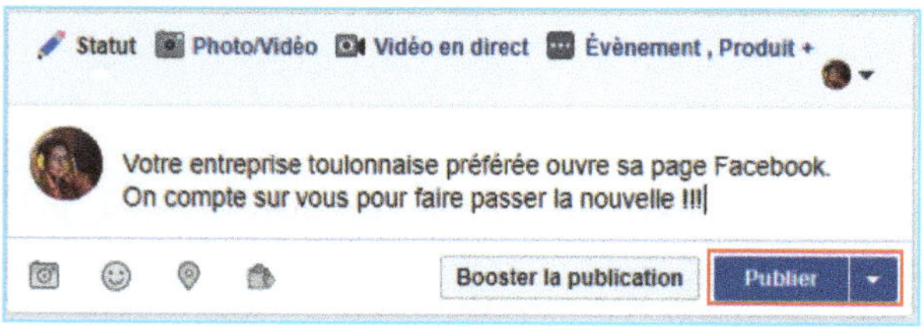

6. Invitations à aimer une page

Une fois la page configurée, et une première actualité publiée, il faut la faire connaître. Pour cela, on commence toujours par inviter ses amis Facebook « à aimer » en cliquant sur les boutons *Inviter* en face de chaque ami présent dans le profil.

APPLICATIONS PROFESSIONNELLES

1 Créer un profil et une page entreprise sur LinkedIn

MAÎTRISE

Situation

Mme Bartoli souhaite être présente sur LinkedIn :
– pour communiquer auprès du monde professionnel. La plupart des clients de Un Cors'sain viennent des secteurs des services professionnels, technologiques et financiers (près de la moitié des membres de LinkedIn). Une part non négligeable de ses abonnés est issue de contrats négociés avec des comités d'entreprise ;
– pour répondre au besoin régulier de recrutement de nouveaux collaborateurs (entraîneurs sportifs diplômés d'État, agents d'accueil…).
Elle vous suggère de créer votre page LinkedIn. Elle estime que cela vous permettra de développer votre réseau professionnel, d'actualiser vos compétences et de partager des bonnes pratiques avec des professionnels du monde du fitness et de la musculation.

Consignes

1. **Créez votre profil sur LinkedIn (document 1).**
2. **Recherchez des profils de professionnels du monde du fitness et de la musculation (individus et organisations).**
3. **Identifiez des groupes publiant des contenus dans votre domaine d'intérêt.**
4. **Créez la page entreprise de Un Cors'sain.**
5. **Publiez le témoignage d'une présidente de comité d'entreprise (document 2).**
6. **Rédigez une offre d'emploi pour un nouvel agent d'accueil (document 3).**
7. **Mettez en place des alertes pour être informé(e) dès qu'il est fait mention sur Internet de Un Cors'sain ou de sports à Ajaccio et ses environs.**

Document 1 Créer un profil LinkedIn en 5 étapes

1. La photo du profil
Ce n'est pas votre page personnelle Facebook, alors assurez-vous d'utiliser une photo professionnelle avec une expression inspirant sympathie et confiance.

2. Titre professionnel du profil
Le titre ou l'en-tête du profil (120 caractères) est la ligne qui s'affiche juste en dessous de vos nom et prénom. C'est la ligne qui véhicule votre identité professionnelle partout sur le réseau mais aussi dans les résultats de recherche Google. Il doit être accrocheur et très précis.

3. Les coordonnées
En plus de vos coordonnées habituelles, profitez des champs proposés par LinkedIn pour préciser le lieu géographique de votre société, votre secteur d'activité. Renseignez les champs pour augmenter la pertinence de votre profil. Aussi, n'oubliez pas d'ajouter les URL orientant le lecteur vers votre site, votre blog…

4. Expériences professionnelles
La section « Expérience professionnelle » est l'occasion pour vous de mettre en lumière le contexte où vous avez mis en pratique votre savoir-faire, votre savoir-être et les résultats produits. Toujours en pensant à les décrire à l'aide de mots-clés pour accroître la pertinence et l'impact de votre profil.

5. Formations
La section « Formation » vient appuyer vos expériences mais augmente surtout la chance d'être repéré par vos anciens camarades d'école, d'université. Des anciens élèves en poste dans une entreprise que vous souhaitez contacter peuvent représenter une opportunité pour se rapprocher d'une cible

▶▶▶

Document 2 Témoignage d'une présidente de comité d'entreprise

Lorsque nous avons signé un partenariat avec « Un Cors'sain ! », nous ne nous doutions pas que notre entreprise en retirerait de tels bénéfices :

- *nos collègues sont en meilleure santé ;*
- *le taux d'absentéisme a fortement diminué ;*
- *la motivation individuelle a augmenté.*

Au-delà de l'aspect « santé », la pratique régulière d'une activité sportive encadrée a permis de renforcer des valeurs bien connues du sport : esprit d'équipe, quête de l'excellence, exemplarité, courage et persévérance.

Anaïs Pilou
Groupe Delta
Société d'étude et de conseil en innovation

Document 3 Offre d'emploi : agent d'accueil

Dans le cadre du renforcement de ses équipes à Ajaccio, « Un Cors'sain ! » cherche un **agent d'accueil**. Ce rôle se traduit par les missions suivantes :

- accueil de la clientèle ;
- promotion et vente des offres ;
- entretien des vestiaires.

Qualités requises :

- Chaleureux, convivial, aimant le contact et le sport.
- Polyvalence et sens des priorités.
- Rigueur et organisation.
- Capacité d'initiative et autonomie.

Profil : niveau Bac, une première expérience en accueil. L'intérêt pour le milieu du fitness et de la musculation serait également un plus.

2 Créer une maquette

EXPERTISE

Situation

Vous avez esquissé avec Mme Bartoli une maquette d'un site vitrine qu'elle aimerait obtenir (document). Vous êtes d'accord sur la présentation de la page d'accueil et les liens qui permettront aux internautes d'accéder aux pages de présentation.

Consigne

- **À l'aide du logiciel Pencil et des ébauches déjà conçues, réalisez la maquette des deux pages « Cours » et « Nous contacter » (document).**

Document Maquette du site vitrine

3 Recruter des « fans »

EXPERTISE

Situation

Après quelques semaines de mise en place des pages Facebook et Twitter, Mme Bartoli est déçue. Elle estime que l'entreprise n'a pas assez de *followers* sur Twitter et de fans sur Facebook. Elle sollicite vos conseils pour fidéliser les internautes.

Consigne

COM **Dans une note, suggérez des propositions d'actions ou de contenus à diffuser pour recruter et fidéliser des internautes, à l'aide du document.**

Document — Conseils pour recruter et fidéliser des fans

1. Fournir des informations exclusives

Pour que les internautes s'engagent pour une entreprise ou en partagent les contenus, ils doivent se sentir privilégiés. Pour ce faire, l'entreprise veillera à mettre à leur disposition des informations exclusives, des promotions, des contenus qu'ils ne trouveront pas ailleurs. L'entreprise pourra par exemple partager les « coulisses » de son activité, des témoignages de ses clients ou de ses collaborateurs, l'accès à des services ou promotions exclusives pour ses « fans » ou « suiveurs » sur les réseaux.
La marque peut également produire du contenu à forte valeur ajoutée, comme des tutoriels en vidéo, des quiz ou jeux en ligne.
Le ton employé sur les réseaux sera moins institutionnel que sur les autres supports afin de favoriser une relation plus intime avec les internautes.

2. Proposer un avantage consommateur

L'une des raisons principales pour lesquelles un utilisateur devient fan d'une marque se trouve dans l'opportunité d'obtenir des avantages sur les produits ou services. Mettre en place des opérations de promotion dédiées à la communauté est un acte fortement apprécié des fans.

3. Faire participer les internautes

Pour que les internautes adhèrent à une marque et la partagent avec leurs connaissances, ils doivent se sentir écoutés et, plus que tout, privilégiés. Solliciter leurs idées pour le développement des nouveaux produits ou services confortera leur sentiment d'appartenance à l'entreprise.

4. Organiser des jeux-concours

Pour inciter les internautes à se rendre sur la page de son entreprise, à la « liker » et ainsi se constituer une base de « fans » fidèles, les jeux-concours sur Facebook sont très efficaces. Un ou plusieurs lots sont mis en jeu. Le jeu-concours le plus simple consiste à demander des informations à l'internaute par l'intermédiaire d'un formulaire de participation afin de constituer ou qualifier une base de données clients ou prospects.
Les concours dans lesquels les internautes doivent poster des photos ou vidéos mettant en scène des produits de l'entreprise favorisent la visibilité de la marque ou de ses produits. Les internautes motivés pour gagner la dotation devant généralement obtenir le plus de votes, ils vont donc communiquer sur leur photo ou leur vidéo, ce qui va donner de la visibilité à la marque : d'une part sur les réseaux sociaux sur lesquels le concours est proposé, d'autre part sur les sites de partage de photos ou vidéos et les blogs.
Il est également possible d'organiser des « instants gagnants ». Dans ce jeu-concours, les participants savent dès la fin du processus de participation s'ils ont gagné ou perdu. En fonction des lots mis en jeu et des dates de début et de fin du jeu, un algorithme calcule les gagnants selon le jour et l'heure de leur participation. Généralement, il est possible de participer une fois par jour sur toute la durée du jeu. Ces jeux incitent l'internaute à revenir participer régulièrement, ce qui permet de le fidéliser et d'immiscer la marque dans son quotidien.

Chapitre 21

Le suivi d'un processus de certification

ACTIVITÉ **1.2.** Gestion des dossiers en responsabilité

COMPÉTENCE Conduire l'action administrative en gestionnaire du dossier.

TÂCHE **1.2.1.** Prise en charge d'un dossier

VERS PIX **1.3.** Traiter des données

Contexte : Mob'Urbi

Statut	SARL (PME du secteur privé)
Localisation	ZAC du Breuil Saint-Étienne (42)
Activité	Transport de voyageurs
Effectif	Service administratif : 20 salariés Chauffeurs : 700

Une communauté urbaine a accordé une délégation de service public (DSP) pour une période de cinq ans à l'entreprise de transport Mob'Urbi. L'obtention et le renouvellement du marché du transport sur les lignes de la communauté urbaine est un enjeu fort pour Mob'Urbi car celle-ci en tire l'essentiel de son chiffre d'affaires. Pour le prochain renouvellement de la DSP, la communauté urbaine a prévu de lancer un appel d'offres avec un niveau d'exigence plus élevé : l'entreprise de transport retenue devra en effet être certifiée NF-281 Service transport public de voyageurs, assurant ainsi de répondre à la demande des usagers en matière de qualité de transport (ponctualité, fréquence, sécurité…).
Sonia Jabet, la responsable Qualité et Environnement chez Mob'Urbi, vous associe à la démarche de certification de la PME qu'elle souhaite engager pour pouvoir renouveler la DSP et remporter l'appel d'offres.

Organigramme de Mob'Urbi

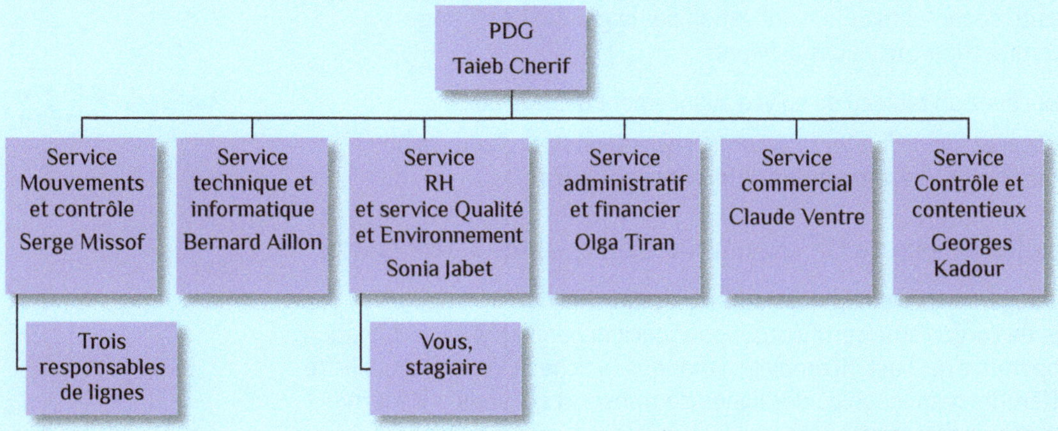

Découvrez l'entreprise Mob'Urbi en vidéo
liennathan.fr/uj42r5

- **Reportez les informations utiles du contexte au recto de la fiche E4 (organisation, contexte et objectifs de la mission, ressources).**

VOTRE MISSION

Pour remporter l'appel d'offres, Sonia Jabet devra impérativement présenter son offre selon des critères objectifs et clairs qui vont l'obliger à mettre en place des procédures et des outils de mesure de la qualité de son service de transport. Elle vous confie la tâche de constituer le dossier de demande de certification qui sera remis à l'organisme certificateur.

TRAVAIL À FAIRE

I. Identifier les principales étapes de la certification

Vous commencez votre stage début septembre. Sonia Jabet a résumé dans un tableau le processus de certification et les principales échéances.

1. Complétez le tableau de l'annexe 4 en indiquant les dates de réalisation des travaux permettant de respecter les échéances.

Fiche ressource 1
Annexes 1 2 3 4

2. Réalisez le planning correspondant en utilisant l'outil informatique de votre choix.

Mme Jabet se demande si la date envisagée pour l'obtention de la certification (fin juin) est réaliste, sachant que le dossier d'admission doit être déposé trois mois avant la date prévue pour l'audit et que le dossier Qualité, quant à lui, doit être seulement prêt pour le jour de l'audit.

3. Pensez-vous qu'il soit possible d'obtenir la certification fin juin ? Justifiez votre réponse.
4. Quel type de certification Mob'Urbi souhaite-t-elle obtenir ?

Fiche ressource 2

II. Suivre l'avancement de la mise en œuvre de la démarche

Compte tenu du planning très serré prévu pour l'obtention de la certification, il est indispensable de suivre l'avancement des différents documents et leur validation par le groupe de pilotage et le comité tripartite, le cas échéant.

5. Concevez un tableau de suivi d'avancement des travaux.

Annexes 5 6 8

6. Préparez sur ordinateur l'arborescence du dossier d'admission pour faciliter le classement des différents documents.

III. Contrôler et assurer la recevabilité du dossier d'admission

Le pointage des pièces du dossier d'admission, qui doit être déposé auprès de l'organisme certificateur pour déclencher l'audit de certification, fait apparaître qu'il est incomplet : il manque la fiche 3. Vous avez sollicité les différents responsables des lignes de transport qui vous ont fourni les données nécessaires.

7. Complétez la fiche d'activité de service.

Annexes 7 9

IV. Participer au dossier Qualité

Comme exigée dans toute démarche de certification, une enquête préalable de satisfaction a été menée. Mme Jabet souhaite en priorité que soient mis à jour les résultats concernant deux items significatifs : le niveau de satisfaction global et le niveau de satisfaction selon le profil des clients. L'enquête a porté sur un échantillon de 810 clients qui ont accepté de répondre : parmi ceux-ci, 510 se sont déclarés satisfaits, et 239, très satisfaits. Dans l'enquête précédente, le taux de satisfaction était de 91,8 %, soit 8,2 % d'insatisfaction.

8. Quel intérêt l'enquête préalable de satisfaction présente-t-elle ?

Annexes 10 11

9. Effectuez le traitement des données brutes de l'enquête.

10. Réalisez des graphiques et commentez l'évolution des niveaux de satisfaction.

V. Représenter le processus de certification NF-281

11. Tracez un schéma du processus de certification et des documents qui seront produits et annexés au dossier final en complétant l'ébauche fournie.

Annexe 12

- Finissez de remplir la fiche E4 (contraintes, méthodologie, bilans professionnel et personnel).

DONNÉES DE LA SITUATION

Annexe 1 Le contexte de la mission : communauté urbaine et délégation de service public

Communauté urbaine et métropole	Délégation de service public (DSP)
Une communauté urbaine regroupe plusieurs communes contiguës comptant plus de 250 000 habitants (ou 500 000 pour la métropole) qui s'associent pour élaborer un plan de développement urbain et d'aménagement de leur territoire. Ainsi, elles peuvent mutualiser leurs moyens pour créer des plans de déplacement urbains ou gérer des services d'intérêt collectif (déchets, assainissement, énergie…).	Une délégation de service public est un contrat par lequel une commune confie la gestion d'un service public à un tiers, qui sera rémunéré pour l'exploitation du service. Pour attribuer une DSP, la commune émet un appel d'offres. Les candidats doivent montrer qu'ils détiennent les moyens techniques et financiers permettant d'assurer le service public concerné dans de bonnes conditions.

Annexe 2 L'organisation des lignes de Mob'Urbi

Le réseau de Mob'Urbi est structuré autour de différentes lignes :
– 1 ligne majeure : la ligne de tram A ;
– 2 lignes principales : les lignes de bus C et E ;
– une dizaine de lignes secondaires et quelques lignes scolaires.
Le périmètre de certification porte uniquement sur la ligne majeure, les deux lignes principales et le service Contrôle (site opérationnel).

Annexe 3 Notes de l'entretien avec Sonia Jabet

Mise au point du dossier de certification : prévoir 8 mois. Ce dossier comprend la déclaration de la politique de qualité, les documents décrivant notre organisation, l'enquête qualité, la gestion documentaire (modes opératoires et procédures) et les outils de mesure et de contrôle. Plusieurs procédures sont déjà formalisées et doivent être simplement revues.
Objectif : obtenir la certification avant fin juin.
Audit de certification à prévoir dans la semaine du lundi 15/05/N+1 au vendredi 19/05/N+1 ;
Commencer par la ligne de tram, puis les lignes C et E, puis terminer par le service Contrôle. Le programme d'audit nous est adressé au moins 15 jours avant la date prévue pour l'audit. La durée de l'audit est précisée en même temps (3-4 jours).
Après avoir analysé le rapport d'audit, l'organisme de certification envoie ses observations dans le délai d'un mois aprèsl'audit, et le résultat de l'audit est transmis la semaine suivante.

Annexe 4 Processus de certification NF-281 Service transport public de voyageurs

Grandes étapes		Échéances	Dates calendaires
Conception du dossier Qualité	Définition de la stratégie et de la politique en matière de qualité	*La durée de conception du dossier dépend de ce qui existe déjà dans l'entreprise en matière de documents et outils qualité : 8 mois semblent nécessaires. Le dossier doit être prêt pour le jour de l'audit.* M-8	
	Description de l'organisation mise en place, de la gestion du personnel et de la gestion documentaire		
	Enquête qualité Évaluation des performances		
Modalités d'admission	Dépôt du dossier d'admission de demande de certification		
	Fixation de la date d'audit avec l'auditeur		
	Réception du programme d'audit		
	Audit	*J date d'audit*	*15-19/05/N+1*
	Réception du rapport d'audit		
	Résultat de l'audit		

Annexe 5 Consignes pour suivre l'avancement du dossier Qualité

Bonjour,

L'ensemble de la documentation, notamment le dossier Qualité, doit être prêt pour le jour de l'audit, soit le 15 mai de l'année prochaine. Notre timing est donc très serré. Bien sûr, certaines procédures, instructions, certains modes opératoires et outils de mesure sont déjà formalisés, il faut seulement les revoir. Néanmoins, il faut que je puisse m'assurer que le travail avance régulièrement. Proposez-moi un tableau de suivi de la réalisation et de la validation des différents documents pour les mois à venir jusqu'à la date de l'audit de certification.
N'entrez pas dans le détail de tous les documents : indiquez seulement en abscisse une échelle

▶▶▶

Annexe 5 Consignes pour suivre l'avancement du dossier Qualité (suite)

de temps correspondant au mois, et en ordonnée, la liste des documents composant le dossier Qualité (recueil des engagements de service, système de mesure...). Vous compléterez et détaillerez ultérieurement avec l'aide des différents « pilotes ». Il faudra utiliser un code symbolique donné en légende, pour indiquer les différents niveaux de contrôle. Les pilotes vous indiqueront quelles sont les validations requises pour chaque document : validation par le pilote et/ou le groupe de pilotage, validation par le comité tripartite, validation et réception par le responsable Qualité. Par exemple :

➔ début de rédaction
☑ rédaction validée par le pilote ou le groupe de pilotage
☒ validation par le comité tripartite
■ réception et validation par le responsable Qualité

Merci de me présenter une maquette de ce tableau de suivi.

Sonia

Annexe 6 Pilote, comité de pilotage et comité tripartite

• Dans les différents services de l'entreprise, un **pilote** est désigné pour prendre en charge la rédaction de la documentation décrivant les procédures et enregistrements spécifiques au service.

• Le **comité de pilotage** regroupe l'ensemble des pilotes désignés dans chacun des services. Il s'assure de l'avancement des travaux et les valide.

• Le **comité tripartite** regroupe des représentants de l'autorité organisatrice, des représentants des voyageurs et des représentants de l'entreprise de transport. Il est amené à valider certaines procédures (engagements de service et systèmes de mesure).

Annexe 7 Fiche d'activité de service n° 3

À reproduire et compléter pour chaque ligne et site certifiés.

DESCRIPTION DES MOYENS DE L'ENTREPRISE

Moyens humains

Nombre de salariés pour :

• Gamme « lignes majeures » : ....

• Gamme « lignes principales » : ....

Pour les lignes concernées

Nombre de modules de transport en service total : ....

Nombre de conducteurs, le cas échéant : ....

Les véhicules et le personnel sont-ils dédiés aux lignes ? ....

Fréquentation : ....

Parcours : ....

Durée du parcours : ....

Nombre de km sous-traités/nombre de km réalisés : ....

Pour les sites opérationnels

Effectif : ....

Horaires d'ouverture : ....

Annexe 8 Les pièces composant le dossier de demande de certification

Intitulé des sous-dossiers	Description du contenu et documents
Formulaire de demande de certification	Courrier de demande de certification adressée à l'organisme de certification
Fiche de renseignements	Informations sur l'établissement, le siège social, les sites opérationnels
Dossier technique composé : **– de documents réglementaires** **– de documents commerciaux** **– du dossier Qualité**	– Kbis, déclaration à la CNIL – Documents et plaquettes de présentation de l'entreprise – Recueil des engagements de service qui comprend : offre de service - accessibilité - information - temps/durée - attention portée au client - confort - sécurité - impact environnemental – Système de mesure : description du système de mesure mis en place pour vérifier la réalisation des critères précédents – Tableau de bord des mesures réalisées – Enquêtes clients qui permettent d'évaluer la satisfaction des clients à des fréquences régulières – Gestion des réclamations : l'entreprise doit décrire l'organisation mise en place pour cette gestion.
Fiche d'activités de service	Description des moyens de l'entreprise
Informations sur les modalités de mise en œuvre	Identification des organismes et description des prestations fournies éventuellement par des organismes de conseils

Annexe 9 Les données transmises par les responsables des trois lignes

Ligne A Tram

Modules de transport : 15 rames du lundi au vendredi en plein trafic

Environ 150 conducteurs interviennent sur cette ligne.

La ligne du tram dessert 25 stations sur 11,5 km et la durée du parcours est d'environ 38'.

En N-1, nous avons transporté 13 260 450 passagers.

Ligne Bus C

7 bus circulent du lundi au vendredi en période de plein trafic.

Environ 155 conducteurs interviennent également sur l'autre ligne de bus.
Le personnel est non dédié.

En N-1, 2 115 410 voyages ont été réalisés.

Le parcours de la ligne est de 4,2 km avec 12 arrêts et la durée varie de 14' à 25' selon la tranche horaire.

Ligne Bus E

8 bus circulent sur cette ligne avec un personnel non dédié de 250 conducteurs (ils interviennent sur l'autre ligne de bus).

La ligne dessert 29 arrêts sur 13 km dans un sens et 30 arrêts sur 14 km dans l'autre sens.

La durée du trajet est de 31' à 50' selon la tranche horaire et le sens.

En N-1, nous avons transporté 1 586 467 voyageurs.

Site opérationnel : service Contrôle

Effectif : 15 agents de contrôle

Horaires d'ouverture : de 6 h 30 à 22 h

Annexe 10 Réponses au questionnaire sur le niveau de satisfaction global

Question : Globalement, quel est votre niveau de satisfaction vis-à-vis de notre réseau ?

16 items ont été proposés sous la forme :
confort dans le tram : ☐ suffisant ☐ insuffisant
Les réponses permettent d'évaluer les motifs d'insatisfaction.

Motifs d'insatisfaction	Nombre de citations
Manque de confort dans le tram	9
Manque de fréquence des bus	7
Manque de professionnalisme des chauffeurs	3
Manque de fréquence en heure de pointe	2
Manque de fréquence les dimanches et jours fériés	1
Manque de fiabilité, pannes	1
Tarif trop élevé	9
Manque de fréquence en soirée	7
Manque de civisme des usagers	3
Manque de sécurité	1
Manque de confort dans les bus	1
Trop d'affluence dans le tram	5
Trop d'affluence dans les bus	3
Manque de fréquence du tram	3
Manque de ponctualité du tram	1
Manque de professionnalisme des contrôleurs	5
Total des réponses	**61**

Annexe 11 Réponses au questionnaire de satisfaction selon le profil des clients

		Nombre de réponses	Nombre de satisfaits
Selon le sexe	Homme	289	266
	Femme	521	485
Selon le lieu de résidence	Commune principale	365	334
	Commune périphérique	445	420
Selon l'âge	Moins de 30 ans	441	420
	De 30 à 60 ans	312	287
	Plus de 60 ans	57	46
Selon l'activité	Scolaire	357	344
	Actif	277	250
	Retraité	56	48
	Autres	120	113

Annexe 12 Ébauche de la schématisation du processus de certification

Acteurs	Activités	Documents
Service Qualité-Environnement	Objectif : Certification NF-281	
Service Qualité-Environnement et autres services	Conception du dossier qualité	Dossier technique : enquête qualité, procédures, modes opératoires et outils de mesure
Service Qualité-Environnement		Formulaire de demande
Service Qualité-Environnement et autres services		
Organisme certificateur		
Service Qualité-Environnement et organisme certificateur	Jour de l'audit	
Organisme certificateur		
Organisme certificateur		

1 La certification

La certification est une procédure par laquelle un organisme indépendant délivre à une organisation une assurance écrite qu'un produit, un processus ou un service est conforme à des exigences spécifiées.

I Pourquoi se faire certifier ?

Les motivations peuvent être diverses. L'organisation peut souhaiter :
– améliorer son mode de fonctionnement ;
– réduire ses coûts de non-qualité ;
– répondre à des appels d'offres qui imposent une certification ;
– répondre à la demande de ses clients (qualité des biens ou du service, respect des délais) ;

> **Exemple :** la grande distribution peut imposer une certification IFS à ses fournisseurs pour les référencer.

– rester compétitif vis-à-vis des concurrents certifiés.

II Par qui se faire certifier ?

La certification est délivrée par un organisme indépendant, le plus souvent accrédité, qui réalise un audit de conformité aux exigences spécifiées dans la norme.
L'accréditation est la reconnaissance par un organisme spécialisé (dit « organisme d'accréditation ») qu'un organisme de certification est compétent pour procéder à une certification.

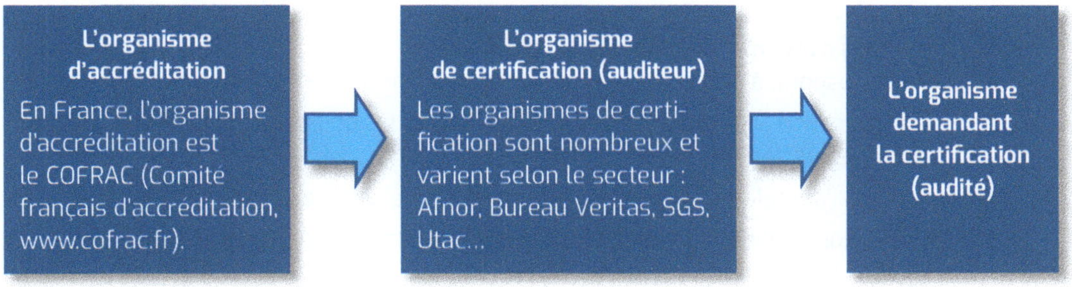

III Les critères de choix d'un organisme de certification

Plusieurs critères entrent en jeu : le coût de l'organisme de certification, la notoriété de l'auditeur dans le secteur d'activité, l'accréditation de l'organisme (mais elle n'est pas une obligation) ou encore les modalités pratiques d'audit et de suivi que propose l'organisme certificateur.

IV Le processus de certification

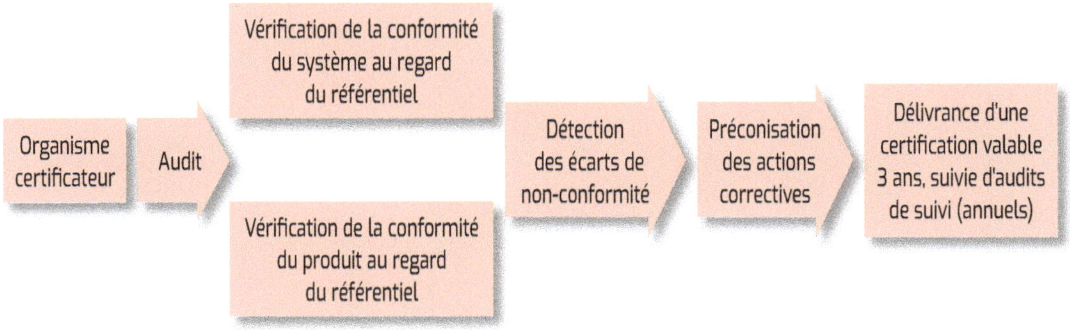

2 Les principales certifications

La certification peut être demandée pour un organisme (entreprise, administration ou association), un bien ou un service. Ce phénomène mondial et en plein développement touche tous les secteurs d'activité : les industries de process (pétrochimie, sidérurgie), les industries manufacturières (automobiles, pharmacie, textile), les services marchands (transports publics de voyageurs, déménagements, hôtellerie), les services publics (poste, administrations de l'État, collectivités territoriales).

I La certification d'organisme

Elle s'appuie sur des référentiels identiques, quel que soit le secteur d'activité, qui fixent des exigences en termes de maîtrise des processus mais n'imposent ni le choix des moyens ni le niveau de performance à atteindre. L'entreprise détermine sa politique en matière de qualité et détermine les moyens mis en œuvre pour y parvenir.

Les référentiels sont :

– ISO 9001:2015 dans le domaine de la qualité ;

– ISO 14001:2015 dans le domaine du management environnemental ;

– OI 45001 dans le domaine de la santé et de la sécurité au travail.

Les exigences des trois référentiels peuvent être intégrées dans une démarche QSE (Qualité Sécurité Environnement).

II La certification de produit

Elle s'appuie sur des référentiels qui déterminent des spécifications précises et des résultats à atteindre en termes d'organisation, d'essais et de contrôles.

En France, elle correspond à des normes NF, qui touchent notamment les produits grand public.

> **Exemple :** la certification NF est obligatoire pour les jouets, les objets de puériculture, les appareils électroménagers, les appareillages électriques.

Dans le domaine de l'agroalimentaire, elle correspond à la délivrance de labels.

> **Exemples :** label Rouge, label Agriculture biologique (AB), label Appellation d'origine contrôlée (AOC), label Appellation d'origine protégée (AOP).

III La certification de service

Elle est spécifique à une profession et s'appuie sur des référentiels métier qui fixent des exigences en termes d'organisation et souvent de résultats. Ces obligations sont identiques pour toutes les entreprises d'un même secteur d'activité et d'une même profession, et les engagements de l'entreprise sont au moins ceux du référentiel.

> **Exemples :** la certification NF 286 pour le transport urbain de voyageurs, la certification Hôtel Cert dans le secteur de l'hôtellerie.

APPLICATIONS PROFESSIONNELLES

1 Diffuser l'information sur la certification

MAÎTRISE

Situation

À la demande de Mme Jabet, vous avez créé un mémo Qualité pour rappeler aux chauffeurs quelques consignes pour un comportement de conduite professionnelle. Ce mémo sera distribué à la suite des réunions en petits groupes que vous animerez, pendant lesquelles vous présenterez dans les grandes lignes ces préconisations sous la forme d'un diaporama.

Consignes

1. **Regroupez les consignes par grands thèmes (conduite, courtoisie, informations...).**
2. **Créez le diaporama (3 ou 4 diapositives) qui vous servira de support d'animation.**

Document Le mémo Qualité

MÉMO QUALITÉ

Dans le cadre de la démarche de certification et de l'amélioration de la qualité de service rendu vis-à-vis de la clientèle sur le réseau, merci de prendre en compte et de respecter les préconisations suivantes :

1. Assurer une approche au quai permettant la montée et la descente des voyageurs sans descendre sur la chaussée.

2. Garantir le contact avec la clientèle : regard à la montée, vigilance sur son titre de transport, réponse à son « bonjour ».

3. Assurer la vente du titre : toujours disposer de tickets à vendre et d'un fonds de caisse permettant un rendu de monnaie.

4. Renseigner le client en lui donnant la bonne information ou en le réorientant sur le service commercial Mob'Urbi en cas de doute.

5. Être clairement identifié comme appartenant à Mob'Urbi en portant la tenue Mob'Urbi mise à votre disposition.

6. Assurer la ponctualité. Le voyageur peut accepter qu'un bus soit en retard mais il ne comprendra pas qu'il soit en avance.

7. Assurer un confort de conduite en adaptant votre vitesse et votre conduite à l'environnement, de façon souple et par anticipation.

8. Améliorer l'accessibilité à bord des handicapés, par la connaissance et l'utilisation des palettes sur les lignes dites « accessibles » et l'accueil vis-à-vis des personnes en difficulté.

9. Remonter toutes informations concernant le réseau en cas de dysfonctionnement (manque d'information au point d'arrêt, problème de voirie...) auprès du service « Mouvements et contrôle » qui se chargera de transmettre ces informations au service concerné.

10. De même pour les véhicules, remonter les éléments relatifs à toutes dégradations techniques ou informations commerciales manquantes pour que celles-ci soient traitées le plus rapidement possible.

2 Créer une fiche de procédure pour traiter les procès-verbaux

EXPERTISE

Situation

Le manuel d'organisation qualité du service Contrôle est en cours d'élaboration. Une description du traitement des procès-verbaux pour infraction voyageur a été rédigée par le responsable du service Contentieux. Il souhaite qu'elle soit complétée par une représentation imagée.

Consignes

1. Représentez la procédure sous forme de logigramme (document 1).
2. Mettez en forme la fiche de procédure qui sera intégrée à la suite de la page 2 en suivant les indications de présentation des documents (document 2).

Document 1 Fiche de procédure (page 2/3 du manuel Qualité)

Mob'Urbi	Intitulé	Code	Annexe	Page
	Instruction de gestion et de traitement des PV	QSE/SC/001 A	1	2/3

Responsable : responsable du service Contentieux

Description de l'activité

À réception du PV constatant une infraction voyageur, le service Contentieux saisit les données sur le logiciel de gestion de procès-verbaux (PV).

Si le règlement est effectué dans les 24 heures, aucune majoration n'est due, le service Contentieux saisit le règlement et la procédure suit son cours.

Si le règlement est effectué dans un délai de 8 jours francs et si le contrevenant est mineur, aucune majoration n'est appliquée, le service Contentieux saisit le règlement et la procédure suit son cours. Si le contrevenant est majeur, une majoration des frais de dossier de niveau 1 est appliquée.

Si le règlement est effectué dans un délai supérieur à 8 jours et inférieur à 15 jours, une majoration de niveau 2 est appliquée et la procédure suit son cours.

Si aucun règlement n'est effectué dans un délai de 15 jours, une procédure de relance sera enclenchée (suite de la procédure en page suivante).

Dans tous les cas où le règlement est effectué, le service Contentieux saisit le règlement, imprime et remet la quittance de paiement au contrevenant* et classe le PV.

* La quittance est à remettre directement si le paiement s'effectue au guichet et à adresser par courrier si une enveloppe timbrée est jointe au règlement.

Document 2 Présentation des documents du manuel Qualité

Les documents du manuel Qualité doivent répondre au format ci-dessous. La page de garde comporte les informations suivantes.

• Un en-tête qui se répète sur toutes les pages :

	Intitulé	Code	Annexe	Page
Mob'Urbi (logo)	Titre du document	Un code est adopté qui permet d'identifier le service, le type de document, un numéro d'incrémentation et un indice qui permet de suivre l'évolution du document et ses modifications.	Renvoi éventuel à une ou des annexes	Numéro de la page sur le nombre de pages total du document

• Un encart qui correspond au circuit de validation du document par le rédacteur, le vérificateur et la direction :

Visa du rédacteur	Visa du vérificateur	Visa de la direction ou du responsable du service
Date :	Date :	Date :

– Le rédacteur est la personne qui a rédigé le document et qui est responsable de sa mise à jour.

– Le vérificateur s'assure que le contenu est en adéquation avec les exigences internes du service et qu'il répond aux exigences de la norme. Le rédacteur et le vérificateur peuvent être la même personne.

– La direction s'assure que le contenu est cohérent avec la politique de l'entreprise. Pour les instructions/modes opératoires, la direction peut être représentée par le responsable de service.

Toutes les autres pages ne comportent que l'en-tête.

1 Préparer le dossier de l'épreuve E4

L'épreuve E4 « Optimisation des processus administratifs » est une épreuve ponctuelle orale, affectée d'un coefficient 4, qui vise à évaluer l'acquisition des compétences du domaine d'activité 1. Elle prend appui sur un dossier et une prestation orale.

I Quelles missions retenir pour cette épreuve ?

1. Quatre missions à présenter

Vous devez présenter quatre missions correspondant aux quatre compétences du domaine d'activité 1 :
– conduire l'action administrative en appui aux membres de l'entité ;
– conduire l'action administrative en gestionnaire de dossier ;
– contribuer à la pérennisation des processus ;
– rationaliser l'usage des ressources de l'entité.

Ces missions doivent nécessairement provenir d'expériences vécues ou observées, tout particulièrement durant les périodes de stage. Vous devez donc veiller, lors de vos stages, à remplir au moins une mission pour chacune des quatre compétences mentionnées.

2. Les critères de choix des missions

Lorsque l'on est en stage, on observe ou on vit de nombreuses situations de travail. Pour l'épreuve, il faut donc en sélectionner quatre selon les critères suivants :
– une pour chaque compétence ;
– au moins deux réalisées dans un contexte international ;
– la dimension significative des tâches effectuées durant chaque mission. Vous éliminerez les missions n'ayant pas donné lieu à la réalisation de tâches suffisamment intéressantes. Pour éviter cette situation, il est utile d'avoir un entretien à ce sujet avec votre tuteur.

II Comment constituer le dossier ?

1. Le contenu du dossier

Le dossier est personnel. Il est élaboré à l'aide d'outils numériques.

Le dossier rédigé est un document structuré qui comprend :
– un sommaire ;
– la description des missions menées présentant les tâches réalisées et leur contexte d'exécution ;
– l'attestation de non-plagiat ;
– les attestations de stage ou les certificats de travail attestant l'exécution du contrat de travail.

2. Le contenu des fiches descriptives

Chaque mission est décrite à l'aide d'un modèle de fiche descriptive nationale. Pour chacune des missions, sont précisés :
– sa date ou période de réalisation ainsi que la durée ;
– la compétence visée ;
– le ou les objectifs poursuivis ;
– la méthodologie et les moyens mobilisés ;
– les productions réalisées ;
– les résultats obtenus ;
– les initiatives et les responsabilités que vous avez prises ;
– une réflexion personnelle et distanciée sur votre propre action (réussites, difficultés, améliorations possibles…).

Ne vous arrêtez donc pas à la simple description d'une mission. Il vous faut mener une analyse précise en mobilisant le vocabulaire spécifique du domaine d'activité 1.

2 Conduire efficacement ses missions

Lors de la réalisation de votre mission, vous devez mobiliser les savoir-faire acquis durant vos deux années de formation relevant du domaine d'activité 1. Le jury évaluera votre professionnalisme à travers l'utilisation des méthodes, des outils et applications informatiques adaptés. Les fiches ressources de cet ouvrage vous aideront dans cette démarche.

Contenus des étapes de la mission		Outils	Applications informatiques
Avant la mission	Cerner les objectifs de la mission et les moyens dont on dispose pour la réaliser.	– QQOQCP (quoi, qui, où, quand, comment, pourquoi) – Schéma postes-documents, diagramme des flux – Entretien avec le tuteur – Budget prévisionnel	– Logiciel de traitement d'enquête – Logiciel de traitement de texte – Tableur
	Repérer les contraintes liées à la mission.	– Diagramme causes-effets (ou diagramme d'Ishikawa) – Diagramme de Pareto – Arbre des causes – Budget	Tableur
	Identifier, collecter en interne les informations nécessaires à la réalisation de la mission. Les sélectionner et les retraiter.	– Fiche de processus – Fiche de procédure – Diagramme de flux – Schéma postes-documents – Diagramme imagé – Tableau de répartition des tâches – Études statistiques	– Tableur/grapheur – Logiciel de cartographie des idées
Réalisation / pilotage de la mission	Être en état systématique de veille informationnelle.	– Alerte Google – Flux RSS – Bibliographie – Sitographie	Internet (sites officiels, sites d'entreprise, réseaux sociaux, blogs)
	Rechercher et choisir la ou les solutions.	– Brainstorming – Carte mentale (ou schéma heuristique) – Tableau avantages-inconvénients – Méthode multicritères	Logiciel de cartographie des idées
	Planifier et gérer le temps imparti à la réalisation de la mission.	– Liste des tâches – Diagramme de Gantt, réseau PERT – Planning – Agenda	– Logiciel de gestion du temps – Agenda partagé
	Gérer des ressources financières.	– Tableau de bord – Budget prévisionnel – Simulation	Tableur
	Communiquer avec les acteurs internes et sur les réseaux sociaux.	– Note interne, compte rendu – Rapport, note de synthèse – Blog, newsletter – Affichage	– Logiciel de traitement de texte – Logiciel de PAO
Contrôle des résultats de la mission	Évaluer les résultats de son action.	– Statistiques – Enquête – Calcul des écarts – Grille d'observation	Tableur

3 Réussir l'oral de l'épreuve E4

I Le déroulement de l'épreuve

L'épreuve se déroule en deux phases :

– la première phase dure 25 minutes maximum. Elle consiste en une présentation du parcours de professionnalisation et des missions proposées. Pendant votre exposé, les membres de la commission d'évaluation ne vous interrompent pas. Vous développez les quatre missions portant respectivement sur chacune des activités du bloc « Optimisation des processus administratifs ». Pour étayer votre propos, vous pouvez vous appuyer sur tout document à votre convenance ;

– la seconde phase dure 30 minutes maximum. La commission conduit un entretien à propos des missions présentées, des choix opérés ou encore des décisions prises de manière à apprécier l'acquisition des compétences visées.

Il est souhaitable de vous y entraîner en présentant votre travail à des personnes différentes (professeur, formateur...), en vous mettant dans les conditions proches de celles de l'examen, seul(e) ou entre étudiant(e)s.

Cette simulation doit respecter le temps et être suivie d'une analyse distanciée (efficacité, conviction, ce qui a été dit, oublié...).

II Les supports pour communiquer avec le jury

Les supports de communication que vous utilisez remplissent des fonctions différentes.

1. Vos propres productions

Présenter au jury vos propres productions démontre votre implication personnelle dans la mission. Ce sont les documents de diverses natures que vous avez créés dans le cadre de la réalisation de votre mission. Ils vous ont permis d'établir un diagnostic sur une situation donnée, d'étayer vos solutions ou de contribuer au contrôle/suivi de votre mission.

> *Exemples :* courriers, comptes rendus, tableaux de bord, planning, maquette, processus amélioré.

2. Vos supports de présentation

La présentation durant 25 minutes, des supports bien sélectionnés, en nombre limité, vous aideront à respecter le temps imparti.

> *Exemples :* plan de votre présentation, schéma, graphique, tableau de synthèse, tableau de bord, diaporama.

Les supports de communication vous font gagner du temps : « un petit dessin vaut mieux qu'un long discours ».

Ils vous soutiennent dans votre communication orale. En cas d'oubli, d'émotivité ou de timidité, ils vous permettent de retrouver de l'assurance.

3. Les documents professionnels

Ce sont tous les documents collectés dans l'entreprise et pour lesquels vous avez obtenu une autorisation d'utilisation à l'examen. Ils montrent l'ancrage du travail réalisé pour remplir vos missions dans les réalités professionnelles et authentifient la réalité de votre formation au sein d'une organisation.

> *Exemples :* plaquette, catalogue, tarifs, documents commerciaux, courriers, données commerciales ou comptables, organigramme.

▶▶▶

▶▶▶

4. Les principes de base d'un bon support de communication

Votre objectif est d'obtenir et de maintenir l'attention du jury grâce à un point d'ancrage visuel. Un support de communication est efficace s'il étaye votre présentation sans pour autant se substituer à votre propos. Illustratif et synthétique, il aide les examinateurs à suivre votre « fil conducteur ». Ceux-ci doivent pouvoir en prendre rapidement connaissance sans détourner leur écoute. En effet, votre communication doit solliciter la vue autant que l'ouïe. Il faut laisser au jury le temps de les consulter s'ils accrochent leur attention.

III Gérer la relation interpersonnelle avec le jury

L'épreuve orale E4 comporte une dimension « communication interpersonnelle » qui nécessite la maîtrise de deux types d'échange : savoir exposer et savoir s'entretenir avec le jury au cours de l'échange qui suit l'exposé.

1. Établir la communication dès son entrée dans la salle

Se présenter	Tout d'abord, pensez impérativement à éteindre votre portable avant d'entrer dans la salle d'examen. Dès votre entrée, votre attitude, votre tenue vestimentaire influencent la perception immédiate du jury. Saluez-le d'un « bonjour » courtois. Le jury vous demande alors d'émarger la liste de présence, de présenter votre convocation et votre pièce d'identité, que vous aurez gardées à portée de main. Puis le déroulement de l'épreuve vous est rappelé. Cette introduction vous permet de rester calme et naturel(le).
Occuper l'espace	Un repérage rapide de l'emplacement des outils que vous pensez utiliser (tableau, rétroprojecteur ou vidéoprojecteur, micro-ordinateur) permet de surmonter un éventuel stress naissant. La prise de possession de l'espace commence par l'installation, sur la table qui vous est réservée, de votre dossier et des supports de communication, parfaitement organisés dans l'ordre d'utilisation prévu. Elle se poursuit par le choix de votre propre emplacement, souvent contraint par la configuration des lieux. Il est conseillé de maintenir une distance adaptée sans trop s'éloigner du jury.
Choisir sa position	Sous condition de ne pas rester trop statique, la position debout permet d'être mobile et d'occuper davantage l'espace, donc de paraître plus dynamique. Cependant, si le stress est important, vous pouvez rester assis(e), bien caler au fond de votre chaise, pieds à plat et avant-bras appuyés sur la table, en un geste d'ouverture.

2. Veiller à la qualité de sa communication

Lorsque vous êtes prêt(e), vous pouvez, avec l'assentiment du jury, commencer votre exposé.

Regarder le jury	La relation s'établit essentiellement avec le regard. Veillez à regarder tous les membres du jury et pas seulement celui qui vous a accueilli(e) ou vous paraît le plus aimable.
Contrôler son débit de parole, le rythme et la qualité de l'expression orale	Parlez naturellement, distinctement. Des pauses vous permettront de reprendre votre souffle, de rythmer votre discours et de marquer des transitions. Évitez de réciter un discours appris par cœur. La qualité de l'expression orale est établie lorsque les phrases sont correctement construites et le vocabulaire technique adapté convenablement mobilisé. Le langage familier est à proscrire.
Veiller à son attitude	Évitez les gestes et mouvements parasites (se toucher les cheveux, triturer un stylo, se balancer, mâcher du chewing-gum...).
Surveiller sa posture	Le relâchement de la posture constitue un risque au fur et à mesure du déroulement de l'épreuve, notamment si vous êtes assis(e). Il se traduit par un affaissement du buste et des épaules. Les postures inconvenantes sont à proscrire car elles suggèrent de la désinvolture, voire de la provocation.
Surveiller le temps	Quand le temps d'exposé est précisé par la réglementation sur le déroulement de l'épreuve (souvent 10 minutes), un contrôle du temps s'impose pour éviter d'être interrompu par le jury. Deux à trois coups d'œil discrets à votre montre suffisent et sont naturellement acceptés par le jury.

4 Préparer la réalisation d'une mission

Dans le cadre de l'épreuve E4, les missions présentées dans le dossier ne peuvent pas prendre la forme d'exercices ou de productions issus de manuels ou d'ouvrages : il s'agit forcément de productions issues d'expériences que vous avez vécues personnellement.
La présente fiche a donc uniquement pour objectif de travailler la méthodologie afin de compléter les fiches descriptives et ne peut en aucun cas servir de support pour le dossier d'examen.

I Exemple de mission

ETC est une entreprise d'événementiel localisée à Toulouse. Elle est spécialisée dans l'organisation de festivals, de salons professionnels et de congrès en France et à l'étranger.
ETC établit des contrats de partenariats avec des entreprises d'événementiel situées dans tous les pays du monde pour assurer, sur place, l'organisation et la logistique des événements qu'elle a programmés.
Ces partenariats sont gérés par M. Arquier, responsable du développement chez ETC, qui est donc amené à se déplacer fréquemment à l'étranger.
M. Arquier s'est rendu il y a un mois en Angleterre pour signer un contrat de partenariat avec l'agence GM Events, située George Street 14 à Croydon, dans la banlieue sud de Londres. Cette agence doit organiser avec ETC un festival de musique qui aura lieu à Londres dans six mois.

L'équipe de GM Events, Croydon

LAUREN PATEL
Event Director
l.patel@gmevents.com
+44 (0) 201 245 5010

JOHN SHERIDAN
Operations Manager
j.sheridan@gmevents.com
+44 (0) 201 245 5012

RALPH STONE
Marketing Executive
r.stone@gmevents.com
+44 (0) 201 245 5017

KAREN KEEN
Account Manager
k.keen@gmevents.com
+44 (0) 2015 245 5013

Dans le cadre de votre BTS, vous effectuez votre stage à l'international au service Développement d'ETC, en collaboration avec M. Arquier.
Votre manager dispose de peu de temps pour gérer lui-même ses déplacements professionnels, qui sont de plus en plus fréquents. Il a d'ailleurs rencontré quelques problèmes organisationnels lors de son dernier voyage.
Il vous demande, au cours d'un premier entretien, de prendre en charge son prochain déplacement à Croydon, qui aura lieu dans 15 jours. Vous avez pris note de ses attentes et de son programme.
À l'issue de cet entretien, vous avez demandé au service Comptabilité les informations relatives au remboursement des frais professionnels.
Un deuxième rendez-vous avec votre manager est prévu dans une semaine : vous devrez lui présenter plusieurs propositions argumentées pour qu'il puisse choisir les modes de transport et d'hébergement qui lui conviennent le mieux. Il vous indiquera ses préférences, ce qui vous permettra d'effectuer les réservations nécessaires, d'organiser le séjour sur place et d'assurer la prise en charge des frais professionnels.

▶▶▶

II Données recueillies pour réaliser la mission

Annexe 1 Notes personnelles prises au cours de l'entretien avec votre manager

Problèmes rencontrés par M. Arquier au cours de son dernier déplacement à Croydon :

– Certains de ses frais n'ont pas été pris en charge, il a perdu des justificatifs.

– Trajet trop long : M. Arquier a effectué un vol « Toulouse – Londres Heathrow ». Il lui a fallu plus de 1 h 30 pour aller de l'aéroport d'Heathrow à Croydon en taxi à cause des embouteillages (coût total du taxi : £200 !). Prévoir un vol sur un aéroport plus proche de Croydon.

– Réserver un hôtel 3 ou 4 étoiles avec wifi, petit-déjeuner continental, salle de sport et/ou piscine, calme, à 10 minutes à pied maximum de l'agence. Éviter le « Croydon Park Hotel » réservé la dernière fois car il est trop bruyant.

– M. Arquier a oublié son agenda et est arrivé en retard à son RDV avec Mrs Patel : réfléchir à la tenue de son agenda (mise au propre, mise à jour, partage, gestion à distance de ses RDV...). Vérifier tous les rendez-vous avec chaque interlocuteur avant le départ.

– Voir avec la comptabilité : les barèmes de remboursement de frais, comment gérer au mieux les justificatifs, comment obtenir une avance sur frais.

– Prochain entretien dans une semaine : lui présenter 2 ou 3 propositions chiffrées pour le trajet « Toulouse – Croydon » et 3 propositions d'hôtel en fonction des critères demandés.

Annexe 2 Rendez-vous prévus avec les salariés de GM Events

Mardi	Mercredi	Jeudi
RDV avec la directrice de GM Events à 11 h 15 h – Entretien avec la responsable du service Comptabilité	10 h 30 – Réunion de travail (équipe complète) Suivi du dossier avec le responsable des opérations. Fixer RDV vers 15 h 30.	11 h 30 – RDV avec Ralph Stone Retour en France à partir de 13 h 30

Annexe 3 Barèmes et règles applicables chez ETC

HÉBERGEMENT	65 €/nuitée (petit-déjeuner inclus)
REPAS	Forfait 40 €/jour (Déjeuner : 20 € – Dîner : 20 €)
DÉPLACEMENT	Train : 2e classe Si plus de 3 heures de train : avion (classe Économique) Transports en commun remboursés sur justificatifs Possibilité de déplacement en taxi uniquement si précisé dans un ordre de mission signé préalablement

Annexe 4 Procédure de remboursement des frais

- Avance des frais possible sur la base d'un prévisionnel remis au service Comptabilité au moins 4 jours avant la date de départ
- Les frais de déplacement professionnel sont remboursés sur présentation d'une note de frais récapitulative et des justificatifs (papier ou numériques).

▶▶▶

▶▶▶

Annexe 5 Décisions du manager (2e entretien)

Le manager a choisi votre première proposition de transport via l'aéroport de Gatwick et le deuxième hôtel de votre liste. Vous effectuez les réservations et établissez le budget prévisionnel en fonction de ces éléments. Tous les rendez-vous ont été confirmés, à l'exception de celui avec le responsable Marketing, R. Stone, qui ne sera disponible qu'à partir de 13 h ; il faut donc prévoir une modification du trajet retour à partir de 15 h 30. Toutefois, R. Stone pourra accompagner votre manager à l'aéroport en voiture s'il part de l'aéroport de Gatwick.

Votre manager vous rappelle qu'il a besoin d'un dossier de voyage complet incluant des documents clairs et synthétiques pour accéder rapidement aux informations nécessaires pendant son déplacement professionnel.

III Les questions à se poser sur la mission

1 Quel est le contexte de votre mission (organisation et son activité ; poste de travail ; origine du problème ou besoin ; contraintes à respecter ; ressources organisationnelles, humaines et financières à votre disposition) ?

Ma mission se déroule dans l'entreprise d'événementiel ETC à Toulouse, qui travaille en France et à l'étranger. ETC signe des partenariats avec des entreprises situées dans d'autres pays pour organiser au mieux les événements qui se déroulent à l'étranger.
J'effectue mon stage à l'international et travaille avec M. Arquier, le responsable du développement. Mon manager me délègue la prise en charge de ses déplacements professionnels à l'étranger car il n'a pas le temps de gérer correctement cette activité.
Je dispose de nombreuses sources informationnelles : les notes prises au cours d'un entretien avec mon manager, les informations sur l'entreprise partenaire de Croydon (adresse, équipe, activité…), les rendez-vous prévus, les éléments comptables relatifs au remboursement des frais.
Ma formation en BTS SAM m'a permis d'acquérir des compétences organisationnelles, numériques et communicationnelles nécessaires pour accomplir cette mission.
Mes contraintes sont organisationnelles (gestion optimale des rendez-vous, des déplacements), financières (respect du barème de remboursement, réalisation d'un budget prévisionnel réaliste) et temporelles (un second entretien avec le manager dans une semaine, un départ dans 15 jours, des délais à respecter pour remettre les éléments financiers au service Comptabilité).

2 Quelle est la compétence mobilisée ?

Conduire l'action administrative en gestionnaire de dossier (gérer un déplacement à l'étranger).

3 Quel est votre objectif principal ?

Organiser au mieux le déplacement professionnel de mon manager en lui proposant des solutions adaptées à ses contraintes et aux règles de fonctionnement de l'entreprise.

4 Quelles sont les informations à collecter pour préparer votre action (informations à rechercher, sources, moyens de collecte, contrôle de la validité…) ?

En dehors des données fournies, je dois rechercher des informations relatives aux modes de transport et d'hébergement qui soient fiables et actualisées.
Je dois contacter en anglais, par mail ou par téléphone, les interlocuteurs de mon manager afin de valider certaines informations.
Je dois contrôler la disponibilité des hôtels sélectionnés avant réservation.
Je tiens compte des choix effectués par mon manager, à qui je propose des solutions argumentées pour l'aider à prendre ses décisions.

▶▶▶

▶▶▶

5 Quelles sont les tâches à réaliser (méthodologie, outils de planification et de suivi de vos actions, moyens à mettre en œuvre pour exécuter les différentes tâches) ?

Déplacement du manager	
Localiser géographiquement les lieux.	Situer les aéroports et les lieux de rendez-vous du manager sur une carte.
Préconiser une solution de déplacement professionnel pertinente au manager.	Proposer un plan de voyage au manager via Heathrow et Gatwick ; montrer la pertinence de changer d'aéroport d'arrivée.
Repérer les différentes possibilités d'acheminement vers Croydon à partir de Toulouse.	Mots-clés : « arrivées » « aéroport » « Toulouse » Il existe 4 aéroports à Londres ; le plus proche de Croydon est celui de Gatwick. Il existe des liaisons Gatwick-Toulouse (RyanAir).
Rechercher les moyens de liaison entre les aéroports et Croydon.	Mots-clés en anglais : « shuttle », « bus », « train », « station », « Gatwick », « Heathrow », « Stansted », « Croydon », « taxi ». Des sites spécialisés proposent des comparatifs entre les différents moyens de transport.
Prévoir l'acheminement entre l'aéroport et l'hôtel (aller et retour).	Comparer les moyens de transport, la durée, le coût, les conditions pratiques.
Proposer les différentes alternatives de trajets Toulouse-Croydon au manager.	Établir un tableau comparatif avec des critères pertinents (moyen de transport, durée, coût...). Préconiser une solution.
Réserver le moyen de transport.	Réaliser des impressions d'écrans des réservations pour le manager.
Modifier la réservation du trajet retour suite au changement de planning (rendez-vous avec R. Stone)	Modifier le billet retour, annuler l'acheminement entre l'agence de Croydon et l'aéroport. Modifier le budget prévisionnel.
Hébergement à Croydon	
Repérer géographiquement l'agence de Croydon.	Localiser l'adresse sur une carte.
Repérer les hôtels situés à moins de 10 minutes à pied de l'agence.	Localiser les différents hôtels sur la carte.
Comparer les différentes solutions.	Établir un tableau comparatif incluant les critères du manager et de l'entreprise (distance, prix, wifi, salle de sport, petit-déjeuner continental...).
Préconiser une solution argumentée au manager.	Concevoir une note pour le manager incluant le tableau comparatif et le plan.
Prendre en compte la décision du manager.	Réaliser un récapitulatif des choix effectués par le manager et réserver le voyage.
Réserver l'hôtel.	Préparer un mail de réservation en anglais et accuser réception.
Organisation de l'agenda du manager	
Vérifier les horaires des rendez-vous avec les différents interlocuteurs.	Réaliser un plan d'appel téléphonique en anglais, concevoir un mail type de confirmation des rendez-vous.
Organiser les rendez-vous.	Concevoir un agenda professionnel actualisé.
Partager l'agenda du manager.	Partager l'agenda du manager sur un outil collaboratif (ex. : Google Agenda).
Prendre en compte les modifications de dernière minute.	Modifier l'agenda du manager (déplacement du rendez-vous avec R. Stone).

▶▶▶

▶▶▶

Gestion des frais afférents	
Répertorier les frais pris en charge (type et montants).	Vérifier les règles applicables chez ETC. Établir un modèle de note de frais.
Améliorer la gestion des justificatifs.	Installer sur le mobile du manager une application pour numériser les justificatifs (ex. : CamScanner). Créer un espace de stockage partagé sur un espace collaboratif ou sur le Cloud.
Estimer les frais de déplacement en justifiant les montants.	Établir un budget prévisionnel du voyage.
Collecter les justificatifs.	Vérifier, numériser et classer les différents documents. Préparer un plan de classement.
Réaliser le dossier de voyage du manager	
Rendre compte au manager.	Réaliser un dossier de voyage incluant : – le plan de voyage ; – les réservations (chambres d'hôtel, billets...) ; – l'agenda ; – la note de frais ; – tout autre document utile au manager (plan du métro, horaires des navettes aéroport-Croydon, n° de téléphone des compagnies de taxis...)
Moyens utilisés : moteurs de recherche, opérateurs booléens, logiciels de traitement de texte, tableur, logiciel de traitement d'images, agenda numérique partagé, application mobile (CamScanner), espace collaboratif...	
Outils de planification/suivi : liste des tâches, liste de contrôle, planning.	

6 Listez et justifiez l'intérêt des productions à réaliser et à présenter au jury.

– Présentation de l'entreprise (données clés pour présenter le contexte)

– Liste des tâches (démarche d'organisation de mon travail)

– Tableaux comparatifs des recherches effectuées (pertinence des critères de sélection, préconisations)

– Sitographie (pertinence et fiabilité des sites consultés)

– Évolution de l'agenda du manager (avant/après) après mise en forme, mise à jour et digitalisation

– Documents chiffrés (note de frais, budget prévisionnel)

– Dossier remis au manager

▶▶▶

▶▶▶

7 **Comment allez-vous évaluer les résultats obtenus (initiatives et responsabilités prises, analyse réflexive de votre action : points positifs, axes d'amélioration) ?**

Quelle était la situation de départ ?	Qu'avez-vous apporté ou amélioré ?	Quelles sont les incidences de votre travail ?
Des déplacements peu judicieux (trajets, longueurs, coûts)	Proposition de trajets plus pertinents (analyse comparative des durées, coûts…)	Gain de temps et d'argent pour l'entreprise et pour le manager
Hôtel éloigné de l'agence et mal insonorisé	3 propositions argumentées et pondérées correspondant aux critères du manager et au budget	Satisfaction du manager, diminution des frais et du temps de trajet hôtel-entreprise
Des retards aux rendez-vous professionnels, un agenda mal présenté, non actualisé, pas de possibilité d'interagir avec le manager	– Vérification des rendez-vous en français et en anglais – Mise en forme et partage/digitalisation de l'agenda du manager	Meilleure gestion du temps et des rendez-vous du manager, anticipation des imprévus, meilleure collaboration avec le manager
Une gestion des frais peu satisfaisante (avance des frais, perte de justificatifs, pas d'outil prévisionnel), non-respect de la procédure de gestion des frais	Informations sur la procédure de remboursement des frais, numérisation et gestion des justificatifs, conception d'un modèle de note de frais, réalisation d'un budget prévisionnel	Meilleure prise en charge financière du déplacement grâce au respect de la procédure de l'entreprise (respect des délais et des documents demandés)

Bilan
J'ai réalisé cette mission en autonomie totale en structurant les différentes tâches à réaliser par thèmes et en commençant par les plus urgentes car j'avais des délais à respecter. J'ai contacté les différents interlocuteurs internes (service Comptabilité) et externes (personnel de GM Events) pour mener à bien ma mission. J'ai pu ainsi mobiliser mes compétences en anglais à l'oral et à l'écrit. Le dossier remis à mon manager avant son départ lui a permis de bénéficier d'une avance sur frais conforme au budget prévisionnel. À son retour, il m'a fait part de sa satisfaction concernant le choix de l'hôtel et le temps de trajet aéroport-entreprise qui avait été divisé par 3 par rapport à son précédent déplacement. Seul bémol : le rendez-vous pris avec Mr. Sheridan ne tenait pas compte du décalage horaire et il est arrivé une heure trop tôt. Au cours de cette mission, mon manager a particulièrement apprécié ma prise d'initiative (numérisation des justificatifs, utilisation d'un agenda collaboratif partagé) et la qualité des documents que j'ai réalisés.

ÉPREUVE E4 : OPTIMISATION DES PROCESSUS ADMINISTRATIFS FICHE DESCRIPTIVE DE MISSION	
Nom et prénom du candidat :	
Numéro du candidat :	N° fiche descriptive :
Compétence visée :	
Intitulé de la mission :	
Nom de l'organisation :	
Durée et date de réalisation :	
Contexte international : ☐ oui ☐ non	
Descriptif de la mission	
Présentation de l'organisation : statut, structure, activité, CA, localisation, effectif, valeurs. **Contexte de la mission :** poste occupé, service, effectif, manager (nom, poste, style de management), explication du problème ou du besoin. **Objectif(s) de la mission :** but(s) recherché(s), intérêt(s) pour l'organisation. **Ressources utilisées :** – humaines : – matérielles : – informationnelles : – logicielles : – etc. **Contraintes prises en compte :** – temporelles : – financières : – humaines : – organisationnelles : – matérielles : – etc.	

Méthodologie mise en œuvre :

– posture professionnelle : demande du manager circonscrite, analyse de la situation actuelle, réflexion personnelle.

– démarche préparatoire : recherche d'infos et veille, comparaison de supports, étude de documents existants, diagnostic sous forme de schémas, comparaison d'outils numériques, réunions d'organisation, etc.

– choix opérés : décisions prises tout au long de la mission.

Documents améliorés ou créés	Logiciels
– Nom du document	– Nom du logiciel

Bilan professionnel : solutions retenues compte tenu des ressources ou des contraintes, intérêt des solutions et des décisions pour l'organisation, résultats obtenus, valeur ajoutée apportée à l'organisation.

Bilan personnel : compétences acquises par l'étudiant en termes de savoir-faire et de savoir-être. Initiatives et responsabilités prises par l'étudiant. Analyse réflexive : auto-évaluation de son action pour atteindre les objectifs fixés, etc.

Édition : Sébastien Le Jean, Magali Hubert
Maquette intérieure : Élodie Breda
Mise en pages : Didier Pujos, Jean-Jacques Galmiche, Lo yenne, Nicole Sicre
Conception couverture : Vincent Rioult
Animations, logos et infographies : Alexandre Leguedey

N° de projet : 10295050
Dépôt légal : mai 2021
Imprimé en France par juillet 2023
par CPI Bussière (2072170)